本书第4版曾获首届全国教材建设奖全

浙江省普通高校

文渊 管理学系列

第5版

管理沟通

成功管理的基石

Management Communication

Foundation for Successful Business

魏江 王颂 编著

机械工业出版社
CHINA MACHINE PRESS

本书围绕管理沟通的本质是"换位思考"这个核心问题，提出了管理沟通的结构体系，以及在中国文化背景下的沟通理念和沟通技能。全书重点在于分析管理沟通的基本理念，包括沟通客体策略、沟通主体策略和沟通信息策略；分别从基于个体、组织两个层面分析了管理沟通的基本策略与技能，包括笔头沟通技能、面谈技能、倾听技能、演讲与辅助手段、数字沟通、会议组织与沟通、危机沟通、跨文化沟通等。第 5 版新增了数字沟通的内容，大幅度修订了会议组织与沟通的内容，新增或替换了一些案例。在内容安排上，本书设计了引题、情境模拟训练、总结回顾、问题讨论、自我技能测试等，这一方面有助于教学，另一方面也有助于提高教材的可读性和可自学性。

本书主要适用于 MBA、EMBA 学员教学，较大篇幅内容也适用于本科生和研究生教学，同时可以为从事管理工作的实践者提供帮助和参考，也可以用于管理培训。

图书在版编目（CIP）数据

管理沟通：成功管理的基石 /魏江，王颂编著. —5版. —北京：机械工业出版社，2024.3（2025.6重印）
（文渊·管理学系列）
ISBN 978-7-111-75491-6

Ⅰ.①管… Ⅱ.①魏… ②王… Ⅲ.①工商行政管理–研究生–教材 Ⅳ.①F203.9

中国国家版本馆CIP数据核字（2024）第066499号

机械工业出版社（北京市百万庄大街 22 号　邮政编码 100037）
策划编辑：吴亚军　　责任编辑：吴亚军
责任校对：李可意　张　征　　责任印制：张　博
北京铭成印刷有限公司印刷
2025 年 6 月第 5 版第 4 次印刷
185mm × 260mm · 23.25 印张 · 2 插页 · 532 千字
标准书号：ISBN 978-7-111-75491-6
定价：59.00 元

电话服务
客服电话：010-88361066
010-88379833
010-68326294

网络服务
机　工　官　网：www.cmpbook.com
机　工　官　博：weibo.com/cmp1952
金　书　网：www.golden-book.com
机工教育服务网：www.cmpedu.com

文渊

管理学系列

「师道文宗
笔墨渊海」

文渊阁 位于故宫东华门内文华殿后，是故宫中贮藏图书的地方。中国古代最大的文化工程《四库全书》曾经藏在这里，阁内悬有乾隆御书"汇流澄鉴"四字匾。

管理学系列

作者简介

魏江 浙江大学、浙江财经大学教授，浙江大学全球浙商研究院院长，首届教育部青年长江学者、教育部长江学者特聘教授、浙江大学求是特聘教授，第七届、第八届国务院学位委员会工商管理学科评议组成员，教育部高等学校工商管理类专业教学指导委员会委员，教育部科学技术委员会管理学部委员。主持国家自然科学基金重大重点项目 4 项，国家社科基金重大项目 2 项，国家科技支撑计划项目 2 项，国家级面上项目 9 项，在 *Journal of International Business Studies*、*Journal of Management Studies*、*Management and Organization Review*、*Asian Pacific Journal of Management*、《管理世界》等国内外权威期刊上发表论文 300 多篇，出版专著 29 部，教材 6 部。提出“非对称创新”“制度型市场”“数据基础观”等理论，构建“商学+”教育生态系统。曾获教育部高等学校科学研究优秀成果奖（人文社会科学）4 项，国家级教学成果奖一等奖 2 项，首届全国教材建设奖全国优秀教材二等奖 1 项，省部级科研奖励 5 项。

王颂 浙江大学管理学院创新创业与战略系副教授，北京大学博士，麻省理工学院富布赖特（Fulbright）联合培养博士。斯坦福大学科技创业中心（STVP）访问学者，美国管理学年会组织与管理理论（OMT）分部评审编委（2018—2020 年）。研究主题包括：数智组织场景下的人际互动与人机协同，创新生态系统的构建过程与机制。主持国家自然科学基金项目 4 项、浙江省自然科学基金杰出青年基金项目。研究成果发表于 *Academy of Management Journal*、*Journal of Organizational Behavior*、*Journal of Business Ethics*、《管理世界》《心理学报》等国内外权威期刊。曾获浙江省哲学社会科学优秀成果奖二等奖、浙江省高校青年教师教学竞赛一等奖、浙江大学青年教师教学竞赛一等奖等。

PUBLISHER'S NOTE 出版说明

提高自主创新能力，建设创新型国家，是党中央、国务院做出的重大战略决策，是包括科技界、教育界、企业界在内全社会的共同目标。高等学校是培养和造就数以千万计专门人才和一大批拔尖创新人才的重要基地，是综合国力的重要组成部分，在支撑经济社会发展、提高自主创新能力、推进创新型国家建设中具有不可替代的重要作用。教育部明确提出大力推进高校自主创新，进一步提高高等教育质量。

创新是新时代高等教育的本质属性。课程来源于学科，是由学科知识中“最有价值的知识”组成的教学内容，专业则是围绕一定的培养目标由若干门课程组成的课程群。课程是人才培养的核心要素，虽然它是教育的微观问题，解决的却是战略大问题。教材建设作为学科建设的重要内容和考核指标，势必要根据新时代高等教育的新要求进行创新与改革，以更加体现科学性、前沿性，并进一步增强针对性和实效性。

作为课程教学改革重要载体的教材，则在高校创新人才的培养中扮演着重要角色。“教材是体现教学内容和教学方法的知识载体，是进行教学的具体工具，也是深化教育教学改革、全面推进素质教育、培养创新人才的重要保证”。对高等教育来说，新时代不仅是经济上的转型与跨越，更重要的是教育思想、教育观念也随之发生了深刻的变革，而教材正从一个侧面折射出教育思想变革。为体现优秀教材的创新成果，机械工业出版社推出“文渊”教材系列（分经济学系列和管理学系列）。本系列重视教育思想和观念的改革，力求处理好知识、能力和素质三者的辩证统一关系，以素质教育为核心组织教材的内容，实现教材内容和体系的创新。“文渊”教材充分体现“授人以鱼不如授人以渔”的终身教育的思想。

奉献给广大读者的“文渊”教材系列重在培养学生的创新精神和能力，观点、体系有所创新，既与国际接轨，又具有理论性、实用性、可操作性和创新性等鲜明特色，具有各自的知识创新点和独到之处。同时，优秀教材是知识性和可读性的结合体，将深奥的知识融于浅显易懂的文字，努力使读者的学习过程变得轻松愉快，这也是“文渊”的目标。

秉承“国际视野、教育为本、专业出版”的理念，机械工业出版社始终坚持以内容为先的出版标准。集合优秀教材创新成果的“文渊”教材系列正是“深化教育教学改革，全面推进素质教育，培养创新人才”的直接体现，期待有志于此的广大教师加入。

机械工业出版社

前　言 PREFACE

沟通无时无处不在。在市场环境瞬息万变、充满不确定性的今天，沟通在人们的生活和工作中变得越来越重要。对管理者来说，也不例外。管理者在工作中花费时间最多的就是管理沟通，从正式会议到非正式商谈，从电话沟通到数字沟通，从口头沟通到笔头沟通等。据统计，基层管理者 40%～50% 的工作时间在沟通，中层管理者 60%～80% 的工作时间在沟通，高层管理者 90% 以上的工作时间在沟通。良好的管理沟通是成功管理的基石，是实现组织整合与协调发展最重要的润滑剂，也是确保组织上下与国家发展战略方向一致的抓手。

管理沟通的本质与体系

我自 1998 年开始讲授“管理沟通”课程。尽管这是我国 MBA 教育的建议开设课程，但当时 MBA 培养院校中开设这门课的也不超过 10 所。一转眼，20 多年过去了，“管理沟通”课程得到了飞跃发展。据不完全统计，目前已有数百所高校开设了这门课，而且备受学生欢迎。授课对象从 MBA 延伸到本科、硕士、博士、EMBA。以我所在的浙江大学为例，“管理沟通”不仅成为最受 MBA 学生欢迎的选修课程之一，而且在全校硕士生公选课程、全校本科生通识类课程推出后，立即成为最受欢迎的课程之一。每次选修的学生数量达到四五百人。

正是因为该课程的超常发展，与之相关的教材不断涌现，有从国外引进的，也有国内教师自己编写的。在阅读这些教材的过程中，我产生了一个困惑：“管理沟通”作为一门课，可讲的内容实在太多了，如果没有逻辑体系，一个技能一个技能地讲，无法在有限的课堂时间里讲完，如何能够授读者以渔，而不是鱼？应思考“管理沟通”课程的体系和结构，能让读者体会到管理沟通的本质、精髓，这样读者对于具体技能技巧自然会“触类旁通”“举一反三”了。基于此，我对“管理沟通”这门课的教学提出了两个问题：**什么是中国文化背景下的管理沟通？管理沟通到底有没有体系结构？**随着时间的推移，通过自己的思考积累、与同行的交流启发以及与学生的教学互动，我不断厘清以上两个问题的脉络，最后的落脚点变成：**管理沟通的本质应该是换位思考，在沟通过程中不能忘记文化背景。**

本书是对这两个落脚点的延续和深入。在内容安排上，分为三篇：第一篇是管理沟通理念与策略。对管理者来说，理念是第一位的，没有正确的理念，技能再多也没用；如果理念转变过来了，即使没有教给学生具体技能，他们也会自己去找答案。因此，本书的第一篇在提出管理沟通基本概念的基础上，分别从沟通客体策略、沟通主体策略、沟通信息策略三个方面讨论“如何换位思考”。第二篇与第三篇分别是基于个体的管理沟通和基于组织的管理沟通。这两篇是理念与技能的结合，其中个体管理沟通技能分别从笔头沟通技能、面谈技能、倾听技能、演讲与辅助手段这几个方面做了探讨；组织沟通技能则主要阐述了沟通环境与策略、数字沟通、会议组织与沟通、危机沟通和跨文化沟通。之所以说第二篇与第三篇内容是理念与技能的结合，是因为在内容组织上强调了“为什么”和“如何”的结合。就教学而言，如果只给大家灌输“如何写工作报告”等，读者手里拿着渔具却不知道如何用，还是要弄清楚“为什么要这样写报告”，所以，在内容组织上涉及了理念与技能的结合。随着虚拟现实、增强现实、人工智能、语音识别等技术的不断进步，数字沟通在组织场景和工作流程中出现得越来越多。此外，在不确定环境下，企业面临的危险与机会并存。在全球化浪潮下，企业也迎来越来越多不同文化背景的员工。因此，危机沟通、跨文化沟通不仅是企业经常碰到的问题，而且越来越重要。

内容特色

一个成功的管理沟通者，前提必须是一个优秀的自我沟通者。一个不能与自己成功沟通的人，是不可能与他的同事、朋友、亲人和顾客实现建设性沟通的。为此，本书第一篇专门围绕这一理念从换位思考的角度阐述了如何分析对方、如何分析自己、如何进行建设性沟通。特别要强调的是，本书先分析沟通客体策略，再分析沟通主体策略，也是基于受众导向角度的思考。这在其他教材或著作中显然是被忽视的，而我又认为它是很根本的，权且把它作为一个特色。

如何把“管理沟通”的课堂教学与实践结合起来，让我煞费苦心。为此，本书的每章内容有着清晰的体例：从实践问题引入，通过基本理念和方法的分析，结合现实体验和自我评估，再回到实践。基于这种考虑，在内容安排上，设计了引入式的例子和案例、情境模拟训练、自我技能测试、总结回顾、回顾性案例等，这一方面有助于教学，另一方面也有助于提高本书的可读性和可自学性。这是对原先版本做重大修订之后的最大特色。

本书收集了较多的第一手案例素材，这些案例绝大部分发生在我们身边。其中，有不少案例来自我的 MBA 学生的亲身经历。这是本书为中国文化背景的“管理沟通”课程建设所做的一点努力。

新版变化

第一，新增了“数字沟通”一章。旨在解读数字沟通的新管理情境，了解数字沟通的基本要素特征，理解数字沟通的优点与挑战，掌握数字沟通的基本策略。

第二，大幅度修订了“会议组织与沟通”一章。调整行文的逻辑架构，删减部分理论解释性内容，突出操作性内容，让本章内容显得更加简明。

第三，新增或替换了一些案例。在保留经典案例的同时，增加符合 Z 世代[⊖]沟通场景的案例，与时俱进。

第四，本书配有我为浙江大学 MBA 讲授“管理沟通”课程时的全程录像。在教学过程中，我越来越意识到，现在有关沟通技能方面的信息获取非常方便，而优秀人才的培养，在教学内容设计上，要更加突出理念和沟通思维的提升。为了便于交流和分享，我在机械工业出版社的大力支持下完成了针对 MBA 教学的“管理沟通”课堂全程录像。现在，该录像已经上传机工新阅读（https://www.cmpreading.com/homepage）。凡是选本书为授课教材的老师，经过授权后可以很方便地观看我所讲授的内容，敬请大家批评指正！

第五，为了体现线上线下融合的教育新趋势，我与课程组团队老师为本书录制了慕课（http://coursehome.zhihuishu.com/courseHome/1000002584#teachTeam），以期帮助学生在线掌握管理沟通的核心概念、基本理念、运作机制和相应策略，也敬请大家批评指正！

教学建议

根据出版社的建议，我结合自己的教学体会，就如何根据不同层次的学员使用本书提供内容安排上的建议，以供读者参考。特别需要说明的是：①表 0-1 中带 * 的教学内容我建议作为必讲内容，不带 * 的教学内容可以作为选择性内容。②章节内容原则上是按照 MBA 学生 40 个学时设计的，但要讲完全部内容，时间比较紧张，所以，第二篇“基于个体的管理沟通”、第三篇“基于组织的管理沟通”的内容，教学时可以有所取舍。管理类专业本科生和非管理类专业本科生的授课内容可以进一步简化为讲前 8 章内容，基于组织的管理沟通的内容可以不讲。③情境模拟训练、问题讨论等内容所需的时间已经包括在前面各个章节的教学课时中。

⊖ 网络用语，是指 1995—2009 年出生的一代人。

表 0-1　本书教学安排

教学内容	学习要点	课时安排		
		MBA 学生	管理类专业本科生	非管理类专业本科生
第 1 章 绪论 *	（1）掌握管理沟通的内涵与要素 （2）掌握管理沟通的基本过程 （3）把握管理沟通的基本策略	4	6	6
第 2 章 沟通客体策略 *	（1）确立客体导向的沟通思维模式 （2）能分析和把握客体的沟通需求 （3）了解如何与上司有效地沟通 （4）了解如何与下属有效地沟通	4	6	6
第 3 章 沟通主体策略 *	（1）正确认识自我沟通认知和定位 （2）了解自我沟通的目标设计 （3）了解自我沟通的基本过程及特点 （4）重点掌握自我沟通的三阶段策略	4	6	6
第 4 章 沟通信息策略 *	（1）掌握与运用信息组织策略 （2）掌握并运用信息表达技能 （3）掌握并运用导向定位策略 （4）学会基于尊重导向的沟通策略	4	6	4
第 5 章 笔头沟通技能 *	（1）笔头沟通的文字组织原则 （2）笔头沟通的语言组织技能 （3）掌握重要报告的写作技巧	4	3	2
第 6 章 面谈技能	（1）求职信的写作 （2）求职面试准备 （3）求职面试过程的技巧把握	2	3	2
第 7 章 倾听技能 *	（1）认识并领会倾听的重要性 （2）认识并克服倾听中的障碍 （3）有效运用和把握倾听技巧	2	3	2
第 8 章 演讲与辅助手段	（1）掌握演讲准备的基本要求技能 （2）把握演讲语言结构与非语言技巧 （3）基本掌握并运用 PPT 的设计制作 （4）能较有效地利用相关的心理技能等	2	3	4
第 9 章 沟通环境与策略	（1）了解沟通过程的内外部环境要素 （2）正确运用常见技术环境下的沟通技能 （3）正确把握正式沟通网络中的沟通 （4）了解并运用非正式网络中的沟通	4	—	2
第 10 章 数字沟通 *	（1）认知数字沟通的新管理情境 （2）理解数字沟通基本要素特征 （3）理解数字沟通的优点与挑战 （4）掌握数字沟通的基本策略	4	6	6
第 11 章 会议组织与沟通	（1）掌握群体沟通的影响因素 （2）掌握有效组织筹备会议的技能 （3）把握会议沟通的基本过程	2	—	—

（续）

教学内容	学习要点	课时安排		
		MBA 学生	管理类专业本科生	非管理类专业本科生
第 12 章 危机沟通	（1）了解危机的基本类型及其识别 （2）掌握危机沟通的基本策略 （3）能运用危机管理思想做好沟通	2	—	—
第 13 章 跨文化沟通	（1）明确导致跨文化沟通的文化差异 （2）有效地做好跨文化沟通的策略	2	—	2
问题讨论：建议各章至少选择 1 个案例，准备阶段不占用课内时间，案例讨论时间由教师灵活调整，时间已经包括在前面的各章中		12	12	8
情境模拟训练：选择教材中的两三个情境模拟用于教学，在时间上也可以灵活把握，时间已经包括在前面的各章中		6	4	—
课时总计		40	42	42

致谢

本书是集体智慧的结晶。首先，我们要感谢严进、朱纪平、潘慧珍、苗玲玲等在之前版本的编写、校正和修订中所做出的努力，尤其要感谢本书前 3 版的合作者严进老师。其次，感谢应天煜、王颂两位老师对第 4 版修订所做的努力。他们是浙江大学“管理沟通”课程组的新生力量。在第 4 版修订中，应天煜负责“危机沟通”的编写，王颂负责“跨文化沟通”的编写。在第 5 版修订中，王颂负责“数字沟通”的编写，并对全书内容进行了修订。再次，感谢浙江大学“管理沟通”课程组的叶欣、周帆、吕佳颖、陈随军等老师，我们在课程组的活动中，不断交流思想和教学心得，这对编写好本书具有非常直接的作用。最后，感谢我校 MBA 学生、EMBA 学生、本科生和研究生给我们的帮助，书中部分案例来自他们所提供的素材，课程中的许多内容也得益于他们给我们的启发。尤其让我们感动的是，许多学生在学习过程中与我们一起探讨教学方式和学习方法，并给我们提出很多好的建议。

这里，我们要衷心感谢 20 多年来在“管理沟通”课程教学领域辛勤耕耘的同行——清华大学的钱小军、哈尔滨工业大学的张莉与刘宝巍、西安交通大学的曾小春、南开大学的赵伟、北京理工大学的裴蓉、吉林大学的张秋惠、同济大学的张科平、中国人民大学的刘彧彧、南京大学的何健、暨南大学的沈远平、哈尔滨工程大学的姜炳麟、福州大学的施红兵、郑州大学的孙恒有、中南财经政法大学的张华容等。他们给了我无数的启迪和帮助，特别是在 2009 年哈尔滨举办的全国第九届 MBA“管理沟通”教学研讨会和 2013 年合肥举办的全国第十三届 MBA“管理沟通”教学研讨会期间，专门组织了有关本书修订的座谈会，数十位老师给我们提出了极富启发性的意见和建议。每当想起这些同行对我的帮助，我心头都会不自觉地涌起一股暖流：他们对我的帮助是如此无私、如此真挚、如此具有建设性。尤其让我感动的是，他们把自己在本书先前版本使用过程中发现的错别字、不恰当的表述、不正确的标点符号等都做了记录，并提出了修改意见。他们是我永远的朋友、永远的姐妹、永远的兄长，我把这本书献给他们。

最后，我要感谢已选用本书的任课老师，以及长期以来帮助过我们的老师，他们的诚恳意见和建议是激励我持续做好这本书的动力。看到老师的肯定意见与坦诚的批评建议，我内心的感动无以言表。由于不同老师的教学对象不同、教学背景不同，因此他们提出的建议确实有很多难以兼顾，还请老师原谅。

在此，我要特别感谢以下提出了宝贵的修订意见和指导建议的同行专家，他们是（按姓氏笔画排序）：

丁厚春　黄冈师范学院
丁越兰　陕西师范大学
于丽艳　黑龙江大学
万　杰　河北工业大学
马　岑　河北工业大学
马家齐　太原理工大学
马翠华　天津工业大学
王　卫　哈尔滨理工大学（西区）
王子玲　广州华商学院
王　月　山东财经大学（燕山校区）
王书爽　黄淮学院
王立华　北京师范大学珠海分校
王亚妮　西安欧亚学院
王　伦　云南财经大学
王华强　长江大学
王红国　上海健康医学院
王　岚　北京语言大学
王迎冬　淮阴师范学院
王松江　昆明理工大学
王昊展　西南民族大学
王国锋　电子科技大学
王　凯　河南财经政法大学
王　侃　华南理工大学
王佩玮　华东理工大学
王　珏　西北大学
王柳云　福建农林大学
王振涛　茅台学院
王晓莉　东北财经大学
王　晔　内蒙古财经大学（西区）
王　颂　浙江大学
王　萍　阜阳师范大学
王　梅　广东白云学院
王　盛　福建师范大学
王　敏　电子科技大学
王　逸　广西财经学院
王淑红　中南财经政法大学
王斯年　新疆财经大学
王朝晖　上海对外经贸大学
王　斌　广东财经大学
王新军　山东理工大学
王赫鑫　北京航空航天大学
王　磊　西安交通大学
元继学　齐鲁工业大学
韦惠惠　河南科技大学

尤　莉　河南科技大学
牛建波　南开大学
毛　邓　四川文理学院
毛冠凤　中南民族大学
毛　强　西南科技大学
方　刚　杭州电子科技大学
孔　莹　汕头大学
邓凤连　河源职业技术学院
邓秀焕　中国石油大学（北京）
邓昕才　贵州师范大学
邓洪澎　湘南学院
邓嘉燕　北京理工大学珠海学院
甘元霞　西南财经大学
甘胜军　上海海事大学
左两军　华南农业大学
卢小丽　大连理工大学
卢　红　江西理工大学
叶　欣　浙江大学
田存刚　昆明理工大学
田毕飞　中南财经政法大学
史　烽　桂林电子科技大学
史增震　内蒙古大学
付亦重　北京林业大学
付　悦　厦门大学
付维宁　兰州大学
白雪峰　南京理工大学泰州科技学院
冯仁德　重庆工商大学
冯丹丹　中南民族大学
冯　炜　浙江工商大学
冯南平　合肥工业大学
冯　娅　武汉纺织大学
冯　涛　西安建筑科技大学
冯　静　内蒙古大学
闪媛媛　浙江农林大学
边婷婷　北京联合大学
邢晓柳　河南工业大学
曲丽涛　潍坊学院
曲秋霞　青岛科技大学
吕　飞　中国民航大学
吕月英　太原科技大学
吕佳颖　浙江大学
吕　萌　西安电力高等专科学校
朱丽娅　宁夏大学
朱国平　江西理工大学
朱绍华　河北师范大学
朱鹏颐　福建师范大学
乔美华　聊城大学
伍　喆　湘潭大学
任志敏　浙江工商大学
全裕吉　东莞理工学院
庄贝妮　集美大学
庄恩平　上海大学
刘士全　德州学院
刘飞燕　广州城市理工学院
刘云芬　石河子大学
刘文霞　石河子大学
刘玉焕　西南交通大学
刘亚萍　广西大学
刘传富　重庆文理学院
刘芳生　广州理工学院
刘秀岩　北京航空航天大学
刘英茹　河北师范大学
刘卓林　南京理工大学
刘治宏　兰州财经大学
刘宝巍　哈尔滨工业大学
刘建利　河南财经政法大学
刘建准　天津工业大学
刘映婷　云南大学

刘贵清　中原工学院
刘　矩　电子科技大学
刘　娜　北京建筑大学
刘艳华　湖南科技大学
刘彧彧　中国人民大学
刘晓敏　北京联合大学
刘海玲　青海民族大学
刘　琴　湖南工业大学
刘朝阳　长春工业大学
刘新艳　南京工业大学
齐庆祝　天津工业大学
许　一　浙江农林大学
许伟丽　河北科技师范学院
孙卫敏　山东大学
孙金花　重庆理工大学
孙恒有　郑州大学
孙祖荣　广东石油化工学院
孙　琼　北京联合大学
孙福滨　西安交通大学
孙　毅　中国科学院大学
阳芙蓉　重庆师范大学
麦恒华　国家开放大学
严　进　浙江大学
苏文平　北京航空航天大学
苏世鸥　青岛大学
杜　宏　内蒙古财经大学
杜　辉　北京联合大学
李乃文　辽宁工程技术大学
李　力　昆明理工大学
李永春　山东财经大学（燕山校区）
李伟权　暨南大学
李红霞　重庆工商大学
李　芬　云南农业大学
李宏勋　中国石油大学（青岛校区）
李朋林　西安科技大学
李南雁　上海对外经贸大学
李俊雪　电子科技大学
李剑青　清华大学
李洪波　同济大学
李　艳　云南师范大学
李莺莉　中南财经政法大学
李培林　河南财经政法大学
李　梓　云南大学
李淑敏　北京外国语大学
李锡元　武汉大学
李　颖　四川大学
杨久香　中国石油大学（北京）
杨　云　深圳大学
杨文黎　兰州理工大学
杨　刚　西南大学
杨　杨　南京航空航天大学
杨　丽　中华女子学院
杨　栋　天津科技大学
杨桂菊　华东理工大学
杨晓玲　江西财经大学
杨爱秋　青海师范大学
杨　悦　中国传媒大学
杨雪莲　青岛大学
杨彩玲　宁夏大学
杨晶照　江苏大学
杨瑞玲　广东财经大学
肖友智　福建农林大学
肖　平　西北工业大学
肖武东　广东外语外贸大学
吴小丁　吉林大学
吴秀英　广西师范大学
吴香桂　九江学院
吴养聪　福建师范大学

吴振华　桂林电子科技大学
吴　晓　大连大学
邱鹤书　信阳师范学院
何一冰　中国传媒大学
何　林　陕西师范大学
何春丽　西华师范大学
何晓斌　复旦大学
何　健　南京大学
佘江东　北京交通大学
余中东　广州大学
余世喜　暨南大学
邹　宇　昆明工业职业技术学院
邹晓春　内蒙古财经大学（西区）
应天煜　浙江大学
应志芳　宁波大学
冷元元　河南财经政法大学
汪　阳　潍坊学院
汪贤泽　浙江师范大学
汪　斌　湖南涉外经济学院
沈伟晔　江南大学
沈远平　暨南大学
宋　刚　大连外国语学院
宋宝莉　西华大学
宋　艳　电子科技大学
宋　钰　北方工业大学
宋海燕　河北大学
宋继文　利兹大学
张小娣　西北工业大学
张广宁　辽宁大学
张文勤　南京财经大学
张永林　石家庄铁道大学
张亚莉　西北工业大学
张刚峰　浙江大学
张传杰　中南财经政法大学
张华容　中南财经政法大学
张旭东　昆明理工大学
张守刚　西安思源学院
张丽芳　厦门大学
张丽梅　南京审计大学
张秀娥　吉林大学
张宏权　西安邮电大学
张宏宇　中央财经大学
张英奎　北京化工大学
张转玲　深圳大学
张国萍　南开大学
张明亲　西安工业大学
张欣平　山东大学
张　炜　对外经济贸易大学
张建松　郑州商学院
张春阳　华南理工大学
张秋惠　吉林大学
张科平　同济大学
张胜冰　华侨大学
张　莉　哈尔滨工业大学
张晓妮　西北农林科技大学
张晓慧　中北大学
张　琰　华东师范大学
张雯佳　西北农林科技大学
张鲁秀　济南大学
张德茗　中南大学
张　薇　金陵科技学院
张　鑫　合肥工业大学
陆奕荣　广州南方学院
陈夕红　内蒙古工业大学
陈　友　中国戏曲学院
陈伟娜　河北地质大学
陈　志　浙江大学
陈利敏　华南师范大学南海校区

陈　希　西安电子科技大学
陈　珊　成都理工大学
陈　峥　河南财经政法大学
陈俊荣　北京联合大学
陈　艳　昆明工业职业技术学院
陈艳虹　华侨大学
陈逢文　重庆大学
陈益民　南京林业大学
陈随军　浙江大学
陈喜波　北京物资学院
陈　雅　湖州师范学院
陈强英　贵州工业职业技术学院
陈　燕　北京师范大学
陈赞章　海南大学
苗建军　南京航空航天大学
范　婷　西南交通大学
林　晓　天津理工大学
林海天宇　浙江工商大学杭州商学院
林　萍　广西科技大学
林　琳　中央财经大学
林銮珠　海南大学
郁　文　嘉兴学院
易　华　湖南工商大学
易翠枝　湖南理工学院
罗社管　太原理工大学
罗　磊　暨南大学
和芸琴　山西大学
岳志春　河北工程大学
金洪国　吉林外国语大学
周　帆　浙江大学
周志霞　潍坊学院
周季军　中华女子学院
周春贵　广州大学
周　勇　武汉科技大学
周海涛　中关村学院
周海燕　江西师范大学（瑶湖校区）
周　猋　厦门大学
周　渺　怀化学院
周鹏飞　重庆师范大学
周　静　西南交通大学
郑　方　天津财经大学
郑　昭　湘潭大学
郑　晏　西安外国语大学
郑银玲　贵州航天职业技术学院
孟方琳　上海杉达学院
赵西萍　西安交通大学
赵　伟　南开大学
赵延昇　中国科学技术大学
赵丽霞　内蒙古农业大学（新校区）
赵　波　南京邮电大学
赵洱东　华北电力大学（北京）
赵　娜　河北经贸大学
赵艳萍　江苏大学
赵　莉　中国矿业大学
赵　森　西北农林科技大学
赵智宏　宁夏大学
郝卫峰　北京联合大学
胡日查　内蒙古财经大学（西区）
胡付照　江南大学
胡　军　浙江工业大学
胡佳应　浙江财经大学东方学院
胡宝娣　重庆工商大学
战　颂　辽宁石油化工大学
侯海霞　郑州升达经贸管理学院
俞婷婷　扬州大学
施红兵　福州大学
姜炳麟　哈尔滨工程大学
胥悦红　中央民族大学

姚承曦　汕头大学
秦　艺　云南财经大学
秦世波　潍坊学院
秦树东　成都锦城学院
秦燕兰　烟台科技学院
夏明学　长安大学
晏　妮　贵州民族大学
钱小军　清华大学
钱　丽　安徽财经大学
钱振波　中央财经大学
钱黎春　安徽工业大学
徐天舒　苏州科技大学
徐本华　河南大学（金明校区）
徐　永　上海外国语大学
徐妙文　湖南财政经济学院
徐明霞　广东外语外贸大学
徐　姝　湖南工商大学
徐博宏　河北工业大学
徐　辉　广东财经大学
徐新鹏　四川外国语大学
徐德力　常州工学院
奚艳燕　广东科学技术职业学院
高建新　洛阳理工学院
高虹圆　广东工业大学
高　洁　西南财经大学
高　峰　上海外国语大学贤达经济人文学院
郭巧云　湖南工商大学
郭志刚　西南财经大学
郭丽娟　西南交通大学
唐春勇　西南交通大学
唐　震　河海大学
唐德淼　无锡城市职业技术学院
涂辉文　浙江理工大学
谈　红　东南大学成贤学院
姬　敏　南京邮电大学
黄小军　广州大学
黄庆华　西南大学
黄庐进　华东理工大学
黄启发　江苏大学
黄　河　中山大学
黄　诚　三亚学院
黄爱华　华南理工大学
黄　锐　中央民族大学
黄嘉涛　广东工业大学
黄漫宇　中南财经政法大学
梅沁芳　浙江水利水电学院
曹立斌　东华理工大学
曹洲涛　华南理工大学
曹莉娜　金陵科技学院
曹　巍　中国矿业大学
戚宏亮　黑龙江科技大学
龚　荒　中国矿业大学
龚洪林　三江学院
梁洨洁　天津大学
梁　琳　西南石油大学
彭铁志　湖南女子学院
葛志宏　南京理工大学
程云玺　河南工业大学
程永帅　郑州轻工业大学
程　馨　青岛大学
程　巍　沈阳大学
答百洋　西安欧亚学院
傅克平　南昌大学
焦娟妮　湖南科技学院
曾小春　西安交通大学
曾　成　广东外语外贸大学
曾　萍　云南大学
谢玉华　湖南大学

谢东明	沈阳工业大学（中央校区）	雒　玲	绵阳职业技术学院
谢垚凡	贵州大学	廖素琴	浙江工业大学
雷　宇	绍兴文理学院	熊国钺	同济大学
訾永成	河海大学常州校区	潘　虹	吉林大学
蔡家瑶	海南经贸职业技术学院	霍煜梅	北京邮电大学
裴　蓉	北京理工大学	戴　强	安徽财经大学

衷心感谢各位老师、朋友和读者20多年来的厚爱与帮助！

魏江

2023年秋于杭州良渚

目 录 CONTENTS

第三篇　基于组织的管理沟通

P A R T 1

第一篇

管理沟通理念与策略

什么是沟通？从过程解析，它是不同主体之间信息的正确传递。那么，管理沟通就是为了解决具体的管理问题而开展的有目的的信息传递和反馈的过程。每位管理者，在管理工作中花费时间最多的就是管理沟通，包括从正式会议到非正式商谈、从电话沟通到数字沟通、从口头沟通到笔头沟通等。据统计，基层管理者 40%～50% 的工作时间在沟通，中层管理者 60%～80% 的工作时间在沟通，高层管理者 90% 以上的工作时间在沟通。正是由于沟通，才有了组织活动的正常维系；正是由于良好的沟通，才能更好地实现个人价值并实现职业发展。良好的管理沟通是成功管理的基石，是实现组织整合与协调发展最重要的润滑剂，也是确保组织上下与国家发展战略方向一致的抓手。

管理沟通中最能动的要素是沟通主体和客体，而主客体之间传递的内容是信息，因此，要实现成功的管理沟通，保证信息的正常传递，就需要沟通双方建立换位思考的理念，从沟通客体的角度出发考虑沟通的策略，具备这样的理念是良好管理沟通的第一步，然后再考虑沟通主体的沟通地位和方法，以及沟通信息的组织和设计。

以上述思路为主线，本篇讨论以下四章内容：

第1章　绪　　论

■ 学习目标

学完本章后，你应当能够：

- 掌握管理沟通的概念和要素；
- 认知到高效管理者必须是一个成功的沟通者；
- 掌握管理沟通过程中的五个基本环节；
- 建立起管理沟通的本质是换位思考的理念。

引题　一天工作的"流水账"

我在给EMBA班的学员上第一堂课时，会要求学员回顾记录前一天工作的"流水账"。以下是我随机抽出来的其中两份，你能猜出来A、B两位学员是什么管理岗位的吗？他们最可能在什么性质的单位工作？他们每天的沟通工作占了全部工作时间的多少比例？

A学员的"时间—工作"流水账：

7:00～8:00	起床、吃早餐、送孩子上学
8:00～8:30	赶到公司上班
8:30～9:30	与客户见面商谈产品的质量控制问题
9:30～12:00	开会讨论本公司与美国一家公司关于PI咨询项目合作的问题
12:00～13:00	在食堂吃饭
13:00～14:00	处理下属部门的几个书面报告
14:00～16:00	开会研究公司出现的质量事故问题
16:00～17:00	分别与两个部门商量质量事故的预防措施问题
17:00～18:00	处理几个电话，看几个文件
18:00～20:00	与几个朋友吃饭

B学员的“时间—工作”流水账：

7:00～8:00	吃完早餐、送孩子上学、赶到单位
8:00～9:00	浏览当天的重要新闻和文件
9:00～10:30	写一个上司交办的某重要会议报告要点
10:30～11:30	上司临时通知开会，参加关于当季度发展状况分析会
11:30～11:50	吃饭
12:00～13:30	午休
13:30～14:00	浏览当天的新闻，再次思考下午一个会议的发言提纲
14:00～16:00	参加会议并做了半小时发言
16:00～17:00	继续写上司交办的某重要会议报告要点
17:00～	下班回家

【案例1-1】 一个典型的早晨

我是典型的“夜猫子”，20年来养成这样一个习惯：不到凌晨2:00多就是不睡觉。这带来的最大“痛苦”就是如果第二天早上8:00左右就有事，那么睡眠时间将不到5个小时。今天就是这样的日子，早上8:00我有课，于是，起床后那段时间就成为我当天效率最高的时间段：一边吃点早餐，一边打开日历簿，查看当天的日程安排，发现中午12:30学校战略院有午餐工作会，下午1:30与一个EMBA学员讨论毕业论文，下午2:15与课题组讨论课题，下午4:00在办公室里与几个同事讨论一本书的写作，随后，还要在学校网站上登记趣味运动会的项目，晚上6:30还要给MBA学员上“管理沟通”课。看完日程，再看手机里的几条未读短信、100多条未读微信，以及几个未接电话。等到看完这些常规的信息，肚子里往往也就胡乱塞好了东西，我便拎起包往楼下赶。

在我刚要出门的时候，妻子告诉我昨天小区物业管理公司来过电话，说是要举办一个小区住户讨论会，内容是讨论这次的汽车停车位分配问题，要各个家庭尽可能安排成员参加这次讨论会，还要大家对车位的分配提出一个合理的方案，然后由业主委员会与物业管理公司交涉。

现在是早上7:30，离上课还有半个小时，而从我家到教室耗时大约22分钟，看来，今天的时间还比较“宽裕”，我便不着急赶路。于是，在开车去上班的路上，我开始跟今天要见面或讨论问题的各个人约时间。结果，我给5个人打电话，发现有3个人的手机处于忙碌状态。我忍不住抱怨：什么事情那么忙？怎么电话也打不进去？正巧，当车子开到一个十字路口的时候，我看到我读博士期间的一位同学也在路口。仔细一想，我和他毕业后已经有10年没有凑在一起聊天了，尽管两家的路途不到10分钟车程。我不禁有些感慨起来：当初一起打扑克的哥们儿，怎么一转眼那么多年没有在一起好好聊聊了？

当我上午上完课，回到办公楼，还没有进办公室就遇到了行政秘书，她给我拿来了几份材料：一份是某学校副教授晋升教授的评审材料，上面写着×月×日交，也就是3天内要评审完；还有两份是要评阅的博士生毕业论文，一看时间，还好，10天之内寄出评阅结果。可拿到这两份毕业论文粗粗一翻，头痛！又有大量的数据、公式、晦涩的文字要读。唉，每年在读这些晦涩的文字上，不知道要花费多少时间！

我到了办公室门口，在门上的信箱里看到了一个学校会议通知——要我参加一个关于研究生培养的工作会议，以及一张来自教科书销售商的广告卡片。但我一对照日程，发现会议时间与我的一个上课时间冲突。我打算马上向组织者打电话告知他我不能参加，可发现通知上竟然没有对方的联系电话——我还得去问别人。广告卡片倒好处理，反正丢到垃圾桶里就可以了。

可直到现在，我还没有打开办公室的门。

- 生活中的沟通是怎么四处渗透的？
- 在开始新的一天之前，我已经做了多少沟通？
- 我今天有多少件沟通活动要安排？
- 在这些沟通中哪些是必要的，哪些是不必要的？

1.1 管理与沟通

沟通对每个管理者来说，如影随形，无处不在，它是管理者职业生涯中最重要的组成部分。案例1-1描写的就是日常会发生的事情，而我们在工作中碰到的各种摩擦与障碍，就是这些日常的沟通问题没有处理好所引起的，比如：

- 每天接到那些没有计划的通知，突然被要求去参加会议，而事实上，大部分会议与自己的本职工作没有直接联系；
- 每天接到各种电话要自己应对各种不必要的采访、面谈，结果，一天下来什么事情都没有做成，工作效率低下；
- 每天去教室给各类学员讲课，去讲“如何有效沟通”，但讲完之后，学员还是采用老一套的沟通方法，我行我素；
- 每天要与那些不愿意倾听，却喜欢对任何事情争论不休的员工共事，内心很不愿意，但还得天天面对。

要处理好这些问题，就得掌握沟通的艺术。沟通就是通常所说的信息交流，由于信息交流方式日益多样，沟通的外延也得到不断发展。沟通可以分为三种形式：一是通信工具之间的信息交流——这是通信科学技术所研究的问题，如通信卫星、电视、传真、电话、电子邮件等；二是人与机器之间的信息交流——这是工程心理学所研究的课题；三是组织和组织之间、人和人之间的信息交流——这是社会心理学、行为科学和管理心理学所研究的课题。管理学研究的主要是第三种形式的沟通。

沟通作为管理者的基本技能，自行为科学学派创立以来，就成为管理学者研究的基本问题。尽管当初管理沟通并没有被作为一门独立的教学课程加以研究，但其基本思想在行为科学理论中早早萌芽。例如，马斯洛需求层次理论要求管理者在采取激励行为时，充分尊重个体的需求特点，并从管理理论研究上提出了“管理者如何去了解管理对象的需求和动机”这样一个问题。到了 20 世纪 70 年代，明茨伯格提出了管理者 10 个方面的作用，认为管理者的工作角色包括代表人、领导者、联络者、监督者、传播者、发言人、企业家、冲突管理者、资源分配者、谈判者。有人把这 10 个方面的作用综合为愿景设计者、激励者和推动者三个方面的角色。管理者作为愿景设计者，必须把自己设定的愿景转化为下属共同的愿景，这就要求以高超的沟通技巧作为前提；而管理者的愿景要能够对员工产生激励，必要条件是员工的目标能够与管理者的愿景兼容，让愿景产生内在激励，这进一步强化了沟通在管理中的功能。从以上管理经典理论来看，沟通是伴随着管理理论和实践的发展而不断发展的，而且越来越成为管理研究和实践的重要内容。

“管理沟通”课程的教学也有一个发展过程。一方面，从 20 世纪 80 年代中后期开始，我国高校管理类专业中陆续开设了“商务谈判”“公共关系”“谈判技巧”“推销技巧”等这样的课程。在这个阶段，管理沟通的部分具体内容已经开始形成，只是还没有形成专门的“管理沟通”课程内容体系，而“商务谈判”“公共关系”等后来也成为管理沟通技能的重要组成内容。另一方面，国外高校商科教学为我国开设这门课提供了很好的借鉴，像哈佛商学院这样世界著名的教学机构，已经把“管理沟通”作为 MBA 培养的 9 门基本课程之一。由于国内管理教学的发展和国外的影响，我国 MBA 试点高校从 20 世纪 90 年代中期开始开设这门课程。

纵观目前国内外 MBA“管理沟通”课程教学，教学内容设计主要有两个流派。一个流派从行为科学理论来研究管理沟通问题，认为管理沟通来自行为科学理论，管理沟通所研究的对象是一个组织或有机体如何根据听众的特点在复杂的沟通方式和类型中选择相应的沟通策略，并实现沟通。另一个流派则强调有效的沟通技能和行为，认为有效的管理沟通要求掌握笔头沟通和口头沟通的技巧，要求沟通者有机地把清晰的思考和清晰的沟通结合起来，在沟通语言中要强调逻辑、依据、说服力和内在想象力。在这两个流派中，前者强调沟通的思想和理论，后者强调沟通的技能和技巧。

本书认为有效管理者要提高管理沟通的技能，首先必须转变自身的管理理念，因为只有在理念转变的情况下，管理者才可能在工作和实践中提升自身的管理沟通技能。因此，本书把上述两个流派的基本理论和方法结合起来，既分析管理沟通的理念、行为和策略，又分析管理沟通的基本技能和方法。

1.2 管理沟通的内涵与要素

1.2.1 管理沟通的内涵

前面提到了三种沟通形式，其中，管理沟通解决的是在现实管理活动中发生的组织与组织之间、人与组织之间、人与人之间的沟通问题，我们把沟通者为了某一目的，运用一定的策略和手段，将某一信息（或意思）传递给客体或对象，以期取得客体相应的反应和反馈的整个过程称为管理沟通。管理沟通相较于一般的人际沟通，有以下几个特征。

第一，管理沟通是为了达成预定的管理目标。不同于人们平常的“聊天”“打招呼”，管理沟通最关键的特征在于它是管理目标导向的，也就是沟通者希望通过沟通解决管理工作的现实问题。例如为了推进公司改革，组织一个会议传达改革精神；为了激励下属，安排一个面谈；为了建立公司良好形象，召开一次新闻发布会。但是，我们走路时遇到一个熟人问声好，或者由于好长时间没有碰到了，见面时交流一下工作近况，不能算作管理沟通，最多只能称为人际沟通，因为这样的沟通的出发点不是解决管理问题。

第二，管理沟通是沟通双方的相互行为。所谓沟通双方的相互行为，是指沟通者不但要把信息传递给对方，还需要了解对方的反应，确认信息传递出去之后的效果。如果信息传递出去没有达到预期的效果，就说明本次沟通失败了，需要设计另一次沟通。这与我们平时听演唱会、看电视不一样，因为这样的沟通是单向的，而不是双向的。

第三，管理沟通需要有效的中介渠道。沟通首先要有“沟”，无“沟”不“通”，这个“沟”就是中介渠道。管理者为了达成信息的互通，既要建设好流程通道，还要设计好信息传递的载体是口头沟通还是笔头沟通、是正式沟通还是非正式沟通等。

第四，管理沟通需要设计有效的策略。管理沟通是一个复杂的过程，原因在于：①沟通内容的复杂性，包括信息的沟通及情感、思想、观点与态度的交流，内在地表现为人际关系。②沟通心理的复杂性，信息发出者和接收者之间要考虑对方的动机和目的，需要考虑如何改变对方的行为。③沟通信息的复杂性，语言文字含义的复杂性，沟通心理的复杂性，尤其是沟通双方在见解与爱好、背景与经历、政治倾向与意识形态等方面的差异性，以上种种导致信息发出者和接收者对沟通信息的理解具有复杂性，进而导致信息失真。正因为如此，沟通双方（尤其是沟通者）需要制定沟通的策略，以达到有效的结果。

1.2.2 建设性沟通的内涵

由于管理沟通过程的复杂性，因而要完成有效的沟通是比较困难的。为了强调沟通的有效性，我们引入建设性管理沟通的概念。我们先来看下面的例子。

【例子】分析下面三个小贩的沟通技巧差异。

一天，一位老太太拎着篮子去楼下的菜市场买水果。她来到第一个小贩的水果摊前问道：“这李子怎么样？”

“我的李子又大又甜，特别好吃。”小贩回答。

老太太摇了摇头没有买。她向另外一个小贩走去，问道：“你的李子好吃吗？”

“我这里专卖李子，各种各样的李子都有。您要什么样的李子？”

“我要买酸一点儿的。”

“我这篮李子酸得咬一口就流口水，您要多少？”

“来一斤吧。”老太太买完李子继续在市场中逛，她看到一个小贩的摊上也有李子，又大又圆非常抢眼，便问水果摊后的小贩：“你的李子多少钱一斤？”

“您好，您问哪种李子？”

“我要酸一点儿的。”

“别人买李子都要又大又甜的，您为什么要酸的李子呢？”

“我儿媳妇要生孩子了，想吃酸的。”

“老太太，您对儿媳妇真体贴，她想吃酸的，说明她一定能给您生个大胖孙子。您要多少？”

“我再来一斤吧。”老太太被小贩说得很高兴，便又买了一斤。

小贩一边称李子一边继续问：“您知道孕妇最需要什么营养吗？”

“不知道。”

“孕妇特别需要补充维生素。您知道哪种水果含维生素最多吗？”

“不清楚。”

“猕猴桃含有多种维生素，特别适合孕妇。您要给您儿媳妇天天吃猕猴桃，她一高兴，说不定能一下给您生出一对双胞胎。”

“是吗？好啊，那我就再来一斤猕猴桃。”

“您人真好，谁摊上您这样的婆婆，一定有福气。”小贩开始给老太太称猕猴桃，嘴里也不闲着：“我每天都在这儿摆摊，这里的水果都是我当天从批发市场挑选新鲜的批发来的，您儿媳妇要是吃了觉得好，您再来。”

“行。”老太太被小贩说得高兴，提了水果边付账边应承着。

在这个例子中，对比三个小贩与老太太的沟通，显然第三个小贩的沟通最具有艺术性，或者说最具有建设性。第三个小贩不仅把李子卖出去了，而且为老太太提出了很好的建议，这个建议的效果是：不仅卖出去了猕猴桃，更是建立了良好的相互关系。我们就把这样的沟通叫作建设性沟通。

所谓建设性沟通，是指在不损害甚至在改善和巩固人际关系的前提下，帮助管理者进行确切、诚实的管理沟通的方式。建设性沟通具有以下三个方面的重要特征：一是沟通目标是要解决现实的问题，而不仅在于讨他人喜爱，或被社会承认。二是实现信息的准确传递。沟通主体要围绕沟通的目标，在沟通过程中准确、高效地传递信息，避免信息与主题的偏离，也避免给受众传递错误的信息。三是沟通有利于改善或巩固双方的人际关系，在更好地解决问题的前提下，保持良好关系的持续性。

简要地说，建设性沟通是在解决目标问题的前提下强化积极的人际关系的一种实用管理工具。比如，没有建设性沟通，企业就不可能为顾客提供完善的服务，不可能建设性地解决好顾客的抱怨与误解等问题。因此，管理者不仅要培养自身熟练的建设性沟通技巧，而且要帮助下属学习这种技巧。有研究表明，良好的员工间关系及管理者与员工间关系会产生最基本的竞争优势。例如，美国管理沟通研究专家汉森（1986）在调查中发现，在预测 40 家大公司以后 5 年内的盈利能力时，良好的管理者与下属关系的权重是市场占有率、资本紧缺性、公司规模以及销售增长率 4 个重要变量权重之和的 3 倍。因此，建设性沟通不仅是“做人的技巧”，也是管理者与组织获取竞争优势的关键要素。

在本书后面的内容中，我们都是针对建设性沟通来分析的。为了简单起见，书中统一使用管理沟通这个概念。

1.2.3 管理沟通的要素

从对管理沟通内涵的分析中可以发现，成功的管理沟通首先要界定沟通的目标，为达到这样的目标，就需要根据不同的对象提供不同的信息，采取相应的沟通渠道策略与恰当的手段把信息传递给对象。当把信息传递给对象时，要及时识别对象的反应，修正与完善沟通的方式和路径等。由此，我们可以总结出有效的管理沟通应考虑 7 个方面的基本要素：目标、信息源、受众、环境、信息、媒介和反馈。

- 目标：分析整个沟通过程中所要解决的最终问题。
- 信息源：分析是谁发起这个沟通行为的。
- 受众：分析受众的态度——积极受众、中性受众还是消极受众，是关键受众还是非关键受众，是直接受众还是间接受众，是潜在受众还是现实受众。
- 环境：分析沟通的内部环境（包括文化、历史和竞争状况等）、外部环境（如潜在顾客、代理机构状况、当地的或国家的有关媒体等）。
- 信息：分析有多少信息要沟通，受众会产生什么怀疑，谁是信息的受益者，如何组织信息才具有最好的说服力。
- 媒介：口头、笔头、电话、电子邮件、线上线下会议、传真、录像和记者招待会。
- 反馈：沟通是一个过程，而不是一个简单的行为或一个目标。由于不同的听众持有不同的态度，有的是支持的，有的是漠不关心的，有的是反对的，因此在沟通过程中要尽可能地考虑可能出现的各种结果，并给予反馈。

图 1-1 根据管理沟通的要素进行分析，给出了有效管理沟通的初步检核单。

- 你是否明确要实现和能实现的沟通目标？
- 你是否掌握受众个体和组织的背景状况？
- 你是否清楚个人和组织全部受众的需要？
- 你是否组织好沟通过程中所有的相关信息？
- 你是否清晰和有说服力地表达了你的观点？
- 你是否选择了有效的沟通渠道和媒介？
- 你是否为受众提供了其所需的反馈渠道？

图 1-1　有效管理沟通的初步检核单

1.3 管理沟通的作用

管理沟通的作用可以从个体和组织两个方面来考察。从个体角度看，有效沟通的能力往往是决定某个人在职场能否得到提升的关键性格特征之一（Brownell，1986，1990）。沟通能力是一个内涵非常丰富的概念，它包括一系列广泛的活动技能：从写到说，再到体态语言。一个管理者在清醒的时候，至少80%的时间在进行语言沟通，尤其是高层管理者，每天所做的大部分决策事务都是围绕沟通这一核心任务展开的。普林斯顿大学在对1万份人事档案进行分析后发现：智慧、专业技术、经验三者只占一个人成功因素的25%，其余75%取决于良好的人际沟通。哈佛大学的一次调查结果显示，在500名被解职的员工中，因人际沟通不良而导致工作不称职者占82%。可见，沟通能力在一定程度上决定了管理者职业生涯的发展。这也是现在世界各地的商学院开设“商务沟通”课程，为学员提供沟通锻炼场所的原因所在。

从组织的角度看，有效的管理沟通是组织效率和效益提升的有效途径。管理的根本目的在于通过变革提高效率和效益，组织变革的过程中必然会遇到各种阻力和障碍，管理沟通的目的就在于消除这些障碍，或降低变革的阻力，或让阻碍力量中立化，当然，最好是把不利因素转化为有利因素。卡梅隆（1988）调研了一家正在大规模调整的大型制造企业，问了这样两个关键问题：①你在组织调整实施的过程中遇到的最大问题是什么？②你过去进行组织调整的成功经验中，最关键的因素是什么？结果，他得到的答案是：沟通。在被访问人员中，所有人都赞同多沟通总是优于少沟通，并认为与员工过多的沟通也是利大于弊的。

1.4 管理沟通的过程

管理沟通的过程是沟通主体向受众传递信息并获得对方反馈的过程，这个过程可用图1-2表示。该过程是受众、信息源、信息、目标、环境、媒介和反馈7个基本要素的系统整合，其中编码、沟通渠道、译码是沟通过程取得成功的关键环节，它始于主体发出信息，终于得到反馈。沟通过程中仅有绝妙的信息是不够的，只有当信息招致受众做出你期望的反应时才算成功。因此，受众的反应是最为关键的，这也是管理沟通和其他类型的沟通的本质区别。

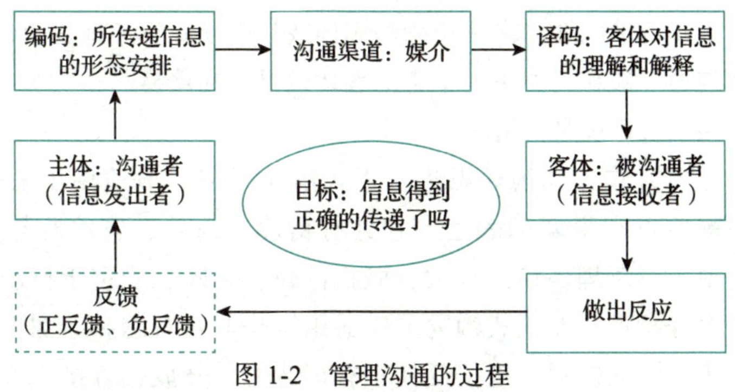

图1-2　管理沟通的过程

为了有效地完成上述沟通过程，要分析好以下五个重要环节。

（1）沟通客体分析。它包括四个基本问题：第一，受众是谁？第二，他们了解什么？第三，他们感觉如何？第四，如何激发他们？这四个问题归结到一点，就是要明确受众需要什么，然后尽量满足他们。在实际管理中，沟通客体可以分为上级、平级和下级三类，相应地，沟通类型也有上行沟通、平行沟通和下行沟通。

（2）沟通主体分析。它分析沟通者自身如何明确沟通目标，在目标的引导下，结合自身的身份地位、良好意愿、专业知识、外表形象和价值取向，选择相应的沟通策略。关键要明确三个问题：第一，我是谁？第二，我在什么地方？第三，我能给受众什么？明确这三个问题，方能不断提高主体的沟通意识和沟通技能。

沟通聚焦 | 关于沟通主体心态的启示

苏格拉底和拉克苏相约去游览一座风景如画的大山。后来他们发现，这座山离他们太远了，他们就算用尽一生的时间，也无法到达。

若干年后，他们两人又相遇了，拉克苏说："我用尽精力奔跑，结果什么都不能看到，这太令人沮丧了。"

苏格拉底问："这一路有许许多多美景，难道你都没有注意到？"

拉克苏一脸尴尬："我只顾朝着遥远的目标奔跑，哪有心思欣赏沿途的风景啊！"

苏格拉底说："那就太遗憾了，当我们追求一个遥远的目标时，切莫忘记，旅途处处有美景。"

（3）信息组织分析。它是实现管理沟通过程的第三个重要环节，成功的沟通者在每次信息沟通发生之前，首先要思考如何完善沟通信息的结构。因此，信息策略的制定，关键在于解决好怎样强调信息、如何组织信息这两个问题。

以上三个关键环节，本书第一篇中分三章来讨论，这里不具体展开。

（4）沟通渠道分析。沟通渠道的选择是指对信息传播媒体的选择，包括口头和笔头、传真、电子邮件、线上线下会议、电话、网络社区等。这里简单讨论不同渠道与选择的影响因素。

- 书面沟通或口头沟通渠道。书面沟通一般在沟通信息需要记录和保存、处理大量细节问题、采用精确的用词或让受众更迅速地接收信息时采用。而口头沟通一般在需要更为丰富的表达效果、在严格与持久性方面的要求较少、无须永久记录时采用。
- 正式或非正式沟通渠道。正式沟通渠道一般适用于法律问题的谈判或关键要点和事实的表达，它具有精确、内敛、技术性与逻辑性强、内容集中、有条理、信息量大、概括性强、果断、着重于行动、重点突出、力度大等特点。非正式沟通渠道适用于获取新观念和新知识的场合，它具有迅速、交互性强、直接反馈、有创造力、开放、直接、流动性强、较灵活等特点。它包括电子邮件、通知、个人之间的口头交流（面对面交流、微信语音）等。

- 个体或群体沟通渠道。个体沟通渠道适用于个人关系的构建，获知他人的反应，获取属于隐私或机密的信息，如当面交流、电话沟通、传真和电子邮件等。群体沟通渠道则适用于团体形象和关系的构建，取得团体的反应，防止排除某人或确保团体中的每个成员都同时接收了你的信息，如各种会议形式。

（5）沟通文化分析。每个沟通策略的制定，都要受到国家、地区、行业、组织、性别、人种、工作团体之间不同的文化内涵的影响。上面讨论过的沟通客体、沟通主体、信息组织和沟通渠道，无一例外地要受到文化因素的影响。

- 从沟通者策略看，不同的文化可能影响沟通者的沟通目标、沟通形式和沟通者的可信度。例如，在团队观念强的组织中，沟通者往往倾向于采取咨询性沟通策略，而在个人观念强的组织中，沟通者可能更倾向于采取指导性沟通策略；独裁者喜欢指导性策略，而民主观念强的人喜欢以咨询性策略进行沟通。
- 从受众策略看，文化因素会影响受众策略的选择。文化取向中对地位、权威和组织形象的不同期望，沟通者对主要受众的选择可能有所不同。同样，不同的文化也会决定不同激励方式的有效性。比如有些文化强调物质财富与“关系”，而另一些则注重工作关系、挑战性因素和个人地位；文化中团队关系和团队形象的相对重要性也决定了个人关系和可信度的变化。
- 从信息策略看，文化差异导致了对不同信息结构的选择。例如，喜好节奏缓慢、仪式性强的谈判方式的文化大多倾向于间接切入主题；偏向节奏快、高效率否定方式的文化则倾向于开门见山。
- 从渠道策略看，文化也可以影响沟通渠道的选择。例如，注重个人信义的文化选择口头沟通和协议，而注重事实和效率的文化则倾向于书面沟通和协议。

1.5 管理沟通的本质：换位思考

下面，我们用一个例子来分析管理沟通的本质。

【例子】5月的一天，某市《都市快报》报道：该市某用户在前一天下午，家里购置的某名牌热水器发生爆裂，使得该用户在物质上和心理上都受到较大的损害。在记者采访时，该用户说：“当时我正在厨房洗菜，突然听到‘砰’的一声响，过去一看，家里的热水器不知道怎么就炸了……幸亏当时我在厨房，否则说不定还会闹出人命来。”当日的报纸还刊登了现场的照片，热水器外壳确实发生爆裂。该事件发生后，引起了媒体和市民极大的关注，《都市快报》明确表示，将对该事件进行跟踪报道，其他媒体也正派记者跟踪此事。第二天，《都市快报》做了跟踪报道，有多家热水器生产厂家对这个事件给予了快速反应：H厂家表示对这个事件会“密切关注”；M厂家表示将以最快的速度组织专家对这次爆裂事件展开调查，如果是生产厂家的责任，它将赔偿全部损失；B厂家在看到报道后马上派专人免费送一台热水器上门，并表示慰问。

现请你就上述几个厂家的反应分别做评述。如果你是该名牌热水器厂家驻该市办事处的负责人，面临这样的事件，你会采取什么对策？

作为热水器生产厂家，要想妥善处理好该事件，首先要分析清楚与该事件相关或者对该事件感兴趣的不同对象：用户、读者、竞争者、消费者、媒体、社会组织（如消费者协会）等。

其次要分析这些不同对象的信息需求特点。我们可以看到，这些不同对象的信息需求是各不相同的。

用户：如何降低自己在物质上和心理上的损害？厂家如何给予安抚或赔偿？

读者：这是什么牌子的热水器？为什么会发生爆裂？自家的热水器安全吗？

竞争者：为什么会发生爆裂？这次爆裂是否给该热水器生产厂家以重大打击？对自己有什么好处？万一自己的产品发生爆裂该如何处理？

消费者：这是什么牌子的热水器？自己家的热水器安全吗？厂家怎么赔偿？

媒体：读者是什么心理？如何利用读者的心理做好这个报道？如何才能最大限度地吸引读者的眼球？

消费者协会：如果消费者要投诉，我们如何处理？如何保护消费者的利益？如何与厂家交涉？

最后根据上述不同对象的信息需求特点，热水器生产厂家应如何采取有效沟通措施以降低负面影响？比如，对于消费者，如何消除他们的恐惧心理？对于竞争者，怎样避免它们利用这个机会攻击自己？对于读者，如何传递一个中肯且负面影响小的信息？对于用户，如何安抚以取得事情的妥善解决？结合上述这些问题，该名牌热水器生产厂家要同时处理好与用户的关系、与媒体的关系，其中前者是根本问题。要处理好与用户的关系，也就是要尽快根据用户的心理特点和实际情况，采取灵活的策略。显然，在H、M、B三家厂家的策略中，B厂家的做法就更高明，正如后来报纸采访B厂家一位负责人时，该负责人所说的：“如果你是用户，家里的热水器爆裂了，你会怎么想？这时候，你最想要的是什么？我们免费送热水器上门，就是要想别人之所想，急别人之所急……”

与上例相类似的事情，在生活中比比皆是。无论何时何地，无论与谁沟通，也无论采取何种方式沟通，要取得成功，没有别的诀窍，唯一的诀窍就是能够站在对方的立场上去思考问题。例如在评价他人前，你可以问自己：如果别人这样评价我，我是否能接受？这样的评价会让对方感觉到真诚吗？在你批评下属之前，你可以先问自己这样一些问题：是我布置的任务不合适，还是没有给对方必要的资源？对方是能力有问题，还是态度有问题？这种先站在对方立场思考问题的方式，其实可以渗透到生活的各个角落。

运用换位思考的方式可以使沟通更有说服力，且帮助沟通者树立良好的信誉。基蒂·洛克（2000）认为，获得信誉有三种方法，包括换位思考、突出正面效应和使用非歧视性语言。在这三种方法中，最根本的方法就是换位思考，因为解决了如何换位思考，突出正面效应和使用非歧视性语言也就比较好做到了。

在沟通的过程中，要做到换位思考，我们必须问自己这样三个问题：

第一，受众需要什么？

第二，我们能给受众什么？

第三，如何把“受众需要的”和“我们能提供的”有机结合？

这三个问题，在本书的第 2 章和第 3 章中将做深入分析。这里以笔头沟通为例，就如何培养换位思考的方式提出一些建议。

在笔头沟通的过程中培养换位思考的方式，就是要求作者从读者的角度出发，重视读者想了解的内容，尊重读者的聪明才智，保护读者的自我意识。洛克就如何在笔头沟通的过程中应用该风格，提出以下 6 个方面的技巧。

（1）不要强调你为读者做了什么，而要强调读者能获得什么或能做什么。以正面或中立的立场，强调读者想要知道的内容。比如

非换位方式：今天下午我们会把你们 9 月 21 日的订货装船发运。

换位方式：你们订购的两个集装箱的服装将于今天下午装船，预计在 9 月 30 日抵达贵处。

由于读者对货物到达日期比何时装船更感兴趣，因此，换位思考方式可以使沟通站在对方的立场上实现。注意，“预计抵达”也为可能的改期发货留有余地，如果你对信息了解不确切的话，应尽你所能告诉对方。

（2）参考读者的具体要求或指令。在商务写作中涉及读者的要求、订单或保单时，要具体指明而不要泛泛地称之为“你的订单或保单”。当对方是个人或小企业主时，这种指明订单内容的做法会显得友善；当对方是与你有生意往来的公司时，我们要列出发票或订单号码。比如

非换位方式：你的订单……

[对个人] 换位方式：你订购的真丝服装……

[对公司] 换位方式：你的第 99035 号发票……

（3）除非我们有把握读者会感兴趣，否则尽量少谈自己的感受。除非是在贺信或慰问信中表露个人的情感，在大多数商务场合中，个人感受都是与业务无关的，应略去。比如

非换位方式：我们很高兴授予你 5 000 元信用额度。

换位方式：你的信用卡有 5 000 元的信用额度。

读者并不关心审批这些常规信用申请时，你是高兴还是烦透了，或者是你对授予一个刚刚达到信用卡申请资格的人这么大的信用额度表示担心，读者关注的焦点都是从他们个人的角度和观点出发的。

（4）不要告诉读者他们将会如何感受或反应。让别人来告诉我们应该如何感受，特别是断言不准确时，会自然导致关系的疏远，因此，作者须避免就读者的感受或反应加以判断。当要告诉读者一个好消息时，直截了当会更好。比如

非换位方式：你会很高兴听到你被公司录用的消息。

换位方式：你通过了公司的全部考核，你被录用了。

（5）涉及褒奖内容时，多用“你”而少用“我”，褒奖的内容与作者或读者都相关时应尽量用“我们”。也就是说，尽量把叙述重点放在读者方面，而不是你或你的公司。比如

非换位方式：我们为所有员工提供健康保险。

换位方式：作为公司的一员，你会享受到健康保险。

（6）涉及贬抑的内容时，避免使用“你”为主语，以保护读者的自我意识。否则，会使读者有受攻击或侮辱之感。一种方法是用指代读者所属群体的名词代替“你们”或“你”，因而读者就不会感到坏消息是专门针对他的。比如

非换位方式：你在发表任何以在该机构工作经历为背景的文章时，必须得到主任的同意。

换位方式：本机构的工作人员在发表以在此工作经历为背景的文章时，必须得到主任的同意。

显然，在沟通的过程中站在对方立场思考问题，从“对方需要什么”作为思考的起点，不仅有助于问题的解决，而且能更好地建立并强化良好的人际关系，达到建设性沟通的目标。

情境模拟训练

52 型飞机的悲剧

1 月 25 日晚上 19:40，Avianca 航空公司 52 型飞机在距离南新泽西海岸上空 37 000 英尺[⊖]高空巡航。这架飞机上的燃油足够维持将近两个小时的飞行，而它到要降落的纽约肯尼迪机场的飞行时间不到半个小时。但就是在这种情况下，飞机经历了一系列降落延误：最初，在 20:00，肯尼迪机场地面交通控制人员告诉 52 型飞机的飞行员，因为机场拥挤，必须在上空

⊖ 1 英尺＝0.304 8 米。

盘旋等待降落。到 20:45，Avianca 飞机上的副驾驶员告诉肯尼迪机场地面交通控制人员，他们“正在燃油短缺的情况下飞行”。肯尼迪机场地面交通控制人员做了应答，但是，这架飞机能否在 21:24 之前降落还不清楚。在这段时间内，Avianca 飞机的机组成员没有给肯尼迪机场燃油紧急、十分危险的信息，只是互相焦急地讨论着燃油逐渐减少的问题。

52 型飞机试图在 21:24 着陆失败了。这架飞机越飞越低，而且视线越来越差，使得安全着陆十分渺茫。当肯尼迪机场地面交通控制人员向飞行员发出第二次着陆的指令时，机组成员再次指出他们在燃油短缺的情况下飞行，但是飞行员告诉地面交通控制人员，在新指定的机场跑道上也可以降落。21:32，52 型飞机的两个引擎不转了。1 分钟后，另外两个引擎也停止了转动。没有燃油的飞机于 21:34 在长岛海滩坠毁，机上 73 人全部遇难。

当调查人员检查飞机上的黑匣子并与当事的地面交通控制人员谈话时，他们发现是沟通的障碍导致了这场悲剧。仔细分析那天晚上发生的事件，飞行员一直在说他们在“燃油短缺的情况下飞行”。地面交通控制人员告诉事故调查人员，这是“飞行员常讲的一句话”，在耽搁的那段时间内，地面交通控制人员假设每架飞机都有燃油短缺的问题。但是，如果 52 型飞机上的飞行员急促地用“燃油紧急、十分危急”这样的字眼，地面交通控制人员就会想办法让这架飞机先于其他飞机降落。正如一位地面交通控制人员指出的，“如果飞行员宣称‘情况危急’，我们就会不顾所有的规章制度，而让他尽快降落在机场”。不幸的是，52 型飞机上的飞行员从未使用“危急”这个字眼，所以，肯尼迪机场的工作人员没有了解飞行员当时的真实情况。

此外，52 型飞机上飞行员的说话语调也没有表现出燃油短缺问题的严重性和紧迫性。这些地面交通控制人员接受过训练，可以在此类情况下辨析飞行员语调的微妙不同。尽管 52 型飞机机组成员之间非常不安地讨论着燃油问题，但是他们与肯尼迪机场工作人员沟通时的语调却十分冷静和正常，飞行员和机场管理部门的文化习惯使得 52 型飞机上的飞行员不愿说明飞机的危急状况。飞行员具备飞行的专业知识，他们对于自己的工作也十分自豪，这导致了上述危险情况的产生，因为提供一次正常的危急请求需要飞行员完成大量的书面报告，而且如果一名飞行员被发现忽略了一次飞行所需要燃油的计算，美国联邦航空管理局就会吊销他的飞机驾驶执照。这些不利的后果强烈地阻止了飞行员进行呼救。

请根据上述事件发生过程的沟通行为分析：①飞行员、地面交通控制人员之间的沟通障碍在哪里？②不同对象的心理特点是如何影响建设性沟通的？③如何解决这样的沟通障碍？

资料来源：HUNSAKER P L, Training in management skills[M]. New Jersey: Prentice Hall, 2001.

总结回顾

- 管理沟通是指为解决具体的管理问题，由沟通者把某一信息（或意思）传递给客体或对象，以期取得其反应或反馈的整个过程。管理沟通有以下特点：
  （1）沟通的信息以语言或文字的方式实现。
  （2）沟通内容包括信息、情感、思想、观点和态度，内在地表现为人际关系。
  （3）沟通过程的心理因素发挥重要作用，沟通结果能改变人的行为。
  （4）沟通中会出现两大障碍：信息失真和心理障碍。
- 管理沟通过程包含 7 个基本要素
  （1）目标：分析整个沟通过程所要解决的最终问题。
  （2）信息源：分析是谁发起这个沟通行为的。

(3) 受众：是积极受众、中性受众还是消极受众，是关键受众还是非关键受众等。
(4) 环境：分析沟通的内部环境和外部环境。
(5) 信息：信息内容的总量、信息组织方式和信息传递策略等。
(6) 媒体：口头、笔头、电话、电子邮件、线上线下会议、传真、录像和记者招待会。
(7) 反馈：对沟通过程中可能出现的各种结果给予考虑与反馈。

- 管理沟通的作用

(1) 对个体：沟通能力在一定程度上决定了管理者职业生涯的发展。
(2) 对组织：沟通是高层管理者的核心任务；沟通有助于消除组织变革中的障碍；沟通有助于组织信息的正式传递，以及人员与群体间的情感交流。

- 管理沟通的策略

(1) 沟通客体策略。它包括四个基本问题：受众是谁？他们了解什么？他们感觉如何？如何激发他们？
(2) 沟通主体策略。它分析三个基本问题：我是谁？我在什么地方？我能给受众什么？
(3) 沟通信息策略。它包括信息组织策略、信息表达策略、导向定位策略、情感尊重策略。
(4) 沟通渠道策略。它主要包括：一是书面沟通或口头沟通渠道。书面沟通易记录和保存，把握细节，用词精确及时；口头沟通表达效果丰富，不能永久记录。二是正式或非正式沟通渠道。正式沟通渠道一般适用于法律问题的谈判或关键要点和事实的表达；非正式沟通渠道适用于获取新观念和新知识的场合。三是个体或群体沟通渠道。个体沟通渠道适用于个人关系的构建，获知他人的反应等；群体沟通渠道则适用于团体形象和关系的构建，取得团体的反应。
(5) 沟通文化策略。它主要包括：分析文化如何影响沟通目标、沟通形式和沟通者的可信度，分析文化因素如何影响受众策略的选择，分析文化差异如何导致对不同信息结构的选择，分析文化因素如何影响沟通渠道的选择。

- 管理沟通的本质是换位思考。在沟通的过程中，我们要学会问三个问题：受众需要什么？我们能给受众什么？如何把“受众需要的”和“我们能提供的”有机结合？

问题讨论

1. 解释为何组织沟通对组织效率来说显得至关重要。
2. 你在大学中的沟通是积极的还是消极的？它是如何影响你在学校中的经历的？
3. 你同意以下观点吗？请给出你的理由。
   - 会议必须给出日程安排，否则开会只是浪费时间。
   - 商业口头报告必须辅以视觉刺激，而且还应给每位听众发一份演讲稿。
   - 在当今的全球市场中，公司发言人必须能使用多种语言。
   - 如果你因为手机响了，必须去回话而离开会议，这没什么关系。
   - 群发电子邮件是把信息传递给组织中每位成员的一个有效方法，并且他们每个人都有责任浏览这些邮件，并对此做出反应。
   - 公司指南应该挂到网上，而不是浪费纸张去打印公司的政策和布告。
   - 信息反馈与提议系统对健康的组织沟通来说是必不可少的。
   - 当真相不利于你和你的公司时，有意识地把信息传达得模糊一点是明智的。
   - 非正式地喝咖啡、聊天，以及下班后共进晚餐，都是了解他人想法的好时机。

案例 1-2

四联纪实：公司不是我的家

今天，恐怕是四联历史上规模最大的一次裁员。我们部门有9个人，今天送走了3个，还有3个要转岗，剩下3个。整个研究院走了30多人，转岗20多人。这是我经历的第二次所谓的战略性调整，有很多感触，却又好像什么都堵在心里，说不出来。干脆简单记录下这段往事，提醒自己。

四联精细化裁员

昨天晚上，研究院秘密召开紧急会议。有20多位责任经理参加，我才清楚了整个裁员过程。3月6日启动计划，3月7日讨论名单，3月8日提交名单，3月9日、3月10日人力资源部门审核并办理手续，3月11日面谈。整个过程一气呵成。

今天就是面谈日，地点在B座一层的两个小会议室。对于进去的人，领导首先肯定他过去的成绩，然后解释战略裁员的意思，告知支付的补偿金数额，递上所有已经办好的材料，并让他在解除劳动关系合同上签字，平均每个人20分钟。被裁的员工事先完全不知情。在面谈之前，他们的一切手续都已被办完，在他们被叫到会议室的同时，他们的邮箱、人力资源地图、IC卡已经全部被注销，而他们在知道消息以后的两个小时之内必须离开公司。

所有这一切，都是在高度保密的过程中进行的。即使我是责任经理，我也只知道明天由我陪同的员工是坐在我隔壁办公位的、朝夕相处两年多的女孩——邵隽。

邵隽

我不知道昨晚我是怎么过的，心情特别不好。根据公司规定，我不能提前告诉她，我只觉得心里堵得慌。和我朝夕相处两年多的同事，明天就要被裁员了，而她一点也不知道。开完会打车回家时，我感到特别疲惫。司机开口了："你怎么会累呢？你们这一行挣钱多容易呀。"我苦笑了一下，没有回答。

早上，邵隽比我到得要早。向她问声"早上好"后，我就心虚得不敢再说一句话了。我照例喂我桌上的小金鱼。研究院乔迁研发大厦的时候，每个人发了两条小金鱼，但因为这帮粗心的研发员工照顾不周，小金鱼能活到现在实在是不容易。邵隽还拿我的鱼开玩笑，说这简直是一个鱼精，居然到现在还能活着。

我不再说话，坐在电脑边发呆，等待着那一刻的到来。电话终于响了，我走到邵隽面前，先和她握手，再叫她去楼下的会议室。她知道去会议室意味着什么。那两个会议室从早忙到晚，所有进去的人，出来后就直接收拾东西走人。但邵隽一直很平静，因为在她之前，我们部门已经进去两个人了。

这次是清涛和邵隽谈的，大家都这么熟了，也不用多说什么，不到5分钟，所有谈话就结束了，邵隽在解除劳动关系合同上签了字，走了出来。邵隽是从FM365转过来的，经历过FM365那次疯狂的裁员，她那次送过好多人，所以她很清楚这一切。

回到办公位的时候，我陪她收拾东西。到午饭时间了，她说："先去食堂吃饭吧。"但我不忍心告诉她，她的IC卡现在已经被注销了，所以我劝她去外边吃。负责另外一个人的责任经理却直接说了出来，还有人告诉她，人力资源地图也已经注销了，当时邵隽明显非常失落，感觉突然和公司一点瓜葛都没有了。

邵隽在四联工作三年了，可就在两个小时之内，四联就不再有她的任何痕迹，她就这么被公司抛弃了。转眼工夫，她就不再是曾经引以为豪的"四联人"了？

中午，部门全体员工去辣婆婆吃散伙饭，不记得大家说了些什么。

下午，我送邵隽到家。路过的一个小学门口在堵车，她说："我还从来没有下午从这里走过，也没见过这群孩子放学。"是啊，我也是每天工作到很晚，白天回家还真不习惯。我在她家坐了一会儿，因为我知道这个时候她心里肯定非常不好受。她说了很多当年FM365的事情。是呀，不管你如何为公司卖命，当公司不需要你的时候，你曾经做的一切都不再有意义。我特意多待了一会儿，听她说话，因为我知道，邵隽虽然表现得很坚强，但我一转身走掉，她很可能会哭的，就像今天被裁掉的许多人一样。

重灾区

服务器、职能部门是这次裁员的重灾区，其中服务器研究室今后可能就不存在了，今天被裁得只剩下5个人。早上我就听说那边已经走空，有几个人哭了，但我没有过去看。有的人情绪非常激动，因为绝对想不到裁员会落在自己头上。但是，战略裁员的意思就是说，不是以你的业绩作为标准，换句话说就是没有标准。有好几个原来的大牛人，甚至是当时重金从外面聘请的博士后，也就那么走了，没有一点儿商量的余地，就连服务器研究室的主任都走了。整个业务方向都不要了，这是谁的错？不知道，我只知道受伤的是最底层的员工，有个清华大学刚毕业的女孩，哭得一塌糊涂。

职能部门的助理几乎走光了。和我熟悉的安欣、秦莉，都还没来得及说再见。现在研究院不设置助理岗位了。前几天在食堂碰见她们，我还称她们是研究院的形象代言人。

武庄也走了，他是我的老战友。我初进四联的那个项目组，到现在还在四联的，只剩下我和郭明亮、金峰了。我还记得，那年我们项目组被号称是研究院的一面旗帜。因为我们开发的内容管理系统，成功地挽救了FM365。后来FM365倒了，我们就支持赢时通。再后来赢时通倒了，于是研究院信息工程研究室也就没有了。整个研究室当年的30多人，到现在还在原岗位的，只剩下我和王江、于兴业了。武庄非常惨，他的老婆怀着孕，而他自己刚刚贷款买了房子。我不敢替他想象未来，因为我不能为他做什么。

这次裁员的重点是新来的员工，以及待了好多年的老四联人。工作10年的、奔50的人，也照样该走就走了。我真想和他们谈谈心，50岁的时候被公司抛弃，不知道会有什么样的感触，我不敢想。回到家里，和小丁聊天，我才知道，服务器的周密走了，这不是新闻，因为服务器的人走得差不多了，但是她的老公也走了！今天他俩还在一起上班，不知道会不会一起回家。他俩和我住在同一个小区，刚结婚不久，刚买的房。

我突然想起第二次世界大战时某位著名将军说的话："我让士兵上战场的时候，我会把他们想象成一堆蚂蚁，而不是人。因为我一想到他们有妻子、孩子、父母，我就不忍心让他们去送死。"不知道领导在讨论名单的时候，是把我们想象成蚂蚁了吗？

到底是谁的错

我在四联的这三年，亲眼见到四联从全面扩张到全面收缩的全过程。当年提出的口号是：高科技的四联、服务的四联、国际化的四联。现在，高科技仅剩下关联应用，而且还不知道能不能成功。代表服务的IT服务群组被划归为C类业务，自身难保。软件设计中心也即将和四联没有任何关系了。四联四面出击，却伤痕累累。

是谁的错？是领导的错！包括FM365在内，这些方向都是被人们看好的，都是挣大钱的，但为什么四联会失败？我不想在这里深究，但只是觉得，领导犯下的错，只有我们普通员工来承担。

四联不是家

这是我亲历两次重大战略调整所得出的结论。我想，我比许多人都体会深刻。员工和公司的关系就是利益关系，千万不要把公司当作家。

当然，这不是说我工作会偷懒。我仍然会好好工作，要对得起四联。同时，我也觉得四联没有欠我的。四联给了我这么好的工作环境，这么好的学习机会，还有不错的待遇。但公司就是公司，公司为我做的这一切，都是因为我能为公司做贡献，绝对不是像爸爸妈妈那种无私奉献的感情。认识到这一点，当我将来离开时，领导会肯定我的业绩，我也会对领导说谢谢，不再会感伤。

这是一个非常经典的管理沟通案例，每当我读这个案例时，我心里就充满了悲凉和无奈感。这里引用这个案例，不代表任何价值倾向。现在请大家讨论以下问题：

1. 这封信之所以产生如此巨大的传播效果，作者采用了什么沟通策略？试运用建设性沟通思路进行分析。

2. 试运用管理沟通的七个要素，分析四联公司管理层在解雇员工时采取的沟通策略。

3. 四联公司在解雇员工的过程中采取的沟通方式有问题吗？问题出在哪里？

4. 当互联网上出现这封信时，如果你是四联的管理层，你会采取什么措施？

第 2 章　沟通客体策略

■ 学习目标

学完本章后，你应当能够：

- 建立从客体价值导向层面进行建设性沟通的思路；
- 有效地运用策略去分析不同类型客体的价值特征；
- 掌握并运用有效的策略实现与上司、下属的沟通；
- 恰当运用语言技巧和信息组织技巧实现沟通目的。

引题　“拉郎配”的故事

在美国的一个农村，住着一个老头，他有三个儿子。大儿子、二儿子都在城里工作，小儿子和他在一起，父子俩相依为命。突然有一天，一个人找到老头，对他说：“尊敬的老人家，我想把你的小儿子带到城里去工作。”老头气愤地说：“不行，绝对不行，你滚出去吧！”这个人说：“如果我在城里给你的儿子找个对象，可以吗？”老头摇摇头：“不行，快滚出去吧！”这个人又说：“如果我给你儿子找的对象，也就是你未来的儿媳妇是美国首富‘石油大王’洛克菲勒的女儿呢？”老头想了又想，让儿子当上洛克菲勒的女婿这件事终于打动了他。

过了几天，这个人找到了洛克菲勒，对他说：“尊敬的洛克菲勒先生，我想给你的女儿找个对象。”洛克菲勒说：“快滚出去吧！”这个人又说：“如果我给你女儿找的对象，也就是你未来的女婿是世界银行的副总裁，可以吗？”洛克菲勒同意了。

又过了几天，这个人找到了世界银行的总裁，对他说：“尊敬的总裁先生，你应该马上任命一个副总裁！”总裁先生摇头说：“不可能，这里这么多副总裁，我为什么还要任命一个副总裁呢？而且必须马上？”这个人说：“如果你任命的副总裁是洛克菲勒的女婿，可以吗？”总裁先生当然同意了。

【案例 2-1】 一位资深司长的忠告

现在企事业单位里的青年干部都非常优秀，特别是在智商方面，我们自叹不如。想想我们自己，工作了这几十年，20多岁不懂事，30多岁没经验，40多岁没成就，50多岁就没希望了。这期间，不知碰过多少“钉子”，而很多错误都是在自己无意识的情况下犯的，甚至许多是犯了禁忌的。回想起来，如果当初有人给我们提个醒儿，或者事先有所请教或了解，就不至于犯那么多“无意识差错”，走那么多弯路。

1. 为什么要事必回复

一次，我亲口交代一位年轻下属给上级部门送一个材料。到了该送到的时候，还不见他回复，我没有催问，怕给他造成我不信任他的感觉。虽然没有联系他，但我一上午老惦记着这件事，一直到中午在楼道里看见他，也不见他有回复我的意思。于是我就问他材料送到了吗，他说送到了，还解释说要送交的那位领导同志不在，他就交给工作人员了。我问他为什么不及时回复我呢，他无语，我也无语。从这以后，我不再专门委托他去办哪怕很小的事。

想想我年轻的时候，肯定经常干这种不负责任的事，认为只要自己做了，心里无愧就行，很少管别人是什么感受，只是后来我委托别人办事的时候，才有这种强烈的感觉，那已经不知得罪了多少人，也不知错过了多少个机会。

2. 为什么工作不建议群发消息

一次，我在干部培训班讲课，学员希望课后加强沟通交流。我说：“请你们把个人邮箱地址告诉我，我好给你们发送相关材料。”一位干部说：“老师，不用那么费事，你发到公共邮箱就行了，大家都能看到，那不就省事了吗？”我说：“我不群发，我会给不同的同学发不同的邮件，还是分别来吧！”

我不是排斥群发。为了工作需要，群发信息或发送到公共邮箱，便于相关人员共享，将工作信息广而告之，这无可厚非。我强调的是，信息发布应该有针对性，必须发的、应该发的、要发的、可以发的、不应该发的，要区别对待，不可滥发。因为我们每天收到的信息轰炸太多，滥发的信息对象混杂、数多量大、质量不高，可能会给正常的工作和生活造成困扰。

3. 为什么说话要建立逻辑框架

一次，小王跟我抱怨，在一个各部门派人参加的讨论会上，轮到他发言时，他说了还没有1分钟，主持人就打断他，不再让他往下说了。听了他的叙述以后，我知道为什么不让他说了。如果遇到要求苛刻的强势领导，认为你没说到点子上，又浪费时间，真的就不让你说了。即使让小王说完，他的问题还是存在，就是他的思路不清，没有围绕主题，所以小王要解决逻辑不清的问题。

讲话的逻辑，不是形式逻辑、“三段论”修辞学一类的东西，而是思维的条理性。一个主题都有必不可少的一些要点，这个“要点”就是思维规律，简单说，就是“是什么、为什么、怎么办”。“谁思想得清楚，谁就表达得清楚。”这是德国哲学家叔本华说的。在通常情况下，我们都是不自觉地去思考和表达，所以就缺乏条理性，这就是所谓的逻辑不清。

4. 为什么不要“两副嘴脸”

一位干部从领导办公室退出，面对着领导时满脸堆笑、点头哈腰，等门一关，回过头来马上就变了一张脸，瞬间表情全无。他的行为让我心里一惊：这脸也变得太快了吧。此人一下子给我留下了很恶劣的印象。其实我们经常见到其他人有这样的表现，在接待不同的客人时用不同的表情。即便是你对我热情对他冷淡，也会让我怀疑你对我的诚意，就像一些餐厅迎接客人时高喊的“热烈欢迎”一样，表情麻木、毫无真情，还不如不喊呢。

与人相见，礼貌是要的，微笑也是很好的，但如果不真诚，没有应有的尊重，职业表情弄巧成拙、适得其反。我们面向社会、面向公众，一视同仁，既不可以假装，也不可以变脸。情不由衷，言不由衷，通俗讲就是“两副嘴脸”，很损害个人形象。真诚地对待所有人，真善美的内心会通过表情表达出来，这是衡量沟通水平高低的内在特征，更是领导力的体现。

资料来源：《机关行为 36“忌”》，张建，人民出版社，2015 年。

2.1 客体导向沟通的意义

在实际沟通中，沟通主体往往只关注自己的价值取向，而忽略了对方的关注点、背景经历、地位、知识结构等，把自己的观点强加给别人，或者沟通者希望传递的信息与接收者理解的信息出现了偏差，最后影响沟通效果，甚至引发内部矛盾。这不仅使得沟通目标难以达成，也有违“文明、和谐”的社会主义核心价值观。成功的管理沟通的本质在于：沟通者能站在对方的立场上思考问题，能够根据客体的需要和特点组织信息、传递信息，实现建设性沟通。以此为主线，本章讨论了以下三个问题：

- 如何分析受众的背景信息？
- 如何根据受众的利益和兴趣传递信息？
- 如何对受众进行分类，并根据不同类型的受众采取相应的沟通策略？

此外，本章还专门就如何与上司、与下属两类客体进行建设性沟通开展专题分析。

管理沟通的本质是沟通者能站在对方的立场上思考问题、传递信息，所以，成功的管理沟通是客体导向沟通。客体导向沟通最根本的前提是要了解沟通对象是谁，分析他们的特点，了解他们的动机，学会和他们接触，通过对客体的深入分析，帮助沟通者根据客体的需要和特点组织信息、传递信息，实现建设性沟通。著名管理学家德鲁克提出了管理沟通的四个基本原则，即要解决以下四个问题：第一，受众能感知到沟通的信息内涵。第二，沟通是一种受众期望的满足。人们习惯于听取他们想听的，而对不熟悉的或威胁性的具有排斥情绪，因此，要有一个循序渐进的过程。第三，沟通能够激发受众的需要。管理者要分析受众花费时间来获取你的信息是否值得；如果我是受众，我自己是否愿意花费时间来获取这些信息。第四，所提供的信息必须是有价值的。如果沟通的信息量很大，受众没有必要来获取所有的信息，因此沟通时所提供的信息应该是有价值的、重要的。

沟通客体（受众）分析策略，就是指要根据受众的需求和利益期望组织沟通信息，调整沟通方式。由于这一策略的运用在使受众更好地理解沟通内容以达到预期目标方面作用重大，因而可以说，沟通客体分析策略是整个沟通过程中最为重要的环节。沟通客体分析策略应先分析以下三个问题：他们是谁？他们了解什么？他们感觉如何？在弄清楚这三个问题之后，再采取相应的策略去激发他们的兴趣。

以前面资深司长的四点忠告为例，这些忠告尽管看上去很简单，但要做到却很难。要做好这些工作中的细节，其实就是要建立建设性沟通的理念，以沟通客体的价值导向来检讨自身的沟通行为。

第一，我们为什么要事必回复？对别人交办事情的回复，是沟通客体的反馈策略问题。在日常管理沟通中，做到件件有着落，事事有回音，他人就会对你放心，这样，他人遇到重要的事，不论大与小，一定会想起你来。具备这样品格的人，绝不会只对上级讲信誉，对同事、对外人、对下属都能一样相处，这样便建立了沟通者的承诺度和可信度。

第二，为什么工作中不建议群发消息？我们不妨做个试验，对同样一个邮件，在公共邮箱里群发了 50 个人，只能收到几个人的回复，但如果挨个一对一发，可能 90% 以上的人都会回复，而且回复的人还会提很多意见和建议。原因很简单，一对一发是对别人的尊重，在管理沟通中称为沟通的针对性，有利于提高沟通的效果。

第三，为什么说话要建立逻辑框架？这是信息组织的策略。沟通不是我自己说了什么，而是对方理解了什么。站在受众角度去设计沟通逻辑，有助于他人理解你的信息。这种逻辑用在写文章时，就是“提出问题—分析问题—解决问题”，也可以是“论点—论据—论证”，或是“从哪里来—现在何处—向何处去”。很短的文章和讲话，同样离不开逻辑框架，养成这样的习惯，对我们任何时候讲话都有帮助。

第四，为什么不要“两副嘴脸”？这是沟通中尊重礼仪礼节和言行一致的要求。俗话说面由心生，你的变脸表情道出了你的扭曲性格，感情不真，笑得再灿烂也是假的。这种假装和不自然，都会影响我们与人沟通的效果。“己欲立而立人，己欲达而达人”，真诚沟通决定了一个人的领导艺术和管理水平。

总体来说，以上四个方面仅仅是我们在日常沟通中的一些细节，如果能够把发生在实际工作中的细节有效地解决好，就是受众导向的沟通，有助于最大限度地消除沟通双方之间的认知隔阂，达成沟通的目标。为此，本章将重点讨论如何分析客体——受众，并根据受众的特点制定沟通策略。

2.2 沟通对象的特点分析

2.2.1 他们是谁

对于沟通对象的特点分析，首先解决“他们是谁”的问题。这个问题分析的目的在于解决“以谁为中心进行沟通”。要解决这一问题，具体可以从以下两个方面入手。

1. 哪些人属于受众范畴

在很多沟通场合中，沟通者可能拥有或考虑到会拥有多个不同的受众（群），当对象超过一人，就应当根据其中对沟通目标影响最大的人或团体调整沟通内容。一般来说，沟通中的受众包括以下六类。

第一类为最初对象。他们最先收到信息，有时你准备的一些文件就是这些最初对象要求你提供的。

第二类是守门人，即沟通者和最终受众之间的“桥梁受众”。他们有权阻止将你的信息传递给其他对象，因而他们也有权决定你的信息是否能够传递给主要对象。有时让你起草文件的就是守门人，有时守门人在公司的更高层，有时守门人来自企业外部。守门人分析在于判断是否必须通过此人来传达信息，若存在，则判断他是否因为某些理由而改变信息或封锁信息。

第三类是主要受众，又称直接受众，即那些直接自沟通者处获得口头或书面信息的人或团体。他们可以决定是否接受你的建议，是否按照你的提议行动，各种信息只有传递给主要对象才能达到预期的目的。

第四类是次要受众，又称间接受众，即那些间接获得信息，或通过道听途说，或受到信息波及的人或团体。他们可能会对你的提议发表意见，或在你的提议得到批准后负责具体实施。

第五类是意见领袖，即受众中有强大影响力的、非正式的人或团体。他们可能没有权力阻止信息传递，但他们可能因为拥有政治地位、社会地位和经济实力，从而对你的信息产生巨大的影响。

第六类是关键决策者，即最后且可能最重要的，可以影响整个沟通结果的关键决策者。若存在，则要依据他们的判断标准调整信息内容。

要说明的是，上述六类受众中的某几类可以是一个人充当，比如负责人常常既是最初对象又是守门人；有时最初对象既是主要受众，还要负责对文件的提议付诸实施。

【例子】李刚是一家广告公司的财务经理助理，他的上司让他起草一份关于客户新推出的一个产品的市场营销策划书。为了成功起草这份策划书，他分析出，该策划书的主要受众是客户公司的执行机构，因为由它们决定是否采用他的策划书。次要受众是客户公司的市场营销人员，他们会提出一些建议，其他次要受众还包括广告策划艺术人员、文案写作者和发布广告的媒体，这些人会在方案获得批准后负责细节的落实。在他的策划书交给客户之前，还需要获得他的上司批准，所以他的上司既是最初对象，也是守门人。

2. 怎样了解你的受众

一旦确定了受众的范畴，就应进行仔细的分析。有时可以借助市场调研或其他已有的数据，但在大多数情况下，对受众的分析是相当客观的，即要站在他们的立场上，想象自己是其中的一员在向所信任的人征询意见或在回忆所获的印象。

第一，分析受众中的每位成员。可以对受众成员逐一进行分析，考虑他们的教育层次、专业培训经历、年龄、性别及兴趣爱好，他们的意见、喜好、期望和态度各是什么。

第二，对受众做整体分析。通过分组的方式对受众进行框架式分析，如受众的群体特征是什么，立场如何，他们的共同规范、传统、标准准则与价值观是什么样的。

|沟通聚焦|

以下内容摘录于某外企销售部的员工手册。

1. 客户的拒绝有三种：一是拒绝销售人员；二是客户本身有问题；三是对公司或者公司产品没有信心。拒绝是客户的习惯性反射动作，但正是客户的拒绝，才使我们开始了解客户真正的想法。

2. 拒绝处理是导入成交的最好时机。拒绝处理的技术要从分析中国人的个性着手。

3. 中国人记性奇好，所以，对客户的承诺一定要兑现，否则成交机会永远不会青睐你。

4. 中国人爱美，所以，销售人员给人的第一印象很重要。

5. 中国人喜欢建立交情，所以，你也要和你的客户建立交情。

6. 中国人习惯看脸色，很多表情都写在脸上，所以，你要注意察言观色。

7. 中国人注重自己的社会形象，所以，你要尊重并维护客户的社会形象。

8. 中国人不容易相信别人，但是，对于已经相信的人却深信不疑，所以，销售人员最重要的是获得客户的信任。

9. 中国人不爱“马上”，喜欢三思而后行，所以，你要在合适时机让你的客户做决定。

10. 中国人内敛、谦逊，但喜欢被赞美，所以，你要学会赞美客户。

以上十条或许并不完全适合所有的客户，但至少传递了这样一个信息：了解客户的心理是销售人员获得成功的前提。这或许也可以算是与客户沟通的技巧之所在。

2.2.2　他们了解什么

通过上述分析，可以明确受众的类型，现在应进一步分析的是：“在特定的沟通过程中，受众已经了解且仍需了解的是什么？”其中，特别需要解决的是以下三个问题。

1. 受众对背景资料的了解情况

分析有多少背景资料是受众需要了解的，沟通的主题他们已经了解多少，有多少专业术语是他们能够理解的。若受众对了解背景资料的需求较低，就不需要在无谓的背景资料介绍上花费时间；若受众对了解背景资料的需求较高，则应该准确地定义陌生的术语和行话，将新信息和他们已经掌握的信息结合起来，并给出非常清晰的结构。

2. 受众对新信息的需求

对于沟通的主题，沟通者要分析受众需要了解什么新信息，他们还需要多少细节和例证。对新信息需求高的受众，则应提供足够的例证、统计资料、数据及其他材料。对新信息需求低的受众，比如有的受众倾向于依赖专家意见，把做出判断的权力交给了沟通者，则主要向这些受众提供决策的建议。概括而言，沟通者应考虑受众实际需要什么信息，而不要只考虑能为他们提供什么信息。

3. 受众的期望和偏好

在沟通的风格、渠道和方式方面，沟通者要分析受众更偏向于哪一种。具体地，在风格偏好上，要分析受众在文化、组织和个人的风格上是否有偏好，比如正式或非正式、直接或婉转、互动性或非互动性的交流形式。在分析渠道偏好时，沟通者则要分析受众在渠道选择上的偏好，比如书面还是口头、书面报告还是电子邮件、小组讨论还是个人交谈。

【例子】某公司董事长有一个习惯，就是轻易不接受下属的直接口头汇报工作，而要求用书面的方式提交报告，而且要求递交的报告遵守“丘吉尔法则”，即每个报告不超过一页纸。董事长审阅递交的报告后，认为有必要找报告人面谈的，再约定一个具体的时间；不需要自己面谈的，就转交给相关部门的经办人去办理。该董事长的体会是，只有这样，工作时间才是自己的。

假定你的上司也是这样一种管理风格，显然笔头沟通是有效的沟通渠道，而且从这种管理风格看，你的上司的时间管理意识很强。因此，即使在提交书面报告时，你也应该“长话短说”，简明扼要地表述你的想法，以尽可能少的笔墨让你的上司对你的汇报感兴趣。

2.2.3 他们感觉如何

分析受众的感觉，就是要掌握受众会如何想。为使沟通者在其对受众的沟通过程中可能产生的情感反应有一定了解，沟通者需要解决以下问题。

1. 受众对你的信息感兴趣程度如何

这是一个非常关键的问题，沟通者要分析受众对沟通主题及结果的关注程度，或者他们认真阅读或聆听信息的可能性大小，从而为自己制定沟通策略提供依据。对受众来说，如果沟通信息对他们的财务状况、组织地位、价值体系、人生目标产生较大影响，那么他们就会对信息产生较大的兴趣。根据这些问题的考虑，受众可能出现三种意见倾向：正面，负面，中立。若估计受众会表现出正面或中立的意见倾向，沟通者只需强调信息中的利益部分以加强他们的信念；若估计受众会出现负面意见倾向，则要运用以下技巧：

- 将预期的反对意见在开始时就提出来，并做出反应，如列出反对意见加以驳斥，这要比受众自己提出反对意见更有说服力。
- 先列出受众可能同意的几个观点。若他们赞成其中的两三个关键之处，那么他们接受沟通者整体思想的可能性就比较大。
- 首先令受众同意问题确实存在，然后解决该问题。

2. 你所预期的行动对受众来说是否容易做到

考虑你预期的行动对受众来说，完成的难易程度如何，他们是否会感到过于耗时、过于复杂或过于艰难。若你估计你预期的行动对受众比较难，则一定要强化你所希望的行动对于受众的利益和信念；若过于艰难，则要采取下述对策：

- 将行动细化为更小的要求，“积跬步以致千里”。
- 尽可能简化步骤，如设计便于填写的问题列表。
- 提供可供遵循的程序清单和问题检核单。

2.3　激发受众兴趣

2.3.1　以明确受众利益激发兴趣

对受众背景分析的最直接动机是明确受众的利益，创造出高效的受众价值。受众的利益包括他们在接受你的产品、服务和信息后，或者根据你的建议执行相关的活动过程中所能够得到的好处和收益。总体来说，受众的利益有两类。

第一类是具体好处，即强调某一事物的价值或重要性（但不要夸张）。

第二类是事业发展和完成任务过程中的利益，包括：

- 向受众展示沟通者所表达的信息对他们目前的工作有所裨益。
- 任务本身驱动，如受众往往会更喜欢接受任务的挑战或者共同处理艰巨的工作。
- 对个人事业的发展或声望感兴趣，如表明你的沟通内容将有效地帮助他们得到组织或上司的重视，有利于他们获得声誉和建立交际网络。

比如，在说明性公文中，强调读者的受益可以用来解释为何要执行你宣布的政策，说明该政策是好的；在劝说性沟通中，强调受众为什么能在实施你的建议后，有助于他们实现自己的目标，从而克服对方的抵触情绪。再如，你想劝说经销商销售你的商品，给经销商展示的商品广告从消费者角度说明的种种理由，包括颜色漂亮、线条流畅、使用方便、经久耐用、价格合理等，并不一定能激发经销商的兴趣；为了让你的商品更有吸引力，可能试着从营业额、预期利润、旨在唤起消费者认同和兴趣的全国性广告宣传层面的设想等方面说服经销商更有效果。

简单地说，以明确受众利益激发兴趣，就是解决“什么能打动他们”的问题。以引题“拉郎配”这个小故事为例可以说明这一点。首先，沟通在于寻找对象的价值需求。很多看起来似乎不可能的事情，之所以不可能，关键在于不能找到让对方接受的理由，因此，沟通之前先找到对方的价值需求特征，是成功的管理沟通的前提。其次，沟通者要掌握尽可能充分的信息。

我们来看引题“拉郎配”这个小故事，该故事中沟通主体掌握了洛克菲勒、世界银行总裁的信息，也掌握了农村老头的信息，而沟通主体利用多个沟通对象之间信息不对称的机会，找到了能满足各个沟通对象需求的理由，促进了沟通的成功。在实际情况中，沟通对象有时确实不知道自身的需要，或者对自己的价值需求是模糊的，沟通者通过帮助对方识别自己的需求，从而达到沟通的目的。概括地说，这个小故事强调了如何根据沟通对象的价值需求分析实现沟通目标。

为了更好地通过明确并传递受众利益以激发他们的兴趣，有两点是显然的，首先要明确受众的利益，其次是把这些利益通过恰当的信息传递给受众。对于不同的受众及他们所期望的不同的利益，有的利益是直接的，因而沟通者比较容易识别，沟通时能够明白地告知受众。有的利益是只可意会而不可言传的，沟通者就需要深入了解和发掘。对于后一种类型的利益，使用下面的技巧可能有助于我们去确认受众的利益：

- 了解能引起受众需求动机的感受、恐惧和欲望。
- 找出自己产品的客观性能或政策中有助于实现这些感受（恐惧或欲望）的特点。
- 说明受众怎样利用介绍的产品和政策才能达到他们自身的需求。

洛克认为，了解受众的感受、恐惧和欲望可以从马斯洛需求层次理论的角度分析入手，以某产品为例，通常企业所提供的产品能同时满足几个不同层次的需求，在信息沟通过程中，应重点强调与受众最相关的内容。比如薪水已经很高的经理，整日忧心忡忡，那么，其原因可能是妻子刚刚失业，而他们得同时抚养孩子和赡养老人。由此，在沟通时就要针对受众的具体需求动机提供相应的沟通信息。

寻找针对受众具体需求的沟通信息，关键在于找出自己产品的客观性能或政策有助于实现这种感受（恐惧、欲望）的理由。有的受众需求，其满足条件是显而易见的；有的要有很多条件才能满足，在考虑时力求全面。假如你想劝说人们到你的饭店消费，的确，每个人都要吃饭，但是仅仅说明可以在这里解决饥饿问题显然是很难吸引人们到你的饭店来的，必须根据人们的要求安排不同的沟通信息，具体以表 2-1 为例说明。

表 2-1　为不同就餐者提供的不同用餐服务和体验

人　群	特　色
在外打工族	快餐式中餐；适合同事聚会、客户洽谈的轻松场所
孩子尚小的家长	高座椅、儿童餐、等着上菜时供孩子嬉戏的娱乐设施
常常外出吃饭的人	富于变化的食品和餐厅装饰
囊中羞涩者	经济食品而且不用付小费（咖啡馆或快餐店）
特殊要求	低钠食品、低热量食品、素食、清真食品
以外出用餐作为晚间消遣的人	音乐伴奏、歌舞表演、优雅的就餐环境，餐后观看表演的订座服务，看完表演后仍可就餐的晚间服务

资料来源：洛克，麦基维茨，奥妮，等．商务与管理沟通 [M]. 张华，赵银德，管叶峰，等译．北京：机械工业出版社，2022.

说明受众如何利用介绍的产品或政策才能达到他们自身的要求。仅强调特色未必能引起受众的购买欲望，把特色同受众的利益相结合，提供必要的细节，会使受众对预期受益产生更生动的理解，所以在许多时候，对受众受益的描述一定要具体。现引用洛克的一个例子：

简单化：我们店备有拼图猜谜游戏。

具体化：您可以边等比萨饼，边让孩子们玩 MINICAL 拼图猜谜游戏。如果他们还没猜出谜底，食物就来了（因为食物上得很快之故），可以把谜语带回家或下次再来时继续。

2.3.2　通过可信度激发受众

当受众对主题的涉及和关注程度越小时，沟通者就越应该以可信度作为驱动因素，具体策略有：

一是通过确立“共同价值观”的可信度激发受众。以“共同价值观”的可信度驱动，就是构建与受众的“共同出发点”。如果在一开始就能和受众达成一致，在以后的沟通中就更容易改变他们的观点。从共同点出发，即使讨论的是完全不相关的话题，也能增强你在沟通主题上的说服力。比如先谈及与受众在最终目标上的一致性，而后表明为达到目标在方式上存在的不同意见，这样不同的意见也容易被受众所接受。

二是以传递良好意愿与“互惠”技巧激发受众。遵循“投桃报李，礼尚往来”的原则，通过给予利益而得到自己的利益，通过自己让步换得对方的让步。

三是运用地位可信度与惩罚技巧激发受众。地位可信度的一种极端驱动方式就是恐吓与惩罚，如斥责、减薪、降职乃至解职。但只有在你能确保对方顺从且确信能消除不良行为的产生时，这种方式才能奏效。

运用可信度激发受众的前提是沟通者要设法提升自身的可信度。沟通者提升可信度的策略在第 4 章中有论述。

2.3.3 通过信息结构激发受众

通过信息结构激发受众，即利用信息内容的开场白、主体和结尾等结构的合理安排来激发受众。

通过开场白激发受众，就是从开头起就吸引受众的注意力。比如一开始就列举受众可能得到的利益；先列举存在的问题，采用“提出问题—解决问题”的模式；先讨论和明确话题与受众之间的关系，唤起受众的兴趣。

通过沟通内容的主体激发受众，就是通过适当的内容安排在沟通过程中增加说服力，具体技巧有：

- “直接灌输”法，即通过先列举一系列的反对意见并立即加以驳斥，或直接向受众“灌输”自己对可能引起的反对意见的不予认可。
- “循序渐进”法，即将行动细化为可能的最小要求，然后使得这些要求逐步得到更大的满足。
- “开门见山”法，即先提出一个过分的且极可能遭到拒绝的要求，然后再提出较适度的要求，因而后者更可能被接受。
- “双向比较”法，即将受众可能提出的反对意见和自己注重的观点加以比较阐述，并表现得更为中立与合情合理。

通过信息结尾安排激发受众，就是通过简化目标实现步骤以激发受众兴趣。例如列出便于填写的问题表或易于遵循的检核单，或列出下一步骤或下一行动的具体内容。

2.4 受众类型分析和策略选择

成功的沟通首先要分析沟通环境、沟通目标以及沟通双方的关系。在此基础上，进一步分析沟通的对象，从而选择相应的策略。其中，沟通目标在绪论中结合目标策略做了讨论。本节将围绕沟通对象（个体）分析和相应的策略分析这两个方面做深入讨论。

2.4.1 沟通对象的类型

学习型组织强调团队合作的重要性。制定好的决策需要互补的团队，而一个互补的团队就需要由不同知识背景、风格和性格的团队成员组成。这就要求每个成员掌握沟通的技巧，在面对面沟通中，能快速对沟通对象的反应做出判断，这将直接影响沟通策略的选择。如果不能对沟通对象的反应有正确的判断，将会出现沟通的中断、人际关系的恶化，使得最终问题得不到解决。

管理沟通的过程是管理者推销自己观点的过程。在沟通策略的选择上，管理者要根据对象的不同类型做选择。但前提是管理者对自我的正确认识，要坚持“人所欲，施于人”的理念，而不是“己所欲，施于人”的理念进行沟通，要把注意力放在与你谈话的人身上。管理者应该不断问自己这样一个问题：“如果别人这样与你沟通，你认为对方犯了什么错误？”

沟通对象由于心理需求、性格、信息处理方式、人际关系处理风格、气质、管理风格等方面的不同，可分为不同的类型：

- 由于心理需求的不同，人可以分为成就需要型、交往需要型和权力需要型三类。
- 根据性格的不同，卡尔·荣格把人分为内向型和外向型两类。
- 根据信息处理方式的不同，卡尔·荣格把人分为思考型、感觉型、直觉型和知觉型四类。
- 根据人际关系处理风格的不同，凯瑟琳·迈尔斯和伊莎贝尔·布里格斯把人分为统治指挥者、社会活动者、平和处世者和谨慎思考者四个群体。
- 根据个体气质的不同，可以分为分析型、规则型、实干型和同情型四类。
- 根据个体管理风格的不同，把管理者分为创新型、官僚型、整合型、实干型四类。

针对不同类型的人，在沟通过程中应采用不同的策略。现在对不同分类法下的个体特点及相应的策略进行分析，重点将针对不同管理风格下的沟通策略做具体的讨论。

2.4.2 心理需求分析及沟通策略

不同个体由于心理需求的不同可分为成就需要型、交往需要型和权力需要型三类。承认不同个体的需要特点，在沟通时朝着满足他人需要的目标努力，既有助于问题的解决，又有助于建立良好的人际关系，以实现建设性沟通。

1. 成就需要型

成就需要型的人通常为自己建立具体的、可以衡量的目标或标准，并且在工作中朝着目标努力，直到实现他们的目标。他们总想做得更好，或比他们过去做得更好，或是比其他人做得更好，或是要突破现行的标准。在与这类人沟通时，我们可以采取的策略是：

> 要充分认同这类人对工作的责任感，沟通过程不要输出“你们要认真负责，要把事情做好”之类的信息；沟通时应给予他们大量的反馈信息，要对他们表示肯定的态度，比如告诉他们“你们的工作做得很好”。

关于这类人，对于下一次挑战，他们从来不会说“干不了”，他们的满足感来自已经实现的目标。

2. 交往需要型

交往需要型的人更看重友情和真诚的工作关系，令他们愉快的是能有一种和谐的、既有付出又有收获的轻松工作氛围。交往的需要驱使他们写很多电子邮件，打很多电话，花费很多时间与同事沟通。在与这类对象沟通时，我们可以采取以下策略：

以交朋友的姿态和口气与他们交流，要设法与他们建立良好的人际关系。从理念上，应该始终坚持平等相待的原则。在具体沟通过程中，可以先询问他们的家庭情况、生活情况（如聊聊周末的计划安排），了解他们的兴趣爱好，甚至可以与他们在参加活动的过程中以轻松的氛围交流一些看法，与他们交流对一些事物的想法和感受。

3. 权力需要型

权力需要型的人热衷于对工作负责，具有很强的权力欲。他们瞄准权力，以便使自己能够事事做主，决定自己和他人的命运。他们渴望一种权威作为他们权力的象征。交流中他们果断行事，而且在大多数交流场合能够影响他人。在与这类人沟通时，我们可以采取的策略是：

应采用咨询和建议的方式，而尽量不要以命令和指导的方式。要认同他们在工作中的职责，在沟通时要对他们的职责给予肯定。在倾听的过程中，对于对方的影响力要特别表现出你的兴趣。

沟通训练

（1）对于权力需要型的人，你认为应采取何种信息组织方式？在倾听时，又应采取何种倾听反应策略？

（2）请按照上述三类划分方式，首先，把你周围熟悉的人归类填入表 2-2 中（每个类型至少 3 人以上，使之有代表性）；其次，分析平时自己与他们沟通时的策略和存在的问题；最后，对照建议策略，思考并完善与他们沟通的策略。

表 2-2 不同需求的对象归类和沟通策略选择

类　型	代表性人物	过去存在的问题和经验	以后沟通的对策
成就需要型			
交往需要型			
权力需要型			

2.4.3 信息处理风格和沟通策略

自我测试

在讨论本部分之前，先做一下本章末的“自我认知风格测试”，帮助你认识自己的信息处理风格。

根据不同个体在捕捉和处理信息上的方式不同，可以将他们分为思考型、感觉型、直觉型和知觉型四类。大多数人偏好这四类中的某一种，如果需要，有时也会运用其他方式，但总体来说，人们有一种偏向性地捕捉、处理信息的风格。下面通过不同类型的分析，以寻求沟通的策略。

1. 思考型

思考型的人，思路非常清晰，思考富有逻辑性。他们富有条理，善于分析和领会事物的本质，也善于运用事实和数据来做系统的分析与研究。当与思考型的人沟通时，我们可考虑以下策略或思路：

首先，为思考型的人提供机会，使他们帮助你概括地描述你想表达的理论和概念。你要虚心，以谦虚的态度，以需要理论和逻辑思维方面寻求帮助的态度与他们沟通。其次，给予他们充分的信息，使他们通过逻辑推理得出结论。最后，不掺杂任何个人观点，客观地对待事物，并保持始终如一。

2. 感觉型

感觉型的人，基于他们个人的价值观和判断能力来对待事物，而不是在充分权衡利弊的基础上再对问题表示赞成或反对。他们温和、开朗、善交际，能与人友好交往。他们在团队中善于处理公共关系，商谈事情，做出决策。在与感觉型的人沟通时，我们可考虑以下策略和思路：

你要明确表达你的价值观念，以便使他们能够了解你。在沟通信息的组织上，要突出你对他们的支持，要让他们感觉到你是支持他们的，而不要让他们感觉到有威胁。

3. 直觉型

直觉型的人具有丰富的想象力，并且能够提供具有创造性的想法。他们凭直觉、预感和可能性做事，对他们的第一感觉有很强的自信心。他们善于做长期计划，进行创造性的写作和产生思想。在与直觉型的人沟通时，我们可采取以下策略：

在沟通的过程中，要充分利用和发挥他们的想象力，不要轻易给他们问题的答案，因为他们会觉得没有发挥自己的价值，同时不要轻易否定或批驳他们的观点；要告诉直觉型的人你的想法、你的观察和最终目的，让他们的创造性思维帮助你达到目的。

4. 知觉型

知觉型的人，是实事求是的人。他们精力充沛、富有实践，他们善于行动，而不善于言辞。他们处理问题当机立断。他们善于发起一个活动，签订协议，调解纠纷，将理想转化为行动。在与知觉型的人沟通时，我们可采用以下策略：

不要对事物添加太多的细节和幻想的结论。清晰交流，抓住要点，在实践中获得结果。

| 沟通训练 |

请按照上述四类划分方式，首先，把你周围熟悉的人归类填入表 2-3 中（每个类型至少 3 人以上，使之有代表性）；其次，分析平时自己与他们沟通时的策略和存在的问题；最后，对照文中的建议，思考并完善与他们沟通的策略。

表 2-3　不同风格的对象归类和沟通策略选择

类　型	代表性人物	过去存在的问题和经验	以后沟通的对策
思考型			
感觉型			
直觉型			
知觉型			

2.4.4　气质类型和沟通策略

1. 分析型

分析型的人的创造性思维是非常有价值的。他们对待事物严肃认真，不断战胜自我，常常为了工作置个人生活于不顾，工作是他们生命的一部分。他们擅长推理，善于逻辑思维，独自工作时效果最佳。沟通策略建议如下：

沟通时只要告诉他们你想要的，并且给予他们机会展开计划，给予他们评价的标准，而不要提供太多的细节、常规行为和实际事情干扰分析型的人。当你需要建设性意见时，可以与他们沟通并询问他们的建议。

2. 规则型

规则型的人守信用、认真、忠诚、负责任，他们稳重、谨慎、实际，给人以安全感、不善变化。他们善于做具体的工作，在有计划和有组织的情况下工作效果最好。沟通策略建议如下：

首先，沟通的主要目的在于告诉他们行为的规则、组织形式等。平时要为他们提供有组织的训练，沟通过程中要让他们理解并相信他们的工作系统和组织是可以得到保证的，使他们能够按规则和标准做事。其次，要为他们提供完成任务的详细资料，对于他们的贡献和努力要予以充分肯定。对待他们要守信，不要怀疑他们。最后，若事情发生变化要耐心、详细地向他们解释，以免他们抵制变化。

3. 实干型

实干型的人善于做技术性的、循序渐进的工作。他们富于实践，适应性强，善于调解纷争。他们的工作富有成效，具有一种自发的推动力和活力，并爱好刺激。他们开朗、宽容、灵活且善于处理变化。沟通策略建议如下：

给予他们循序渐进的训练，帮助他们自我调节，并加强时间管理。给予他们大量的自由和多样化的工作，帮助他们从机械的工作中走出来。沟通者应帮助他们完善工作技巧，提高危机意识，并要乐于与他们为伴。

4. 同情型

同情型的人善于帮助、支持和鼓励他人。他们性情温和，有灵性，善于交流。他们最善于创造和谐的工作环境。沟通策略建议如下：

给予富有同情心的人以指导和鼓励，使他们认识到他们的重要性，赞赏他们的贡献。如果必须给予他们否定的反馈，要谨慎行事，不要使他们感觉到这是个人攻击。要给予他们自治权和学习的机会，不要让细节成为负担。

在上面四类人中，实干型和规则型的人较多，占70%～80%，分析型和同情型的人占20%～30%。但不管属于何种类型的气质，本身没有好坏之分，他们以各自的方式展示出各自的价值。作为一个有效的管理者就是要通过不同的沟通技巧，发挥每位下属的工作积极性，使他们积极配合，把问题解决好。

|沟通训练|

请按照上述四类划分方式，首先，把你周围熟悉的人归类填入表2-4中（每个类型4人以上，使之有代表性）；其次，分析平时自己与他们沟通时的策略和存在的问题；最后，对照文中的建议，思考并完善与他们沟通的策略。

表2-4　不同气质的对象归类及沟通策略选择

类　型	代表性人物	过去存在的问题	以后沟通的对策
分析型			
规则型			
实干型			
同情型			

2.5　客体分析专题：与下属沟通

|沟通聚焦|　鸭子只有一条腿

一位名厨的拿手好菜是烤鸭，深受顾客的喜爱，特别是他的老板，更是对他倍加赏识。不过，这个老板从来没有给予过厨师任何鼓励，使得厨师整天闷闷不乐。

有一天，老板从远方来了客人，在家设宴招待贵宾，点了数道菜，其中一道是老板最喜欢吃的烤鸭。厨师奉命行事。然而，当老板夹了一条鸭腿给客人时，却找不到另一条鸭腿，他便问身后的厨师："另一条鸭腿到哪里去了？"

厨师说："老板，我们家里养的鸭子都只有一条腿！"老板感到诧异，但碍于客人在场，不便问个究竟。

饭后，老板便跟着厨师到鸭笼去查个究竟。时值夜晚，鸭子正在睡觉，每只鸭子都只露出一条腿。

厨师指着鸭子说："老板，你看，我们家的鸭子不全都是只有一条腿吗？"

老板听后，便大声拍掌，吵醒鸭子，鸭子当场被惊醒，都站了起来。老板说："鸭子不全是两条腿吗？"

厨师说："对！对！不过，原来只有鼓掌才会有两条腿呀！"

2.5.1 与下属沟通的障碍

组织内部的沟通是有一定指向性的，当所要传达的信息是由组织高层流向低层的，我们称之为下行沟通。在下行沟通中，最可能出现三个方面的障碍。

1. 对下行沟通不重视

由于受中国传统文化和思想的影响，商界与政界一样，管理者平时注重与领导的沟通，而忽视与下属的沟通。管理者为了取得领导的重视与信任，会非常用心地设计沟通的策略与技巧，但往往忽略了与下属沟通的策略与技巧。在现实情况下，所谓的下行沟通往往是单向的、由上而下命令式的沟通，组织内部习惯于上级发号指令，下级无条件执行。除非工作中出现了问题，或者任务完成后需要领导总结，否则上级是不会主动地了解员工的需求以及任务完成状况的。而从激励角度讲，有效的沟通首先应该由上级主动发起，即高层管理者应主动地向下沟通，选择一定的沟通渠道和沟通策略，将任务、指标信息传达给下级，并通过一定的沟通手段，激励员工的工作热情和积极性，让员工知道自己备受重视，从而全身心地投入工作。

在"鸭子只有一条腿"这一故事中，由于老板平时不关注与下属的沟通，也不去关注下属的心理，导致下行沟通阻塞。最后，下属不得不通过上行沟通的方式，向老板传递自己的想法。幸亏这个故事中能干的厨师还有心情去考虑采取策略与老板取得沟通，如果厨师连这个想法也没有了，说明离"炒老板鱿鱼"的日子也不长了。

2. 上下级之间的信息不对称

信息不对称的最重要表现为信息封锁和信息失真。信息封锁主要表现在上级不愿意向下级传递信息，他们会认为"向下级讲这些东西没用，因为下级不会关心公司的事情"，或者"信息就是权力，封锁这些信息就等于控制了自己的地位"，或者"客观上不应该把信息传递给下级"等几种情形。信息失真主要是由于信息沟通渠道的多层次性，沟通双方在立场、价值观、经历和地位等方面的差异性，以及下行沟通过程会出现信息理解上的失真。此外，还由于作为沟通途径的信息传输渠道会在某种程度上受到其他因素的干扰，导致信息的失真。这种影响可能来自信息码的发送者或传输者，也可能来自沟通媒介和渠道。关于组织内部信息不对称给沟通带来的障碍，本书将在第 4.2.1 节“全面对称”中做具体分析。

3. 具体沟通方式不恰当

我们可以从三个层面来看待具体沟通方式不恰当。一是向下属传达指令的方式有问题。不少管理者经常用直接命令的方式要求员工做好这个、完成那个，也许部门看起来非常有效率，但是，这种直接命令方式剥夺了下属自我支配的原则，压抑了下属的创造性思考和积极负责的心理，同时也让下属失去了参与决策的机会。二是管理者对下属赞扬的方式不恰当。它具体表现在：管理层往往很吝惜自己的赞扬，不愿意表扬下属，以为表扬了别人就等于失去了什么；平时没有关注下属的优点，或者关注了没有表达出来；言而无实的表扬，让下属没有感觉到表扬的真诚，笼统地说“你很棒”“你表现很不错”，没有结合具体问题，削弱了表扬的力度。三是没有有效地运用批评的艺术。有些管理者从不当面指责下属，因为他们不知道如何处理指责下属后彼此的人际关系，因而造成下属的不当行为一直无法得到纠正。有些管理者指责下属后，不但没有达到改善下属的目的，反而使下属产生更多的不平和不满。事实上，之所以会产生这样的后果，恐怕还在于我们在批评他人的时候缺乏技巧。

2.5.2　与下属沟通策略

1. 根据下属的“能力 – 意愿”特征选择沟通策略

按照能力和意愿的差异，可以把下属分为高能力高意愿、高能力低意愿、低能力高意愿、低能力低意愿四种类型。在与下属沟通的过程中，识别好下属的“能力—意愿”特征，采取针对性的沟通策略，有助于提高沟通绩效。对于高能力高意愿的员工，沟通过程中不要做过多指导或干涉，员工会尽自己的努力去解决问题，沟通过程中只要授权给他们就可以了。对于高能力低意愿的员工，主要是老员工，沟通过程中可以和他们一起规划其职业生涯，给予充分激励，时刻关注对方的工作积极性，既要关注结果，也要关注过程。对于低能力高意愿的下属，要关注对方工作的过程，采取事先指导、事中询问、事后检查的方式，尽量多一些指导。对于低能力低意愿的下属，只要告诉他们去干什么，不要干什么；告诉他们应该每天按时上班，按时下班；告诉他们如果没有做好就要扣奖金、扣工资就可以了。

【例子】业务员小刘刚办完一个业务回到公司，就被主管马林叫到了他的办公室。

“小刘呀，今天业务办得顺利吗?”

“非常顺利，马主管。”小刘兴奋地说，“我花了很长时间向客户解释我们公司产品的性能，让他们了解我们的产品是最适合他们使用的，并且在别家再也拿不到这么合理的价钱了，因此很顺利地就把公司的机器推销出去 100 台。”

“不错，”马林赞许地说，“但是，你完全了解客户的情况了吗？会不会出现反复的情况呢？你知道我们部的业绩是和推销出去的产品数量密切相关的，如果他们再把货退回来，这对我们的士气打击会很大，你对那家公司的情况真的完全调查清楚了吗？”

“调查清楚了呀，”小刘兴奋的表情消失了，取而代之的是失望的表情，“我是先在网上了解到他们需要供货的消息，又向朋友了解了他们公司的情况，然后才打电话到他们公司去联系的，而且我是通过你批准才出去的呀！”

“别激动嘛，小刘，”马林讪讪地说，“我只是出于对你的关心才多问几句的。”

“关心？”小刘不满道，“你是对我不放心才对吧！”

从“能力－意愿”特征看，很明显，主管马林做错了。马林认为小刘的意愿很好，但可能内心怀疑下属的能力没有达到他的要求，因此过多的询问引起了小刘的不满。对一个自以为意愿与能力都不错的下属来说，当领导怀疑自己的业务能力时，对他肯定是一个打击。因为，小刘相信业务能力是工作的根本，不容上司怀疑。马林由于不了解下属心理，结果双方产生了冲突，影响了彼此的情绪。

2. 主动有效地与员工沟通

之所以上级要主动与员工沟通，是因为组织的上层管理者首先是公司各种政策、信息的发送者，其次组织沟通网络无论怎样建立，管理者都是重要的沟通中枢，对各种下行信息、反馈信息进行着加工、处理和再传送。往往在一个组织中，上下级之间的垂直沟通很重要但又比较容易受障碍和干扰，因此，管理者要从自己管理的组织中获得比较有效的信息，进行正确的整理和反馈之后，传达给员工准确的反馈信息，做出有效激励，是上司管理好下属的关键。

特别要强调的是，主动与员工沟通要注意了解员工需求，以达到良好的沟通效果。管理者在主动与员工沟通的过程中，要了解员工的内部需求特征，并通过一定的方式满足这种需求，以达到让员工满意、激励员工努力工作的效果，因为沟通本身就是一种激励手段，使员工在沟通的过程中体会到备受尊重，满足了其社交、尊重和自我实现的需求。

【例子】终于到了年终，小王兴冲冲地来到会计部经理宁静的办公室问道：“宁经理，你说过只要我们部门将今年的年终报表做好就可以加5%的工资，是吧？”

“我是说过，小王，可是……”宁经理说，“可是你知道公司有自己的一套关于薪金、晋升的规定和程序，并不是我可以随意更改的事，嗯，我向总部申请看吧。”

“啊？宁经理，我们部门的员工都是在你这句话的鼓动下才加班加点完成工作的呀，小李还带病坚持工作呢，现在这个结果让我怎么跟他们说呢……”

“好吧，别不高兴，我一定会去向总部提出申请，表彰你们的辛苦工作的，一定会的，我保证。”

但是，小王还是带着失望的表情离开了宁经理的办公室。

在该例子中，宁经理在沟通之前没有了解员工的需求，尽管宁经理讲的也是事实，但给下属以“轻诺寡信”的印象。因为在下属眼里，宁经理是代表公司的，他不讲信用，员工就会认为公司不讲信用，于是，与下属沟通过程就出现了问题。另外，宁经理应主动与下属沟通，如果自己允诺了完成任务要给予奖励，但实际情况是，这种允诺的兑现存在困难，就应该主动与下属协商解释，共同寻找有效解决问题的方式，消除双方沟通的障碍。

3. 运用赞扬与批评的技巧

赞扬下属作为一种沟通技巧，也不是随意说几句恭维话就可以奏效的。事实上，赞扬下属也有一些技巧及注意点：

- 赞扬的态度要真诚。英国专门研究社会关系的卡斯利博士说过：“大多数人选择朋友都是以对方是否出于真诚而决定的。”在赞扬下属时，上级必须确认你赞扬的人的确有此优点，并且要有充分的理由去赞扬他。
- 赞扬的内容要具体。赞扬要依据具体的事实评价，例如，“你处理这次客户投诉的态度非常好，自始至终婉转、诚恳，解决问题有针对性，你的做法正是我们期望员工做的标准典范。”
- 注意赞扬的场合。在众人面前赞扬下属，对被赞扬的员工而言，当然受到的鼓励是最大的，这是一个赞扬下属的好方式，但如果被赞扬的表现不能得到大家客观的认同，其他下属难免会有不满的情绪。因此，公开赞扬的最好是能被大家认同及公正评价的事项。
- 适当运用间接赞扬的技巧。所谓间接赞扬就是借第三者的话来赞扬对方，这样比直接赞扬对方的效果往往要好。比如，“前两天我和刘总经理谈起你，他很欣赏你接待客户的方法，你对客户的热心与细致值得大家学习。好好努力，别辜负他对你的期望”。间接赞扬的另一种方式就是在当事人不在场的时候赞扬他，这种方式有时比当面赞扬所起的作用更大。一般来说，背后的赞扬都能传达到本人那里，这除了能起到赞扬的激励作用，更能让被赞扬者感到你对他的赞扬是诚挚的，因而更能加强赞扬的效果。

除赞扬别人要注意技巧外，批评别人也有讲究。高水平的批评，不但有助于转变下属的错误行为，而且能取得良好的人际关系，甚至有时批评会成为最有效的激励。下面也提供一些批评下属的技巧与注意点。

- 要尊重客观事实。批评他人一定要客观具体，就事论事。我们批评他人，并不是批评对方本人，而是批评他的错误行为，千万不要把对下属错误行为的批评扩大到对下属本人的批评上。
- 批评时不要伤害下属的自尊与自信。我们在针对不同的人采取不同的批评技巧时要关注一个原则：批评别人但不损对方的面子，不伤对方的自尊。比如用这样的批评方式，“我以前也会犯下这种过错……”“每个人都有低潮的时候，重要的是如何缩短低潮的时间”。

- 友好地结束批评。每次批评都应尽量在友好的气氛中结束。在会见结束时，应该对对方表示鼓励，提出充满感情的希望，比如说“我想你会做得更好”或者“我相信你”，并报以微笑。
- 选择适当的场所。不要当着众人的面指责，指责时最好选在单独的场合，比如独立的办公室、安静的会议室、午餐后的休息室，或者办公楼下的咖啡厅，都是不错的选择。

2.6 客体分析专题：与上司沟通

在沟通过程中，把握上司的心态，对于成功的沟通非常重要。接下来，我们分析与上司沟通的基本策略，并通过分析不同管理风格的上司的特点，提出如何与不同类型的上司沟通的策略。

2.6.1 与上司沟通的基本策略

我们先来看一个例子。

【例子】你是公司市场部的职员，大学本科毕业已经有三年了。你的部门经理是初中毕业，很有闯劲。由于年龄、文化程度等方面的原因，你对经理在管理过程中的一些做法有不同意见。比如，经理更多地采用经验式管理方法；在激励方面，过于注重过程导向，却忽视结果导向，缺乏目标激励。你曾与经理谈起过自己的想法，建议采用目标管理思路，从结果导向对员工进行考核激励，但经理好像没有反应。对此你感到非常不满，一段时间以来，你一直在考虑，希望与公司主管经营的副总经理做一下沟通。

现在，考虑这样两个问题：与副总经理沟通是否合适？如何与副总经理沟通？根据管理沟通的一些启发，建议设计一个与间接上司（上司的上司）沟通的办法。

为了实现成功的管理沟通，你必须同时考虑你的直接上司和间接上司的背景特点以及他们之间的关系，这种类型的沟通比较复杂，需要在沟通前有全面的考虑，包括这样几个方面：这次沟通的目标是什么？应考虑哪几个方面的策略？直接上司和间接上司的背景如何？我自身的特点如何？应选择何种沟通渠道和什么样的沟通环境？以下本书就围绕这些问题，提出相应的建议。

第一，对于这种类型的沟通，目标要非常明确，不外乎有这样两个方面：一是取得间接上司对你建议的认同；二是避免直接上司给你“穿小鞋”。为实现这两个目标，沟通过程中的一个基本原则是，整个沟通必须坚持以事实和问题为导向，避免以人身为导向。

第二，基于沟通目标，深入分析两个沟通对象的特点，包括：他们的背景、偏好、思维方式等；分析自身的特点，对自我的恰当定位；分析沟通渠道策略的选择，确定最佳的沟通路径；分析沟通信息的内容、表达方式、信息的客观性和被认同性；分析沟通环境的选择，要尽量选择与对方特点和自身特点相适应的沟通场合。

对于沟通对象的分析，具体来说，关键要做好以下几个方面的工作。

- 充分掌握直接上司和间接上司的背景。他们各自的心理特征、价值观、思维方式、管理风格、偏好和知识背景（包括学历和文化层次、专业背景等）如何。
- 要了解直接上司为什么不愿意接受你的建议。这一点很重要，因为有可能你的间接上司就不希望你所在部门改变原来的管理模式；或者你的直接上司可能已经向他的上司谈起过你的建议，是你的间接上司不主张马上改变局面，如果事实是这样，你去沟通也就没有意义。
- 要了解直接上司和间接上司之间的关系。他们之间是相互信任的，还是不信任的；他们之间原来的关系是否融洽，如果不融洽，原因何在。显然，如果这两个上司本来关系就非同一般，你恐怕就没有必要去冒这个风险。
- 要了解间接上司对越级反映问题的态度及其处理艺术。这包括间接上司对越级沟通的态度是支持、中立还是反对，对间接下属所反映的问题是乐于接受还是不乐于接受，是否能够艺术性地处理好越级反映的问题。比如，他能够以策略性的手段把他下属的下属所反映的意见，转达给他的直接下属，同时能够恰当地减少这个过程中给你带来的负面影响，这显然对你的沟通是有利的。

对于自身地位和特点的认知，在越级沟通时也是非常重要的。对自我的认知，重点在于弄清楚以下几个问题。

- 弄清楚“我是谁”和“我在什么地方”。能够对自己在公司中的地位和身份有合理的认知，不要以为自己懂得管理，而你的直接上司就没有考虑过这些问题，说不定你的直接上司很早就考虑过。
- 弄清楚自身的可信度，考虑间接上司对你的认同可能性程度，分析自身在公司中的地位和影响力。如果你在公司中的口碑并不好，在大家心目中的印象是负面的，就可能会影响你沟通的效果。
- 弄清楚你对问题看法的客观程度，对目标问题考虑的深入程度和系统程度。如果你所提出的只有问题，没有对策，你最好不要提。因为谁都会对问题发牢骚，领导听得多就失去了沟通的兴趣，领导可能更感兴趣的是如何解决这些问题的建议。

对于信息策略的分析，关键点在于问这样三个问题：“我是不是站在公司的立场思考问题？”“我是否站在上司的立场思考问题？”“上司最感兴趣（或最关心）的是什么？”从这些问题出发便可以明确，在一般情况下，与上司沟通要贯彻以下几个原则性的信息问题：

- 就事论事，对事不对人。比如根据个人感受，立足于公司的利益去确定内容；不对上司的人身做评论，不对他人评头论足。
- 在信息结构的安排上，能从客观情况描述入手，引出一般性看法，再就问题提出自己的具体看法。比如以征求间接上司意见的方式引出话题，在恰当的时机提出相应的建议。
- 在语言的表达上，言辞不能过激，表情平淡，态度谦虚。

第三，沟通渠道和沟通环境的选择，应根据上司的背景选择是用口头沟通还是用笔头沟通，是用正式渠道还是用非正式渠道。一般来说，为了尽量避免直接上司知道，私下沟通较为合适。比如可以通过工会开会、合理化建议的方式作为反映问题的通道，或者用其他灵活方式安排沟通渠道。在考虑沟通环境的策略时，你应选择合适的时机、合适的场合，以咨询的方式提出。比如以“表面上不刻意，实际上精心准备”作为策略，营造合适、宽松的氛围（如利用单位集体活动、工会会议来反映问题），向间接上司提出你的建议。

2.6.2 上司管理风格类型分析

伊查克·爱迪思在《把握变革》一书中，根据不同个体在思考问题时的结构化程度差别、过程和结果之间的优先级不同（目标导向）、注意力视角的不同和沟通速度的快慢四个维度，把不同个体的管理风格分为四种类型：创新型（E）、官僚型（A）、整合型（I）、实干型（P）⊖。本章引用爱迪思的分类方式，把上司这一特定的沟通对象区分为创新型、官僚型、整合型和实干型四类，进而从管理沟通的角度探讨与这些不同管理风格的上司在沟通时可采取的策略。图 2-1 是根据四个维度区分不同管理风格的上司分类矩阵。

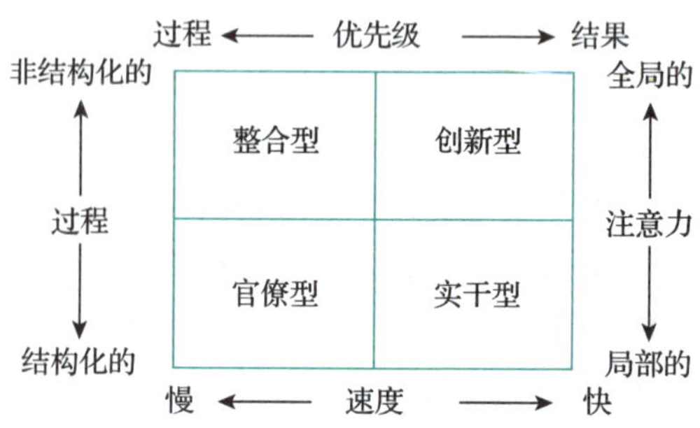

图 2-1 不同管理风格的上司分类矩阵

在讨论不同对象的特征之前，先解释关于思考过程的结构化和非结构化区别，可用一个例子来说明。在非结构化的过程中，一个人可能从谈论事情 A 开始，这件

⊖ E、A、I 和 P 各为英文 Entrepreneuring、Administering、Integrating 和 Performing 的第一个字母。

事使他想到了事情 Z，然后他又去处理事情 Q，接下来是事情 B，最后到了事情 X，他这样东一榔头西一棒子的，是因为他在按照一种独特的方式在思考，认为任何事情都是与其他事情连在一起的。然而在结构化的过程中，人们是直线型的。在他们完全理解事情 A 之前，他们是不会开始事情 B 的，而且在他们完全理解事情 B 之前，他们也不会去想着开始事情 C。所以，结构化思考表现出收敛性思维模式，而非结构化思考，更偏向于发散性思维模式。

1. 创新型上司的特征

创新型上司在沟通过程中性格比较外露，当他们不同意某种主张时，他们总是形于声色；如果赞成，他们也会表现出来。创新型上司凑在一起时，喜欢争论，好像彼此都不赞同，但实际上他们却是在加强彼此的观点；一旦当他们听了某个观点后保持沉默，很大的可能是他们已经同意了你的观点。在创新型上司的字典里，“是”和“不”的含义有他们自己的解释。“是”往往意味着也许，说“不”则表明了他们明确的态度。从处事风格看，创新型上司具有全局性的眼光，动作很快但却是非结构化的。这类人往往是急性子，他们总是先从自己的角度开始考虑，关注的是“如何告诉对方‘我为什么要这样做’”，而不是“他会怎么想”。当这类人去跟他人会面时，往往边走边在考虑问题，可能当他们刚进会见方办公室时，他们的脑子还在以接近光速的速度在思考。

创新型上司不喜欢约定时间，他们一有了主张就想去处理。他们可能会事先不打招呼就往他人的办公室里跑，而官僚型上司不会喜欢这样的人。在他人的观念中，创新型上司没有时间概念，或者说，他们的时间概念与众不同。

创新型上司有很强的感觉力，他们一天到晚都在思考新的点子，他们不关心问题，把很多注意力集中到对机会的发现上，但他们往往拿不出解决问题的办法。下面例子中的这位老师就是一个典型的具有创新型特征的人。

【例子】有一次，某老师把他的学生叫到办公室里，他对学生说：“你最近安排一次到 B 工厂的调查。我的意思是，搞研究的人必须经常到实践中了解第一手材料，不了解实际，怎么做研究呢？”

学生听了之后，马上答道：“好的，那么我先与这个单位联系一下，安排好时间。”

于是，这位学生就开始与对方联系，安排包括住宿、交通、时间进度、调查问题等在内的具体任务。一个星期后，学生找到了他的老师：“老师，我准备明天到 B 工厂去调研，不知您是否还需要安排其他同学一起去？”

这位老师听了，大怒：“谁叫你现在就下工厂的。现在，你要静下心来好好看看各方面的资料，大量阅读国内外的研究文献，认真扎实地打好专业理论基础。只有这样，去现场调查才有收获，才能在现场调查中发现并解决问题。”

这位学生目瞪口呆，惴惴不安地咕哝了一句：“是您说……要我去工厂的。”于是，他不知接下来该如何处理这件事了。

“我只是说搞理论研究的人要到现场中去了解实际，提醒你要注意思考、学习和研究方法。”这位老师说道。

对于创新型上司，人们往往搞不清楚他明天还有什么新的主意，正如那位老师，说不定两天后又要这位学生到工厂去了。结果是，当下一次有新的主意时，学生就会想：“反正明天又有新的主意，能拖则拖。”于是，把布置的事搁置起来。结果呢，这位老师对此事没改变主意，而是记在心上，几天后，当询问这件事的结果竟然没有答案时，便又大怒：“你这样不负责，这么点事拖那么长时间没有解决。”学生会又一次愕然。

|沟通训练|

根据创新型上司的特征，请试着对你身边熟悉的人做出判断，他们中哪些人是具有这类特征的人？你认为应如何与创新型上司实现建设性沟通？

2. 官僚型上司的特征

从图 2-1 中可以看出，官僚型上司无论在管理的过程中还是在相互沟通的过程中，强调的都是结构化的模式和风格。比如在与人约会时，官僚型上司会在每次约会（不管是否正式）前就打电话预约，并很守时。在交谈时，他们会喋喋不休地谈论问题的来龙去脉，好像不知其历史你就不理解这个问题一样。等到切入问题的主旨时，发现时间已经过去两个小时了。然后，他们会对问题可能带来的结果做全面剖析，最后的结论往往是：“太困难了！这件事简直没法干。”

因为官僚型上司强调结构化的风格，所以他们非常注重整个过程。在面临某个事件，无论常规事件还是偶发事件时，他们会细心规划整个事件的处理过程，认真考虑可能出现的各种可能问题，然后分析如何去解决问题。因此，可能的结果是，等到官僚型上司找出最佳的解决途径时，事情就已经过去了。

由于官僚型上司在决策过程中非常谨慎，他们不会轻易就某个事做出决定，而往往会这样告诉你：“你的想法不错，但能否实施、如何实施，还有待我们研究研究。”因此，官僚型上司制定决策比较慢，瞻前顾后，反应也比较慢。关于官僚型上司，有一个笑话：“你最好不要在星期五对官僚型上司讲笑话，因为他们有可能要到星期天中午吃午饭时才笑得出来。”官僚型上司的慢性子不是因为他们笨，而是因为他们正在考虑对方会说什么并思考他们所主张的反应是什么。因为要把每个主张都条理化需要花点儿时间，所以，当他们的主张与创新型上司的主张发生冲突时，那情形就如雪崩一样。他们处理起来确实会比较困难。对于每个创新型上司的主张，至少会有 10 个让官僚型上司觉得重要的反应。于是官僚型上司会觉得不堪重负，也无法处理这种速度，他们会很快放弃思考和倾听，让这些主张成为耳旁风，心里却在嘀咕着："这个人怎么这样头脑发热、异想天开，还不快点走。"

|沟通训练|

根据官僚型上司的特征，请试着对你身边熟悉的人做出判断，他们中哪些人是具有这类特征的人？你认为应如何与官僚型上司实现建设性沟通？

3. 整合型上司的特征

整合型上司处事灵活，没有结构化程式的限制，能够根据不同的情形采取相应的沟通方式，而且当他们说出某句话后，可以从不同的角度解释这句话的含义。整合型上司对人的感觉比较敏感，但对现实的需求并不敏感。他们一般不会轻易说出"是"或"不"，如果说了，可能是迫于压力使然。今天说了"是"，可能在明天他们能解释为"也许"。

整合型上司很看重沟通的过程，他们会在沟通的过程中取得相互之间的平衡，但不关心结果，因为结果对他们来说无关紧要。由于整合型上司要考虑各种关系人的平衡，因此他们的全局观强，在没有弄清一个事件的全局影响之前，是不会轻易表达自己的意见的，而等到他们有意见时，也就不是什么意见了。

与整合型上司沟通，内外部政治关系的处理非常重要。整合型上司习惯于考虑他人（尤其是上司的上司）是怎么想的，而不愿意自己做主去决定某件事，他们总是设法圆滑地摆平各方面的关系，因此，这类人往往被称为"老狐狸""跟屁虫"。下面的对话，典型地反映出整合型上司的沟通风格。假如你是总经理办公室的秘书，公司的一项决定是要你去征求各位副总经理的意见，于是，你去请示这位整合型上司的意见。

【例子】你来到王副总经理的办公室，进门后你告诉他："王总，问题是这样的，解决方案是那样的。我们想获得你的同意。"他会回答："还没到时候，我们还没有准备好。"接着，他会问："你跟甲谈过吗？跟乙呢？跟丙有没有谈过？"然后，你就得巩固你所有的基础，你可以这样回答："我们已经和甲、乙、丙都谈过了，并且就解决问题的方案取得了一致意见，现在想听听您的意见。"这时，他又会问："那么，丁的意见又如何呢？"如果你没有跟丁谈过，他就会说："嗯，我认为我们还没有准备好，还要进一步研究研究。"但如果你说："我们跟丁也谈过了，他完全赞成。"这时，他就会说："那我们还等什么呢？干！"

|沟通训练|

根据整合型上司的特征，请试着对你身边熟悉的人做出判断，他们中哪些人是具有这类特征的人？你认为应如何与整合型上司实现建设性沟通？

4. 实干型上司的特征

在气质类型和沟通策略中，我们已经谈到了实干型上司的一些特征。从图 2-1 中可以看出，实干型上司的思考过程具有结构化特点，他们习惯于直线型的思维方式。实干型上司像铁路工程师，他们会说："你只要知道轨道往哪儿走，其他的就别管了。"

实干型上司的另一个特点是追求快速反应，他们往往是快速决策者，总是恨不得马上有个结果。他们最见不得他人干事拖拖拉拉、拖泥带水。在工作现场他们最喜欢说："需要你们干什么，你们就去干吧，我们有事干就行。少说话，多干事。"

正因为实干型上司的结构化风格和快速反应作风，他们没有多少时间去不断考虑事情的结果是什么，在他们的心目中，"只要把过程老老实实地做好了，结果是不会错的"，所以他们会把每个细节都做得很好，有很高的效率，而对效益则不太关心。下面这个例子中的"老张"就是一位典型的实干型特征的人。

【例子】某公司一位姓张的高工，负责新产品开发的总体技术工作。由于产品的不断更新换代，公司决定开发换代新产品。于是公司总工程师找到这位高工，要他负责这个产品开发的具体技术工作。这位高工非常乐意，"其实，我早就认为应该搞这个产品了。"他这样说了之后，马上接着说："那么，给我安排一批助手，我们明天就讨论技术方案。"果然，此后的一周时间内，他们就拿出了总体设计方案，并开始工程化设计。

一个月后，公司总工程师又找到这位高工，"老张，通过情报收集，我们发现国外已经研制出了这种换代新产品，而且国内已有厂家引进了这种技术，看来，我们得放弃这个项目，研制另外一个了"。老张很失望，但一想也对，"跟在人家屁股后面研制，确实没意思"。于是，他马上又着手组织研制另外一个。结果是，三天后，公司又通知他不要研制了，因为……而此时，老张已经把第二个项目的初步设计方案制作出来了。

| 沟通训练 |

根据实干型上司的特征，请试着对你身边熟悉的人做出判断，他们中哪些人是具有这类特征的人？你认为应如何与实干型上司实现建设性沟通？

由于不同类型对象的不同风格，我们在沟通时，要能够正确去判别他人沟通的语言表达方式。这里特别地对不同类型的对象在说"是"和"不"时的定义差别做解释。对创新型上司来说，他们说"是"意味着也许；说"不"的时候，他们是肯定的。相反，对官僚型上司来说，他们说"不"的时候，只是意味着也许，你还可以回头去说服他们，但一旦当他们说"是"的时候，他们的决心就已经定了。对实干型上司来说，他们说“是”就是是，“不”就是不。然而，对整合型上司来说，无论他们说“是”还是说“不”，都只能理解为“也许”，所以，这类人往往被称为“政治动物”。表 2-5 为四类不同上司的特征。

表 2-5　创新型、官僚型、整合型和实干型上司的特征

类　型	特　征	是和不的含义	较适合的工作
创新型上司	有全局性眼光、动作快、非结构化风格	是——也许；不——不	市场营销部门、高层管理部门
官僚型上司	结构化风格、动作慢、关注过程与细节	是——是；不——也许	办公室、会计部门
整合型上司	动作慢、非结构化风格、关注过程导向、有全局眼光、能够变革并适应变革	是——也许；不——也许	党政职能部门
实干型上司	动作快、结构化风格、关注细节和结果	是——是；不——不	生产部门、技术开发部门

2.6.3　不同上司的沟通策略

根据不同上司的特征，你可以采取相应的策略以实现与不同对象的有效沟通。在与创新型上司沟通时，由于他们很希望在每个事情的处理上留下他们的痕迹，并且对各种机会有他们独到的认识，因而应该让他们参与到问题的解决中来。在沟通时，你不要带着“最后”答案去见他们，而应该让他们感觉到“问题还处在未决状态”，因此，在信息组织上，你可以这样说：“我建议……”“我一直在想……”“您怎么认为……”这种表达方式不但对你的上司有用，对同级、下属一样有效。

在与官僚型上司沟通时，你应记住“形式比内容重要”的原则，必须使自己的风格适应他们的风格。具体说，你要十分注重形式。比如，如果跟他们有事情需要商量，你要老老实实地打电话预约一下，千万不要做不速之客。同时，在沟通时你还要放慢语度，控制自己的情绪。在沟通的过程中，若你是创新型的人，则注意不要把没有成熟的观点一股脑地倒给他们，这样，你反而会什么答案都得不到。

在与整合型上司沟通时，你要注意的策略应该是把所有相关的背景资料都准备好，把有可能要他们承担责任的问题先处理好。当你就某个问题请教他们时，他们会告诉你，要注意产生的影响，然后，他们还会告诉你，要注意某人的看法。关于问题的过程和方式如何，他们不太关心。

与实干型上司沟通时，你要注意主动性。由于他们一般不会授权给你，因而你要采取主动的行动。而且在提出问题时，你要直接从问题的结果出发，使他们感觉到问题的压力，甚至你让他们觉得问题不解决是一种潜在的危机，以引起他们的注意。如果你与实干型下属沟通，注意要肯定他们踏实勤奋的工作作风，但要有意识地引导他们在工作过程中考虑效率问题，你可以这样问：“你认为这件事的结果会怎样？”

特别说明的是，上述对上司管理风格的分析也适合分析你的下属，所建议的策略对不同的下属也有对应性。

2.7 客体分析专题：客户沟通策略

与客户沟通是企业经营活动中最重要的沟通内容之一，也是非常重要的沟通对象，这里做专题分析。如何与客户沟通？我们很难找到一种普遍适用的定理或模式。以下结合企业客户关系管理的实践，从认识客户价值、营造良好氛围这两个方面提供与客户沟通的建议。

2.7.1 认识客户价值

充分认识客户的价值是实现与客户建设性沟通的第一步。比如，当我们把客户看作朋友而不是与我们争利益的人，我们在沟通时就会产生这样的沟通态度：既然是朋友，客户当然就可以通过沟通与我们达成共识，而朋友总是希望得到中肯的建议，以便更全面地识别自己的需求，了解他所需要的产品。为了全方位了解客户的需求，我们要特别注意关注以下几个问题：在与客户面对面交流的过程中应该采用什么样的态度？做出什么样的反应？怎样安排步骤循序渐进地找出客户真正的需求和顾虑，从而最大程度地使客户满意？为此，我们提供 LSCPA 沟通策略，即倾听（Listen）、分享（Share）、澄清（Clarify）、陈述（Present）和要求（Ask）沟通策略。

仔细倾听对方的担忧很重要，只有这样我们才能确认客户真正的反对理由。在倾听的同时，我们可以使用这样的语句来提高这个过程的效率：

——您能说得更详细些吗？

——这种想法很有意思。

——您能再解释一遍吗？

——好，我明白了。

……

一旦通过倾听了解到客户的担忧之后，我们就应该立刻反馈，站在客户的角度为他分忧解难。我们可以使用以下语句：

——我知道您的意思了，您是担心……

——我不会对您的感受感到奇怪……

——我知道这种时候有很多困难……

……

对于客户的担心要加以解释，澄清是通向客户信任之门的重要一步，也是让客户与我们达成对问题共识的实质性措施。我们可以使用以下语句：

——若从另一角度看，这个问题是……

——我自己常常也有同样的想法。

——若我理解没错的话，您是担心……

——是否可以这样说，真正的问题是……

……

如果以上这些步骤都取得了比较好的效果，那么客户对你的信任程度会逐渐增加，此时针对客户的忧虑，我们就要提出合理的建议以供客户参考。我们可以使用以下语句：

——根据您所讲的，我建议……

——有一种可能性是……

——对此我有一个想法，我们可以……

……

正如我们一直所强调的，沟通是双向的过程，对于提出的建议，我们要征求客户的最终同意，这时可以使用这些语句：

——那样做，您觉得是否可以？

——您更愿意选择哪种方式？

——然后，我们是否应该更进一步……

……

2.7.2 营造良好氛围

在整个沟通的过程中，营造以下良好的沟通氛围可以达到事半功倍的沟通效果。

第一，要学会捕捉客户的视线。眼睛是心灵的窗户，目光又是感情的窗口。保持与客户视线的接触，因为这是感情交流的开端；从视线的移动、变化中，我们还可以了解客户的情感及性格倾向。如果你是业务员，不能光注意客户口头上说买还是不买，而要注意他的瞳孔和视线的变化。举例来说，如果客户看货物时瞳孔放大，一般来说买卖成交的可能性就比较大了。

第二，要把客户当作家里人。人们对自己的姓名都看得很重，如果能够记住客户的名字，亲切地叫出来，这就等于给了客户一个巧妙而有效的赞美。俗话说，物以类聚，人以群分，与自己兴趣相投的人往往令人更感亲切。关注客户的生活与爱好，这比一味地逢迎，效果要好上百倍！

第三，要给予对方及时的响应。在必要时对客户的话要加以赞许或首肯；适当加以提问，给别人以某种暗示，避免生硬和过于直接的表达；在倾听对方谈话时，适当地予以反馈，身体的微微前倾、视线的交流、一次会心的点头或微笑都传达着你对客户的关心和尊重。当然在运用这些技巧时要注意适度，比如交谈中视线对接时的几次点头会让客户感觉到你的专注，每次都这样则适得其反。

情境模拟训练

现在，假设你碰到了以下几件比较麻烦的事情。我们把这些事情的发生看作一个情境，当你面临这样的情境时，你如何通过恰当的沟通方式去解决？

讨论要求：根据下面描述的每个情境，即兴组织一次模拟沟通，以解决面临的问题。

具体步骤：

1. 由你和小组另一位同学（或几位同学——根据你自己的设计安排即可）承担下面情境中的对应角色，可以简要商量如何沟通的思路，但以即兴发挥为主。
2. 正式进入角色，进行情境模拟。
3. 请小组内有工作经验的同学对模拟的沟通过程做评述，指出优点和不足。
4. 由小组内 4 到 5 位同学再共同讨论对这样的问题的解决方法。
5. 对照个人的思考、情境的模拟和小组的讨论，总结并处理这些情境的操作性方案。

情境一　如何处理间接上司的越级管理问题

我是公司里负责某项工作的经办人员。因为此项工作对公司来说十分重要，公司主管副总黄炯很重视，便经常越过我的直接上司——部门经理王永明，亲自向我布置任务。王永明是个职级观念比较强的人，为避免王经理有不满情绪，我主动向他汇报工作进度，再由王经理向黄副总汇报。由于任务很复杂，需要不断修正完善，而王经理对情况不熟悉，当由他向黄副总汇报时，就会出现信息传递迟滞或表达不清等问题。黄副总很不满，就把我叫去，要我直接对他负责，下次应直接向他汇报，并且也没有就这个事情和王经理沟通。过几天，当王永明经理问我工作进度时，我变得很为难：我应该如何向王经理说明，今后将由我直接向黄副总汇报？

情境二　如何做好与资格较老的同事的配合

在这个部门里，我与老王做相同的工作。因为老王资格较老，又一直没有得到提升，心态不太好，工作积极性始终不高，有任务下来，总是推给我做，还美其名曰：他给我做好后续的把关工作。老王从事本专业时间较长，还是有一定经验的，当我向直接上司反映，由于工作任务分配不均导致工作效率不高时，上司说：他是老同志，年轻人应该多做点、多学点，有些工作可以让老王事先指导一下，免得走弯路。上司的回复完全违背了我原来希望与上司沟通关于工作量分配不均的初衷。

情境三　如何与这样的上司相处

张敏的上司是一位管理细致的领导，每次布置任务，连非常具体的细节都有所要求，需要完全按照他的思路和模式来做每一项工作，员工几乎没有创新的空间。有几次，张敏就某个方案根据自己的想法做了创新，没有完全按照上司设计的思路做，事后张敏向上司陈述了自己的理由，解释说，按照这样的思路可以更快更好地完成此项工作。但上司还是认为，这是不按规矩办事，予以否决。张敏觉得非常不满，工作积极性大大受挫。但是，她目前对于公司氛围、所从事专业，以及收入还比较满意，不想因为不适应上司的工作特点而调换部门或跳槽。于是，张敏不得不考虑：如何做好与上司的沟通，使她能在工作中发挥自己的创造性和主动性。

总结回顾

- 客体导向沟通

  沟通者要站在对方的立场思考问题，根据客体的需要和特点组织与传递信息，实现建设性沟通，关键要把握三个问题：

  （1）如何分析受众的背景信息？

  （2）如何根据受众的利益和兴趣传递信息？

  （3）如何对受众进行分类，并根据不同类型的受众采取相应的沟通策略？

- 沟通对象的特点分析

  （1）他们是谁：界定受众范畴，以及了解受众。

（2）他们了解什么：受众对背景资料的了解，受众对新信息的需求，受众的期望偏好。
（3）他们感觉如何：受众对信息的感兴趣程度如何，你所预期的行动受众是否容易做到。

- 激发受众兴趣

（1）明确受众利益激发兴趣：了解能引起受众需求动机的感受、恐惧和欲望，找出自己信息中有助于实现这些感受的特点，向受众展示所表达的信息对他们目前工作的裨益。
（2）通过可信度激发受众：通过确立“共同价值观”的可信度激发受众，以传递良好意愿与“互惠”技巧激发受众，运用地位可信度与惩罚技巧激发受众。
（3）通过信息结构激发受众：要恰当地利用信息内容的开场白、主体和结尾等结构的合理安排来激发受众，具体技巧有直接灌输法、循序渐进法、开门见山法、双向比较法。

- 受众类型分析和策略选择

（1）重点围绕以下三种受众类型分析，采取相应的沟通策略：根据心理需求的不同，分为成就需要型、交往需要型和权力需要型三类；根据信息处理方式的不同，分为思考型、感觉型、直觉型和知觉型四类；根据个体管理风格的不同，分为创新型、官僚型、整合型、实干型四类。
（2）心理需求分析及沟通策略：一是成就需要型，即充分认同其工作责任感，给予大量反馈信息，对他们给予肯定。二是交往需要型，以交朋友的方式进行沟通，关注建立良好的人际关系。三是权力需要型，采用咨询和建议的方式，认同他们在工作中的职责。

- 与下属沟通的技能

（1）与下属沟通的障碍：对下行沟通的不重视，上下级之间信息不对称，具体沟通方式方法的不恰当。
（2）与下属沟通的策略：根据下属的“能力 - 意愿”特征选择沟通策略；主动有效地与员工沟通，关注下属的需求，通过沟通激励下属；运用赞扬与批评的技巧。
（3）赞扬下属的技巧：赞扬的态度要真诚，赞扬的内容要具体，注意赞扬的场合，适当运用间接赞扬的技巧。
（4）批评下属的技巧：要尊重客观事实、就事论事；批评时不要伤害下属的自尊与自信；友好地结束批评；选择适当的场所；组织实施下行面谈计划，提高与下属沟通的效率。

- 客体分析专题：与上司沟通

（1）上司管理风格可以分为四类：创新型、官僚型、整合型、实干型。
（2）与创新型上司的沟通策略：让他们参与到问题解决中来。
（3）与官僚型上司的沟通策略：“方法比内容重要”、注重沟通形式。
（4）与整合型上司的沟通策略：准备好各类相关材料，减少领导承担责任的可能。
（5）与实干型上司的沟通策略：注意主动性，直接从问题结果出发进行沟通。

- 与上司沟通的若干建议

（1）充分掌握间接上司和直接上司的背景。
（2）了解上司为什么愿意或不愿意接受你的建议。
（3）在越级沟通时要了解直接上司和间接上司之间的关系。
（4）弄清楚自身的可信度，考虑自身被上司认同的程度及在公司中的影响力。
（5）弄清楚你对问题看法的客观程度，对目标问题考虑的深入程度和系统程度。

问题讨论

1. 现在你被邀请要向全校新生做报告，主题是关于“如何更快更好地适应大学的学习生活”。为使这次报告成功，你需要做好哪些方面的准备？你觉得对一个刚进大学校门的新生来说，他们最关心的是什么？你如何根据新生的特点来设计这次报告?

2. 如何与上司做好沟通,是中国文化背景下,每个下属都会思考的问题。有不少MBA学生告诉我,在实际工作中,上司的沟通能力很差,与这样的上司沟通往往会很“忧闷”,但为了生计还是要想办法做好与上司的沟通。在这种“折磨”的过程中,出现了两类不同的情形。一是有的MBA学生会习惯于关注上司的心理,无意识地忽略了下属的心理,结果招来别人的非议;二是有的MBA学生抱怨,应该先把上司的沟通能力好好培训培训,否则,我们做下属的,学得越多会越痛苦。请问:你如何看待以上两类MBA学生的心态?如果你不能改变上司的沟通习惯,你学习管理沟通还有用吗?
3. 假设今天上班的时候,你在电梯口碰到了你上司的上司(如公司副总),他原先不认识你。现在你们两人同时进了电梯,副总在10楼上班,你在5楼上班。你这时候采取什么策略要副总认识你?再假设,你一直就公司对年轻人的培养机制有看法,而这个副总又正好是主管人力资源的,你这时采取什么策略要副总知道你们年轻人的想法?
4. 在上司的管理风格分析中提到:根据管理风格不同,上司可以分为创新型、官僚型、整合型、实干型四类。请你对照这四类上司的特点,再结合本企业或者周围人的特点,把你自己所在企业的上司或者周围人归到某一类型中,思考以后如何与这样的上司或人沟通。在归类过程中,你如果发现周围的上司或其他人并不容易归到某一类中,那么,你觉得如何去改进以上四种管理风格的分类方法?
5. 在你与下属沟通的过程中,你会发现不少下属实在是“太小孩子了”,比如“好高骛远”“自以为是”“不会感恩”等。现在,如果你的部门入职两位刚从名牌大学毕业的大学生,并在你手下工作,这两个人很可能会出现前面常见的这些问题,那么,你将采取哪些措施与这两个“小孩子”沟通?你觉得在与他们沟通的过程中,要注意避免哪些错误?

自我认知风格测试

自我认知风格测试的目的是帮你去发现在面临各类信息时的思考方式。答案没有对错之分,而且相互一样都是好的。要试着去真正发现你现实的或可能的反应,而不要刻意去想我应该如何反应。对于每个场景,我们都会给出三对选择。在每对选择中,请选择最真实反映你的反应的选项。假如你不是非常肯定,你就猜测与你最接近的选项。当回答完所有的问题后计算你的得分,这个得分可作为你与他人比较的基础。

测试

1. 假设你是一个天体物理科学家,你的工作是收集有关水星的卫星的信息。下列哪一条是你在研究中最感兴趣的?
  (1) a. 卫星之间的相似点
      b. 卫星之间的差异点
  (2) a. 整个卫星系统是如何运作的
      b. 每个卫星的特性
  (3) a. 水星及其卫星与地球及其卫星之间的区别所在
      b. 水星及其卫星与地球及其卫星之间的相同之处
2. 假设你是一家公司的总经理,你要求你的分公司主管在年末做述职报告。下列哪一条对你最有吸引力?
  (4) a. 一个具有详细分析数据的述职报告
      b. 一个着重整体远景的述职报告
  (5) a. 展示分公司对公司整体贡献的述职报告
      b. 展示分公司单独贡献的述职报告
  (6) a. 分公司的运作细节
      b. 分公司业绩数据的大体概括
3. 假设你正在某个亚洲国家访问,现在你正要往家里写信讲述你的游行经历。下列哪一种是你最典型的叙述方式?
  (7) a. 对人和事件的详细描述
      b. 一般性的观感和感受
  (8) a. 重点介绍与本国文化的相似之处
      b. 重点介绍他国文化的独特之处
  (9) a. 整体的、概括性的经历观感

b. 经历中某几个片段的个别的、独特的观感

4. 假设你正欣赏由著名交响乐队演奏的音乐会。下列哪一条是你最有可能去做的？

（10）a. 倾听单个乐器的不同演奏内容

b. 倾听所有乐器合奏的和谐乐章

（11）a. 集中于欣赏音乐整体旋律的全部情感

b. 主要欣赏乐曲不同部分所带来的不同感受

（12）a. 集中于欣赏指挥的整体风格

b. 重点在于欣赏指挥是如何演绎不同乐章的

5. 假设你正考虑接受某组织的工作。对于决定是否接受这项工作，下列哪一种行动是你最可能采取的？

（13）a. 系统收集该组织的有关信息

b. 依赖个人直觉或灵感

（14）a. 首先考虑该工作是否适合自己

b. 首先考虑在组织中要取得成功所需的政治关系问题

（15）a. 收集数据和做决定都是很有条理性的

b. 主要考虑个人本性和内在感受

6. 假如你继承了一份遗产，并准备进行投资。恰好，你得知一家新成立的高科技企业在发行股票。当你决定购买该企业的股票时，下列哪一条同你的实际情况较一致？

（16）a. 你是依靠自己的预感来投资的

b. 只有在对该企业进行系统调查后，你才进行投资

（17）a. 你进行投资多多少少有些冲动

b. 你按照一个预定的程序进行投资决策

（18）a. 你能理智地对投资于不同企业的投资决策进行比较

b. 理智地将投资于不同企业的投资决策进行比较对你来说是件很困难的事

7. 假设你正接受电视采访，以下是你将被问到的问题和相应的选择，选择最适合你的答案。

（19）你是如何做菜的？

a. 使用烹饪手册

b. 不使用烹饪手册

（20）你如何预测下一赛季全国足球甲级联赛的冠军？

a. 经过系统研究球队人员构成和以往战绩

b. 预感和直觉

（21）你最喜欢哪类游戏？

a. 随机性的游戏

b. 国际象棋、围棋等逻辑性的游戏

8. 假设你是一个经理，现在需要聘请一个经理助理。下列哪些是你最有可能做的？

（22）a. 使用一套问题来面试每个候选人

b. 以对每个候选人的个人感受和直觉为判断

（23）a. 主要考虑你和候选人之间的性格是否合拍

b. 主要考虑候选人的能力是否满足职位的要求

（24）a. 依靠候选人真实的历史背景做决定

b. 依靠个人感觉和印象做决定

评分

为了在两维的认知风格中决定你的得分，请在下表中圈出你的选项。然后，加总你圈出的选项数并填入下面的空格中。

搜集信息		评价信息	
（1）a	（1）b	（13）a	（13）b
（2）a	（2）b	（14）b	（14）a
（3）b	（3）a	（15）a	（15）b
（4）b	（4）a	（16）b	（16）a
（5）a	（5）b	（17）b	（17）a
（6）b	（6）a	（18）a	（18）b
（7）b	（7）a	（19）a	（19）b
（8）a	（8）b	（20）a	（20）b
（9）a	（9）b	（21）b	（21）a
（10）b	（10）a	（22）a	（22）b
（11）a	（11）b	（23）b	（23）a
（12）a	（12）b	（24）a	（24）b

直觉　得分________　感觉　得分________　思考　得分________　知觉　得分________

比较数据

	直觉	感觉	思考	知觉
男	5.98	6.02	6.08	5.20
女	6.04	5.96	6.94	5.06

案例 2-2

与上司沟通：令王安特头痛的上司

王安特是某高校MBA学院办公室主任。凭借该高校深厚的学术底蕴，严谨的教学氛围和国际化的优质师资队伍，MBA生源质量和数量逐年提高。王安特来到MBA学院后，主要负责内部管理制度建设、财务管理、人事管理、教学管理等全面日常管理工作，以及教学计划的落实（其中一个主要任务是组织落实上课的老师）。随着近些年的发展，王安特对该办学机构日益充满信心。

但在工作过程中，王安特碰到一些沟通上的麻烦，其中，与院长罗恩君的沟通障碍一直困扰着她。罗恩君是国内知名的财务管理专家，还兼任很多外部社会组织的专家，平时工作十分繁忙，除负责学院总体工作之外，还承担大量的教学任务、科研任务和其他行政管理事务。由于国内MBA教育的竞争非常激烈，经常有一些应急性的事情需要罗恩君拍板决定，但由于他实在太繁忙，王安特向他请示汇报的事情，几乎没有一件能够得到及时的反馈。在内部管理上，不少制度需要他批准落实，但这些制度汇报到他那里，几乎都是石沉大海。以下是王安特经常碰到的一些事情。

1. 罗恩君在听取工作汇报时，他总是不断转换主题，只是按照自己的想法，滔滔不绝地讲出来要别人接受，而别人的话经常不放在心上。结果，王安特本来希望能抓住一个机会向他汇报工作，听候具体事情的处理意见，罗恩君却在根据自己的想法讲另外一件事情。
2. 由于当面向罗恩君汇报工作的时间很少，王安特就不得不采用电话和电子邮件的方式向他请示工作。但电话过去，要么联系不上、要么占线，能够顺利地通电话商量的概率不超过10%。而电子邮件的方式，几乎不可能得到反馈。有时实在是事情太急，不得不在一天内发几个邮件，结果同样是没有反应。
3. 一年半前，王安特起草了一个公司劳动用工制度的文件，在与分管副院长协商后，需要罗恩君签字同意来执行，但这个文件至今没有结论，使得内部员工的工资、福利与考核等一直不能得到有效落实，内部员工意见比较大。迫于员工压力，王安特已经是第四次向罗恩君提交该文件草案了。
4. 罗恩君也承担了学院财务管理方面课程的教学任务。根据制度规定，任课教师最晚必须在开课前1个月确定上课时间，最晚在开课前半个月递交课程讲义，否则会影响课程安排、教学组织等。其他课程的任课教师几乎都能根据规定落实有关事宜，唯独罗恩君几乎没有一次按照规定落实有关事宜——尽管这个制度是他要求制定的，而且往往在原先已经确定的上课时间之前的一周，罗恩君突然说不能来上课了，搞得整个教学计划一团糟。为了避免这些现象的重复发生，王安特便在罗恩君承担课程的一个月之前，就开始担心了，并不断通过电子邮件、电话或其他各种方式，希望他落实上课时间，但结果同样是“无结果”。

最近这些天，王安特又被罗恩君惹得虚火上升。因为再过一周，罗恩君担任的“公司理财”课程就要开课了，突然，他通知王安特说，这次课又上不了了。怎么办？王安特又一次被搞得睡不好觉了。

讨论题

1. 你是否曾经或者现在还在像罗恩君这样的人手下工作？你是如何与这样的上司沟

通的？

2. 试分析罗恩君这样的上司的心理特征和沟通信息需求特点。

3. 请你为王安特提出与罗恩君沟通的对策。

案例 2-3

与下属沟通：吴经理该怎么办

吴经理以前是某跨国公司的职业经理人，负责华南大区的销售业务，职位已经很高了，但他总感觉到有“玻璃天花板”，才能没有充分发挥，很苦恼。正好有个机会他结识了民营企业家张总，经过初步接触与了解后，吴经理被张总重金聘为销售部经理。

但刚上任三个月，销售代表小李就被客户投诉贪污返利，审计部去查，果真如此，返利单上面还有吴经理的签名。这件事惹得总经理很恼火，于是他亲自到销售部质问此事。

“我不知道你是怎么当经理的，”张总对吴经理说，“你手下的销售代表竟然敢贪污客户的返利，这么长时间了，你居然不知道？要等到客户投诉到我这里才知道，唉，也不知道你是怎么做管理的。”

“我也知道了这件事，”吴经理辩解道，“按照流程，小李是把返利单报到我的助理那里，她审一下，整理好，给我签字，我的工作也多，可能没有看清楚。”

“是没有看清楚那么简单吗？你的工作比我多吗？”张总怀疑地看着吴经理。

吴经理无奈地说道：“是我工作的疏忽，回头我会和助理商量改进工作流程，并要求公司处理她，也请处理我。”

“处理助理能补回公司的损失吗？这件事应该负全责的是你！”张总对吴经理这种模糊的态度很气愤。

“是这样的，”吴经理继续辩解道，“张总，你也知道我刚来，销售部很多关系还没有理顺，我们都知道，这个助理很能干，在工作上是一把好手。但她和我的关系，我感觉总存在问题，没有理得很顺，甚至有时我要顺着她的意思来签署一些文件。毕竟我是新来的，要有适应过程，我保证今后这样的事情一定不会发生了，你再给我一次机会吧。”

“本来我是来了解一下事情的原因，并不是要处理你的，”张总说道，“不过，现在得考虑一下你的能力问题了。”

事情发生之后，张总觉得今天的谈话结果有点儿棘手。真的是吴经理有问题？他的能力不行吗？如何才能“修理”好吴经理呢？同时，吴经理也在思考，张总为什么今天讲话那么严厉？原来两人之间的沟通还是不错的，这次事件说明，双方都需要想办法做出改变。

讨论题

1. 吴经理在与上司沟通的过程中有什么问题？为什么？
2. 张总在与下属沟通的过程中有没有问题？为什么？
3. 试分析吴经理的沟通特点和心理特征。
4. 请你作为顾问设计一个沟通方案，来解决张总与吴经理之间的沟通问题。

附录 2A

用礼貌语言来请求的 30 种方法

无论何种类型的客体都有一个共同点，就是希望在沟通时得到对方的尊重，尤其是向对方提出请求时，恰当地运用策略，能够收到特别的效果。用礼貌语言来请求，就对方而言，能够让对方感受到被尊重，能维护对方的面子，能照顾对方的意愿。就沟通主体而言，能够反映出自身良好的素质，并由此使对方能乐意接受你的请求，达到自己的目标。这里列举了用礼貌语言来请求的 30 种方法，供大家参考。

1. 间接法：通过间接的表达方式，以商量的口气提出请求，令人易于接受。例如好的表达：你能否尽快帮我一个忙，把这件事情处理好？

对照表达：尽快替我把这件事办一下。

2. 缓言法：借助辅助语来减缓话语的压力，避免唐突，充分维护对方的面子。例如

好的表达：小王，不知您可不可以把这封信带给他？

对照表达：小王，把这封信带给他！

3. 悲观法：通过流露不太相信能成功的想法把请求表达出来，给对方和自己以退路。例如

好的表达：你可能不太愿意，不过我还是想麻烦你去一趟。

对照表达：你去一趟！

4. 缩小法：把要求说得很小，以便对方接受，达到满足自己的愿望和要求的目的。例如

好的表达：你帮我这一步就可以了，其余的事情我自己来做。

对照表达：（前提是这件事有些为难对方）这件事就全靠你了。

5. 谦恭法：通过抬高对方、贬低自己的方法把请求表达出来，显得彬彬有礼。例如

好的表达：您老就别推辞了，我们都在恭候您呢！

对照表达：请您出席我们的会议。

6. 知错法：表明自己知道不该提出请求，出于无奈。例如

好的表达：真不该在这个时候打扰您，但实在没有办法。

对照表达：麻烦您去一趟。

7. 体谅法：先说明自己体谅对方的心情，再提出请求。例如

好的表达：我知道你手头也不宽裕，不过实在没有办法，只好向你借一借。

对照表达：请你借一点钱给我。

8. 迟疑法：首先讲明自己本不愿打扰对方，再提出请求，缓和语气。例如

好的表达：这件事我实在不想多提，可你一直没有帮我办。

对照表达：你怎么一直没有替我办？

9. 述因法：提出请求时把具体原因讲出来，使对方感觉到很有道理，应该帮助。例如

好的表达：隔行如隔山，我一点儿也不懂那里的规矩，你是熟悉的，就替我办了吧。

对照表达：你帮我办吧！

10. 乞谅法：先请对方谅解，再提出请求，显得友好、和谐。例如

好的表达：恕我冒昧，我又来麻烦您了。

对照表达：我又来麻烦您了。

11. 被动法：通过运用被动句式，避免提及对方，来婉转表达请对方帮助办事的有关意图。例如

好的表达：如果事成了，不会白操心的。

对照表达：如果按时完成，我就奖励你。

12. 不定法：运用不定代词代替“你”“我”来表达相关意思，使话语平和。例如

好的表达：谁求不着谁呢？任何人都会这样做的。

对照表达：我只好这样做了。

13. 复代法：用“我们”来代替“我”，来表达自己的意愿，以免显得武断。例如

好的表达：我们实在是没有办法了才来找您帮忙的。

对照表达：我是没法子才来找您帮助的。

14. 谦称法：用谦虚的自我称号来代替“我”，显得谦和有礼。例如

好的表达：晚辈失礼了，这点儿小事还来打扰您。

对照表达：我失礼了，这点小事还来打扰您。

15. 远视法：用无指代词等把时间、地点等方面的视点推远，使语句婉转，减轻对方的心理压力。例如

好的表达：那种事情费不了你多大的劲儿。

对照表达：这件事你肯定办得了。

16. 定规法：通过讲述有关的规定来表达有关意思，避免自己直接指明对方，减少个人发号施令的口气。例如

好的表达：上头规定此事由你负责，所以我非求你不可。

对照表达：这件事由你负责。

17. 感激法：提出请求时表示自己对人家的感激之情，显得尊重人家对自己的帮助。例如

好的表达：如蒙鼎力相助，我们将不胜感激。

对照表达：我们会感激你的帮助。

18. 暗示法：通过暗示语句来表达有关意思，以免直接驱使对方，而使对方感到面子难堪。例如

好的表达：我要出差了，那件事来不及办了，可没人接手不行。

对照表达：那件事你接手办吧。

19. 线索法：通过提供有关线索，间接引导对方考虑自己的请求，给对方留下余地。例如

好的表达：我们公司离你家很近，几步路就到了。

对照表达：请你到我公司来谈。

20. 预设法：通过蕴含的前提来暗示有关意思，使对方自然而然地按照自己的要求去做。例如

好的表达：上周是我值的班。

对照表达：这周该你值班了。

21. 淡化法：有意用轻描淡写的语言表达有关意思，使请求易于让对方接受。例如

好的表达：请你帮助我把这间房稍微粉刷一下。

对照表达：请把这间房彻底粉刷一下。

22. 夸大法：用夸张的语言把有关意思表达出来，求得对方的谅解。例如

好的表达：我是上天无路、入地无门了。

对照表达：我只能给你添麻烦了。

23. 重言法：借助同语反复句式来表达请求，显得较为通情达理。例如

好的表达：领导毕竟是领导。

对照表达：这事非你不行。

24. 矛盾法：用自相矛盾的语言来表达有关意思，在模棱两可中提出请求。例如

好的表达：我本来不想跟你提这件事，可还是提了。

对照表达：请你帮我忙。

25. 反语法：用反话来拉进双方的关系，表达自己的请求，显得轻松愉悦。例如

好的表达：朋友说你帮人很热心的（实际上很冷淡）。

对照表达：你怎么对这事不热心？

26. 反问法：通过反问句表达有关意思，避免直陈己见而显得缺乏涵养。例如

好的表达：除了请你帮忙，我还能怎么办呢？

对照表达：我没办法了，只好请你帮忙。

27. 歧义法：使用多义语言来表达混杂多种意思的请求，以免直接与对方产生分歧。例如

好的表达：这可是一件见仁见智的事情。

对照表达：这件事是好事。

28. 笼统法：用笼统的语言来表达有关请求，避免令人反感的直接命令，效果会更好。例如

好的表达：这里需要盖个章。

对照表达：请您给我盖个章。

29. 含糊其词法：用不点名道姓的办法来表达请求的意思，照顾人家的面子，对自己有益。例如

好的表达：好像有人在为难我们。

对照表达：你在为难我。

30. 不言自明法：用说半句、留半句的方法来表达请求，点到为止。例如

好的表达：我已在这个岗位干了八年……

对照表达：我想换个岗位。

第3章　沟通主体策略

■ 学习目标

学完本章后，你应当能够：

- 学会分析两个基本问题：我是谁？我在什么地方？
- 正确地去界定管理沟通的目标和策略；
- 理解自我沟通的作用、过程和基本策略；
- 运用所学的技能提升自我沟通的技能。

引题　观心证道，在于自我

思维的态度决定人生的高度，这是一个亘古不变的人生命题。所罗门说：“他心怎样思量，他的为人就是怎样。”皮科克说：“成功人士始终用最积极的思考，积极主动地认识自我，用最乐观的精神和最辉煌的经验支配与控制自己的人生。”

（1）自信地认为自己是一个强者。谁想收获成功的人生，谁就要当个好农民。我们决不能仅仅播下几粒积极乐观的种子，然后指望不劳而获。我们必须给这些种子浇水，给幼苗培土施肥。要是疏忽这些，消极思维的野草就会丛生，夺去土壤的养分，使庄稼枯死。

（2）所为如你欲所为。积极行动会导致积极思维，而积极思维会导致积极的人生态度。态度是紧跟行动的，如果一个人从一种消极的心境开始，等待着感觉把自己带向行动，那他就永远成不了他想做的积极思维者。

（3）尊重别人，关怀别人。大多数人来去匆匆，往往疏于腾出时间与他们所接触到的人谈谈心。如果你能够这样做，并以积极的方式给他们全面的关怀，就会对他们产生很好的结果，他们也会给予你丰厚的回报。

（4）用积极的态度去影响别人。随着你的行动与思维日渐积极，你会慢慢获得一种美满人生的感觉，信心日增，人生中的目标感也越来越强烈，别人会被你吸引，因为人们总是喜欢跟积极乐观者在一起。

（5）乐于奉献。有一个关于名叫辛格的人的故事。有一天，辛格和一个旅伴穿越高高的喜马拉雅山脉的某个山口，他们看见一个躺在雪地上的人。辛格想停下来帮助那个人，但他的旅伴说："如果我们带上这个累赘，我们就会送掉自己的命。"但辛格不想丢下这个人，让他死在冰天雪地之中。当他的旅伴跟他告别时，辛格把那个人扶起来，放在自己的背上。他使尽力气背着这个人往前走。渐渐地，辛格的体温使这个冻僵的身躯温暖起来，那人活过来了。过了不久，两个人并肩前进。当他们赶上那个旅伴时，却发现他死了——是冻死的。

3.1 两个基本问题

沟通主体分析的要义是解决"我是谁""我在什么地方"这两个问题。沟通者分析"我是谁"的过程，就是自我认知的过程，分析"我在什么地方"的过程就是自我定位的过程。

概括而言，要弄清楚"我是谁"，关键在于解剖自身的物质认知、社会认知和精神认知，分析自身内在动机和外在动机之间的统一程度。具体如何分析，本书在后面的自我认知中做具体论述，这里首先就沟通者如何提高自身的可信度提出一些建议。分析"我在什么地方"，就是要对自身的地位、能力、个性特点、价值观和形象等方面有客观的定位。

3.1.1 沟通者的可信度

【例子】你是一位刚从学校毕业到公司报到的年轻人，公司在每年都要召开一次新员工欢迎大会，参加大会的除了刚入职的新员工，还有不同工龄层次的老员工，以及公司的主要领导。很荣幸，公司安排你在这次大会上代表全体新员工做个演讲。你也认识到，这是一次只能成功不能失败，而且对你的发展可能是一个机遇的重要演讲，可你从来没有在这样大的场合中演讲过，你想到这些就感到很紧张。那么，你将采取什么措施，以最大限度地保证这次演讲的成功？

要解决上面所述的问题，应该有许多方面的工作需要准备，比如演讲稿、服装、语言表达方式等。所有这些准备的目的中，最重要的是对自身可信度的准备，因为你的可信度将成为决定演讲成败的第一因素。

所谓可信度，简单地说，就是你如何让对方感觉到自己是值得为大家所信任的，自己的演讲内容也是值得大家去接受的。分析自己在受众心目中的可信度，就是沟通者在制定策略时需要分析受众对自己的看法，因为你的可信度将影响你与他们的沟通方式。根据弗伦奇、莱文和科特的观点，沟通者的可信度受到沟通者的身份地位、良好意愿、专业知识、外表形象、共同价值五个因素的影响。其中：

- 沟通者的身份地位，就是沟通者要明确自身的等级权力，有时为了增强沟通效果或达到沟通目的，可以强调你的头衔与地位，以增强自身的可信度。
- 沟通者的良好意愿，可根据与沟通对象建立的个人关系和对其期望的了解来获得沟通对象的信赖。
- 沟通者自身的专业知识，特别是知识和能力构成了沟通者可信度的内在要求。
- 沟通者的外表形象，是产生吸引力的外在因素。当沟通者有良好的外表形象时，能增强受众对你的喜欢和信赖。
- 沟通者和沟通对象的共同价值，包括道德观、行为标准等，成为沟通双方良好的人际关系和持续沟通的本质要素，尤其是沟通双方在沟通开始时就建立共同点和相似点，将信息和共同价值联系起来，就可以迅速提升沟通者的可信度。

沟通者通过对自身这五个因素的分析（见表 3-1），就能通过强调自己的初始可信度且增加后天可信度来增强沟通者在受众心目中的可信度。

初始可信度是指在沟通发生之前受众对沟通者的看法。作为沟通策略的一部分，沟通者可能需要向受众强调或提醒自身的初始可信度。在那些拥有很高初始可信度的场合下，沟通者应该把它当作“可信度银行账户”，假如受众对沟通者推崇备至，即使沟通者的决策或建议不受欢迎或者不能完全与受众的预先期望相一致，受众仍可能对沟通者充满信任。但是，沟通者也应意识到，就像使用你的银行存款后，你的储蓄会减少一样，使用你的初始可信度会降低你的可信度水平，必须不断通过良好意愿和专业知识来提高你在“可信度银行账户”上的储蓄水平。

表 3-1 影响可信度的因素和技巧

因　素	建立基础	对初始可信度的强调	对后天可信度的加强
身份地位	等级权力	强调你的头衔或地位	将你与地位很高的某人联系起来（如共同署名或进行介绍）
良好意愿	个人关系、对期望的了解	涉及关系或对方的期望	通过指出受众利益来建立良好意愿
		承认利益上的冲突，做出合理的评估	
专业知识	知识和能力	包括经历和简历	将你自己与受众认为是专家的人联系起来，或引用他人话语
外表形象	吸引力，具有让受众喜欢你的特质	强调受众认为有吸引力的特质	通过认同你的受众利益来建立你的形象；运用受众认为活泼的非语言表达方式及语言
共同价值	道德观	建立共同点和相似点，将信息与共同价值结合起来	

资料来源：蒙特．管理沟通指南：有效商务写作与交谈（第 6 版）[M]. 钱小军，张洁，译．北京：清华大学出版社，2003.

后天可信度是指沟通者在与受众沟通之后，受众对沟通者形成的看法。即使受众事先对你毫不了解，但你的好主意或具有说服力的写作和演讲技巧也有助于你赢得可信度。因此，获得可信度的最根本办法是在整个沟通过程中表现出色。

3.1.2 沟通者自我背景

前面具体就沟通者在受众心目中的可信度做了讨论，可信度分析是弄清楚“我是谁”的重要内容。接着的问题是要分析“我在什么地方”，也就是自我定位。对于“我在什么地方”，将在后面的“自我意识”中具体展开，这里先提出沟通者如何对自我背景做测试。沟通者自我背景测试的内容包括在组织中的地位、可获得的资源、组织传统和价值观、人际关系网络、领导者的利益和偏见、沟通渠道、和竞争者之间的经营现状、文化环境等。这些内容具体将在以后的内容中不断展开，这里先列出沟通者自我背景测试框架（见表 3-2）。

表 3-2 沟通者自我背景测试框架

- 我的沟通目标是否符合社会伦理、道德伦理？
- 在现有内外部竞争环境下，这些目标是否具有合理性？
- 我就这个问题做指导性或咨询性沟通的可信度如何？
- 是否有足够的资源（如信息、资料等）来支持我的目标的实现？
- 我的目标是否能得到那些我所希望的合作者的支持？
- 我的现实目标是否会与其他同等重要的目标或更重要的目标发生冲突？
- 目标实现的后果如何，能否保证我及组织得到比现在更好的结果？

3.2 目标和策略的确定

3.2.1 沟通目标的确定

沟通者策略，即沟通主体为达到某一目标，通过分析自身的特点、身份背景、地位、素质等，采取相应的策略去实现沟通的目标。任何一个管理者在沟通行为发生之前，都必须明确自己的沟通目标。

这种目标具有三个层次，分别为总体目标、行动目标和沟通目标。

总体目标：沟通者期望实现的最根本结果。

行动目标：指导沟通者走向总体目标的具体的、可度量的、有时限的步骤。

沟通目标：沟通者就受众对笔头沟通、口头沟通所起何种反应的期望。

例如，某公司为了实现研发部门、生产部门和市场部门的有机协调，公司总经理决定这三个部门的负责人每月举行一次例会，共同讨论在研发、生产、市场几个部门之间如何高效协调的对策。在这个协调会上，总经理的总体目标是实现公司内部各部门之间的沟通；行动目标是要求各部门每隔一个月协调讨论一次；沟通目标是要求各部门的负责人能够了解各个部门之间工作的实际情况，并且让各部门的负责人能够领会每个阶段公司的意图。

3.2.2 沟通策略的确定

具体在沟通过程中，沟通者根据自己对沟通内容的控制程度和沟通对象的参与程度不同，可采取四种不同的沟通策略，即告知策略、说服策略、征询策略、参与策略（见图 3-1）。

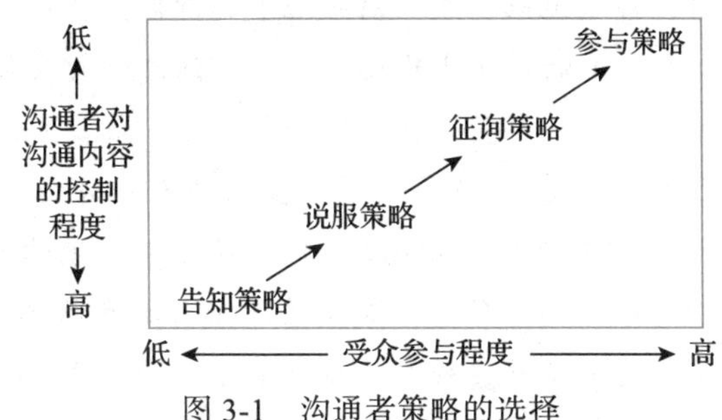

图 3-1　沟通者策略的选择

资料来源：引自文献“M. E. Hattersley, L. McJannet, 1997, P14.”。

告知策略一般用于沟通者在权威或信息掌握程度上处于完全的控制地位，沟通者仅仅是向对方叙述或解释信息或要求，沟通的结果在于让受众接受沟通者的理解和要求。例如老板要下属知道或明白某项规定的任务，但不需要他们参与并发表意见。

说服策略一般发生在这样的背景下：沟通者在权威或信息方面处于主导地位，而受众有最终的决定权，沟通者只能向对方陈述做或不做的利弊，以供对方参考，但沟通者的目标在于让受众根据自己的建议去实施。例如销售人员向客户推销产品，或技术部门主管向预算委员会提出增加研发经费的建议，对方可以接受或不接受你的建议或你的预算，最终决定权还在受众。

征询策略一般发生在沟通者希望就计划执行的行为得到受众的认同，或者沟通者希望通过商议来共同达到某个目的。双方都要付出，也都有收获。比如沟通者希望说服同事支持他向高层管理者提出某个建议。

参与策略则具有最大限度的合作性。沟通者可能还没有形成最后的建议，需要通过共同讨论去发现解决问题的办法。比如采用头脑风暴法，让与会者就某个创新性的问题提出新的思想。

在上述四种策略中，我们把前两者（告知策略和说服策略）统称为指导性策略，把后两者（征询策略和参与策略）统称为咨询性策略。现在要分析的是，在何种情况下应使用指导性策略，何种情况下应采用咨询性策略。一般来说，当沟通者认为沟通的目的在于通过为下属或他人提供建议、信息或制定标准的方式帮助下属提高工作技巧时，可采用指导性策略。而当沟通者认为沟通的目的在于帮助他人或下属认识他们的思想情感和个性问题时，则更适合采用咨询性策略。指导性策略重在能力，而咨询性策略重在态度。

在具体讨论策略选择之前，我们先分析下面的例子。

【例子】你是一家专门为航天工业提供零部件的生产企业的总经理，李明义是销售分公司经理，他直接向你负责。很长一段时间以来，李明义的分公司总是达不到计划的要求，销售员的人均收入低于公司的平均水平，而且李明义每月的报告总是迟交。在得到年度中期报告后，你决定找他谈谈，并约了他。但当你准时到李明义的办公室时，却发现他不在。他的助手告诉你，李明义手下的一位销售部门负责人刚刚过来抱怨一些新员工上班迟到，中午休息时间太长。李明义马上与那位经理去了销售部，打算给销售员一番“精神”训话，激励他们勿忘业绩目标。当他回来的时候，你已经足足等了 15 分钟。你公司还有一位叫白露的管理人员，刚从国内某著名大学管理学院获得了 MBA 学位，最近加入了你的公司，任职于财务部门，负责财务计划小组内的工作。她是揣着非常有力的推荐信与学历证明进入公司的。但是，白露刚来时间不长，你就发现她在加强个人信誉方面似乎有点儿不择手段。近来，你听到越来越多有关白露的议论，比如她行为傲慢，自我推销，公开批评小组内其他成员的工作。当你第一次与她就小组业绩进行交谈时，她否认自己在小组中存在问题。她宣称如果有什么问题的话，那就是她提高小组工作标准的行为对小组业绩产生了正面影响。当你听到了来自她的同事最近的一系列抱怨后，你决定再次安排时间与白露谈谈。

在这个案例中，你的两个下属所存在问题的关键是什么？你将如何与李明义、白露交谈，使得你在解决问题的同时与下属的关系也得到加强？你将说什么、如何说，才可能有一个最好的结果？

这个例子能较好地帮助我们厘清两类不同的人际沟通方式。对于李明义，你可以发现他在管理方面的能力比较欠缺；提供的信息或是无效信息，或是错误信息；所管理的下属的工作不称职。为此，你需要告知他如何更好地安排工作，以取得更好的业绩。这时，你作为李明义的上级，为他提供有关建议、信息或者标准的信息非常重要，应该让他意识到问题所在，以及如何克服这些具体的管理问题。所以，你应该对他采用指导性策略。

在李明义的问题上，有一个典型的现象——管理者的“下属替代”行为。他不允许下属自己解决问题，导致他自己的管理效率低下。由于李明义要求下属向他报告的是问题，而不是解决问题的方案，并且他直接与有问题的下属面议，李明义就把自己埋在了工作堆中。所以，李明义需要得到的指导还应包括如何避免“下属替代”现象，以及如何有效地承担责任和树立权威。

处理白露的问题则可以考虑采取咨询性策略。当问题源于态度、个性冲突、防卫心理或其他与情绪有关的因素时，沟通者就需要给对方提供咨询意见，通过共同讨论和协商的方式，帮助下属解决存在的问题。就白露而言，她的能力和管理技能并不是问题，只是她没有认识到通过向管理者讨教来调整自己的个性和工作态度，这时沟通者及时给予咨询性意见就非常必要。应该说，白露在这个职位上是合适的，沟通的目标应在于帮助她认识到存在的问题和识别解决问题的方式。在咨询性策略用于态度问题时，沟通者的沟通目的就是帮助下属或他人认识到问题的所在，至于具体问题，他们自己完全有能力去解决。

相反，如果对白露采用指导性策略，就会恶化问题的解决，引起她的防卫心理，并可能引起她抵制自身的改变。沟通者如果对她指手画脚，建议她如何做工作或者建议她不应该做什么，可能会使得她的防卫情绪加重。

3.3 自我沟通的作用与过程

3.3.1 自我沟通的作用

以上所讨论的沟通者的自我认知、自我定位，沟通目标和沟通策略的确定，都是在沟通行为发生之前需要解决好的。我们把这些内容都包含在沟通主体自我分析策略的范畴之内。在沟通主体自我分析的过程中，最根本的问题就是自我沟通。

成功沟通的前提是成功的自我沟通。“要说服他人，先要说服自己”就是对自我沟通的重要性和必要性的现实概括。在一般情况下，无论从管理民主性看，还是从激励理论看，每个个体的积极性发挥来自自身对工作的认同。管理者要指导、管理和激励下属去完成某一项任务，首先应该从内心认同工作的价值。管理者自身和下属共同认同工作价值的过程，实际上是一个自我沟通前提下的人际沟通过程，是一个主体和客体认知趋同的过程。在双因素激励理论中，研究者认为个体对工作的兴趣属于内在的激励因素，因此，管理者要成功地实现管理的职能，本质上要求管理者自我意识到工作本身的价值，并由此产生对工作的兴趣。在特殊情况下，实际工作和管理过程中存在服从原则，在必要时要求下属无条件地服从工作安排。为了使服从原则能得到执行，其前提仍然是服从者说服自己从内心认为接受服从是必要的，如果管理者自己认为服从是不必要的，却要求下属服从，就违背了建设性沟通的表里一致原则，结果是下属仅仅因为你的权威和命令才去遵守这样的服从。所以，每个个体说服自己接受服从的过程，内在地，同样是一个“自我沟通”的过程。

无论从一般意义来看，还是从特殊状态看，自我沟通技能的开发与提升是成功管理者的基本素质。自我沟通的目的是在取得自我内在认同的基础上，更有效率和效益地解决现实问题，自我沟通是手段和过程的内在统一，而最终目标在于解决外在的问题。因此，自我沟通是一个内在和外在得到统一过程的联结点，没有自我沟通过程，自我认知和外界需求就成为各自孤立的分离体。

3.3.2 自我沟通的过程和特点

【例子】先来讨论这样一个问题：如果你是一个建筑安装公司的经理，你公司的业务是承包工程项目中的安装施工任务。公司主要由两个部门组成：一是项目部门，负责具体的业务生产；二是公司职能部门，负责公司总部的管理工作。由于项目部门的工作性质和特点，部门的员工是没有休息日的，工地上的生产人员与管理人员从来没有休息日，而公司总部管理部门的员工一直有法定的休息日（一周休息两天）。

由于休息时间的区别对待，项目部门的管理人员一直对此有意见，认为工地上的员工没有休息日，而总部员工有休息日，这是不合理的，因为项目部在施工过程中，经常需要总部管理人员的配合，如果总部管理人员不上班，项目部门在生产过程中碰到的问题就不能及时得到总部管理人员的帮助和解决。根据项目部门的意见，公司经理决定，总部办公室人员也要在周末加班，一周工作六天。

这个规定一出台，马上又招致总部办公室人员的反对。他们认为公司不能强迫他们加班，如果加班必须支付加班工资。现在的实际情况是，尽管总部办公室人员在新的规定下加班了，但因为他们不愿意加班，在加班过程中，工作效率特别低下，抵触情绪很大。

如果你作为经理，要解决好这个问题，你得与总部办公室管理人员或项目部门管理人员沟通。为此，你可能会考虑：项目部门管理人员和总部办公室管理人员两方面的意见，哪方是合理的？为了执行你的政策，你准备如何与他们沟通，你是如何思考这个问题的？成功的管理沟通的前提是什么？

管理沟通的过程是指一个主体为了某种目标，通过编码和组织信息，选择有效的沟通渠道（媒介）输出信息，客体通过解码接收信息，并以反应的方式对信息做出反馈，使沟通得到连续。在管理沟通的过程中，包含了主体、客体、目标、信息、媒介和反馈等要素。同样地，自我沟通作为特殊的人际沟通方式，也是主体为了某种目标输出信息，由客体接收并做出反馈的过程。自我沟通过程如图 3-2 所示。

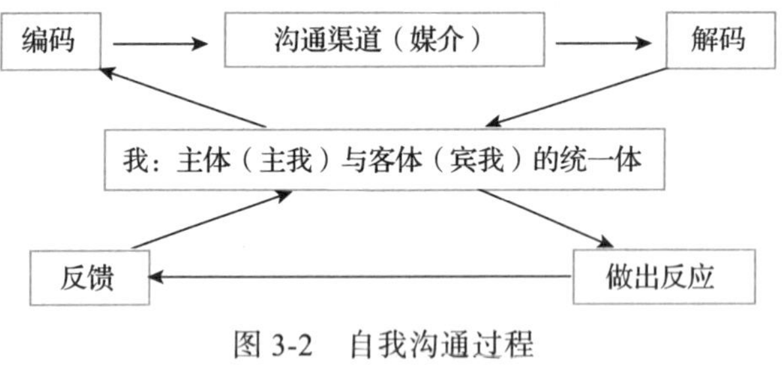

图 3-2　自我沟通过程

自我沟通除在过程上与一般人际沟通具有相似性外，在具体要素和活动上有其自身的特殊性，主要表现在以下几个方面。

（1）主体和客体的同一性。在自我沟通中，沟通的主体和客体都是“我”本身。“我”同时承担信息的编码和解码功能。

（2）自我沟通的目的在于说服自己，而不是说服他人，因此，自我沟通常常在面临自我的原来认知和现实外部需求出现冲突时发生。

（3）沟通过程中的反馈来自“我”本身——主我。由于信息输出、接收、反应和反馈几乎同时进行，因此，这些基本活动之间没有明显的时间分隔，它们几乎同时进行，也同时结束。

（4）沟通中的媒介也是“我”本身。沟通渠道可以是语言（如自言自语）、文字

（如日记、随感等），也可以是自我心理暗示。

自我沟通同样有受众策略、信息策略、媒介策略等问题。受众策略分析就是自我认识的过程；信息策略制定就是如何通过学习，寻找各种依据和道理对自我进行说服，这种信息可能来自自身的思考，也可能来自他人的经验或书本的知识；媒介策略则是每个个体根据自己的特点选择相应的沟通渠道，比如有的人习惯通过写日记的方式表达自己的感情，有的人习惯通过冥思苦想的方式来解脱自己；有的人习惯看书，借助书中的人物来发泄自己的矛盾心态，这些做法都是不同个体的沟通渠道选择和决策。上述这些决策的目的就是根据个体的生理、心理以及所处的社会环境特点，选择最佳的沟通策略。

自我沟通过程中的反馈，表现为思想上的自我本来定位与现实要求之间的冲突从产生到解决的过程。基于自身长期的学习，人们不断建立其具有个体特征的、对问题做鉴别、分析和处置的特有方式和价值观，因此，当他们面对某一事件时，会根据他们对客体（人、事物）的先验判断去制定相应的对策和措施，一旦当自身这种先验判断与外部的要求（如上级的要求）发生矛盾时，冲突就出现了。这种冲突出现后，人们会表现出烦躁、不安、反感、恐慌，甚至抵触态度和行为，这些反应会冲击自己原来的判断。为了使自己的心态得到恢复，人们就必须不断说服自己，调整自己的判断标准和价值观，或者处理问题的方式。我们把这种由于自我本来定位与现实要求之间的冲突产生、发展、缓解和最终解决的过程，称为自我沟通的反馈；把面对冲突时表现出来的外在形态，称为反应。从沟通的过程看，成功的自我沟通就是要求自己在面临问题时，有良性的反馈，并表现为积极的反应。

3.4 自我沟通的艺术

自我沟通从某种意义上讲是我们每个人的本能，只不过不同的人通过不断的自我修炼和自我完善，在自我沟通技能上存在差别。在日常工作中，无论遇到快乐的事还是悲伤的事，无论处于积极的环境还是消极的环境，无论遇到生活上的挫折还是心理上的挫折，我们都会通过自我调节，消除这些问题存在的负面影响，或者强化正面作用，使自己从不安、忧虑或困惑中解脱出来，释放心理的压力，适应新的内外环境。对于这个自我调节的过程，在心理学中的研究比较多，这里不再从原理上做探讨。从沟通的过程来看，这种自我调节过程，就是一个自我沟通的过程，自我沟通的目的在于说服自己去接受这个现实，并适应这个现实，或者以自己的努力去改变这个现实。

但当不同的人面临同样的问题，或者同一个体在不同阶段面临相同的问题时，其解决方式总是不一样的。在年轻时，我们会因为处事比较冲动而后悔，而到年纪大了之后，又会因为处事不会冲动而遗憾；当心情好时，即使突然面临挫折也能泰然处之，但当心情不好时，即使是小的挫折也会使你心烦意乱。那么，为什么会出现这样的不同呢？从自我沟通的角度看，这就是自我沟通技能在做动态的变化。每个人从成长过程看，往往年轻时自我沟通技能较差，随着阅历的增加和不断的学习，自我沟通技能得以不断提升。这里把自我的不断学习和交流、不断思考和总结，使自身的沟通技能得到不断提高的过程，称为管理沟通技能的自我修炼。正如自我发展是一个认识自我、提升自我、超越自我的“三阶段”过程，自我沟通技能的提高也是一个不断认识自我、提升自我和超越自我的“三阶段”过程。在这个过程中的每个阶段，我们都要从不同角度去提升自我沟通的技能和意识。自我沟通技能提升的“三阶段”过程如图 3-3 所示。本节从这三个阶段来讨论自我沟通的艺术。

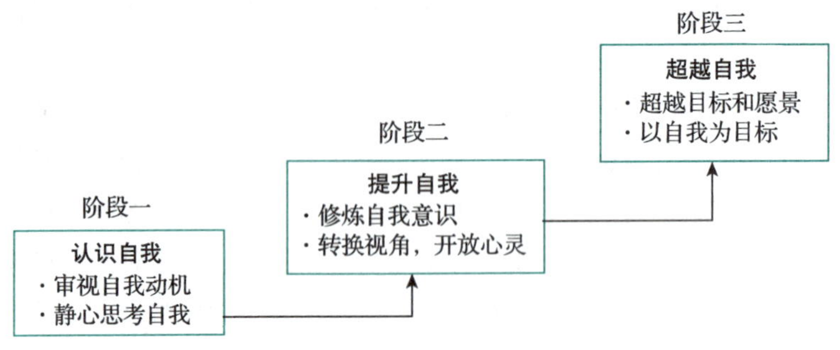

图 3-3　自我沟通技能提升的“三阶段”过程

3.4.1 认识自我的艺术

艺术之一：审视自我动机

认识自我，就是人在社会实践中，对自己（包括自己的生理、心理、社会活动和整个主观世界）以及自己和周围事物的关系的认识。它包含在人的自我观察、自我体验、自我感知、自我评价等活动中。要认识自我，首先要理性审视自己的动机。从心理学的观点看，人因为有需要，引起了动机，从而产生行为，心理学把动机定义为由需要而引起的个体的行为倾向。其中，动机可以分为内部动机和外部动机，所谓的内部动机，就是从个体自身的需要出发而产生行为，而外部动机是根据社会环境的需要而产生行为。内部动机和外部动机是一个相互作用的过程，如果内部动机与外部动机发生冲突，但仍按内部动机去产生外部动机所不需要的行为，往往会演变成不纯的动机；相反，如果外部动机所需要产生的行为与内部动机不吻合，就会缺乏内在的激励力量而导致行为产生强度的减弱。所以，重新审视自己的动机，是为了唤起自己残缺的内在动机，激发工作的兴趣，认识自我在工作中的价值，从而以饱满的精神投入工作。

在管理沟通的过程中，强调审视自己的动机，就是要客观地评价动机的社会性、纯正性和道德性。如果内部动机与外部动机发生冲突，就要修正自身的动机。因为只有把内部动机和外部动机有机统一，才能为对方所接受，并提升自身的形象。

从心理学的观点看，自我认知包括三个组成要素：物质自我认知、社会自我认知、精神自我认知。物质自我认知是主体对自己的身体、仪表、家庭等方面的认知；社会自我认知是主体对自己在社会活动中的地位、名誉、财产以及与他人的相互关系的认知；精神自我认知是主体对自己的智慧能力、道德水准等内在素质的认知。

管理者为提高自身的沟通技能，关键要从社会自我认知和精神自我认知两个方面解剖自己，从外部动机看，就是要审视自身在社会中所处的地位，以及自身行为的道德水准。管理者如果不能摆正自身在组织和社会中的位置，必然会导致沟通的失败。

就前面的例子而言，如果建筑安装公司的经理单纯从自己的需要出发去衡量下属员工的要求，就会认为他们的要求是不合理的，沟通中就会采取强制的方式要求下属去执行自己的决定。但从外部动机看，无论社会自我认知还是精神自我认知，从尊重他人的角度思考，就会发现他们的要求是合理的、符合道德的。因此不论采取何种沟通方式，应该是在尊重他人劳动情况下合理寻求解决问题的办法。这也就是认识自我的价值所在。显然，当你以社会自我认知和精神自我认知的角度审视自己的动机时，问题的解决就容易多了。

艺术之二：静心思考自我

管理者认识自我，关键在于认知自己的动机。从内部动机和外部动机两个方面去审视自身的物质自我认知、社会自我认知和精神自我认知，而审视自我往往是一个痛苦的过程。要清醒、客观地审视自己的动机，必须以静心地解剖自我、反省自我为前提，这就要求管理者学会静心思考的艺术。在讨论这个问题之前，我们先自我思考以下几个问题。

沟通训练

（1）即使在很忙的时候，我有没有专门划出一个属于自己的空间和时间去思考问题？

（2）在一年中我有没有安排专门的时间到清净的地方（如郊区、农村）去放松自己？

（3）我有没有与那些有智慧、有较深刻洞察力的朋友定期或不定期交流一些看法？

（4）我是不是常因没有自我而感到苦恼？有时甚至连自己都不认识自己？

上述几个问题往往是大部分管理者所面临的同时又很少能够做到的。我们在大量的企业调研中发现，80% 以上的企业高层经理认为自己太忙，每天要工作12～16 个小时，没有时间休息，没有时间出去旅游，没有时间去享受大自然，没有时间去进行一些自己喜欢的、随意或非随意的交流。那么，是不是这些高层经理真的忙到没有时间去接触自然了呢？其实不然，是他们还没有充分意识到给自己一个清净的空间、时间去静心思考问题的重要性。

印度哲学家奥修在《静心：狂喜的艺术》一书中，倡导我们与自然接触，内心平静，敞开胸怀，接纳一切。只有这样，管理者才能抛开世俗的眼光，走出自私的自我，从内在动机和外在动机结合的角度，从物质自我认知、社会自我认知和精神自我认知全方位地解剖自我、认识自我。如果你没有这样的时间和空间，你是很难有深刻的审视自我的机会的。例如美国的畅销书《第十种洞察力》中的主人公到秘鲁的原始森林中去寻找“第十种洞察力”，开始身处嘈杂的氛围，不能找到那种“感觉”，但在原始丛林里，主人公独身一人在寂静孤独时，学会了与花草树木、虫鸟鱼兽交流，最终当主人公心无旁骛时，竟能与“生灵”“亡灵”进行心与心的交流。可见，为认识自我，要给自己创造这样的条件去静心思考自我，走出自我，“让自然界的空旷和澄明，抚慰自己受伤和困顿的心灵”。

为了能够静心思考自我，首先要善于创造静宜的空间，把自己从烦琐的事务中解脱出来，从他人的干扰中解脱出来。这样的空间，可能在你的办公室里，可能在自己的家里，可能在自然界里，也可能在其他地方，关键在于你是不是有意识地去发现这样的空间，或利用这样的空间。属于自己的空间要靠自己去创造，靠自己的心灵去创造。浙江衢州某集团的总裁这样说：“每当我出差坐车时，我会把车里看作自己的空间；回家后，我把书房作为独享的空间；当参加会议时，别人到风景处游玩，这时我就把宾馆作为自己的空间……”可见，并不是我们没有这样的空间，而在于我们要主动地去发现这样的空间。

除了在空间上营造与自然、人类和自我共鸣的环境，我们还要努力在时间上延伸自我的价值。时间可以延伸到美好的过去，也可以延伸到美好的未来。我在给学生上“管理技能开发”课时，给他们布置了一个作业，要他们谈谈自我沟通的体会。其中，一组学生的作业上这样写着：

> 当时间延伸到过去时，你会发现过去是那么的美好、快乐与痛苦，其中的收获与失去……都是人生的享受，当你回到过去时，你会发现所有一切构成了生命的意义。当你把时间延伸到未来时，你又会发现，希望、追求、憧憬等都在等待着你，“明天意味着希望”。那么，既然你拥有过美好的过去，美好的明天也在期待着你，又为什么要为今天的烦恼而不能解脱呢？我们在时间上的延伸不是一种自我逃避，而是让美好的生活和生命的享受去冲淡眼前的烦恼。
>
> 由于人们在心态失衡的条件下，神经会异常敏感，这时，对美好过去的回忆和对光明未来的憧憬，就是引导自己，给自己积极的心理暗示，使自己从不快中解脱出来，进一步冷静地思考沟通环境。

既然时间可以延伸出自我价值，我们就应该充分把握时间，给自己时间去反省自我，包括自我需求、自我动机和自我行为。管理者要学会静心思考，应该以学会自我控制时间为基础。为了分析每个下属或者上司的需要，你得花费时间去思考；为了明白自己的社会责任，你得花费时间去思考；为了制定有效的沟通策略，你也得花费时间去思考。有效的管理者要把握自己的时间，从时间管理的角度看，就是要做自己时间的主人。为了有效地加强自我的时间管理，主要策略在于以效果为目的去管理时间，具体要试着遵守以下四个方面的原则：一是学会把时间花在重要的事情上，而不是紧急的事情上；二是学会分清相对重要的事情和相对紧急的事情；

三是在时间管理策略上应注重结果而不是过程；四是在必须说“不”的时候，不要感到内疚。

无论创造自己的时间还是创造自己的空间，根本目的在于为自己提供一个自由思考的环境。庄子认为，离开自然原始本性越远的物性，就越不自由。因而要获得自由，就必须恢复自然原始本性，回归自然，与自然融为一体，达到“无己”的精神境界，从而克服时空的局限进入永恒。

3.4.2 提升自我的艺术

艺术之三：修炼自我意识

在讨论自我意识之前，先看一个小故事。

|沟通聚焦|

一位老人坐在一个小镇郊外的马路旁边。有一位陌生人开车来到这个小镇，看到了老人，他停车打开车门询问老人：“这位老先生，请问这是什么样的城镇？住在这里的是哪种类型的人？我正打算搬到这里居住呢！”

这位老人抬头看了一下陌生人，并且回答说：“你刚离开的那个小镇上的人们，都是哪一种类型的人呢？”

陌生人说：“我刚离开的那个小镇上住的都是一些不三不四的人，住在那里没有什么快乐可言，所以我打算搬来这里居住。”

老人回答说：“先生，这恐怕要让你失望了，因为我们镇上的人也跟他们完全一样。”

不久之后，另一位陌生人向这位老人询问了同样的问题：“这是哪一种类型的城镇呢？住在这里的是哪一种人呢？我正在寻找一个城镇定居下来呢！”

老人又问他同样的问题：“你刚离开的那个小镇上的人们到底是哪一种类型的人？”

这位陌生人回答：“住在那里的都是非常好的人。我的太太和小孩在那里度过了一段美好的时光，但我正在寻找一个比我们以前居住的地方更有发展机会的小镇。我很不想离开那个小镇，但是我们不得不寻找更好的发展前途。”

老人说：“你很幸运，年轻人。居住在这里的人都是跟你们那里完全相同的人，你们会喜欢他们，他们也会喜欢你们的。”

这个小故事中的两个陌生人，由于不同的价值判断、不同的认知风格，产生了对周围事物（镇上居民）的不同的关系定位（如与老人的关系）。自我意识修炼就是通过自我意识的修正和提升，达成与外部对象的良好沟通绩效。

自我意识的核心包括自我价值的定位、面临变革的态度、人际需要的判断及认知风格的确立四个方面。其中，自我价值的定位在于确定自身的个体价值标准和道德评判的差异性与一致性；面临变革的态度在于分析自身的适应能力和反应能力；人际需要的判断在于分析不同沟通对象的价值偏好和相互影响方式；认知风格的确立在于明确信息的获取方式和对信息的评价态度。自我意识的四个核心要素如图 3-4 所示。

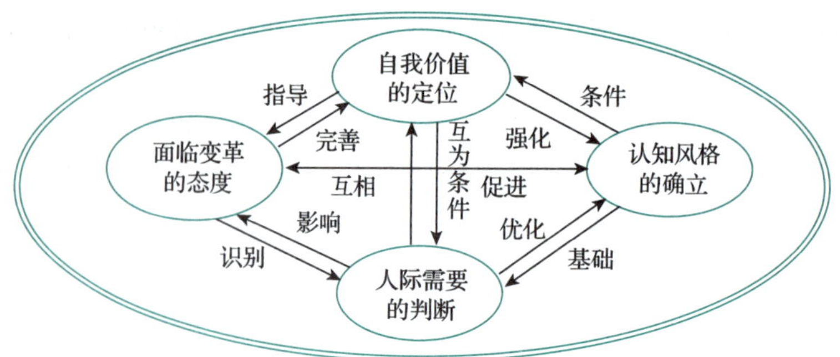

图 3-4　自我意识的四个核心要素

修炼自我意识，就是从四个核心要素出发，不断提升自我的价值观、面临变革的态度、认知风格和对人际需要的洞察力。

自我价值的定位，要求管理者在管理沟通中，从社会认同和社会道德的高度来修炼自我价值，要把自我价值的实现建立在他人和社会利益满足的基础上。“真正的朋友，可以使欢乐倍增，可以使悲伤减半”。这是谁都感受过的真理，尽管如此，人往往只顾眼前的一块面包，而把这一真理置之脑后。自我价值的定位在满足他人和社会利益的基础上，就要求在自我修炼和自我提升的过程中，把物质自我认知、社会自我认知和精神自我认知三者结合起来；在问题思考和自我认知的过程中，使自我价值判别和社会价值衡量得到统一。

超越自我的过程是一个自我修炼的过程，自我修炼的目标在于“入定”，能够为他人的满足而放弃自己眼前的一块面包。作为一个优秀的管理沟通者，修炼的结果就是要超越自我的眼前诱惑，正如我们面对一个面包时，如果两人分而食之，则各得二分之一。那么，面包放进嘴里，也就获得了生命的食粮，它所带来的欢乐，是与朋友共享的，这就是使欢乐倍增；反过来，如果一个人独吞面包，个人享用面包的份数的确是增加了一倍，但却是置他人的饥饿于不顾，是只顾自己疗饥而令人不安的自私行为。为有助于思考自我价值的定位，我们来讨论下面的问题。

【例子】一位妇女由于患有癌症已经生命垂危。医院的医生诊断后认为，只有一种药物有可能拯救这位妇女的生命。该药物是当地一位药师最近才发现的一种镭的衍生物（镭是治疗癌症的主要药物之一）。这种药物制造成本十分昂贵，而且药物发明者正以制造成本十倍的价格出售这种药物。比如一小勺药的制造成本是 1 600 元，而销售价格达到 16 000 元。这位病人的丈夫老王便向每位他认识的人去借钱，以购买这种药挽救患病妻子的生命，可是最后他只能借到 8 000 元。于是，他告诉药师，他的妻子正生命垂危，希望药师能以较低的价格卖药给他，或者希望能在以后还钱给他，但药师拒绝了，他说：“我发明这种药物就是为了赚钱的。”老王非常失望和痛苦，便计划潜入药店为他的妻子去偷这种药。

[讨论]（1）这位妇女的丈夫老王潜入药店偷药是否正确？

（2）这位药师是否有权利以那么高的价格出售该药品？

（3）老王是否有义务为妻子偷药？

（4）如果老王和患者不是在一起生活，他应该为患者去偷药吗？

（5）假设老王最好的朋友得了癌症，他是否该为他的朋友去偷药？

（6）假如老王从报纸上看到了关于垂危患者的情况，他应该为患者去偷药吗？

（7）你会偷这种药用于维持你自己的生命吗？

（8）假如老王在偷药时被抓住了，他应该被判监禁吗？

在这个例子中，很多人认为老王应该为自己的妻子潜入药店偷药，尽管这种行为是不正确的，但老王有这个义务去偷药，因为药师置患者的生命于不顾是不道德的。但如果患者是老王的朋友，或者是报纸上看到的与老王不是一起生活的垂危患者，则很多人认为老王没有义务，也不用潜入药店去偷药。如果老王偷这个药是给自己治病，很多人也认为是不应该的，而且老王在偷药时被抓住的话，他应该被判监禁，因为这是法律所不容许的。其实，上面的回答从逻辑的角度来看，相互之间是矛盾的，也是站不住脚的。比如，既然老王可以为妻子偷药，怎么就不能为朋友偷药？如果可以为朋友偷药，怎么就不能为报纸上所看到的垂危患者偷药？既然药师是不道德的，那么老王偷药被抓住后，为什么又应该被判监禁？

我们以为，上述问题的答案，深层次应该从人的价值观和道德观的角度去分析，也就是“我”的自我价值定位问题。从道德和精神自我认知的角度看，老王不应该去偷药。从社会自我认知的角度看，老王可以去偷，也可以不去偷。可以去偷是因为药师缺乏社会自我认知在先，而可以不去偷是因为老王受到社会自我认知的约束。但如果从物质自我认知的角度看，老王应该为自己的妻子和朋友去偷药。这就出现三个境界层次的自我价值定位：物质自我至上主义定位、精神自我至上主义定位和社会自我至上主义定位。如果一个人的自我价值定位确定在精神自我至上主义，答案也就明晰了——老王不应该去偷药。

上面例子讨论的价值观和道德观定位问题，对管理沟通中的自我价值定位有较大的启发。当自己在管理沟通中进行价值定位时，应该把个人价值观和社会价值观结合起来。如果只考虑自我的价值而忽视沟通对象的价值，就会使沟通对象觉得自身的价值受到质疑，结果是他们更多地关注本人形象，而不是听取你的沟通信息，这样，一方面不能实现沟通的直接目的，另一方面也会使他们的人际关系恶化。

自我价值的定位直接影响着对沟通对象需要的判断。例如自我至上主义者会认为自己与下属的沟通是一个发表自己见解和发布命令的手段，沟通的目的在于“输出信息”，而与上司的沟通是一个向上司推销自己的手段。这样的价值定位下，人际关系不但得不到改善和强化，反而会更糟糕。成功的管理沟通者，要从对方的价值观出发，考虑对方的需要，并分析自己能给对方怎样的帮助，同时对自己又有何种益处。

由于从狭隘的自我价值观出发去与他人沟通，特别是大多数管理者具有极强的自我主导意识，希望在与他人沟通的过程中处于支配地位，结果导致管理者对自身沟通技能判断的错位。大部分人（包括管理者）总认为，自己是非常有效的沟通者。他们认为产生沟通问题的原因在于他人，而不是自己。每个人都认为在任何情况下自己的沟通技巧与组织的其他成员相比，若不是更好的话，至少并不逊色。这样，在大多数人都认为他们的组织充斥着不成功的沟通的同时，又把责任推到他人身上，结果是，尽管大多数人同意人际沟通的有效性是管理成功的关键，但从不认为自己需要提高沟通技巧。

从沟通者自身看，管理者在人际关系处理上缺乏技能，会阻碍沟通的深入。管理者在沟通过程中过于强调“推销”自己的观点，忽视对方的心理需要，沟通最后成为一种无效沟通。无效沟通可能导致个人间互相厌恶、互相冒犯、互相失去信任、拒绝再听对方的话、不能达成一致，以及一系列其他人际关系问题。反过来，这些问题又进一步限制沟通的深入，沟通过程中以不信任和猜疑的眼光看待对方，结果是沟通信息的不精确、意义的误解。

虽然现在人们已经意识到建设性沟通对提高组织绩效、实现个体提升具有重要的意义，但在实际工作过程中，有效的沟通仍然是大多数管理者难以解决的问题。导致这种状况的出现，既有外部客观的环境问题及组织沟通管理和策略问题，也有个体自身的素质和心理因素问题。每个人或管理者，为了实现有效的沟通，就必须突破这些内部和外部障碍。

艺术之四：转换视角，开放心灵

在具体讨论这个问题之前，我们先来讨论下面一段对话。这段对话是在苏格拉底的反诘法例子的基础上发展而来的。

苏格拉底（简称苏）在与他的学生谈到如何甄别“什么是善行、什么是恶性”时发生了一段对话。

学生：请问什么是善行？

苏：盗窃、欺骗、把人当奴隶贩卖，这几种行为是善行还是恶行？

学生：是恶行。

苏：欺骗敌人是恶行吗？把俘虏来的敌人卖作奴隶是恶行吗？

学生：这是善行。不过，我说的是对朋友而不是对敌人。

苏：照你说，盗窃对朋友是恶行。但是，如果朋友要自杀，你盗窃了他准备用来自杀的工具，这是恶行吗？

学生：是善行。

苏：你说对朋友行骗是恶行，可是，在战争中，军队的统帅为了鼓舞士气，对士兵说，援军就要到了。但实际上并无援军，这种欺骗是恶行吗？

学生：这是善行。

……

问题其实并不复杂，但问题是，你有没有去问自己这样的问题呢？如果没有问，那么，为什么不去问这样的问题呢？这其实是思考的惰性，或者是思维的凝固和僵化，或者就是每个人的“心智模式”所致。我们经常性的思维是：“因为我们一直这么看、这么做，所以，它就是这样的。”于是，也就“习惯成自然”了。

转换视角，开放心灵，就是要求我们从他人的角度去思考问题。要从封闭的自我约束中跳出来，通过转换自己传统的思维方式，跳出习惯思维的约束，以退一步海阔天空的视角分析问题。转换视角要求我们将封闭的视角转换为开放的视角，打开心灵的窗户，把思绪、思想和观念接纳到自己的大脑中来，要以向每个人学习的勇气与他人沟通。“三人行，则必有我师”“海纳百川，有容乃大”，把自己的心灵开放了，沟通就无拘无束了，沟通双方就平等了，新的知识和新的思想就进来了。

转换视角，开放心灵，就要求尊重他人。开放自己的心灵和尊重他人是紧密相关的，为人之美德。把自己封闭在自我的世界里，紧闭心灵的窗户，就看不到外面的阳光；拒绝他人的接近，就把自己限制在自我的“山巅”上。于是，他人万物在你的俯视之下，在不自觉中，与他人的距离越来越远。只有当你开放你的心灵，才能让外面新鲜的空气、温暖的阳光、和煦的春风吹进你的心灵。世界到处充满空气、阳光和春风，你可以自由地呼吸，他人没有剥夺你享受空气、阳光和春风的权利，把握这个权利的只有你自己。事实上，拉上窗帘把阳光挡在外面的是你自己，关上窗户把清新的空气拦在房间外面的是你，“躲进小楼成一统，管他冬夏与春秋”的也是你。不然，你为什么会认为孩子不谙世事而不愿意与他们交流，为什么会认为老年人思想陈旧而不愿听听他们的忠告，为什么会认为下属难以理解你的处境而不愿听听他们的建议。

转换视角，开放心灵，就要求把沟通的理念从“己所欲，施于人”转变为“人所欲，施于人”。世界不同地区的文化习俗都把“己所不欲，勿施于人”作为金科玉律向人们宣扬，要求大家从“己所欲，施于人”的理念中走出来。诚然，这是思考问题角度的转变，是有效的人际沟通的理念基础。但这种理念还是定位在以自己为出发点上，自己还是主体，对方作为被动的信息接收者。要从根本上转换视角，我们倡导“人所欲，施于人”的理念，要根据对象的特点，组织信息的内容和编码方式，把问题的解决和人际关系的正强化有机地结合起来。

转换视角，开放心灵，就是要积极地去意识到自己的成见，或者意识到你会将不符合自己思想观念的信息加以“改造”成为自己的观点框架。一是要意识到与你的信念、态度、想法和价值观相矛盾的信息并不都是对自己的威胁、侮辱或有抵触。二是要求我们尽量不要注意讲话者的外表和举止，不要因为你不喜欢他们的外表和举止就排斥他们的想法，如果你意识到自己的成见，就有可能加以注意和控制。三是不要过早地对讲话者的人格、主要观点和你自己的反应下结论，如果你过快地做出决定，你会错过听到真理的每个机会。

下面是《我和三洋》（井植薰著，1992 年）一书第 105 页和第 106 页的一段话，以此作为“转换视角，开放心灵”之价值的注脚。

关上你的心扉，世界将会变成一片空白

我这个人只念过几年小学，虽然当学徒的时候也曾读过几年夜校，但对于英语是一窍不通。曾经有人笑话我，说我连个“A”字也不认识。要想认识这么个“A”字倒也不是很难，难是难在对我这个至今一口大阪口音的人来说，语言确实好像是一块绝缘体。所以，像我这样的人出国，难免会遭受“三重痛苦”：不会说，不能读，外加听不懂。五官之中唯一能不出偏差的，只有鼻子嗅得的味道不会错。初次去美国，我只得带上几位精通英语的同行去充当我的眼睛、耳朵和嘴巴。记得那年与我同行的是两位理学博士和现任美国三洋公司社长的竹本吉美。他们三人陪着我，就像带着一件活动行李，一切事务都得由他们去应对。临出发前，这三位“行李搬运工”对我说，恐怕有一个地方非得我自己去听、自己去说不可，那就是神户的美国领事馆。“你要去签证，领事就会问你一些话。但你不必害怕，等他的话中有个停顿，你就答上个‘YES’，反正不要说‘NO’就行了。”听了他们的话，临去领事馆前，我足足念了好几十遍“YES”，自己感到这“YES”讲得还十分地道。

到了领事馆，我自认为将要听我讲几声“YES”的人一定是个男人。谁知，接待我的偏偏是个金发碧眼的美女。这可让我感到心里有些发慌。如果是男人，我厚着脸皮还敢去糊弄一番。面对这位漂亮的异国女性，我怎么开口才好呢？

这位女士一见到我，就叽里咕噜地说了起来。我只得傻愣愣地望着她，盼着她快点停下来，然后礼貌地插上一个“YES”。但是，她好像根本不想停，一口气说个没完。好不容易，我等来了一个大喘气，便连忙勇敢地说了声“YES”。谁知，她一听我说“YES”，却扑哧一声优雅地笑了起来。

“井植先生，到了这里，你好像连日本话也听不懂啦。”

啊，原来这位女士压根就没有同我讲英语。她说的是日本话，听上去语音还很亲切。但我当时真叫紧张过了头，只知寻找她讲话的停顿，却忘了去听她到底在讲什么。这种令人捧腹的笑话，后来倒让我总结出一条宝贵的经验：“关上你的心扉，世界就会变成一片空白。”

3.4.3 超越自我的艺术

艺术之五：超越目标和愿景

超越自我是个人成长的学习修炼的高级境界。认识自我和修炼自我是超越自我的必要条件，它是对“原我”的突破。显然，在没有认识“原我”的前提下，就失去了超越的目标，也就无所谓超越自我。具有高度超越自我的人，能不断扩展他们创造生命中真正心之所向的能力。“超越自我虽然是以磨炼个人才能为基础的，却有超乎此项目标的最高鹄的；它虽以精神的成长为发展方向，却超乎精神层面的抒发之上。超越自我的意义在于创造，而不是反应的观点，来面对自己的生活与生命”（圣吉，1994）。学习的意思并不是获取更多的信息，而是培养如何实现生命中真正想要达成的结果的能力。“超越自我”是指突破极限的自我实现，或技巧的精

熟（圣吉，1994）。

一个具有超越自我理念的人，无论在处事，还是在为人方面，总有一个追求的目标和目标引导下的愿景。在自我沟通过程中，设定的目标是认识自我、反省自我和修炼自我的方向和精神支柱。为了这个目标，他会乐于接受他人的建议和忠告；他会开放自己的心灵，接受他人的思想，以修正自己的观念和行为；他会不断审视自己的动机，调整内部动机以达到与外部动机的统一；他会追求物质自我认知、社会自我认知和精神自我认知的和谐统一。

在目标和愿景的关系上，目标是属于方向性的、比较广泛的、抽象的希望达到的结果；愿景是一个特定的结果、一种期望的未来景象或意象，是每个人所追求的理想目标（圣吉把这种目标称为“上层目标”）的引导下的阶段性具体化。从个人的长远发展来看，生活中喜悦的感觉来自对上层目标的坚定不移。萧伯纳说过，“生命中真正的喜悦，源自当你为一个自己认为至高无上的目标，献上无限心力的时候。它是一种自然的、发自内心的强大力量，而不是狭隘地局限于一隅，终日埋怨世界未能给你快乐”。其落脚点在于具体的愿景。例如一个 100 米短跑运动员的上层目标可能是挑战极限，而愿景则可能是打破 9.58 秒的纪录。

一个具有高度超越自我理念的人，在学习和发展技能的过程中首先会确立追求的目标和愿景。目标的确定过程，是一个自我定位的过程，为达到这个目标，他会设定具体的、阶段性的愿景。正如短跑运动员，在其追求“挑战极限”的过程中，其愿景可能是今年达到 10 秒，明年达到 9.8 秒，后年达到 9.7 秒，这就是他的愿景。所以，不断设定愿景的过程，是自我不断积累知识和能力的过程。在不同阶段，超越自我的人把愿景看作一种召唤及驱使人向前的使命，而不仅仅是一个美好的构想。在这样的使命导向下，他们会把目前的境遇，不管有多糟，都看作盟友而不是敌人，看作对自我意志和毅力的考验。他们学会如何认清以及运用那些影响变革的力量，而不是抗拒那些力量；他们具有追根究底的精神，将事情的真相一幕幕地廓清。他们倾向于与他人，同时也与自我生命本身连成一体，因此，并没有失去自己的独特性。

一个具有高度超越自我理念的人，在学习和发展技能的过程中还具有不断否定“原我”——原来的目标和愿景的气魄与胆略。超越自我的过程，是不断超越原先设定的目标和愿景的过程，超越自我不是你所拥有的某些能力，它是一个过程，一种终身的修炼，因为超越自我是没有终极境界的。为了实现新的目标和愿景，具有超越自我理念的人会永不停止地学习，向他人学习，向生活和工作学习，向社会学习，向自然界学习。当他们在学习的过程中不断“扬弃”自我，就会发现自身人格的力量得到了不断的升华，与他人的关系得到了正强化，人际团结合作更加成为可能。

艺术之六：以自我为目标

在设定目标和愿景中，我们已经讲到，上层目标应是“超越极限”，目标和愿景的设定是一个自我定位的过程。那么，这个目标应如何定呢？在建设性的自我沟通中，我们应建立“以自我为目标”的理念，也就是要从纵向的、历史的角度去设定目标和愿景，去评判自我、超越自我，而不是一味地横向比较。

强调“原我”和“新我”的比较以确定目标，是因为以超越他人为目标，在实现超越中可能会产生副作用。第一，超越他人可能会形成人人争当第一的局面，结果造成关系的紧张；第二，超越他人可能会由于他人客观上在某些方面有特长，很难实现真正的超越，从而会使自己丧失信心；第三，以超越他人为目标，一旦目标实现，就会迷失进一步努力的方向。《孙子兵法》曰：“不可胜在己，可胜在敌。故善战者，能为不可胜，不能使敌之必可胜。”《道德经》曰：“胜人者有力，自胜者强。”与超越他人不同，超越自我可以通过不断的自我激励来实现。一方面，由于自我在不断发展，超越自我的目标也会做动态变化。另一方面，由于目标是与自己的过去相比，不太会引起他人的不满，从而与人产生矛盾。

“以自我为目标”强调的是自我精神追求的不断提高，是一种不断设定内在目标，持续自我激励的过程，而超越他人，由于过分关心外在目标，有可能产生副作用，特别是在外在目标消失，诸如自己就是最成功者时，或者外在目标似乎是可望而不可及时，可能会使超越他人失去现实激励意义。比如，某位长跑运动员在比赛时，不是以自我的极限为目标，而是以他人（比赛者）为目标，那么，当这位运动员遥遥领先时，他就会失去目标，“反正第一是我的，歇口气也不要紧”，于是，这位运动员可能就会松懈自己的斗志，失去了更高的追求目标。如果这样的状态不改变，在平时的训练中，就会没有动力，到下一次比赛时，就可能被他人超越。从这个意义上讲，“以自我为目标”更多地要求自律，这也是超越自我的内在要求。

那么，是不是强调“以自我为目标”就是消极的表现呢？有人会认为，不以他人为超越目标是降低了对自己的要求，会因为自己的一点小小的进步而沾沾自喜，会削弱进取的动力。其实，这不是超越自我的人的风格。超越自我的人不是封闭自我的人，他在设定自我目标的过程中，在不断向他人学习；他在与他人、外界沟通的过程中会敏锐地觉察自己的无知、力量不足和成长极限。但这绝不动摇他高度的自信，而是强化对自我的认知和对目标追求的理性思考。

3.5 自我沟通媒介：自我暗示

“你的身体语言来源于你的内心”。要提高沟通技能，平时就要养成良好的“自我交谈”习惯。自我交谈也就是平常所说的自我暗示。自认为沉默寡言，不善于与他人交流的人，他们的行为方式与那些自认为外向、能较好与他人交流的人有很大的不同。对交流结果影响最大的是我们自己。如果我们表现得沉默寡言，不善于与他人交流，他人就会不自觉地用这种方式对待我们。“我们应该随着音乐的旋律跳一曲沟通交谊舞”，以增强我们的自我形象。如果在自我交谈的过程中把自己的形象和自尊都强化，而且在沟通前就呈现给他人，就能很好地调整好自己的穿着、举止、接触别人的眼神等。

自我交谈的形式可以是多种多样的。在自我沟通的过程分析中，已提出了自我暗示的媒介类型。比如不同的个体，有的人习惯通过写日记的方式表达自己的感情，有的人习惯通过冥思苦想的方式来开解自己，有的人习惯看书，借助书中的人物来发泄自己的矛盾心态，有的人通过自我暗示达到自我沟通的效果。其中，自我暗示是一个重要的且积极的自我沟通渠道。在自我沟通中，“自我交谈和自我暗示是自尊的表现”。训练自我暗示技能，就是要求我们以积极的心态调整自我，通过自我沟通艺术的培养，达到自我沟通的目的。表 3-3 是消极性自我暗示和积极性自我暗示的比较举例。

表 3-3　自我沟通中的自我暗示

情　景	消极性自我暗示	积极性自我暗示
当你刚刚在你的同事面前做了件错事时，你对自己说：	“现在，他们知道我没用！”	“下次，我会……”
当你第一次做某件事并且发现做起来很困难时，你对自己说：	“我太笨了，什么也学不会！”	“我以前学过类似的东西，如果我坚持，我会做好的！”
当你忘记做某件你曾许诺过的事时，你对自己说：	“我真愚蠢和健忘！”	“这不像我，只是我该如何安排……”
当你与你此前从不认识的人一同走进会场时，你对自己说：	“我讨厌与这个陌生人在一起。”	“这将是一个挑战，我会保持镇静，一切都会变好的。”
当你的老板叫你去他办公室而你不知道是为何时，你对自己说：	“我现在就要进去，一定又做了什么错事！”	“我想知道发生了什么。”
当你摔倒在你去商店的路上时，你对自己说：	“我真蠢，我甚至不能做到在路上不出丑！”	“哎呀！我应该好好注意走路！”
当你跑着去赶一个要迟到的重要约会时，你对自己说：	“我相信我又要迟到了，我总是迟到，把事情弄得一团糟。”	“迟到不是我的一贯风格，我最好打个电话通知他们。”
当你反复失误时，你对自己说：	“我做这种事是没有希望了，总是做不好。”	“这是必须做的，而我知道我能做好。”
当你把某事做得非常出色时，你对自己说：	“奇迹发生了，真幸运。”	“我做得真不错。”

情境模拟训练

现在，与班级里前后左右任意组合的 4 到 5 个同学组成一个小组。你们用 30 分钟时间在这个小组中完成以下系列活动。

第一步，每个小组成员用 5 分钟时间，列出自己两个方面的评价：一是自己最有价值的 3 个优点；二是自己最明显感受到的 3 个不足或弱点。特别注意，要给自己的优点和不足，根据强弱程度给个分数，比如，你认为 A 优点是非常突出的，就给 5 分；不是很突出，但还比较明显的，给 4 分。

第二步，每个小组成员用两三分钟轮流向其他成员介绍自己：你的背景、事业目标以及迄今为止最重要的成就，并简要描述你的人际交往的长处和局限性是什么。

第三步，一个成员作为中心人物，将自我评价中的各个项目自我评估状况、分数以及自己为什么如此评估自己的心情告诉大家，然后，小组其他成员都给他提供反馈意见并告诉他们认为前面的自我评估状况与分数，与自己对他（中心人物）的了解和判断有什么差异，为什么有这样的差异。

第四步，当一个中心人物接收并理清了其他成员的反馈后，换另一个成员成为中心人物，进行同样程序的评估和反馈，直到小组内每个成员都轮流进行一遍。

第五步，各个成员总结思考以下几个问题：

- 你真的了解你自己吗？怎么能够更好地了解你自己？
- 谁应该是你获取有价值的反馈的最佳人选？为什么选择这些人？
- 你的自我评估状况和分数为你自己的事业计划提供了什么启示？

总结回顾

- 沟通主体分析的两个基本问题

  沟通主体分析是解决“我是谁”“我在什么地方”这两个基本问题，即界定好自我认知与自我定位。沟通主体分析的重要内容是分析自身的可信度。

  （1）身份地位分析：明确自身的等级权力。

  （2）良好意愿状况：根据个人关系、对期望的了解来获得沟通对象的信赖。

  （3）专门技术水平和素质：知识能力是构成沟通者可信度的内在要求。

  （4）外表形象：产生吸引力的外在因素。

  （5）共同价值：寻求沟通双方的道德观、行为标准的共同点。

- 目标和策略的确定

（1）三层次沟通目标的确定

总体目标：沟通者期望实现的最根本结果。

行动目标：指导沟通者走向总体目标的具体步骤。

沟通目标：沟通者就受众对沟通起何种反应的期望。

（2）策略的选择

告知策略：向对方叙述或解释信息或要求，要求对方接收你的信息。

说服策略：向对方建议做或不做的利弊，以供对方决策时参考。

征询策略：通过商议来共同达到沟通目的，使执行方案得到受众认同。

参与策略：具有最大限度的合作性，需要通过共同讨论去发现解决问题的办法。

- 自我沟通的作用与过程

（1）自我沟通的作用

自我沟通是成功管理沟通的前提，“要说服他人，首先要说服自己”。

自我沟通技能的开发与提升是成功管理者的基本素质。

（2）自我沟通的特点

沟通者和受众同一性。“主我”承担信息编码功能，“宾我”承担信息解码功能。

沟通过程反馈来自“我”本身。信息输出、接收、反应和反馈几乎同时进行。

沟通媒介也是“我”自身。沟通渠道可以是语言、文字或心理暗示。

信息组织策略。通过学习寻找依据和道理进行自我说服。

- 自我沟通的艺术

（1）认识自我的艺术

审视自我动机。客观地评价自我动机的社会性、纯正性和道德性。如果内部动机与外部动机发生冲突，就要修正自身的动机。

静心思考自我。从内部动机和外部动机两个方面去审视自身的物质自我、社会自我和精神自我，要善于创造清静的空间去思考，要努力在时间上延伸自我价值。

（2）提升自我的艺术

修炼自我意识。它包括自我价值的定位、面临变革的态度、人际需要的判断、认知风格的确立四个方面。

转换视角，开放心灵。

①从他人的角度去思考问题。

②要时刻记住尊重他人。

③以“人所欲，施于人”理念去沟通。

④积极地意识到自己的成见。

（3）超越自我的艺术

超越目标和愿景。要建立目标和目标引导下的愿景，在学习和发展技能的过程中还要不断否定“原我”。

以自我为目标。有助于自我精神追求的不断提高，有助于良好人际关系的建立，有助于始终以积极心态应对挑战。

问题讨论

1. 我们经常在生活中听到以下一些说法。你对这些说法如何看？
   - 我在领导面前怎样像个透明体？我们单位领导太官僚了！怎么从来没有把我们这样的大学生放在眼里。
   - 我同事这次又晋升了，他其他本事没有，就是能讨领导欢心！领导那边马屁没拍好，职位怎么可能晋升上去呢？
   - 小王的公司发展得很快，去年还赚了 500 多万元，这家伙运气真好。唉，我要是有他那样的运气，早赚 800 万元了！
   - 哎呀，这个世道！我们那个时候真是“怀才不遇”啊！要是赶上今天这样的发展机遇，我早成千万富翁了。
   - 我所在的这个企业里的员工素质实在是太低了，这么简单的事情都做不好，要是我自己来做，三个小时就搞定了。
2. 要做好自我沟通，一种比较有效的办法，在于我们不断问自己这样一些问题，如“这话我自己听了，感觉会怎么样”，或者“自己总是希望得到别人的积极肯定，我为什么不能多肯定别人呢”，等等。要让这样的思考方式成为自己的习惯。现在，就请你用这样的思考方式，来修改和完善下面 8 种表达方式。
   - 除非你打算参加我们的社团，否则请不要填写和上交这份表格，因为你填写的话就意味着要加入这个社团。
   - 很高兴地通知你，你可以在全国范围内使用同一个号码，而且你只需要到当地的移动公司注册一下就可以了，非常方便。
   - 由于你提交的文件不全，我暂时无法帮你申办毕业的手续。
   - 报告中找不到论据佐证的结论最好不要下。
   - 我们不能为了你一个人，破坏公司的工作规矩。这一点想必你是很清楚的。
   - 请你赶快参加有关人力资源管理的会议，会上我们会通知你目前可以采取的必要措施。
   - 我希望已经回答了您的问题，假如您还有什么不明白的，随时可以向我咨询。
   - 为减少不必要的延误，请在抵达前预约。

自我技能测试

步骤

步骤 1：在你阅读本章内容之前，请你对下列陈述根据度量标准进行评分，并将分值写于左栏（预估），你的回答应该反映你现在的态度和行为，而不是有意根据你所希望的结果去评价自我沟通技能现状，要诚实。采用这种方式是为了帮助你发现自己在自我沟通理念和技能方面处于何种水平。通过自我评价，你就可以识别自身的不足，进一步根据自身特点调整你的学习方向。

步骤 2：完成本章的学习后，尽可能把所学的知识和技能与实际结合起来，并认真分析本章的案例或技能应用作业，然后遮住你第一次写的答案，重新回答下列测试题，将分值写于右栏（后估）。当你完成这次调查后，检测你的进步，如果你在某一技能领域的成绩依然较低，说明你在此方面还得不断加强理论与实践的结合。

评价标准

非常不同意 / 非常不符合	不同意 / 不符合	比较不同意 / 比较不符合
比较同意 / 比较符合	同意 / 符合	非常同意 / 非常符合

测试问题

学习前　学习后

学习前	学习后	题目
______	______	1. 我经常与他人交流以获取关于自己优缺点的信息，以促使自我提高。
______	______	2. 当别人给我提反面意见时，我不会感到生气或沮丧。
______	______	3. 我非常乐意向他人开放自我，与他人共享我的感受。
______	______	4. 我很清楚自己在收集信息和做决定时的个人风格。
______	______	5. 在与他人建立人际关系时，我很清楚自己的人际需要。
______	______	6. 在处理不明确或不确定的问题时，我有较好的直觉。
______	______	7. 我有一套指导和约束自己行为的个人准则和原则。
______	______	8. 无论遇到好事还是坏事，我总能很好地对其负责。
______	______	9. 在没有弄清楚原因之前，我极少会感到生气、沮丧或是焦虑。
______	______	10. 我清楚自己与他人交往时最可能出现的冲突和摩擦原因。
______	______	11. 我至少有一个以上能够与我共享信息、分享情感的亲密朋友。
______	______	12. 只有当我认为做某件事是有价值的时候，我才会要求别人这样去做。
______	______	13. 我习惯在全面分析做某件事可能给自己和他人带来的结果后再做决定。
______	______	14. 我坚持一周有一个只属于自己的时间和空间去思考问题。
______	______	15. 我定期或不定期地与知心朋友随意就一些问题交流看法。
______	______	16. 在每次沟通时，我总是听主要的看法和事实。
______	______	17. 我总是把注意力集中在主题上并领悟讲话者所表达的思想。
______	______	18. 在听的同时，我努力深入地思考讲话者所说内容的逻辑和理性。
______	______	19. 即使认为所听到的内容有错误，我仍能克制自己继续听下去。
______	______	20. 我在评论、回答或不同意他人的观点之前，总是尽量做到用心思考。

自我评价

将你的得分与三个标准进行比较：一是比较你的得分与最大可能得分（120 分）。二是比较你的得分与班里其他同学的得分。三是比较你的得分与由 500 名管理学院或商学院学生组成的标准群体的得分。在与标准群体比较时，如果你的得分是：

100 分或更高	你位于最高的四分之一群体中，你具有优秀的沟通技能。
92～99 分	你位于第二个四分之一群体中，有些地方尚须提高。
85～91 分	你位于第三个四分之一群体中，有较多地方须加强训练。
84 分或更少	你位于最低的四分之一群体中，你需要严格地训练你的沟通技能。

选择得分最低的 6 项，作为本章技能学习提高的重点。

案例 3-1

潮汐的转变

不久前，我又遇上了大多数人都会不时碰到的问题，干什么事都没劲，没有精神、没有兴趣，并对工作产生可怕的影响，每天早上我必须咬着牙对自己说："今天生活又开始了，你必须去度过它。"

但随着这些无聊日子的延续，我越来越麻木了，后来我决定去访问我的一位朋友。他不是心理医生，比我大，很有智慧和同情心。我很可怜地说："我不知道哪儿不对，但好像我要完了，你能帮我吗？"

他仔细看了我一会，慢慢地说："我不知道。"接着，他又突然问我小时候在哪里最快乐。

我说："我想是在沙滩上，我们在那儿过了一个夏令营。"

他看着窗外说："你能遵照我的建议去度过一天吗？"

我说："行。"

他要我第二天早上到沙滩去，一个人，9 点钟以前到。我能带一些午餐，但我不能阅读和写东西，不能听收音机或与任何人交谈。他说："另外，我要给你一些处方，每 3 个钟头用一次。"

然后他撕下 4 张空白纸，每张写了几个字，折叠好，编了号，再递给我说："上午 9 点、12 点，下午 3 点和 6 点各看一张。"

"你没开玩笑吧？"

"当你打开我的纸条后，你不会认为我在开玩笑。"

第二天早上，我没什么信心，驾车到了沙滩。我坐在车里，只有我一个人，我打开了第一张纸条，写着："仔细听。"

我心想："这家伙一定疯了。"他剥夺了我听音乐和新闻，以及与人交流的权利，我听什么呢？我抬起头仔细听，只有海浪声、风的呼啸、头顶上飞机飞过时的轰鸣，我对这些都很熟悉。

我走出汽车，问自己："我是不是该仔细听这些声音？"

我爬上沙丘俯视沙滩。这里只有海的怒吼，它太响了，别的什么都听不到。这时，我突然想，一定还有其他声音——风吹过沙滩；沙丘上草被风吹过的声音——如果我走近一点听的话。

我突然有一个冲动，把头埋进沙丘中，我发现，如果你用心听，就有一个似乎一切都停止的时刻出现。在那一刻你真正地倾听自身之外的什么时，你就没有任何杂念，思维停止了。

我又回到车上继续仔细听。我想起了儿时上过的课，我想了很多。

中午风吹散了云，海更亮了，我打开了第二张纸条："努力回到过去。"为什么要回到过去，我的麻烦不是都在现在和以后吗？

我下了车沿着沙丘走着，我的朋友让我来这里，是因为这里有快乐的记忆。也许这里有我应该去回忆的，但已经快忘却的快乐。

我试着去唤醒记忆，尽可能详细地回忆，包括他们穿的衣服和举止，我要听到他们的声音和笑声。我走到我和弟弟 20 年前最后一次钓鱼的地方（他在一次车祸中去世）。我发现如果我闭上眼努力去想，我能见到栩栩如生的他，甚至能见到那天他眼里的幽默和热情。

事实上，我看到了一切。我钓鱼的海滩，太阳升起的天空，风的呼啸，清楚且缓慢，我能看见他摔鱼时的样子，听见他的叫声。一件又一件在时间的流逝中清楚地想了起来，然后这一切又都不见了。

我慢慢坐下去，努力回到过去。

这一天开始过得快起来，我又想起了儿时的一些事，想起了与父亲和弟弟相处的往事。

下午 3 点前，没有涨潮，波浪声就像巨人在呼吸。我站在那里感到放松和满足，心想这处方还很容易做。

时间到了，我又打开下一张纸条："重新审视你的动机。"

我最初的感觉是抗拒，我自言自语："我的动机没有问题，每个人都想成功，得到承认，让自己更加安全。"

这时，我心中一个声音在说："也许，那些动机还不够好，这可能就是事情不顺利的原因。"我想：我希望在工作中得到自己努力付出后应得的回报，工作已经成为赚钱的手段，贡献点什么或帮助他人的感觉已经消失了。

突然我领悟了，我感到如果动机错了就不会有什么是对的，不管你从事什么工作，它都一样。只要你感到你在为他人好、帮助别人时，你就会做好工作，但当你只想着帮自己，你就做不太好，这千真万确。

我在那儿坐了很久，听着波浪声。我在沙滩上待的时间快到了。我对这位朋友，对他随意开出来且精心设计的处方感到敬佩。现在，我觉得这种方法应该对任何面对困难的人都很有价值。

仔细听：使大脑平静下来、停下来，把注意力转向外面的事。

努力回到过去：既然人脑一次只能把握一个主意，所以当你回忆过去的美好时光时，就会忘掉现在的烦恼。

重新审视你的动机：这是治病最困难的核心所在，但头脑必须清楚且乐于做这个。

最后，我打开了最后一张处方，上面

写着："**在沙滩上写下你的烦恼**。"

我扔掉纸拿起了一块海螺，跪下来，在沙滩上写了很多，然后我走了，没回头看一眼，我已经把烦恼写在沙滩上了，这时潮汐来了。

讨论题

1. 试分析"我"在海边一天的心理转变过程，你认为可以分为几个阶段？
2. "我"来到沙滩后，采取了哪些策略来认识自我？哪些是有效的，起什么作用？
3. 如果"我"不去海边沙滩，而是待在家里，这些"处方"还有效吗？为什么？
4. 除了这里提到的四点策略，你还可以开出其他什么处方吗？
5. 请就这个案例谈谈你的感受和启示。

第 4 章 沟通信息策略

■ 学习目标

学完本章后，你应当能够：

- 掌握沟通信息组织过程目标设计、论据观点、信息组织和逻辑策略；
- 能运用全面对称、简明清晰、具体生动、谈话连贯等信息表达技能；
- 沟通过程中能正确把握问题导向、责任导向和事实导向的沟通策略；
- 意识到并能运用沟通过程中注重礼节、表里一致和价值认同等策略。

引题 语言的艺术

情境一：

小王所在的公司会定期举行例会，但是每次实际出席的人数少于报名预定的人数。小王每次发出的通知邮件，大意就是告诉大家“务必准时参加会议”，还包括各种提醒的相关内容。但是大家即使事先报名了，实际还是有很多人不出席，大家似乎对参加例会不太积极。

怎么让大家更积极地参加例会？某一次例会前，小王更改了通知邮件的内容，增加了午餐预选的环节：“例会的午餐套餐是可选的，烤肉饭和猪排饭，请大家报名的同时确认要哪个套餐。”结果，这一次例会只要报名了的人员都如期赴约。毕竟午餐是按照例会出席人数准备的，定了午餐又不去就太不像话了。小王这次加上了“选择自由”的决定权，大大提高了例会的出席率。

情境二：

博物馆的一个雕像前，贴有“请勿触摸展品”这样的警示语，但尽管如此，还是有不少人会触碰。有些人的心理是越被命令不能做某件事，就越想去做这件事，“摸一下怎么了，我们票都买了！”那怎么写才能让大家真的不去触摸雕像呢？“涂有药品，请勿触碰。”看到这句话，自然就没人想碰了吧。

【案例 4-1】 找他人会谈

陈振辉是某制造机器工具集团的新任总经理，一天，他去分公司与郭翔兴会谈，郭翔兴是向他负责的分公司经理。

陈：小郭，在看了你的业绩报告后，我安排了这次会谈。我想与你谈一些问题。我知道我们从未面对面谈过，但是我想我们该谈谈你在做些什么了。只是我担心我要说的事情可能不太受欢迎。

郭：陈总，不要客气，我想我会听的。在这之前，我与那些初来乍到并自认为懂得这儿一切的人已经谈过几次了。

陈：小郭，我希望今天的谈话是一种双向沟通。我不是来给你下判决，也不是来听你汇报的。我只想知道哪些方面需要改进。

郭：好吧，这我从前也听到过，您就直说吧，屈尊了。

陈：我不认为是屈尊，但这儿有几件事你应该听一听。一件是我在这次调研中发现的，我认为你与一些女员工太亲密了。

郭：噢，你以前没来过这儿，并不知道这里非正式的融洽关系。办公室人员与楼下的女职员经常会听到一些开玩笑的恭维话。

陈：也许是这样的，但你该注意些。另外，我注意到了出现在厂房里的另一件事。你该明白，在我们公司，整洁的厂房是多么的重要。今天早上我走过时，发现这里没有像我希望见到的那么整洁有序，东西放得杂乱无章，够糟的。

郭：在整洁方面，我管理的厂房将打败我们集团中的任何一家，你也许发现一些工具不在原位，那是有人在用它们。但我们还是以整洁而自豪，我不明白你为什么说一切杂乱无章。你在这儿没经验，下什么判决呢？

陈：我非常高兴你能关注整洁问题。我要说的也就是你该注意一下，不再说整洁了。我发现你穿得不像一个分公司经理。我想你在创造一种不戴领带的标准形象，但便装可能会成为员工穿得拖拉的借口，那可不好。

郭：我不希望在经理与员工之间有距离。我认为穿得像车间中的员工，能帮我们减少许多障碍。另外，我也没有那么多钱去买那些衣服，它们每天都可能被油弄脏。这个要求似乎对我太挑剔了。

陈：小郭，我不是在挑剔。我所提到的事对我感触太深了。然而还有其他一些事需做改正，其中之一就是你交到总部的报告，有太多错误，我猜想还有数据上的错误。我想知道你是否对这些报告很上心，看起来你只是敷衍了事。

郭：我们这里要干的太多的一件事就是写报告。我要花四分之三的时间用于填写这些表格，为总部汇总数据。你为什么不给我们一些机会去干实际的工作而取消这些文件工作？

陈：你的想法与我一样。我们的确应该多控制一下我们的生产率、质量与成本。你是应该更加关注工作职责的那一部分。

郭：我不想再争论这个问题了，对我来说，每提到这个问题，我总是失败者。

总部从来都不会削减他们对报告的要求，但是，陈总，我也有一个问题想问您。

陈：说吧。

郭：你为什么不去找其他人了解一下情况呢？我要回去工作了。

讨论题

1. 陈与郭之间的沟通出现双方都不愉快的局面，问题出在什么地方？
2. 请把上述对话中沟通信息不合理的地方标注出来，并分析原因。
3. 请你对沟通双方的信息内容进行修正，以产生好的结果。

4.1 信息组织策略

沟通者在每次沟通之前，可能会收集很多素材和信息，这些素材和信息中有好的、坏的，完整的、零碎的，论据性的、结论性的……如何组织好这些信息是沟通者制定沟通策略的关键。只有当沟通者组织好清晰的概念传达给受众时，才能实现有效的沟通。因此，优秀的沟通者在管理沟通实施前，要思考如何合理地组织沟通信息，以达到沟通的预期效果。信息组织的关键是要设计好沟通目标、论据观点、内容组织、逻辑结构等问题。

4.1.1 沟通目标

每位沟通者在沟通之前必须要有一个明确的目标，正如在许多管理现状中，管理者的管理行为中总预先设定一个目标一样。沟通目标可能是规定某个问题，或者使你的建议被采纳，或者赢得下属（同事或领导）的尊重。比如，对于指导性沟通，沟通者的目标往往是要求受众接受其观点，或产生所期望的行为或结果；对于咨询性沟通，沟通者的目标则可能是为了获取某种信息，得到某个结论，或者是得到对方的支持。因此，对于指导性沟通，目标设定较为简单，因为这种沟通的确定性较大，但对于咨询性沟通，尽管总体目标是确定的，但是事先对结果甚至对过程都没有很大的确定性。为了找到某一问题的对策，或者是征询意见，沟通者在具体的行动目标和沟通目标上，往往要随着沟通过程的进行而适当地调整。

为此，在管理沟通目标的设定上，要注意以下三方面的策略。

第一，要明确沟通的主导目标。主导目标属于刚性的目标。当你面临复杂的管理环境时，你应该列举出你所希望实现的全部目标。然后，界定好其中一两个你的议程中最重要的目标，接着，考虑对方的目标及他们可能的反应。在主导目标的规范下，通过对对方目标的分析和整理，整合对方的目标，确定最终的行动目标和沟通目标。这个整合过程应考虑以下几点：

- 哪个目标是最紧迫的。
- 哪些目标是兼容的、相互统一的。

- 哪些目标是与你的主导目标紧密相关，而且是你必须解决的。
- 哪些目标是你可以授权由他人解决，而不需要在当次沟通中就解决的。

第二，要注意适度灵活原则。对于行动目标和沟通目标的设定，要兼顾刚性和弹性。如果预先设定的目标刚性过大，就会出现“自我中心主义”的现象，阻碍你去获得自己所需要的信息，阻碍你去展望更为广阔的未来，出现概念壁垒。为此，在沟通前要分析各种可能出现的结果，要尽可能地了解各种背景材料。一个好的沟通者应该知道何时要坚持自己的主导目标，何时又应该适当地具有目标弹性。

第三，要界定好总体目标、战略、策略和任务之间的关系。总体目标是你沟通的中心思想，必须要达到的结果。沟通者不能把这个目标与战略、策略、任务混淆，下面是沟通目标与战略、策略、任务之间的关系例证。

【例子】如果你是市场部门经理，你与市场部门的下属员工进行沟通，可以这样来理清目标、战略、策略和任务之间的关系。

目标：提高产品销量。这是你真正的现实沟通目标。

战略：让下属意识到，这次沟通的战略意图是为实现更高的持续性和发展前景。

策略：获取部门发展新的出路。比如，通过群策群力的方式，要大家来讨论如何提高广告预算、如何获得更大的公司资源投入等问题。

任务：明确总体沟通目标规范下的一系列辅助目标和具体沟通目标。比如向高层领导提出预算建议，通过沟通让下属考虑雇用更多的销售代表去开发有潜力的出路，在公司计划会议上提交建议，开发广告和公关计划。

4.1.2 论据观点

阿基米德说过，“给我一个支点和一根足够长的杠杆，我就能撬动整个地球”。信息策略中的观点就是你的支点。成功的沟通，要确定成功观点的目标。这个目标的基本出发点，就是使沟通双方达成共同的愿景。沟通最困难的问题是说服你的反对方最后赞成你的观点。如果目标是使沟通双方都能从沟通中达成共同的愿景，那么，观点就是打开达到这个目标大门的钥匙。

沟通者在沟通过程中要做到观点明确，应注意运用以下几个策略：

- 从一开始就厘清你的目标和观点，不管受众接受与否，要让他们能理解你的论述。
- 明确自己的立场与反对方的立场。通过勾画不同方的立场观点，引用合理的反对建议，表明你已明白决策制定的背景。
- 明确自己在评价某种状态或提出观点和建议时所希望达到的愿景。
- 通过勾画下一步计划，向受众强调采纳你的建议是有长期利益的。
- 多渠道收集可靠的信息。
- 全面提供沟通各方不同的（常常是冲突的）价值观和利益。
- 关注其他观察者和参与者的意见。

上述几点策略的落脚点在于把你的观点融入行动中去。现实情况是，一个观点的提出必将影响他人的利益，所以，你在选择方案时，要考虑自己的主张付诸实施会产生什么样的反馈。然后，根据可能出现的反馈意见调整自己的观点。

【例子】机械行业某企业的生产部门经理和技术改造部门经理在一次公司例会上，就技术改造的投入策略展开争论：生产部门经理 A 认为，公司的当务之急是降低成本，不要在效益不好的情况下，还加大技术改造的力度，他认为这样做是“找死”；而技术改造部门经理 B 认为，如果现在再不加大技术改造投入力度，将会阻碍资本扩张、延迟新技术的采用，这无疑是在“等死”。于是，对于公司是否需要在技术改造上投入资金，A 与 B 之间出现了分歧。如果需要 A 与 B 之间能够相互说服，应采取什么策略去说服对方呢？

针对上述两个人的观点，双方要达成共同的认识，必须从公司高度来寻找共同目标，再从共同目标出发去寻求说服对方的理由。比如，如果经理 A 要说服经理 B，就应强调降低成本比延迟新技术的采用更重要，而不是以后也不搞技术改造，而经理 B 应阐述，从长远看，新技术的采用是有利于成本下降的，并不与经理 A 的观点相矛盾。由此，双方在沟通中，有可能在行动目标上先得到统一，最终在总体目标上达到一致。

4.1.3　内容组织

管理沟通过程的内容组织要注意两个原则：一是受众导向原则，即根据受众需求来组织内容；二是信息的有效强调原则，即根据自身希望强调的信息来组织内容。

第一，受众导向原则。“沟通不是我说了什么，而是受众理解了什么”，为了让受众能正确理解，就要求沟通者根据不同对象修正沟通的信息表达方式和内容的结构安排。根据不同对象选择不同信息表达方式，指导思想是针对不同的受众，明确他们所需要的最重要的信息是什么。接下来，看一个例子。

【例子】假设你将在一个较忙的时候去休假，在休假前，你要向领导请示，并要与同事和下属交代一些事情。那么，在不同对象面前，你可能会以下述不同的方式沟通。

对领导：我已经安排好了工作，而且在休假后，我可以投入更多的时间和更好的精力，以保持最佳的工作状态。

对同事：为了这个假期，工作计划和日程我已经重新安排好了；感谢你们在我休假期间对我工作的关照。

对下属：经过反复考虑后，我个人认为在这个时候休假是一个较合适的时间段，而且其他人也给予了相似的看法。我希望你们按计划组织开展好工作。

第二，信息的有效强调原则。这一原则就是在沟通内容的组织上要把自己希望强调的内容通过恰当的方式凸显出来。比如，根据记忆曲线的研究，沟通的开头和结尾部分最容易被受众记住，因此，我们在重要内容的安排上，可以采取以下策略：

- 千万不要将沟通的重要内容“埋葬”在中央地带。
- 开场白和介绍部分至关重要，要特别加以设计。
- 应将重点信息放在显著位置上，或开头，或结尾，或两者兼有。

如果沟通者把重点内容在开头就直接阐述，称之为直接切入主题法；如果在结尾说明重点则称之为间接靠入主题法。如果采用直接切入主题法，沟通者先将最后的结论放在开头。比如，“公司决定下月开始采取以下措施：①……②……③……其原因在于：①……②……③……”。这种策略有三个优点：一是增进对全部信息的掌握。受众能一开始就了解结论，有助于人们吸收与理解全文内容。二是以受众为导向。直接切入主题法强调了分析的结果或最终的做法，使得整个沟通面向受众，而不是以沟通者自我为中心。三是有利于节省时间。由于直接切入主题结构能更快、更容易地被接受，因此在商务场合中应尽可能多地采用。一般来说，它适合于 90% 左右的场合，尤其是在以下场合，则更应该用这种策略：对于无感情倾向的不敏感信息的处理，在受众具有正面倾向的敏感内容的处理，对于受众更为关注结论时对敏感信息的处理，沟通者的可信度特别高时对敏感信息的处理。

间接靠入主题法是指在记忆曲线末端才列出结论，包括先列举各类论证后以结论或总结收尾。比如，“由于以下原因：①……②……③……公司决定下月开始采取以下措施：①……②……③……”。这种策略在以下场合可以采用：信息中含有敏感内容（含主观情感成分），这种内容对受众有负面影响，受众很注重分析过程，沟通者的可信度较低。这种策略的优点在于：一是循序渐进，以理服人；二是缓和观点不同可能引起的冲突；三是逐步转变受众的态度，步步推进，达到“推销”自己观点和主张的目的。

4.1.4 逻辑结构

在沟通信息的安排上，要注意内容、论证和结构的统一。为了让所有受众能够接受你的观点，在论证过程中就要有效地使用逻辑方法。逻辑有两种思维：演绎和归纳。其中，演绎是从一般到特殊的过程，而归纳是从特殊到一般的过程。

演绎包括一个大前提（比如我们需要一个安全的工作环境）、一个小前提（我的建议可使我们的工作场所变得安全），以及得出的结论（因此，我们应该采纳我的建议）。在使用演绎逻辑之前，要对大前提、小前提的正确性进行评判。

归纳方式同样要分析归纳的依据，即归纳的前提是否正确。它也同样需要分析基本结构：大前提、小前提和结论。比如大前提——我们都已经分析了现有的全部资料；小前提（原因）——基于我们对这些资料的分析，表明了以下几个方面的发展趋势和原则；结论——我们必须马上采取以下行动，解决面临的问题。

在采用逻辑论证方式时，沟通者要记住以下三个原则。

- 以合作者的态度与受众沟通，要让受众体会到你的逻辑是他们能接受的，而且是关注共同前提的。在三段论中，当受众对前提很明白时，就不要过于强调前提，不要把你的前提强加于人，想当然地认为你的前提代表大家的心愿。
- 要提出具有说服力的论据。一般来说，论据包括事实和数据、共同的知识、大家普遍认同的例子以及权威观点。以这些依据作为论证的大前提和小前提，才可能推理出为大家所接受的结论。
- 尽量运用逻辑和依据，这样可以使你的沟通更有说服力。沟通者虽然拥有大量信息和观点，但如果不能有逻辑地加以组织，就会给人信息堆砌的感觉，没有说服力。根据经验，你还得考虑以下几个方面的问题，以有效地设计你的信息：从一开始就理清你的目标和观点，不管受众接受与否，要让他们能理解你的论述；通过勾画不同的冲突观点，引用合理的反对建议，表明你已经明白决策制定的背景；表明为什么你的解决方式是最佳的；承认和重视合理的备选方案；通过勾画下一步计划，向受众强调采纳你的建议是有长期利益的。

4.2　信息表达策略

4.2.1　全面对称

在信息组织中坚持全面对称原则包含两层含义：第一层含义是所提供的信息是完全的，第二层含义是所提供的信息是精确对称的。首先我们分析其第一层含义。这里看下面的例子。

【例子】一天，我收到一个邮件，邮件全部内容只有这样一句话：

“魏老师，请你把讲义发给我。”

那几天刚好有几个企业请我去做讲座，我就疑惑了：谁向我要讲义？是哪个公司的？于是，我做了回复：

“您哪位？为什么要把课件发给您？魏江。”

第二天，我收到了对方的回复：

“我是朱老师，上课要用。”

可我还是记不起来，朱老师是哪个单位的，也弄不清楚这个朱老师找我要的是哪个主题的讲义，不过，我总算知道对方姓朱。于是，我又回了一个：

“朱老师，您好！请问您是哪个公司的？什么主题的讲义？魏江。”

“我是 A 公司的，主题是关于如何与上下级沟通。”

至此，我终于想起来了，A公司曾要我为中层以上管理人员做了一次关于如何与上下级沟通的技能培训。

这个例子，看起来是非常简单的关于提供讲义的事情，为什么弄得如此麻烦呢？我猜想，向我发邮件的朱老师可能想当然地认为，我应该知道他是谁、他是什么单位的、讲义主题是什么。可我呢，对于这些信息并不知道，特别是朱老师的全部邮件是没有署名的，我不知道是何方神圣（遗憾的是，至今我都没有搞清楚那个朱老师的大名）。于是，出现了邮件信息的不对称，这就是沟通中的信息不完全。

沟通过程的信息接收者和发送者之间由于背景、观点、需要、经历、态度、地位与心理差别，信息发送者应向接收者发出完全信息，否则信息接收者就不能完全理解信息发送者所发出信息的含义，产生信息失真或信息不对称。强调有效沟通的完全性原则，就是要求沟通者在沟通过程掌握三个方面的信息组织原则：沟通中是否提供全部的必要信息，是否回答询问的全部问题，是否在需要时提供额外信息。

这里必要信息的含义，就是要向沟通对象提供5W1H，即谁（Who）、什么时候（When）、什么（What）、为什么（Why）、哪里（Where）和如何做（How）这六个方面的信息。在提供全面信息的同时，沟通者还要分析所提供信息的精确性，比如分析数据是否足够、信息解释是否正确、关键因素是什么等问题。

信息的完全性，就是要求沟通者回答全部问题：以诚实、真诚取信于人。例如，一客户向某销售人员询问七个有关所销售产品的信息，而销售人员只回答了其中四个，并认为另外三个信息已经在所提供的产品说明书或图表中反映出来了，没有给予回答，那么，客户会认为自己被轻视，销售人员对客户不友善，结果是公司失去了一笔订单。以举办一个展览会或订货会为例，通过比较可以发现，国外展览会或订货会的组织者会非常详细地把所有相关信息事宜告知对方，有时接到信息的人似乎会觉得“对方好像把我看作一无所知的人”，但正是因为这样，才能使每个接到信息的人对全部信息有充分的了解；相比较而言，国内的相关会议通知就非常简单，参加会议的人有时为了完全了解清楚会议的信息，不得不多次向会议的组织者询问详细信息。结果是，国外的有关信息提供方式给人以重视的感觉，而且提高了沟通的效率。

必要时提供额外信息，就是要根据沟通对象的要求，结合沟通的具体策略向沟通对象提供原来信息中不具有的信息或不完全信息。

沟通训练

见如下传真：请把8号从上海去香港的情况传真给我。

问题：若你接到这个传真，你应向对方提供哪些信息？

全面对称的第二层含义是，所提供的信息是精确对称的。如果第一层含义是要求信息源提供全部必要信息，那么第二层含义就是要求根据对方的需要提供精确的信息。

沟通信息的精确性，就是要求沟通者根据沟通环境和对象的不同，采用相应的语言表达方式，并运用和检查正确的数据资料，让沟通对象精确领会全部信息。为实现沟通信息的精确性，要求：

一是采用正确的语言层次，根据沟通信息接收者的对象不同、沟通场合的不同，选择相应的沟通信息编码方式。沟通的语言层次可以分为正式语言、非正式语言和非规范语言三个层次。以笔头沟通为例做说明，正式语言更多地出现在诸如学术论文、法律文件、政府文件中；非正式语言更多地出现在商业活动中，如外贸函电、一般信件等；非规范语言在笔头沟通中一般不出现，但在口头沟通中出现得比较多，如口语化的语言。

二是信息内容要注意正确性，如检查图表、事实和语言是否正确使用。比如在市场分析报告、学术论文中，要正确表明每个数据的来源，并采用正确的表述方式进行信息编码。

三是采用能为信息接收者所接受的写作模式。比如，同样是严格规范的学术性文章，在同行专家之间交流时，可用严格的术语表达，但在科普性文章中，就要避免过于学术味的语言风格，要把这种语言转化为大家可以接受的语言，当然这种语言风格仍是逻辑严密的。

信息的对称性，就是要求信息发送者所编码的信息能为接收者完全接受。沟通双方传递和接受信息的不对称是沟通信息不精确的最主要原因。许多有关人际沟通的论述都关注所交流信息的精确性，普遍认为沟通过程中的信息在发送与接收过程中基本不改变原意或偏离原意，是有效沟通的基本要求。沟通技巧最关注的就是传播清楚、确切信息的能力，在现实中，由于沟通信息不精确导致惨重代价的事情随处可见。

信息不精确的第二个主要原因是沟通双方在文化和语言上的不对称。来自不同国家或地方的沟通者，由于语言含义的不对称而导致沟通信息出现偏差的例子比比皆是。例如从语言方面看，我国的语言语意比较含蓄，美国的语言语意比较直白。再如从数字表达看，在德国，billion 表示 10^{12}，而在美国与加拿大 billion 则表示 10^{9}，这样，当涉及财务问题时，经常会产生误会。类似的情况还有，在美国，如果会议上你“table”（搁置）一项议题，就是将推迟它的讨论，而在英国，“table”（放到桌面上）一项议题，即现在就开始讨论它。从文化方面看，美国商务人员非常讲究效率，谈判过程往往不吃午饭，进行连续作战，但中国的商务人员讲究轻松的环境，喜欢结交朋友，所以，美国人的行为在亚洲文化背景中常被视为粗鲁、无教养。以下是一则跨文化沟通的典型案例。

|沟通聚焦|

在澳大利亚布里斯班市有一家大公司，该公司的员工来自23个不同的国家和地区。由于语言、风俗习惯、价值观等千差万别使员工平时的沟通很不顺畅，误解抱怨和纠纷不断。于是人力资源部的培训经理就对这些员工进行了集中培训。考虑到这些员工大多是新雇员，培训经理首先向他们介绍了公司发展的历程及现状，并向他们解释了员工守则及公司惯例，然后做了问卷调查。该调查要求这些员工列出公司文化与母语国文化的不同，并列举出自进公司以来与同事在交往中自己感受到的不同态度、价值观、处事方式等，还要写出个人对同事、上司在工作中的心理期待。

问卷结果五花八门，其中最有趣的是，来自保加利亚的一位姑娘抱怨说，她发现所有同事点头表示赞同，摇头表示反对，而在保加利亚则刚好相反，所以她很不习惯。另一位来自斐济的小伙子则写道，公司总裁来了，大家为表示敬意纷纷起立，而他则条件反射地坐到地上——在斐济表示敬意要坐下。培训经理将问卷中的不同之处一一分类之后，再让这些员工用英语讨论，直到彼此能较好地相互理解在各方面的不同之处。经过培训，这些员工之间的沟通比以前顺畅多了，即使碰到障碍，也能自己按照培训经理的做法解决了。

信息不精确的第三个主要原因是提供的原始数据可靠性与接受者所理解的数据可靠性之间的不对称。在我国，由于数据采集上的巨大工作量，不得不在数据采集时大量依赖基层统计员提供的原始数据。事实上，这样的数据可靠性不太高。每个数据最初都来自各个街道、村庄的统计员，而他们中的一些人在搜集数据时存在一定的主观性。这已经是大家的“共识”，而原始数据的真实性，只有最基层的统计员才知道，越远离基层的统计员越不清楚，因此，在统计工作中无法对数据做完全的修正。由此导致的数据可靠性的不对称，也严重阻碍了沟通。即使相关部门采用多么精美的公式、图表，多么复杂先进的运算工具，数据可靠性还是有一定的问题。

|沟通聚焦| 驴是怎么死的?

驴耕田回来，躺在栏里，疲惫不堪地喘着粗气，狗跑过来看它。

“唉，老朋友，我实在太累了。”驴诉着苦，“明儿个我真想歇一天。”

狗告别后，在墙角遇到了猫。狗说：“伙计，我刚才去看了驴，这位大哥实在太累了，它说它想歇一天。也难怪，主人给它的活儿太多太重了。”

猫转身对羊说：“驴抱怨主人给它的活儿太多太重，它想歇一天，明天不干活儿了。”

羊对鸡说：“驴不想给主人干活儿了，它抱怨它的活儿太多太重。唉，也不知道别的主人对他的驴是不是好一点儿。”

鸡对猪说：“驴不准备给主人干活儿了，它想去别的主人家看看。也真是，主人对驴一点儿也不心疼，让它干那么多又重又脏的活儿，还用鞭子粗暴地抽打它。”

晚饭前，主妇给猪喂食，猪向前一步，说：“主妇，我向你反映一件事。驴的思想最近很有问题，你得好好教育它。它不愿再给主人干活儿了，它嫌主人给它的活儿太重太多、太脏太累了。它还说它要离开主人，到别的主人那里去。”

得到猪的报告，晚饭桌上，主妇对主人说：“驴想背叛你，它想换一个主人。背叛是不可饶恕的，你准备怎么处置它？”

主人咬牙切齿地说道：“背叛，杀！”

可怜，一头勤劳而实在的驴，就这样被传言“杀”死了。

莫跟旁人抱怨，免得怎么死的都不懂！不要轻易相信隔耳的传言，除非你当面证实，否则你会做出错误的判断。

谨言慎行。也许，平时我们就是那头任劳任怨的驴，身边传是非的人太多了，我们就有了可悲的下场。

资料来源：摘自《半月谈》，2015 年 11 月 20 日。

4.2.2 简明清晰

所谓简明性，就是在沟通时要用尽可能少的语言，不但节约自己的时间，更重要的是节约受众的时间，提高沟通的效率。许多管理者在实际工作中存在这样一个问题，在举行会议时，习惯于长篇大论、废话连篇，结果是沟通过程中真正提供给受众的有用信息却很少。由于沟通时不注意简明性原则，受众在参加会议时觉得很无聊，会后留在脑海里的信息极为有限，这也是大多数人不愿意参加会议的原因。

注意简明性原则在节约自己和受众时间的同时，也是尊重人的表现。沟通者要善于从受众的角度思考信息的组织方式，要认识到受众在付出时间听取你提供的信息后所能获得的实际效用，尊重他人的时间。

具体地，坚持简明性原则，可以从三个方面出发：一是避免冗长乏味的语言表达；二是避免不必要的重复；三是组织的信息中只包括相关的有用信息。例如宝洁公司有一个规定：提供给高层管理者的报告或备忘录不得超过一页纸，这就对沟通者如何以尽可能少的语言完成信息的完全传递提出挑战。

清晰性原则，就是要求沟通者认真准备沟通的信息，包括清晰的思考和清晰的表达两个方面。在追求信息内容简单明了的同时，也要强调清晰性。尤其是针对不同的受众，由于各方面的差别，对有的受众可以一句话完成沟通，而对有的受众则可能要一段话，其目的就在于沟通者能够让受众清晰掌握沟通的信息。清晰性原则要求：一是选择精确、具体、熟悉的词语，避免深奥、晦涩的语言；二是构筑有效的语句和段落，包括长度、统一度、内在关系逻辑、重点四要素。一般而言，一个句子不能太长，超过 40 个字的句子，应该分解为几个句子，当然，都是 10 个字之内的短句也不好；在统一度方面，就是一个句子只能是一个意思；强调逻辑关系，就是要运用演绎推理和归纳等语言学技巧，增强语言的说服力；强调重点，就是在信息组织时要突出重点，而且在表达时也要突出重点。

沟通信息的清晰，内在要求沟通者清楚自己想要表达的想法和想要传递的信息，并选择那些能够清晰地表达你的想法的词汇，如应用“KISS”（Keep It Short and Simple）准则，用词简明。下面的例子讲的就是电信运营企业对客户语音服务系统的设计过程太过于复杂，顾客对这类过于烦琐的信息沟通过程表现出的逆反心理。

【例子】以彼之道还施彼身

我对 AB 的话费查询台很有意见，每当你拨通号码后，电脑都会指引你按这个键那个键，往往查询一次话费需要按上一二十次，最后还经常出现“系统忙，稍后再拨”这样无言的结局。我决心报复，同时让给我制造这些麻烦的人切身体会一下消费者的苦恼。这日，机会来了，来电显示上提示，打进来的这个电话是 AB 公司人工催缴话费的号码。

——“您好。我这里是 AB 话费中心。”

——“你好。这里是 ×× 家。”

——“我想通知……”

——“现在启动语音转接系统。”我没有等她说完，继续用机械的声音说：“如果您需要男主人接听，请喊（一），女主人接听请喊（二），小主人接听请喊（三），小狗多多接听请喊（汪）；如果操作错误，请喊（返回）。”话音刚落，只听那边女子兴奋地叫来同事，纷纷议论“这家电话够先进的”。

——“（三）。”稍后，电话那边传来女话务员怯怯的声音。

——“对不起，您选择的小主人由于未满周岁，因此暂时不能与您交谈，请您留下电话，待小主人学会说话后，会很快回电话给您。”

——“啊……返回。”又听一遍我的介绍后，对方选择了“（二）”。

——“对不起，女主人不在家，如果您不习惯与小狗多多交谈，请选择（一）。”我有点生气，选来选去还选不上我。

——“（一）。”对方的语气有些无奈。

——“欢迎您与男主人交谈。公务交谈请喊（一），私人交谈请喊（二），其他请喊（三），操作失误请喊（返回）。”

——“（三）！！！”对方显然有些不耐烦，声音很大。

——“对不起，厨房锅里传出焦煳的味道，请您挂机，稍后再拨……”

4.2.3 具体生动

强调语言的具体、生动、活泼，而不要用模糊的、一般性的说法。在沟通过程中，应该运用风趣幽默的语言风格。具体在沟通信息组织上，可运用以下三种方式。

一是用具体事实和数据图表，并运用对比的方法加强语言的感染力。比如今年同期销售额比去年有大幅度的增长，去年同期为 300 万元，今年为 358 万元，增长近 20%。或者以图表方式表示，例如比尔·盖茨睡了 8 个小时醒来，发现自己的账户里多了 400 多万美元；如果把比尔·盖茨的钱以 100 美元一张叠起来，其高度超过多少，等等。

二是强调句子中的动词，或突出关键词，这样会给人以明确、人格化、简洁等感觉。

三是选择活泼的、有想象力的词语，例如海尔的张瑞敏提出“有了思路才有出路；没有思路只有死路”等，以形象上口的语言来表达自己的观点，给人留下深刻的印象。

四是通过类比的方式，突出要说明的主题，给人以深刻的印象。以井植薰在《我与三洋》一书中的一段话来举例。当 1979 年三洋电机的海内外总销售额突破 1 兆日元大关时，他这样描述“1 兆”的概念：

> 假如我们把这 1 个兆的日元同时间联系起来，比如说 1 个兆的秒等于多少年，那么你大概就会被这个数字吓一跳。1 年有 365 天，每天有 24 小时，每小时有 60 分钟，每分钟有 60 秒。最后，你可以计算出，1 个兆的秒等于 31 710 年！如果再假定，一个人 1 秒钟可以赚 1 元钱，那么等他日夜不停地赚到了 1 个兆的日元时，时间已经过去了 300 多个世纪，比整个人类迄今为止的文明史还要长出五六倍来。如果我们再设想把一个日元的硬币一块块地叠起来，那么 1 兆日元的硬币足足可以叠成 100 万公里的长度，这个长度等于地球赤道长度的 25 倍，足足可以从地球到月亮打个来回。

4.2.4　谈话连贯

连贯的沟通就是前后话题的延续性，如果沟通过程中出现了偏离先前话题的情况，就出现了沟通的中断。在平时沟通的过程中，三种最常见的造成沟通中断的问题如下。

第一，缺少平等的说话机会。当一个人打断另一个人，或当某人控制了气氛，或当两人或更多的人想同时说话时，沟通就被打断了，互相交流会变得不流畅。

第二，过长的停顿也会使沟通中断。一个人在讲话时有过长的停顿或在答复前有过长的间歇，都是中断。停顿不应是完全沉默，这期间可填入“嗯”“啊”之类的语气词或重复先前说过的话，做简单的连接。

第三，主题的失控可能导致沟通中断。比如当某人单方面决定下一个谈话的主题，或突然将主题转到与先前所说毫不相干的方面，谈话就可能中断。

因此，“轮流讲话、时间控制、主题控制”三个因素是有效的建设性沟通的关键。沟通者在保持沟通连贯性方面可借鉴的经验有：①在相互交流时，为形成连贯沟通的气氛，要学会多提问，而不要急于就对方的观点下结论，推销自己的观点，在回答对方的问题之前，先要听完对方的话，不要轻易打断别人的话，即使需要提出问题，一次只说两三句，给别人插话的机会。②要避免长时间的停顿。③话语应与先前讲过的相关。④轮流讲话，肯定他人话语的价值，目的在于共同帮助解决问题。

4.3　导向定位策略

4.3.1　问题导向定位：对事不对人

人们在沟通过程中常会出现两种不同的导向：问题导向和人身导向。问题导向的沟通即沟通关注的是问题本身，以及如何处理和解决好问题，而人身导向的沟通关注的则是个人品质而不是问题本身，沟通者以给他人的人身做评判的方式进行沟通。建设性沟通的“对事不对人”原则就是要求沟通双方不要搞人身攻击；不要轻易给人下结论，要学会克制自己，从解决问题的角度考虑沟通的策略问题。在进行以行为和事件为中心的人事评估时，问题导向的沟通还是有用的，如果以人身导向的沟通方式发出信息，是解决不了问题的。

人身导向的沟通，典型的沟通语言就是“你独裁”“你麻木”“你这个人不可理喻”等。人身导向一般着眼于对方的动机，而忽视问题本身，比如“原因在于你想控制他人”。人身导向沟通的结果是，人们能改变他们的行为却很少能改变他们的个性，因为人身导向的沟通通常没有什么具体措施，这种方式往往导致人际关系的恶化而不是解决问题，例如你对下属说，“你是一个不合格的经理，一个懒惰的人或一个反应迟钝的办事员”，结果是引起下属的反感和防卫心理。因为大多数人对自身是认可的，即使沟通所表达的意见是正向的，比如“你是个出色的人”，但若这不与行为或成就联系在一起，也可能被认为是虚言。当出现极端现象时，即使你本意在于表扬对方，而对方还会认为这是讽刺，或者觉得“你很虚伪”。可以说，没有具体指向的人身评判是人身导向沟通的最大弱点。

问题导向的沟通，关注的是问题的发生、发展和解决，以事实说话，来表达沟通者的思想。习近平总书记深刻阐明了问题导向的意义，指出了发现问题、筛选问题、研究问题、解决问题的过程。“我不参与决策”“我们并不那么认为”这样的语言，往往是从描述问题出发的，常作为大家用于问题导向沟通的表达方式。问题导向着眼于描述外部行为，如“在今天的会议上，你做了几番讽刺性的评论”等。为实现问题导向的沟通原则，沟通者应与普遍接受的标准或期望结合起来，而不应与个人观点结合起来。与行为、外部标准比较得出的陈述能够给人信服感。

当然，有效的建设性沟通者也没有必要完全避讳讲出从他人态度或行为得出的个人印象或感觉。只不过在必须这么做的时候，应当关注其他建设性沟通的原则。

| 沟通训练 |

请比较以下三种表达方式，即“我不喜欢你这身打扮”“你的这身打扮与公司的衣着规定不符”“大家希望你能系上领带上班”。分析这三种表达方式可能引起的心理反应和沟通效果。

4.3.2 责任导向定位：自我显性

自我显性的沟通，承认思想源泉属于个人而非他人或集体，承担个人评论的责任。使用第一人称“我”“我的”，以表明自我显性的沟通。如果采用第三人称或第一人称复数，如“我们想”“他们说”或“有人说”，则是自我隐性的沟通。自我隐性的沟通将信息归之于不为人知的第三者、群体或外部环境，而沟通者就逃避了对信息承担责任，因而也就逃避进入真正的交流。自我隐性的沟通，给对方这样一个信息：沟通者很淡漠，或对对方漠不关心，或者对所说的话没有足够的自信以承担责任。有的人认为自我隐性的沟通似乎在告诉对方这样一个暗含的信息："我想与你保持距离。"相反，自我显性的沟通则表明了希望建立联系，希望成为伙伴或帮助者的意愿。

当你的下属采用自我隐性的沟通方式时，既要给予下属拥有自己说话的权利，也应通过要对方举例的方式，引导下属走向自我显性的沟通方式。我们来看下面交谈的例子。

【例子】下属：其他人都说我的工作是很棒的。

管理者：那么除了我之外，就没有人对你的工作有不满或建议你改善一下吗？

下属：……××× 抱怨我有时因为取巧想走捷径，结果要他帮我收拾残局。

管理者：他这种抱怨对不对？

下属：也许是吧。

管理者：那你为什么取巧？

下属：我的工作堆积如山，我怕完成不了。

管理者：工作积压下来了，就去取巧。这种情况经常发生吗？

下属：不时有。

这就是一个管理者如何使用连贯性问题引导下属从自我隐性的答复，到承认影响个人表现的行为——沟通答案的自我显性化。

4.3.3 事实导向定位：客观描述

我们先看一个例子。

【例子】假设你想告诉你的下属，他们接电话时唐突的方式和说话的语速可能会给顾客留下不好的印象。你就此事与下属沟通，可能出现下面两种方式。

方式一："小刘，你接电话的方式太唐突了，你需要从现在开始接受职业化的训练。"

方式二："小刘，我正关注你在电话中与顾客的交谈方式，我想和你讨论一下。我注意到你讲话的速度相当快，因而，我担心对一些顾客来说，可能很难理解你所表达的信息，毕竟你比顾客更了解、更熟悉情况。"

显然，第一种方式可能会使小刘感到不安，也不会改变小刘的接电话方式，因为缺乏明确清晰的指导对小刘来说是无益的。小刘可能会想："我怎么唐突了，唐突和职业化是什么意思？"这样的批评既不会改变她的唐突，也不会使她职业化，而且用“你太唐突了”这样的结论给人以排斥情绪；“从现在开始就……”这样的语气又太强硬，达不到沟通的效果。

建设性沟通就要避免这种给人简单下结论、贴标签的评价性方式。“你错了”“你不合格”，这样的评估会使他人感到受了攻击而产生防卫心理。因而对方可能会这样回答，“我没错”“我的能力并不比你差”。结果是问题没有解决，双方情绪都会变坏，甚至破坏人际关系。评价性沟通的问题在于沟通一方自视甚高，习惯以命令的方式给别人贴标签，结果往往又使对方将标签贴到自己身上，会进一步引起自己的防卫心理。于是，沟通的准确性和质量遭到破坏。

一种替代评价性沟通的方式是客观描述性沟通，客观描述性沟通尽量避免做评价和下结论，避免无穷无尽相互防卫的倾向。客观描述性沟通的步骤可分为三步（见表 4-1）。

表 4-1 客观描述性沟通的步骤

第一步，描述客观事情、行为或环境。要求：	
● 避免指控	● 列出数据或证据
例如，这个月有三个顾客向我抱怨，你没有对他们的要求做出答复。	
第二步，关注行为与你的反应，而不是他人的态度。要求：	
● 描述你的反应和感受	● 描述已发生或将发生的客观结果
例如，每个顾客都威胁说，若我们再不对他们做出更有效的反应，他们将不再到我们这儿来了，我对这种情况很担心。	
第三步，关注解决问题的方案。要求：	
● 避免讨论谁对谁错	● 建议另一个可接受的替代方案
● 对其他替代方案要开明	
例如，我们俩都需要重新获得他们的信任，并向他们表明你是负责的。比如，你可以对他们的系统做一次免费分析。	

第一步，描述客观事情、行为或环境。这种描述应指明能为他人承认的行为要素，而且这种要修正的行为应与被接受的标准做比较，而不要以个人好恶做取向，要避免对他人动机做主观判断。举例，“你在这个月完成的计划比部门中的任何人都要少”，这样一个描述是客观的，它严格限定在行为与客观标准之间，来评估下属的行为特征。下属不会感到受了不公正对待，因为并没有什么评价性标签贴在他的行为或人身上。与评价一种行为相反，描述一种行为是相对中性的，只要管理者的态度与要传播的信息是一致的。

第二步，关注行为与你的反应，而不是他人的态度。这种描述的核心集中于行为所产生的反应或结果，要求沟通者要能意识到自己的反应，并描述出来。比如，“我很关心我们的生产率”“你的工作成绩使我感到灰心”。这种描述着重于结果及自我的感受，其效果可以减少防卫心理的产生，因为问题被限定在沟通者的感觉或客观结论之中，而不是针对个人的态度。如果感受或结论的描述不是以一种苛刻责备的方式出现的，沟通者就会考虑怎么集中精力解决问题，而不是先为自己构筑心理防卫。

第三步，关注解决问题的方案。把行为主体和行为分开，能帮助行为主体保住面子，并感到自身是有价值的，因为行为主体觉得自尊已得到了维护，需要改进的仅仅是行为。此时，沟通者就应强调去寻找一种双方都能接受的解决方案，而不要去判定谁对谁错或谁应改谁可不改等无关主旨的问题。例如沟通者可以提出，“我建议让我们定期会面来帮助你完成本月新增的六个计划”或“我愿帮你分析妨碍你取得更好业绩的原因”。

需要说明的是，在现实中，并不是每个人都要通过客观描述性沟通的三个步骤来达到改变对方所有行为的目的，常常达到的是双方都满意的中间状态。例如某人对一些敌意行为能更加容忍，某人对工作变得比以前努力了。

| 沟通训练 |

当你要对下属一年来的工作做总结时，往往不可能都从客观描述性沟通原则去沟通，此时，需要你就下属一年来的成绩和问题给出精练、合理的概括。你会如何评价？

另外，如果沟通时必须做评价性的描述，则要注意以下三个方面的原则：

- 评价应以一些已建立的规则为基础。比如“你的行为并不符合公司现有的规定要求，会在同事中留下不好的影响”。
- 以可能的结果为基础。比如“你的行为继续下去会导致更糟的结果”。
- 与同一人先前的行为做比较，比如“你做得没以前好”。

上述三个方面的原则，最重要的一点在于要避免引起对方的不信任和激起防卫心理。

在沟通中要坚持客观描述性原则，一个有效的策略是沟通的信息具有针对性，沟通主体能针对具体问题与对方交流自己的看法。总的来说，沟通语言越有针对性，就越能起到良好的沟通效果。先比较下面两种说法：“你不会利用时间。”“你今天花了一小时安排会议，这可以由秘书去干的。”在这两种说法中，前面的说法就太泛了，作用不大，对方不会认可，甚至很可能会反驳这种说法。后一种说法就很有针对性，能帮助对方认识自己的行为，并对以后工作的开展提供启示。

针对性的沟通，要求采用特定的陈述方式，比如，“这次活动，你 60% 的时间都用于评价性沟通，而描述性沟通仅占 10%”这种说法就具体问题做特定的描述，远比非特定性的“你需要提高沟通技巧”这种说法有效得多。特定的陈述可以避免走极端和绝对化，相反极端的陈述将会导致防卫心理，而使对方难以接受。

【例子】试分析下述三组沟通的效果：

第一组　A：“你从不征求我的意见。”

B：“不，我征求了。在我做决定之前总是向你请教。”

第二组 A：“你从不考虑其他人的感受。”
B：“不，我是考虑的，我是非常为别人着想的。”
第三组 A：“这工作糟透了。”
B：“不，这是一项非常伟大的工作。”

针对性的沟通，还要求避免绝对化的选择句式，例如，“你要么照我说的去做，要么辞职”“生活要么是勇敢的冒险，要么啥也不是”。这种极端化和选择性的陈述带来的结果就是否认了任何其他可能性，使得沟通对方可能的答复受到限制，如果对方反对或否认，则又往往会导致防卫性争论。

在建设性沟通中，特定而非一般的陈述，非常有助于问题的解决，因为它们关注行为事件本身。在前面的例子中，如果我们采用针对性的表述，结果就会大不一样。

第一组 A：“你昨天做的决定没有征求我的意见。”
B：“是的。尽管我通常征求您的意见，但我原以为这件事不重要。”
第二组 A：“你给我们的答复带着讽刺，让我觉得你不太考虑我们的感受。”
B：“真对不起！我也知道自己常常讽刺他人而不顾其感受。”
第三组 A：“按时完工的压力影响了我工作的质量。”
B：“按时完工是我们工作的一部分，让我们想想办法来减轻压力。”

4.4 情感尊重策略

沟通过程中要达到既解决问题又强化良性人际关系的目的，很重要的一点就是要学会尊重他人。沟通过程中主张尊重他人，就要做到注重礼节、表里一致、价值认同。

4.4.1 注重礼节

这里的注重礼节，一方面要求沟通主体在传递信息时，考虑对方的情感因素，做到真诚、有礼貌；另一方面要求沟通者在信息内容的组织上能站在对方立场来传递信息，在理念上能够全面周到。

注重礼节，首先就是要求沟通者不但要意识到受众的观点和期望，还应考虑受众的情感。礼节来自你真诚的态度，不但应习惯性、礼貌地运用“谢谢”“请”等词语和社会规范等，关键在于你对他人的尊重和关心，是发自内心的。具体来说，我们应注意以下几个表述方面：一是沟通者应该是真诚而机智、全面周到、感人的；二是沟通者要以尊重人的语气表达沟通的信息；三是沟通者应选择非歧视性的表达方式。

在实际生活中，尽管随着沟通工具和手段的日新月异，沟通速度越来越快，沟通信息的正确性要求也越来越高，但人与人之间的沟通状况并未产生相应进步。人们还是会因别人的无礼而恼怒；或者自己在沟通过程中会讲一些侮辱人的话，与人交流相当笨拙。现举一个非常普遍的例子来说明这一点。

【例子】某企业要召开一次董事会，董事王铭经过精心准备，在董事会上提出并说明了自己关于提高生产率的新计划的设想，当王铭讲完后，另一位老资格的董事发言，“按照我的看法，以这个途径来解决生产率问题是幼稚的。现实情况要比王铭想到的复杂得多，我认为我们不能在这个计划上浪费更多的人力、物力和时间”。

这位老资格董事的观点也许是合理的，但是他传递信息的态度可能完全破灭了其他与会人员就问题所想提出的一些看法。结果可以想象，这次董事会就不会再有其他不同的声音，王铭很可能就是一言不发地等到会议结束。这种情形的出现，一方面，将损害沟通双方的关系，使得某一方产生敌意或抵触情绪；另一方面，将严重阻碍问题的解决，新的有可能的想法就被扼杀在思想的摇篮里。

客观地讲，在平时的沟通中，我们对自己的上司或长辈比较注重礼节，而且沟通过程也比较注意策略。但对于自己的下属则往往忽略这一点，因为很多管理者习惯对下属发号施令，习惯让下属按照自己的意愿去做事，却忽略了对下属的尊重。所以对于有效的管理者，平时更应该注重与下属沟通的礼节，具体要注意以下几个方面：

- 坚持平等相待的原则。要从一般的人与人之间关系的视角来看待与下属的关系。
- 坚持相信下属的原则。要相信下属的创造力和工作主动性。
- 坚持以平常心看待自己的原则。无论你身处什么位置，只不过是他人赋予你更多的权力，而不是赋予你高高在上的权力。

沟通聚焦

县委书记的榜样焦裕禄在河南兰考县治理“三害”时提出，蹲下去才能看清蚂蚁。怎样蹲下去？他要求领导干部发扬土改时的优良作风，认真深入农村各家各户，与群众同吃、同住、同劳动，使干部群众打成一片。20 世纪 60 年代，农村没有饭店。干部下乡，必须自带粮票和菜金，在农民家搭伙就餐。焦裕禄提出，干部与农民同吃，要深入“饭场”。当时的农村，每到吃饭的时候，大家总爱端着饭碗出来，三五成群，边吃边聊。久而久之，街头、树下，一些稍宽敞的地方，就形成了相对稳定的“饭场”，而家长里短、村社新闻、生产救灾等，就会成为“饭场”谈论的内容。

显然，在焦裕禄看来，吃饭不是目的，只是一种媒介；通过与农民一起吃饭，与他们交朋友，听真实的想法、了解实情才是最终目的。“同住”也是这样，可以彼此聊天、谈心，最大程度拉近与群众的距离。当然，同住并不意味着一定要住进群众的私宅，那样可能给群众的生活带来诸多不便。近年的脱贫攻坚战中，许多驻村工作队员就是住在村部。“同劳动”的意义也很明显，一方面能塑造干部正确的劳动观念，从思想感情上接近群众，防止因长期坐办公室产生的形式主义和官僚主义作风；另一方面，也能随时发现实际工作中的问题，为科学施策提供准确的现实依据。

注重礼节，还要求沟通者从信息接收者的角度去准备每个信息，要设法站在受众的位置去思考问题，充分关注受众的背景和需要，尽可能向受众提供全面系统的信息，沟通者要以全面周到的理念去传递信息。最为重要的是，沟通者要去领会受众的愿望、问题、环境、情感和可能的反应，具体可以从以下三个方面入手。

- 理念上要着重于“你”而不是“我”“我们”。也就是要求沟通者站在对方的立场去考虑问题，但在表达时，有时用“我们”则又表现出客体导向，用“你”就显示排斥情绪。因此，在思想上永远是“你”，而言行上则是“我们”。要恰当地处理和运用好“你”“我”的关系。比如当你去拜访客户时，在交谈过程中应采用“我们都希望……”“让我们共同想办法把这件事处理好”等这样的语言。
- 关注并告知受众的兴趣和利益。这是着重于“你”的最本质的特征，语言是表面的，而利益是内在的。比如在会议的开始，主持人可以这样开头：“会议的目的在于就这次工资改革的方案，征求大家的意见，让我们充分提出和讨论可能的建议，共同努力把工资改革搞好。”
- 运用肯定的、令人愉悦的陈述。要学会肯定对方，善于从对方的语言中提炼出正确的思想，肯定对方是对对方的尊重，不要显得自己高人一等、好为人师。

【例子】“请勿越线，违者罚款”“请问：你越线了吗”，这两个句子我们在马路上经常看到，请问你看到这两种表达方式有何感想？我们再看一个学校的财务规定：“根据学校某次会议通过的规定，讲师出差不能坐头等舱。”现在假设把这个规定修改一下：“讲师可以报销普通舱、经济舱。”这两个句子要表达的意思是基本一致的，但假如你是被规定的对象，你看了以后在感受上有什么差别？

当然，对你来说是有效的沟通语言，对别人来说则不一定有效，因此，一定要根据沟通对象的不同而选择陈述的方式。

沟通聚焦

某马路的街角里侧，经常有人在此小便，严重影响了环境。周围居民便在街角拐弯处立上一块牌子，上云：“请注意环境卫生！”结果无效。几日后，人们发现牌子上的字已改为：“请勿在此小便，违者罚款！”仍无效！又过了几日，人们发现牌子上第三次写的信息为：“在此处大小便者没有道德。”终无人在此小便也。

4.4.2 表里一致

优秀的人际沟通和人际关系的基础是沟通双方所表达的内容与所思考的内容具有一致性，也就是说，语言和非语言的交流应与个人的所思所感一致。表里不一致主要表现为以下三种情形：一是沟通双方处事的态度与他们所意识到的态度之间的不一致。一个专注于自我的人可能不会意识到他的语言和方式正构成对别人的威胁，而且对方已经感到非常难堪，比如一个事业有成的人向一个不很熟悉且工作遇到不顺心的人大谈自己是如何变得富裕的，无意识中使得对方心里难以接受。二是个人的感觉与所表达的不一致。例如，个人可能感到愤怒但又拒绝承认自己的心态。三是所说的内容与举止、语气的不一致。如果你想表达对某件事物的真实看法，但你用一种含糊、嘲讽，或者玩世不恭的口气说出这种想法，对方就会对你的思想的真实性表示怀疑，尤其是沟通双方的关系在历史上曾有过“不良记录”，更会反映出这样的情况。

有研究者认为，沟通的一致性处于人际关系的中心位置。沟通者的实际状况、感受和言语越一致，与沟通对象所形成的关系就越可能产生相互一致性倾向，双方能够共同正确理解沟通对方的心理倾向，提高双方心理适应性，并不断提高和强化对相互关系的满意度。相反地，实际情况与感觉状况越不一致，所形成的关系越可能会影响到沟通的质量，导致相互之间的适应性下降，双方之间关系的不满意度增强。

当然，致力于表里一致并不意味着要压制自己的一切不良情感，如愤怒、失望、攻击等，也不是强调一致性原则至上论。在实际沟通过程中，其他建设性沟通的原则要综合起来考虑，不能为了追求一致性原则，而抛弃其他原则，这往往会得不偿失。比如在交换意见时，有时过于直截了当的说法会使对方下不了台，或者自己对“真实的回答”和“冒犯对方”之间难以取得平衡，此时还是应该考虑其他建设性沟通的原则。

| 沟通聚焦 |

设想这么一种情境，你向下属暗示了他的部门业绩正在下滑，而他却没有去努力以达到你要求的目标，并且态度也显得很冷漠。你应采取怎样的沟通策略，使得沟通后既能加强与下属的关系，也能解决问题呢？一个人如何既能将真实感觉与看法说出来，又能保持对事不对人的立场？一个人如何能非常坦率而又不冒犯他人？

4.4.3　价值认同

当我们去观察他人甚至自己的沟通过程时，我们会发现人们总是不愿花时间去倾听和理解别人的讲话内容，而且经常会打断他人的谈话，或者对他人的谈话漠不关心，但自己在讲的时候，往往说话啰唆、不连贯、不诚实或教条化。如果你的下属不注意听你的讲话内容，你就会认为这样的下属没有积极性和上进性。那么，为什么会有这样的心态呢？从建设性沟通的角度看，就是在沟通过程中没有遵循价值认同原则，使沟通对方在心理上产生排斥情绪。

价值认同的沟通使对方感到自己被认可、被承认、被接受和有价值，而排斥性沟通常会使对方在自我价值、认知能力和人际关系处理能力上产生消极情绪，这种沟通实际上否认了他人的存在，否认了他人的独特性和重要性。排斥性沟通最突出的表现是沟通者的自我优越感、冷漠、严厉和冥顽不化。

优越感导向是排斥性沟通中第一种重要类型。优越感导向的沟通给人的印象就是谈话一方是博学、合格、胜任而有力的；另一方却是无知、不合理、不胜任而无力的，这在双方间造成了障碍。优越感导向的沟通主要表现形式有：

- 奚落。这样使沟通者显得很棒，而对方却显得很糟；或表现为救世主的态度，在别人的敬意中抬高自己。
- 自夸。例如，“如果你懂得像我一样多，就不会这样了”。
- 事后诸葛亮。例如，“如果你早跟我说，我就会告诉你这计划是通不过的”。
- 以行话、惯用语、术语等形式将圈外人排除在外，形成关系障碍。一些行业的员工会使用行话、缩语来排斥他人抬高自己。在不懂外语的人面前讲外语也给人一种高高在上的印象。要记住，在大多数场合，用听者不懂的词或语言是不礼貌的，因为你在排斥他人。

过于严厉是排斥性沟通的第二种主要类型。过于严厉的沟通表现为绝不容怀疑、不容质问，对其他观点不加考虑。在独断的气氛中，排斥性沟通会降低对他人成绩的认可，甚至会使他人对自我价值产生怀疑。此外，以下一些态度也会导致沟通的过于严厉。

- 根据自己的意愿和观点去重新解释他人的观点。
- 从不说“我不知道”，对每件事都要表现出自己在行并提供答案。
- 不愿忍受批评或接受其他观点。
- 复杂问题简单化，在他人面前要显示出自己的“非凡”洞察力，总是设法给复杂的事情下简单定义或加以归纳。
- 喜欢在讨论之后做总结性发言，并设法要在他人心目中制造一种该总结是结论性的、完全的和绝对的印象。

排斥性沟通的第三种类型是冷漠，这种类型一般发生在他人的存在或重要性未被承认的情况下。人也许会表现出沉默，不做语言回答，不做眼神接触或无任何面部表情，经常打断他人，用非指代性词汇（比如“人不应该”而不是“你不应该”），或在交谈中干其他无关的事情。信息传达表现为对他人不关心，给人以对他人情感或愿望漠不关心的印象。

漠不关心意味着信息传达者不承认他人的情感或观点。他人或被贴上非法的标签——“你不该那样认为”“你的看法是错的”，或被贴上天真的标签——“你不懂”“你被误导了”“你的观点是被误导的（更糟）”。

与排斥性相对应，建设性沟通强调价值认同原则。价值认同原则要求我们在沟通过程中做到尊重对方、灵活开放、双向沟通。

尊重对方，就是不管与谁沟通，要设法克服自己的优越感导向，尤其在管理者给下属做指导或提建议时，如果心理自我感觉与下属有明显的等级差距，下属就很容易感到一种被排斥感。相反，建设性沟通者在尊重人的基础上，通过平等交流的方式，使下属意识到双方是在讨论问题，而不是简单的下达指令，而管理者凭借自身的修养、知识和洞察力，树立在下属中的威信，使下属意识到存在的问题，从而设法提高自身解决问题的能力。

管理者如果将下属看作有价值的、能胜任的、有洞察力的问题解决者，就会从理念上强调合作解决问题，而不是高高在上。要做到这一点，有效的建设性沟通者应采用灵活开放的沟通方法和用语。沟通中的灵活开放就是沟通者要从内心承认，除自己已经想到的解决问题的可能办法外，还可能存在别的方法，承认他人也能为解决问题和建立良好的关系做出贡献。这是一种真正的谦虚，是一种对新观点的开放态度。正如本杰明所说，“认识到无知是走向有知的第一步”。沟通中要开放，努力打破自我的心智模式，不要以自我为中心，沟通的目的在于双方达成良好的合作解决问题的意愿，而不是要控制他人或自视为师长和传教士，不要把自己的观点或假设当作真理来宣布，而应该认识到自身由于知识、资料和信息的有限性，应该从他人处获得更多的信息支持。

双向沟通是尊重对方和灵活开放的自然结果。当沟通双方都给予自由表达观点的机会，并参与到问题解决的过程中来时，他们的价值就得到了认同。双向沟通就达到了认可下属的价值，形成团队气氛的可能。为了达到双向沟通的目的，具体的建设性沟通策略有：

- 在沟通时先提炼出对方的主要观点，而后是其他零碎的看法。
- 先指出沟通双方的一致之处，后讨论不同之处。
- 先肯定下属观点和行为中的优点，后提缺点，先赞扬后批评。
- 先提出下一步解决问题时可采取的正确做法，后指出以前的错误。
- 先帮助下属确立他们的自我价值与自信，使他们实现自我激励，然后让他们考虑如何提高工作业绩。

情境模拟训练

联合化学公司

技能训练说明

管理者的职能不仅包括与员工的一对一的指导和建议，也包括经常性地帮助他人理解指导和建议，比如帮助他人学会建设性沟通的正确原则。本练习设计的目的，就是让我们相互之间提出帮助建议。在一个群体环境中，由于多种信息、多重主题，使得指导与建议变得更为困难。然而，巧妙的建设性沟通使得小组成员在交流中感到被支持和理解，即使问题的解决也许不总是与他希望的一样。

在这项练习中，请运用建设性沟通的原则。各小组阅读案例，将下列角色分配给小组成员：李明、丁正予、陈欣和观察者。假定在事件结束之后，李明、丁正予、陈欣立刻组织了一次会谈。扮演分配的角色，试着解决问题。观察者在练习结束时对三个表演者做评论。此练习后面为观察者设计的表格用来帮助提供反馈。

情境说明

联合化学公司是一个大型日化产品生产商与经销商，有五个制造工厂。在北京和天津的两个主要工厂，既是公司的制造工厂，又是公司的研究开发中心。

工序设计小组由八位男性工程师与项目经理李明组成。该项目小组已在一起工作了许多年，各成员之间关系十分融洽。由于小组工作量增加，李明又聘用了一位新设计工程师——陈欣，她刚从一所国内著名高校获得硕士学位。陈欣被分配到负责扩大工厂现有设备能力的项目中，另有三位设计工程师也被分配到项目小组中：丁正予（38 岁，在公司任职 15 年）、曲萧（40 岁，在公司任职 10 年）和高宏波（32 岁，在公司任职 8 年）。

作为新员工，陈欣对这项工作的机会十分珍惜。她非常喜欢自己的工作，因为工作具有挑战性，且是一个应用所学知识的好机会。在工作上，陈欣对自己要求严格。她和项目小组成员的关系也很友好，但她从不与他们进行非正式交谈。

陈欣是一位勤奋的员工，对待工作很认真。偶尔碰到难题时，她会用几个小时去解决它。因为她的执着和所受的教育，在项目的不同阶段，她总是能比她的同事提前几天完成自己那部分工作。这对她来说有时是一件烦恼的事，因为在她的同事赶上进度之前她不得不去向李明要求其他额外工作以使自己变得繁忙。起初，她也曾想帮其他三人完成他们的工作，但每次都遭到断然拒绝。

在陈欣进入设计小组五个月后，丁正予就小组中出现的问题找到了李明。以下为两人之间的对话。

李明：丁正予，我知道你想和我讨论一个问题。

丁正予：是的，李明。我不想浪费你的时间，但小组内其他工程师希望我能就陈欣的问题与你谈谈。她自以为无所不知的自负态度激怒了每个人，她并不是那种我们愿意与之共事的人。

李明：丁正予，我并不那么认为。陈欣是一个优秀员工，她的设计工作总是完成得很好。她正在做公司希望她做的事情，而且也做得很不错。

丁正予：公司从没有叫她破坏小组中的士气或叫她告诉我们怎样做工作。小组内的敌对情绪最终可能会导致整个小组工作质量的降低。

李明：这样吧。我准备在下周和陈欣谈一次，讨论一下她这六个月的表现。我会把你的意见放在心上的，但我并不能保证她会就你们所认为的自负态度有所改变。

丁正予：改变她的行为并不是问题，关键是她并没有权力指导其他人。她公开指明其他人做什么。你可以想象一下她正在用她威力无穷的、毫无用处的方程和公式，给你上一堂高级设计课程的感觉。她最好赶快调离，否则我们就走人。

李明仔细考虑了下周与陈欣的会谈。他知道丁正予是设计工程师中的非正式领导，他通常代表其他工程师说话。第二周周四，李明把陈欣叫到办公室，对她半年来的工作进行回顾。以下为谈话的一部分。

李明：我想谈谈你工作表现的另一方面。正如我刚才所说的，你的技术工作非常优秀，但你和其他同事的关系存在着些问题。

陈欣：我不明白，你所说的问题指的是什么？

李明：好吧，说得具体点。某位设计小组成员向我抱怨你的“无所不知”的态度和试图指导其他人如何做的行为已经给他们造成了麻烦。你应当对他们耐心一些，不能公开指明他们的工作表现。这是一个优秀的工程师小组，他们在过去几年中的工作是无可指责的。我不想有任何问题，影响小组的工作质量。

陈欣：我的看法是，首先，在他们或在你面前，我从没有公开指责过他们的工作表现。

起初，当我领先于他们时，我曾想去帮助他们，但我被直率地告知应关心自己的工作。我听取了建议，专注于自己的本职工作。但你不清楚的是，在小组中共事了五个月，我发现设计小组向公司索取了过高的薪水。其他工程师都在偷懒，他们的实际工作进度明显落后于他们的工作能力所能达到的工作进度。他们对收音机所播放的音乐、当地的足球队、准备去酒吧更感兴趣。我很抱歉，这与我所受的教育完全不同。于是，最后他们不再把我看成一个合格的工程师，而只是一个破坏了他们的职业规则的女性。

根据上述场景描述，现在各小组分别分派各组员承担场景中所描述的三个角色——李明、丁正予和陈欣，并指定1到2名组员担任观察者的角色，负责对情境模拟的三个角色进行评判。依据建设性沟通的有关原则、沟通的技能和技巧，按9个方面分别给予评分。

说明，该背景只作为参考，学员可以有适当的联想，小组成员共同设计出沟通的环境和场景，采取相应的沟通策略。

观察者反馈表

观察者负责评价角色扮演者有效行使下列行为的程度。将各扮演者的姓名填入角色1、角色2和角色3的栏目下的横线上，并且在姓名旁对各行为方面的表现水平打上评价分数，由此帮助各成员识别自己在建设性沟通方面的技能和技巧水平。各表现者根据观察者的评价思考自己如何提高建设性沟通的水平。

注：评价成绩由低到高分别为1、2、3、4、5，即1 = 低，5 = 高。

角色 1	角色 2	角色 3	行为
______	______	______	1. 使用问题导向的沟通。
______	______	______	2. 沟通过程表里一致。
______	______	______	3. 使用客观描述性沟通。
______	______	______	4. 沟通过程注重对对方的认同。
______	______	______	5. 沟通语言有很强的针对性。
______	______	______	6. 沟通过程注重语言表达的连贯性。
______	______	______	7. 用自我显性的陈述。
______	______	______	8. 全神贯注地听。
______	______	______	9. 使用多种响应方式。

参照上述9个方面的要素，当然，也可以跳出这些要素，结合自己的观察与思考，对李明、丁正予、陈欣的沟通方式、方法和技能做评论。

总结回顾

- 沟通信息的组织与安排要考虑四个方面的策略：信息组织策略、信息表达策略、导向定位策略和情感尊重策略。
- 沟通过程中的信息组织策略，包括：
  （1）明确沟通目标。
  （2）把握论据观点。
  （3）合理组织内容。
  （4）关注逻辑结构。
- 沟通过程中的信息表达策略，包括：
  （1）全面对称。要求所传递的信息是完全的、精确对称的。
  （2）简明清晰。要求避免冗长乏味的语言表达，避免不必要的重复，组织的信息中只包括相关的有用信息。
  （3）具体生动。语言的具体、生动、活泼；强调句子关键词；选择活泼的、有想象力的词语；通过类比方式，突出要说明的主题。
  （4）谈话连贯。要求做好“轮流讲话、时间控制、主题控制”三因素。

- 沟通过程中的导向定位策略，包括：
  （1）对事不对人原则。关注如何解决好问题，避免人身攻击或轻易给人下结论。
  （2）自我显性原则。承认思想源泉属于个人而非他人，承担个人评论的责任。
  （3）客观描述原则。具体做法分三步：描述需要做修改的事情或行为，描述对行为或结果的反应，建议一种更可接受的替代方式。
- 沟通过程中的情感尊重策略，包括：
  （1）注重礼节。要求沟通主体在传递信息时考虑对方的情感因素，在信息内容的组织上能站在对方立场上来传递信息。
  （2）表里一致。沟通双方所表达的和所思考的具有一致性。
  （3）价值认同。要让沟通对方感到自己被认可、被承认、被接受和有价值，做到尊重对方、灵活开放、双向沟通。

问题讨论

1 我们经常会碰到这样的事情：假设员工小王犯了错误，领导知道后，就把小王叫到办公室，第一句话可能会说："小王，你怎么会犯这样低级的错误，你说说看，究竟是怎么回事。"于是，小王可能会解释这次事情的来龙去脉。当小王解释的时候，他可能会推卸自己的责任。于是，领导便会打断小王的说话："你不要解释那么多，我只想知道你为什么会犯这样的错误。"此时，小王没有办法，只能承认自己的问题，说："开始的时候没有预料到事情会出现这样的结果，自己的工作经验很不够。"听到小王也承认自己有错误了，领导便会接着说："我早就跟你说过，办事情要三思，你为什么就不听我的呢。"现在，你根据上面的描述，谈谈这位领导在与小王的沟通过程中存在哪些不恰当的地方，或者说，有哪些违背建设性沟通的地方。

2 建设性沟通主张在沟通过程中要换位思考，站在对方的角度去思考沟通的策略。但在实际工作中，我们往往很难去把握对方的内在心理特征。当你碰到这种情况时，你会采取什么策略去尽可能消除因不能把握对方心态带来的沟通障碍？

3 在建设性沟通的信息组织原则中，强调既要做到信息的全面对称，又要做到简明清晰，有人认为这两者之间往往是矛盾的：要向对方提供全面信息，就可能出现信息的冗余，因为在此之前，你不可能完全把握什么是对方需要的信息，什么是对方不需要的信息。同样，如果要简明清晰，就要求尽可能精练地表达自己的信息，结果可能遗漏了对方需要的信息，导致信息的不完全。你同意上述看法吗？为什么？

4 我们会碰到这样两类不同的领导：一类领导讲话特别幽默，善于用具体生动的例子来表达自己的想法；另一类领导讲话喜欢一板一眼，不太有激情。但这两类领导都把自己的部门或者公司管理得很有效率。由此，你是否认为领导的讲话技巧其实并不重要？如何看待这两位领导的沟通风格？

5 请对照建设性沟通策略中"积极倾听"方面中的好的倾听习惯和不好的倾听习惯，与自己平时沟通过程中的习惯做法，列出你自己身上存在的、阻碍自己积极倾听的不好习惯，然后逐条去克服自身沟通中的不足。

6 基于以上这些问题的讨论，再思考：如何正确地看待本章所提出的信息组织策略、导向定位策略与情感尊重策略之间的关系？如何看待这些策略中具体各个建议之间的关系？如何区别一般性管理沟通与建设性管理沟通之间的关系？

自我技能测试

步骤

步骤 1：在阅读本章内容之前，请你对下列陈述根据度量标准进行评分，并将分值写于左栏（预估），你的回答应该反映你现在的态度和行为，而不要有意根据你所希望的结果去评价，要诚实。采用这种方式是为了帮助你发现自己在解决问题及建设性沟通方面的能力处于何种水平。通过自我评价，你就可以根据需要调整你的学习方向。

步骤 2：完成本章的学习后，尽可能把所学的知识和技能与实际结合起来，根据自己工作的体会，结合平时的工作反思，不断修正自身的沟通技能，然后遮住你第一次的答案，重新回答下列测试问题，将分值写于右栏（后估）。当你完成这次测试后，检测你的进步，如果你在某一技能领域的成绩依然较低，说明在这些方面你还得不断加强理论与实践的结合。

评价标准

非常不同意 / 不符合（1 分）　不同意 / 不符合（2 分）　比较不同意 / 不符合（3 分）
比较同意 / 符合（4 分）　同意 / 符合（5 分）　非常同意 / 符合（6 分）

测试问题

学习前	学习后	
______	______	1. 我能根据不同对象的特点提供合适的建议或指导。
______	______	2. 当我劝告他人时，我更注重帮助他们反思自身存在的问题。
______	______	3. 当我给他人提供反馈意见，甚至是逆耳的意见时，我能坚持诚实的态度。
______	______	4. 当我与他人讨论问题时，我始终能就事论事，而不针对个人。
______	______	5. 当我批评或指出他人的不足时，我能以客观的标准和预先期望为基础。
______	______	6. 当我纠正某人的行为后，我们的关系常能得到加强。
______	______	7. 在我与他人沟通时，我会激发出对方的自我价值和自尊意识。
______	______	8. 即使我并不赞同，我也能对他人观点表现出诚挚的兴趣。
______	______	9. 我不会对比我权力小或拥有信息少的人表现出高人一等的姿态。
______	______	10. 在与自己有不同观点的人讨论时，我将努力找出双方的某些共同点。
______	______	11. 我的反馈是明确而直接指向问题关键的，避免泛泛而谈或含糊不清。
______	______	12. 我能以平等的方式与对方沟通，避免在交谈中让对方感到被动。
______	______	13. 我以“我认为”而不是“他们认为”的方式表示对自己的观点负责。
______	______	14. 在讨论问题时，我通常更关注自己对问题的理解，而不是直接提建议。
______	______	15. 我有意识地与同事和朋友进行定期或不定期的、私人的会谈。

自我评价

如果你的总分是：80～90 分　你具有优秀的沟通技能。
70～79 分　你略高于平均水平，有些地方尚须提高。
70 分以下　你需要严格地训练你的沟通技能。

选择得分最低的 6 项，作为本部分技能学习提高的重点

案例 4-2

我还是向保险推销员“投降”了

几年前的一个晚上，那时我的儿子刚出生不久。我接到一个电话，电话那头是一个陌生女士的声音：“恭喜你喜得贵子哦。”

我说：“谢谢，你是谁呀？”

她说：“我是 A，是你同事 B 的朋友，从他那儿得到消息，就是来恭喜恭喜你。”

我说：“谢谢哦。”

挂了电话，我想这不是什么不正常的

事，也就没当回事。过了几天，我刚吃完晚饭正在逗儿子玩，电话响了，我一接，还没说话就听到话筒那端传来有点耳熟的声音：

“你好，还记得我吗？”

“你是哪位？”

“我是A，你有空吗？我来看看你家小宝宝。”

“你好，你好。不要客气，不用了。”

“我已经出来了，再两分钟就可以到你家了，你家是×幢×号吧？”

我一下想不出什么好的回绝理由，也没有时间考虑该怎么说她就挂了电话，两分钟不到，就响起了敲门声。我把门一开，她一边说着“我是A，打搅了”，一边就进来了。手上还拎了点儿婴儿用品，和我们闲聊了几句就去看我家宝宝了。这期间说了一些好听的话，准备走了。只是在走的那时，似是无意地问了一句：“你家宝宝买保险了吗？”我也不善于撒谎，就说：“没有。”她笑着就走了。

等她一走，我马上意识到她肯定是来推销保险的。说实话，对于保险我个人觉得还是有必要的。保险无非就是拿今天的钱来保障明天的生活，谁也说不清明天到底是怎么样的。买个保险，求点安心。我曾了解过各保险公司的险种，发现目前国内的保险公司有些问题，并不适合我的需求，而友邦、安联、保德信等世界著名的保险公司在当地还没开展业务。所以我决定再等几年看看。

果不其然，几天后的一个晚上，我就接到了她的电话。

“你好。我是A，在家吗？”

“不在家。”(其实我在家)

“哦，在忙呀。什么时候回来呀？”

“可能比较晚，说不准，什么事呀？”

“这样的，你的好几个朋友都买了平安的保险，像B、C、D等，他们都说很好、很划算。我记得你还没买，听他们说你也准备要买保险。要不等你有空的时候我给你介绍一下？你8点能回来吗？”

“困难，现在7点多了呀。”

“那9点呢？”

“9点呀，应该可以回来啦，但太晚了，我儿子要休息了。”

“哦，那好吧，下次再跟你联系，来看看你家宝宝长大了多少。”

“好，那不好意思了，再见。”

挂了电话，喘了一口气，妈呀，撒谎也不容易呀，还好总算是躲过去了。可是躲得了初一躲不过十五，到了周末，我们晚餐刚刚吃好，她就拿着保单资料不请自来。到家门口了，总不能不让进门吧。她简单地看了看宝宝后，就谈起了保险的事。

“我根据你家的情况，给你推荐一款险种，叫平安鸿利两全保险(分红型)。这个险种主要针对……有……好处，现在有……优惠……”

我粗粗地看了一下保单样本，觉得并不像她说的那样好，而且我本来就不想投保国内保险公司，就跟她说：“这个险种并不划算，还是算了吧。”

“这个是目前最好的险种，既可以保平安，又可以分红，况且保费也便宜，每年也就3 000多块钱，对你来说算不了什么。等儿子长大了，他会感谢你的！”

我实在想不出该如何回答她，就说：“那我跟老婆商量一下吧。”

“是呀，跟你夫人商量商量，很好的。我等你电话哦。”

第二天，我就跟我老婆商量怎样拒绝这笔保单，最后我们决定坚决不买，实在不行就说现在没钱。

又过了几天，我没打电话，她倒是打来了。

“怎么样呀？我今天到你家来签单吧？”

“哦，我们商量了一下，觉得这个保险不适合我们，等下次有合适的再买吧。”

“真的很好的，他们买了后，还要多买几份呢，再说，现在通过我买的话还有优惠。”

“我们、我们一下子没这笔钱，不好意思。”

“那好办，我先给你们垫着。你们什么时候方便就什么时候还我好了。”

这个时候，我真的不知道该说什么了。我感到自己输了，输给了自己的意志不坚定，输给了一个保险推销员。

她倒是爽快："那就这样了，我5分钟到。"

5分钟后，在我满心都是不好意思的情况下，虽然我是十分的不愿意，但还是签了这份保单，感觉像是签了一份不平等条约。

几年过去了，每当12月份到来时，我都得拿出这份条约乖乖地去银行交钱，一边数着还要交几年钱，一边想着我为什么会被套。我想应该是我的沟通在哪里出了问题吧。

讨论题

1. 试分析保险推销员在整个沟通过程中所采用的总体目标、行动目标和每个阶段的沟通目标。
2. 试分析保险推销员在与"我"几个回合的沟通过程中所运用的信息组织策略的成功之处和不足之处。
3. 通过本案例，试分析如何挖掘受众的心理特点，实现有效沟通。

P A R T 2

第二篇

基于个体的管理沟通

当微软的PPT成为越来越多的公司交流的标准工具时，有些国际大公司开始放弃PPT这种交流手段，对亚马逊来说，最为有效的工具是6页结构化、叙述清晰的备忘录，那么，我们究竟选择什么样的沟通方式最有效？当读到“我们缺少的不仅仅是思想，更缺少的是如何把思想落实到行动的技能”时，我们又不得不想：在如此多样化的世界里，究竟应该具备什么样的技能？要解决好沟通的基本方式和技能，需要我们每个人在不断调整沟通理念的前提下，探索适合受众特点和自身特点的沟通技能，因为这将直接影响管理的效果和效率。个体层面的管理沟通方式有很多，如何根据对象的不同采取不同的口头与笔头沟通方式，如何熟练驾驭笔头沟通和口头沟通技能，成为管理者首先要具备的具体技能。

本篇分为以下四个主题介绍个体层面的沟通技能：

- **第5章　笔头沟通技能**
- **第6章　面谈技能**
- **第7章　倾听技能**
- **第8章　演讲与辅助手段**

第 5 章　笔头沟通技能

■ 学习目标

学完本章后，你应当能够：

- 了解笔头沟通类型特点及各类笔头沟通的优缺点。
- 建立受众导向的笔头沟通思路以及信息组织原则。
- 掌握商务文本写作过程中的语言组织和逻辑结构。
- 掌握成功的报告写作的必要条件、报告基本结构。
- 掌握年度公司和部门工作报告写作的概要性思路。

引题　毛泽东论写文章

毛泽东是文章大家，他的作品风格多样：时而大气磅礴，如大江大河奔流直下；时而隽永秀丽，韵味无穷；时而朴实无华，却富含哲理。毛泽东特别倡导领导干部要亲自动手写文章，因为写文章可以“锻炼头脑的细致准确性”。写文章要“经过多次反复，才能比较接近客观实际，写出来经过大家讨论一下，搞成比较谨慎的作风，把问题把思想写成定型的语言文字，可以提高准确性”。

毛泽东早年办《湘江评论》时，他冒着酷暑和蚊叮虫咬，一个多月写了40篇文章。大革命时，他背着雨伞走村串户调查数月，不畏劳苦，写下了《中国社会各阶级的分析》《湖南农民运动考察报告》等。后来，即使成为党的领袖，毛泽东指挥打仗再忙再累，工作条件再苦再差，都坚持亲自起草文章、电报、讲话提纲，撰写社论、新闻通讯，甚至替别人写文章。据他的警卫员回忆，毛泽东写《论持久战》是在简陋的陕北窑洞里，用了8天9夜，废寝忘食、一气呵成。

中华人民共和国成立后，针对有些领导干部写报告和讲话稿让秘书代劳的情况，毛泽东说：“我写文章从来不叫别人代劳，有了病不能写就用嘴说嘛！”“秘书只能找材料，如果一切都由秘书去办，那么部长、局长就可以取消，让秘书干。”他明确要求领导同志把写文章作为做工作、想问题的重要途径。

资料来源：中国共产党新闻网，2014年9月15日，2017年4月6日。

【案例 5-1】　联邦快递的发展背景

下面的内容摘录于一位 MBA 学生论文中的几个连续的段落。

联邦快递成立于 1971 年，是全球规模最大的快递运输公司之一，现有超过 14.8 万名员工、49 929 个送件地点、662 架货机及 45 000 辆货运车。联邦快递的整合式全球网络，利用全球阵容最庞大的专用货机群，为客户把几乎所有的大货小包送往世界的每个角落，服务范围涵盖占全球国内生产总值 90% 的所有区域。无与伦比的航线权及基础设施使其成为全球最大的快递运输公司，向 215 个国家及地区提供快速、可靠、及时的快递运输服务：每日处理的货件量平均多达 330 万份；有大约 1 200 个全球服务中心；超过 7 800 个授权寄件中心；全球运输量每天大约为 2 650 万磅[㊀]，航空货运量每月大约为 700 万磅；平均处理通话次数每天超过 50 万次，平均电子传输次数每天大约为 6 300 万份……能在 24～48 个小时之内，为客户提供门到门、代为清关的国际快递服务；公司通过 FedEx Ship Manager at fedex.com、FedEx Ship Manager Software 与全球 100 多万个客户保持密切的电子通信联系。

20 世纪 80 年代，联邦快递开始着手进行大规模的全球扩展以应对日益激烈的国际竞争及挑战，亚太区分公司也就此应运而生。1984 年联邦快递成立了中国办事处，并和中国外运长航集团建立了合作关系，开始在中国提供快递服务。1994 年联邦快递开始与大田集团合作。1996 年联邦快递公司购买了中国和美国之间的航线权，开通飞行中美之间的全货运航班来负责中美间的快递运输服务，成为第一家拥有进出中国航权的美国全货运公司。1997 年联邦快递每周来往中美两地和亚洲其他地区的航班增至四班。1999 年与深圳机场（集团）公司签署合作协议，11 月开设前往深圳黄田机场[㊁]的航班；同年与大田集团在北京成立合资企业——大田 - 联邦快递有限公司。2003 年 10 月联邦快递在上海增设独立的中国业务分区，同年 12 月收件和运送服务范围扩大至 223 个城市。

从 1994 年与大田集团合作开始，联邦快递逐渐掌握了业务的主导权，特别是取得航线权后，在中国的发展非常迅速。随后联邦快递更是不惜投入巨资，通过地面快件操作站的建设来铺设自己的快递网络。2000 年 9 月，联邦快递在中国首次推出了“亚洲一日达”和“北美一日达”服务，广州、深圳、北京、上海及其周边城市的客户今日交寄的货件，翌日即可送抵亚洲主要城市，隔日也可送抵北美的主要城市。同时分别在北京、上海、深圳等城市成立分公司，并在东莞等珠三角城市与南京、宁波和杭州等长三角一带的数个城市设置快件操作站。其用意是通过这些业务站点的建设，切实扩大“亚洲一日达”和“北美一日达”服务的覆盖范围，并提升其服务质量。

联邦快递在华开展业务这么多年以来，已有地面快件操作站 220 个，其服务网络已经覆盖将近 220 个城市，并计划于未来数年新增 80 个地面快件操作站，将服

㊀ 1 磅 =0.453 592 千克。

㊁ 2001 年 9 月 18 日，深圳黄田机场更名为深圳宝安国际机场。

务网络扩大到300个城市。其中，联邦快递杭州站建立于2001年，现有递送员38人、操作员8人、调度员2人、操作经理2人，递送车辆30辆。

讨论题

1. 请你从论据、论点和论证方面对以上文字做点评。
2. 请按照你的逻辑对以上文字做修改，使文字通顺。

5.1 笔头沟通的作用和类型

作为一种传统的沟通形式，笔头沟通一直是最可靠的沟通方式，每个管理者在工作中都不可避免地要运用文字来沟通信息。正如在现在的商业活动中，商务函件、协议、单据、申请报告等，都要以笔头记录的方式加以认同，并成为约束大家行为的手段。“口说无凭，落笔为准”就充分说明了笔头沟通在现实生活中的重要作用，而且以文字作为表达方式，是整理思路、建构严密信息逻辑的最有效的手段。

【例子】丰田公司的跨部门沟通报告

大多数公司决定新车型的变动方案都通过开会的方式，而丰田公司的做法是：当新车型的变动需要跨部门分工时，主张谁发现问题，谁负责撰写报告，分析问题并建议可行的解决办法。这些报告简明扼要，原则上要控制在1到2页的篇幅内。有时，口头汇报附加一个电话汇报就可以了。收到报告的人认真阅读后，用另外一个报告回复。

几个报告的回合，大部分问题都会被解决。假如问题依然存在，并且需要各方会面，此时，大家都已经认真思考过同样的问题了，写作要求的精度有利于集中大家的思维过程。这样，即使开会，花费的时间也短，成效显著。

资料来源：洛克，金茨勒．商务与管理沟通（原书第10版）[M]．张华，赵叶灵，常光辉，等译．北京：机械工业出版社，2013.

在日常生活中，由于通信技术的不断发展，生活节奏的不断加快，人们对笔头沟通这个基本技能越来越“荒疏”了。很多人对写正式报告，有时甚至是非正式报告感到头疼。人们更常用的是开会、非正式场合与人交谈等方式，这些口头的形式让人感到不那么可怕。而报告是一种不太常用的交流方式，由于平时不经常写报告，当我们必须拿起笔完成一份报告时，往往不知从何下手。大多数管理者在口头沟通方面有较好的技能，但在笔头沟通方面就很欠缺，要他们亲自完成一篇像样的总结报告简直是在受罪。很多在读的MBA学生最怕的就是要他们完成一份案例分析报告，最后交上来的报告，或文字不通顺，或思路不清晰，或结构不合理，或没有逻辑。其实，这些都是普遍现象，即使是最能干的写作者也可能对写报告感到头疼。现在要做的是，先面对这种现实，然后从今天开始，积极地训练你的笔头沟通技能。

笔头沟通的作用主要表现为以下几个方面：一是沟通信息容易记录，并能得到永久保存；二是由于其保存性强，且不易“污染”，可以保证在信息扩散过程中，使不在沟通现场的受众（读者）能够得到真实的信息；三是对读者来说，笔头沟通的信息传递方式速度快（因为阅读可以突破空间的限制）；四是笔头沟通可以特别关注问题的细节，读者可以更多地获取细节方面的信息；五是比口头表达采用更为精确的用词。

根据沟通渠道的不同，笔头沟通可以分为纸张沟通（包括正式和非正式报告、信件、商务函件、备忘录等）、传真沟通、电子邮件沟通和电子会议系统沟通（包括电话会议、视频会议以及其他即时通信工具）等。前两种方式以纸张做媒体，后两种方式以计算机网络做媒体。这四种笔头沟通方式的特点，如图 5-1 所示。

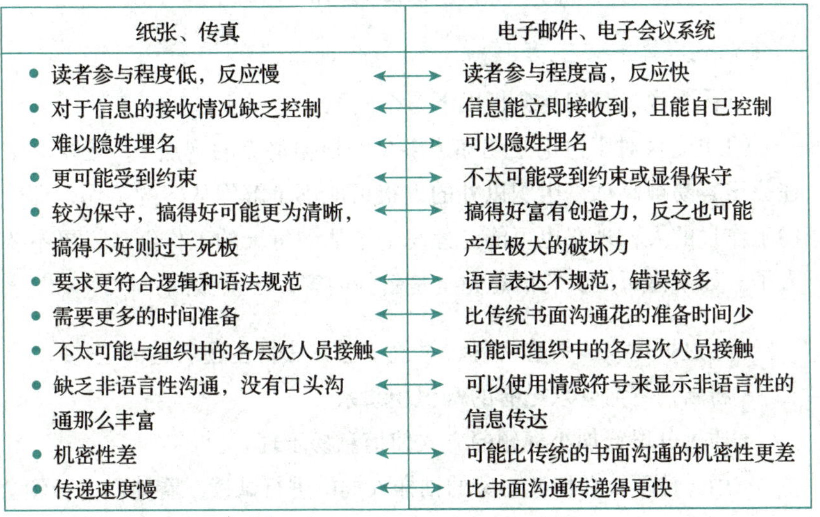

纸张、传真	电子邮件、电子会议系统
• 读者参与程度低，反应慢	读者参与程度高，反应快
• 对于信息的接收情况缺乏控制	信息能立即接收到，且能自己控制
• 难以隐姓埋名	可以隐姓埋名
• 更可能受到约束	不太可能受到约束或显得保守
• 较为保守，搞得好可能更为清晰，搞得不好则过于死板	搞得好富有创造力，反之也可能产生极大的破坏力
• 要求更符合逻辑和语法规范	语言表达不规范，错误较多
• 需要更多的时间准备	比传统书面沟通花的准备时间少
• 不太可能与组织中的各层次人员接触	可能同组织中的各层次人员接触
• 缺乏非语言性沟通，没有口头沟通那么丰富	可以使用情感符号来显示非语言性的信息传达
• 机密性差	可能比传统的书面沟通的机密性更差
• 传递速度慢	比书面沟通传递得更快

图 5-1 四种笔头沟通方式的比较

5.2 受众导向的文字组织原则

作为管理沟通的一种常见的沟通形式，笔头沟通必须从受众导向去收集信息、组织信息和编辑信息，为此，对受众的分析同样成为笔头沟通的重要前提。如果对受众了如指掌且语言能力较强，那么对受众的分析过程完全就是下意识的，但如果对受众了解不多或所提供的信息十分重要，就要花一定时间去分析受众，并根据受众特点来组织文字信息。

一般来说，受众导向的文字组织原则包括三个方面：一是受众对信息的第一反应会是什么；二是受众到底需要多少信息；三是以何种方式编辑信息以激发受众的兴趣。

1. 受众对信息的第一反应

这个报告是否值得看？如果受众认为这个报告对于自身事业的发展很有用，他们不但会认真看，而且会积极采取行动。但如果受众在看到报告后，第一反应是似乎与自己没有关系，或者对报告没有兴趣，他们就会将报告束之高阁。那么，如何才能让受众感兴趣呢？必须做到：

- 用主题句或第一段向受众昭示该信息的重要性以及与受众的相关性。
- 把应付诸实施的内容尽量简化。
- 为使信息内容得以实施，设定一个可行的截止日期。
- 信息越短越好。

在信息表达方式上，报告要能引导受众产生对信息的好感，尽量避免用词傲慢、粗鲁、含敌意、冷漠或像家长一样的教训，通过强调积极面来减少对方原有的敌意，要充分表现逻辑性和对方能感受到的好处。

2. 受众到底需要多少信息

具体来说，我们要分析以下三个问题。

（1）受众对于讨论主题知道多少？根据洛克的观点[⊖]，受众对主题的了解程度往往很容易被高估，组织以外的人很可能不了解你从事的工作，即使是曾经在某部门工作过的人，现在也可能已经忘记了从前每天的工作细节，更不要说组织之外的人了。如果你所提供的信息完全是新的内容，必须做到：

- 通过下定义、概念解释、举例子等方法将主题表达清楚。
- 将新信息与受众已有的常识相联系。
- 通过分段或加小标题的方式使信息易于理解。
- 用文件草稿在传递对象的抽样人群中进行试读，看他们是否领会文字的内容。

（2）受众对信息主题的常识来自平时的阅读还是个人经验？人们倾向认为从个人经验直接掌握的知识往往比间接从书本中学到的知识更实际、更可信。尽管有些人会把这些经验视为例外、谬论或侥幸，但是大部分人则会视为将来更好地开展工作的基础。要想改变受众对某一信息的认知，我们必须：

- 在表达的信息中先对受众的早期认知予以认可。
- 用理论、统计数据说明长期和短期效果之间的差别，以证明受众的经验在此不适用。
- 在不伤面子的前提下，提示受众情况已经发生变化，态度和方法也要做相应的变化。

（3）要受众支持你的观点，他们需要你提供哪些信息？为了弄清楚受众所需要借助的信息背景，要做好：

⊖ 洛克，金茨勒．商务与管理沟通（原书第 10 版）[M]. 张华，赵叶灵，常光辉，等译．北京：机械工业出版社，2013.

- 用"如你所知"或"正如你记得的那样"的字眼提醒对方，避免让对方觉得你认为他们根本就不懂你在说什么。
- 把已为大家接受的或显而易见的内容放在你的句子中。
- 需要提示的内容过长时，可以用加小标题、单独成段，或列入文件和备忘录的附录等形式表达。

3. 以何种方式编辑信息以激发受众的兴趣

在笔头沟通过程中，如何减少受众的抵触情绪，消除受众的负面反馈可能给沟通带来的困难，是考虑如何激发受众兴趣的首要切入点，因为如何让消极受众转化为中立受众甚至积极受众，是沟通中最困难的。所以先要考虑的是受众会持哪些反对意见，比如已有主见的受众通常对变化很反感，为此，首先要站在受众的立场给他们提供积极信息，具体策略如下：

- 把好消息放在第一段。
- 把受众可能得到的好处甚至放在好消息之前。
- 开头先讲你们之间的共同点和一致之处。
- 观点要清楚明确。
- 不要使用煽动性的言论。
- 减少说明或提出要求等内容的篇幅，若可能，在下次沟通时再提出此类内容。
- 说明你的建议是现有最好的解决办法，当然这也不是十全十美的。

其中在讲双方之间的一致点时，不妨向受众提供你们共同的经历、兴趣、目标和价值观，因为一致的感觉有时比文件的内容更能说服对方。具体在沟通双方之间的一致点时，建议：

- 采用生动、简短、有趣的故事谈论你们的共同之处，故事的情节应有趣新颖，不要给人在做报告的感觉。
- 写作风格应尽量友善、非正式。
- 文稿结束语和敬称等要让受众找到在这个正式或非正式群体中的归属感。

其次，在编辑信息时，要注意受众对文稿的语言、结构和格式的偏好。具体在做法上，考虑以下五个方面的问题：

- 受众喜欢何种写作风格。根据对受众的了解，选择不近不远、友善的风格。
- 避免使用激进或禁忌的词汇令受众产生反感。
- 了解受众所需信息的具体程度。
- 根据受众个性和文化背景的不同选择直接的或间接的信息结构。
- 根据受众对表达方式（包括长度、版式、脚注等）的偏好编辑文字。

【例子】 受众导向的文字组织

现在公司要你对总经理办公室人员的作用进行评价。于是你访问了总经理、公司职能部门、办公室人员。在起草你的报告时，你列出这样一个大纲：

第一部分：提出这份报告的目的；

第二部分：总经理对办公室人员作用的评价；

第三部分：各职能部门负责人对办公室人员作用的评价；

第四部分：办公室人员对作用的自我评价；

第五部分：结论和建议。

现在转换角度，假设你是总经理，看到了这份报告后，你做何评价？若不满意，又如何修改？

现在，我们来看上面这个例子的结构。在这份报告中，主要存在三个方面的问题。

第一，在报告提纲中，第二部分、第三部分和第四部分在具体写的过程中会出现同一问题的重复性讨论，比如，总经理会从办公室人员应该承担的“公司内部各个职能部门与总经理之间的桥梁作用”“总经理的参谋机构”“企业内部的服务作用”等层面来评价其作用；各个部门经理、办公室人员也会从上述层面来做评价，这样，整个报告就会出现思路不清、表述混乱的问题，导致受众不能把握报告的核心观点。

第二，该报告忘记了沟通内容确定的两个基本原则：简单清晰，受众导向。该报告是给总经理看的，所以，应结合总经理的实际情况来安排结构。一般来说，总经理最关注的是问题分析的结果，由于时间、精力等方面的限制，以及兴奋点的不同，他不太可能对长篇大论的内容做仔细阅读。在这种情况下，就应根据信息的重要程度考虑信息结构，重点突出你的结论、建议。

第三，对于办公室人员作用的评价，应该明确评价的标准、评价好坏的指标、评价过程的比较对象等基本内容。但是在这里，顾问团队没有在报告中把前提体现出来，就可能导致大前提缺失，而导致整个报告缺乏说服力。

5.3 笔头沟通的语言组织技能

本书第 1 章已经谈到了如何确定信息的目的、观点和信息结构组织等，这些内容无论笔头沟通还是口头沟通都具有共性。这里就笔头沟通的论证、论据和结构做简单分析。

笔头沟通的语言逻辑、整个文稿或报告的组织、信息的结构安排要远比口头沟通考究得多。笔头沟通的语言逻辑性，表现在以下三个层次上。

- 最高层次：整个文稿或报告的前后逻辑性要强，融为一体，一气呵成。一个报告的写作首先要确定文稿所要解决的目标。为达到这个目标，要充分地收集各方面具有说服力、与主题紧密相关的材料来佐证或论证你的观点。而且在论据的组织上，要具有说服力。通过提出问题、分析问题、解决问题的逻辑思路，统筹把握整个文稿的结构。

- 中间层次：在整个论证展开的过程中，每个论点要有其系统逻辑结构。当你提出一个论点时，就必须对相应论点通过"论点—论据—论证"的结构来组织信息。
- 基础层次：每个完整的句子也要有逻辑性。在一个句子没有表达完整之前，不要轻易断开，一个段落内部不要前句和后句出现完全不同或不相关的意思。正如建设性沟通所要求的连贯性一样，笔头沟通更强调连贯性。

为增强文稿的说服力，最有效的办法是运用演绎、归纳等推理方式。一篇文稿的思维模式，直观地反映出沟通者的思维方式和技巧。这里简要地以一个例子进一步探讨如何通过论证、论据和结构的有机结合组织信息的内容。

【例子】A 商场通过市场调查发现，最近的市场份额正在向 B 商场转移。分析后认为，原因在于：

- B 商场运用彩色的广告方式。
- B 商场重新布置商场以吸引新的顾客。
- B 商场的媒体曝光度提高了 20%。
- A 商场在库存、采购和促销方面能力较差。
- A 商场降低了广告预算。
- A 商场在维持商场整洁和有序方面有不良的记录。

现在，假设你是 A 商场的市场部主任，针对上述现实问题和所导致的结果，你应该提出哪些解决问题的对策。

显然，上述这些观点可以为你的论证提供论据，当你准备你的沟通时，通过列举这些关键的论据，可以使你的论证有一定说服力。但这些论据并不能充分地组织信息以支持你的观点。在识别出各种论据后，还得组织一个清晰的结构框架：

主题和目的：如果 A 商场不改变现实，B 商场将继续侵蚀 A 商场的市场份额。(引入)

假设（大前提）：B 商场正在侵蚀 A 商场的市场份额的原因在于以下两点。

- A 商场的内部问题。在采购、库存、促销、整洁和组织方面缺乏控制，顾客在逐渐疏远 A 商场，顾客不能发现他们想要的东西。(主体)
- B 商场先进的市场营销策略。在 A 商场减少广告预算的同时，B 商场加大了在媒体上的投入，设计了更好的广告，重新布置了商场以吸引新的顾客。(主体)

因为（小前提）：尽管提高 A 商场的功能一开始会增加成本，但从长期看，这些成本能更多地从长期收益中得到补偿。(主体)

因此（结论）：A 商场应该采取以下一些措施。

5.4 笔头沟通的写作过程

根据玛丽·蒙特的观点，笔头沟通的写作过程可以划分为收集资料、组织观点、提炼材料、起草文稿、修改文稿五个阶段。不管你花多少时间或写作的难易程度如何，你都会经历这样一些阶段，只不过不同的沟通者，在每个阶段上花费的时间和精力不同而已，有时也可能会在次序上颠倒，但总体过程都差不多，如图 5-2 所示。

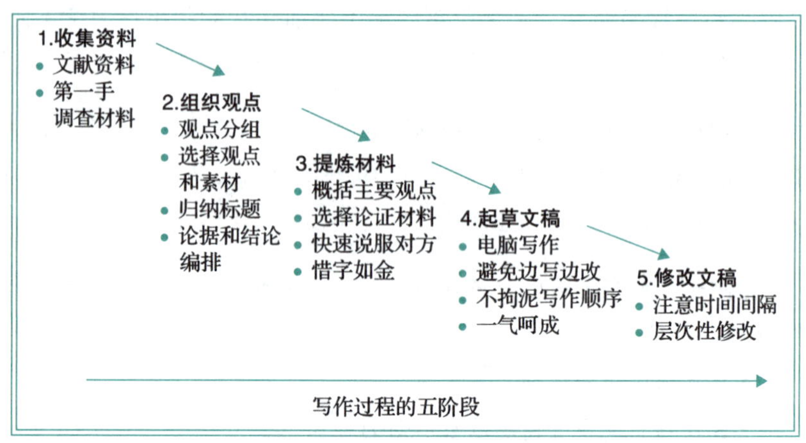

图 5-2 写作过程

资料来源：蒙特．管理沟通指南：有效商务写作与交谈（第 6 版）[M]. 钱小军，张洁，译．北京：清华大学出版社，2003. 此处略有修改。

阶段一：收集资料

资料来源主要有两大类：一类是文献资料，另一类是第一手调查材料。文献资料诸如以前的信件、文档、文稿、数据、财务报告、网络资料、音视频记录等；第一手调查材料包括与各类人员面谈、电话访谈、个人笔记或采用头脑风暴法得到的信息等。在收集资料时，我们要训练自己的两个基本功：一是勤做笔记的基本功，尤其是当有新的想法和灵感时，要尽快记录下来；二是以带问题的方式与人沟通的基本功。

阶段二：组织观点

组织观点是最重要也是最困难的任务。如果在起草文稿之前能把观点组织好（也就是打好腹稿），写作的效率将大大提高。尽管在文稿修改过程中可以修正观点结构，但如果有一个系统的观点结构，将非常有利于提高写作效率。观点组织可分为以下四个步骤。

- 观点分组：以问题和原因、时间和步骤、主要观点和次要观点的思路将相似的观点和事实组合成一体。
- 选择观点和素材：根据分组的结果，提出初步的结论和建议。
- 归纳标题：将结论和标题归纳成一个简短明了的标题。若想介绍某个信息，标题就是你的结论，比如以“过低的广告投入”作为标题表明问题的关键。

- 论据和结论编排：对于不同的报告及沟通对象，要策划相应的编排次序。例如公司的高层领导没有太多时间来阅读上万字的报告，你就应该先把结论提出来，放在开头；如果是公司内部具体操作人员在阅读你的报告，可能更关心的是理由、操作方式，因此要把论据放在前面。

阶段三：提炼材料

在材料提炼上，首先要概括文稿的主要观点，要善于用一两句话来概括整篇文稿的主要观点，同时分清主要和次要观点；其次要根据不同的对象选择论证材料，有的喜欢理论性的材料，有的喜欢实证性的材料，要根据对象的特点提炼材料以提高说服力；再次要以尽可能快的速度来表达观点说服对方；最后用最精练的词句说明观点，做到惜字如金。

阶段一至阶段三都属于写作的准备阶段，一般来说是每个人写作之前要思考的问题。有专家认为，对高效的写作者来说，在文稿正式起草前的这三个阶段所花的时间是全部过程所花时间的 50%。要说明的是，这三个阶段是准备阶段的一般次序，在特殊情况下，这些阶段是相互交叉的。比如，收集资料和组织观点是一个相互交叉的过程，可能是先收集资料再组织观点，也可能先有观点再去发掘资料。假如你要写一份关于现有管理中存在的实际问题的解决报告，你其实已经收集了初步材料，在写作过程中只需不断充实这些支持性的材料即可。但如果你为了提出一个全新的观点而写作，可能先形成的是观点，然后再去收集有关文献来支持你的观点。前一种情形在企业解决实际问题的过程中用得较多，而后一种情形在理论性较强的报告或论文中出现得较多。

阶段四：起草文稿

在文稿起草过程，我们建议运用以下四个方面的技巧：一是不断训练用电脑直接写作的习惯。在电脑上直接写可以大大提高写作效率，其中最大的好处在于修改方便。二是不要一边写一边改。文稿的写作过程是一个创造性过程，这时连续的思路比语句的润色更为关键，如果在写作过程中去改，就会局限在细节性的问题上，中断你的创造力。三是不要拘泥于写作顺序。你可以从结尾开始写，也可以从中间开始写，总体来说，你应该从自己最有把握的地方开始写。四是不要断断续续地写，最好能够一气呵成。“打补丁式”的写作风格，会使你的思路经常中断，逻辑性下降，效率也降低。

阶段五：修改文稿

文稿的修改要注意时间间隔，当文稿写完后，最好放一两天，使得你有时间思考新的观点，或更好地厘清你的观点。另外，注意修改的层次性，先从整体上修改文稿的观点、逻辑性；再修改文稿中的词句，要避免冗长的、啰唆的语句，要注意文体。最后修改文稿的具体措辞、语法和标点符号。在措辞的使用上，要尽量避免“我认为”“笔者提出”这样的语气，而尽可能用中性的表达方式。

|沟通聚焦|

说到笔头沟通或文字沟通，就不得不提最精妙的表达——诗词。我国古代多少文人墨客在“炼字”上下足功夫，就是为了提高文字的沟通能力——唐代诗人贾岛在作《题李凝幽居》时，写到“鸟宿池边树，僧（ ）月下门”这句犯了难，推门还是敲门？几经思考，创造了一个词汇——“推敲”，也成就了千古名句“鸟宿池边树，僧敲月下门”。此外，北宋文学家王安石《泊船瓜洲》中“春风又绿江南岸”，一个“绿”字，把大自然刻画得灵动美妙，千年之后仍被反复赞叹。

文字表达的确需要逐字逐句、一遍一遍地打磨，当代作家余华也直言其对写作语言运用的认知：“我对语言只有一个要求，那就是准确。一个优秀的作家应该像地主压迫自己的长工一样，使语言发挥出最大的能量。鲁迅就是这样的作家，他的语言像核能一样，体积很小，可是能量无穷。作家的语言千万不要成为一堆煤，即便堆得像山一样，能量仍然有限。”

5.5 报告的书写

前面探讨过的有关管理沟通的一般原则和有关笔头沟通的特殊原则，都适用于写报告。掌握了这些原则和技巧，有助于我们写出有效的报告。需要说明的是，前面的一些原则和技巧，以及下面将要介绍的技巧，同时适用于所有笔头沟通形式，也不要因为报告特别长或特别短，就不顾这些技巧和原则。因为长而复杂的报告和短而简单的报告基本上有着相同的构成要素，差别只在于报告的篇幅。

5.5.1 报告的概念和类型

报告是一种搜集研究事实的人与由于某种目的而要求看报告的人之间的信息或建议的交流形式。报告的最终作用通常是作为决策和行动的基础。

报告根据采用的形式不同可以分为口头、示范、信函、便笺、表格、多页文件。具体地，报告有以下几种分类：

（1）根据长度指标不同，有短报告和长报告；

（2）根据语言指标不同，有非正式报告、一般报告和正式报告；

（3）根据主要内容指标不同，有工程报告、财务报告、营销报告和事故报告；

（4）根据时间或进度指标不同，有每天报告、每周报告、月度报告，或中期报告、进度报告、最终报告；

（5）根据重要性指标不同，有日常报告、特殊报告和紧急报告；

（6）根据写作风格指标不同，有叙述性报告、说明性报告、评述性报告、图画式报告和统计性报告；

（7）根据流通范围指标不同，有办公室报告、公司报告、公共报告、私人报告。

不论报告采取什么形式，它必须适合沟通对象的特点和他们的目的，并据此进行计划和交流。比如有的报告几乎不需要什么计划，有的则需要很详细的计划；有的采用口头形式，有的采用书面形式；有的较短，有的很长。本部分主要针对比较难的一类报告——书面报告，讨论有关的技巧。

5.5.2　报告的目的和成功报告的必备条件

当你需要写一份报告时，首先你应准确地知道要写些什么内容及其原因，这是最基本的要求。如果这是领导布置给你的任务，你还得弄明白授权调查的范围，即确定调查范围和限制，使得调查对象能够清楚调查的背景。因为调查得到的资料将为你提供沟通目标，指导调查和报告写作。

授权调查范围常常在报告开始时加以引用，如果你得到的指示是很正式的书面形式，并且措辞合理，那么可以直接写进报告。如果你得到的指示很清楚但比较冗长，可以在写进报告前精简一下。如果你不清楚授权调查范围是什么，必须向要你提交报告的人或委员会询问：为什么需要这份报告？到底报告是为谁写的？他们想用这份报告干什么？

【例子】若你受 A 审计局领导的要求，写一份有关全省开展抽奖申请的评估情况调查报告。委托方给了你很正式的授权调查范围，请注意文中是怎样清楚地阐明其目的的。

“关于开展全省抽奖申请的评估情况研究”调查范围

……

1.3“关于开展全省抽奖申请的评估情况研究”的工作主要着重于对开展全省抽奖申请的评估，以确定现在的抽奖申请是否按《国务院关于……的规定》(简称《规定》) 中第五章的规定实行许可证制度。

1.4 调查工作的目的在于：

- 检查是否按照有关法案的立法宗旨，公平一致对待所有申请人，建立合理的评估程序以审查关于开展全省抽奖的申请，授予《规定》第五章中的许可证。
- 最终人选的确定是通过合理恰当的方式进行的，这包括按照设定的评估程序，以及对证据进行充足和合理的评估。相关人员在遵守相关法案立法宗旨的前提下，有效合理行使决策权，以确保这一过程的公正性和合理性。
- 确认授予的许可证是否符合合格申请的有关条件。

……

一个成功的报告，要具备以下几个方面的条件：

- 报告内容应该统一，一般只涉及一个主题，不应包括受众不需要的内容、与主题无关的内容。
- 报告内容应该完整，包括受众需要的所有内容。
- 所有的信息应该准确，根据事实做出的推理应该尽量确保正确。
- 应按照基于逻辑分析和材料分类的计划描述主题内容。

- 内容表述方式应使计划清楚，以使受众很清楚有关内容所在及原因。
- 报告应以简单、精练的风格写作，要便于阅读，不会令人误解。
- 不管受众是否知道有关技术细节，报告对所有潜在的受众都应是易于理解的。

5.5.3 报告的基本结构

表 5-1 所示的报告结构，基本适用于所有的长报告和短报告，只不过长报告除了这些基本部分，还包括一些“附件”。下面讨论这些基本结构及其要素。

表 5-1 报告的基本结构及其要素

基本结构	要　素
1. 内容简介	• 授权调查范围或目的
	• 程序或方法
2. 正文部分	• 主要的事实
3. 结论部分	• 结论
	• 建议（如果要求的话）
	• 附录（如果必要的话）

1. 内容简介

这一部分的目的在于为读者引入报告的正文部分。通常，内容简介按以下格式来写，这种格式可以较好地解决开头没有条理、比重失调、重点不对的问题。

- 清楚地说明真正的主题。
- 指出报告的目的，并介绍有助于理解这一目的必要的背景信息。
- 简要介绍如何去获得这些信息。
- 以最简单的形式提出结论、事实和建议等。
- 说明据以安排正文的计划。

总体而言，报告的内容简介应做到：越简单越好，但要清晰；正确地把受众的注意力吸引到你真正的主题和目的上；与后面的内容相协调，例如，不要提及那些后面没有解决或不能解决的问题，也不要出现与后面部分不一致的说法。

2. 正文部分

报告的正文部分是在内容简介和结论部分之间的内容，其中列出所有的事实（例如调查的性质、有关采用方法的详细解释、整个程序、得到的结果），并分析这些事实，引导受众合乎逻辑地得出结论部分的结论和建议。

3. 结论部分

结论部分的作用在于简要、清楚、总结性地提出得到的结论和建议。一个成功的结论部分的特征是：不要再引入任何新的观点，与内容简介和正文部分相协调，给受众留下你想留下的印象。

5.5.4　报告的格式、布局、标题和编号

报告可以采用多种格式，除有明确规定的格式外，可以自由选择布局。下面介绍几种报告的格式。

1. 信函、便笺式报告

短小报告最简单的格式可用信函或便笺的形式来写。这种格式不一定要设立小标题，但仍具有前面讲到的报告基本构成部分（见图 5-3“信函式报告”）。

带有公司名称和地址的信头

尊敬的黄董事长：

（简介部分）按照董事会的指示，我前往杭州经济技术开发区调查我司是否可以在该地区择址建一个工厂。现在，我非常高兴地提交我的初步报告。（主题；授权调查范围及过程）

（正文部分；主要事实）

该开发区是专门用来设立高新技术企业的，地点位于距离市东部5公里处，交通条件相当便利，区内水、照明、能源供应非常不错，收费标准比国内其他类似开发区要低。

开发区管委会为我司特别提供的厂址，排水设施良好，紧挨横穿开发区的主马路，交通便利。

我约见了该地区的一些建筑承包商，由当地建筑公司进行建设看起来没什么困难。从政府取得所需的规划许可应该不成问题。

熟练工人和半熟练工人供应充足，政府对开发区内的就业招工有政策优惠。但是，仍然需要我司带去一些熟练的技术工人和技师。他们的住宿会成为一个很麻烦的问题，因为当地的住房紧缺问题仍很突出。解决这一问题的临时方案是在邻近工厂的空地上建造临时性的宿舍，或者住开发区内的集体宿舍。

尽管存在这些问题，开发区的厂址在其他各方面都非常符合公司的要求，我认为公司应该尽快讨论开发区内的设厂问题，并尽早采取行动。

此致！

发展部经理
（签字）
2023年10月15日

图 5-3　信函式报告

2. 纲要式报告

下述关于开发区内设厂的报告也可以采用一个单独的小报告加上一封说明信的形式，将报告分为不同的部分，使用标题，但是基本结构不变。纲要式报告有助于读者一眼就能发现所需的信息（具体见图 5-4）。

内容简介

正文部分

结论部分

带有公司名称和地址的信头

关于新厂址的建议报告

1.授权调查范围

按照董事会的指示，调查在杭州经济技术开发区择址建新厂的可能性，并提出合适的建议。

2.过程

报告在参观开发区后，分别与管委会、当地的建筑承包商、市劳动局会面后写出。

3.杭州经济技术开发区

（a）地点和设施

该开发区是专门用来设立高新技术企业的，位于杭州市东部5公里处，交通条件相当便利。区内水、照明、能源供应非常不错，收费标准比国内其他类似开发区要低。

（b）提议的厂址

开发区管委会为我司特别提供设厂的地方，排水设施良好，紧挨开发区的主马路，交通便利。

（c）建筑与规划许可

（i）由当地建筑公司施工看起来没什么困难。

（ii）既然政府把这一地区作为"开发区"，取得所需的规划许可应该不成问题。

（d）劳动力

（i）熟练工人和半熟练工人

熟练工人和半熟练工人供应充足，市劳动局对开发区内招工就业有政策优惠。

（ii）熟练工人和技师

需要我司带去一些熟练的技术工人和技师。

（iii）住宿

这些主要工人的住宿会成为一个很麻烦的问题，因为当地的住房紧缺问题仍很突出。解决这一问题的临时方案是在邻近工厂的空地上建造临时性宿舍，或者住开发区内的集体宿舍。

4. 结论

在该开发区建厂具有如下优点：

- 邻近公路
- 设施良好
- 收费较低
- 当地可以供应熟练工人和半熟练工人
- 有现成的建筑承包商
- 没有规划问题

尽管存在一些问题，杭州经济技术开发区内的厂址在其他各方面都非常符合公司的要求。

5. 建议

公司应该接受这一地点，并马上开始动工。

发展部经理

（签字）

2023年3月9日

主题

授权调查范围及过程

主要事实

结论

建议

图 5-4　纲要式报告

3. 混合式报告

混合式报告即为介于上述两种格式之间的一种形式，它整体上是一封信，但是可能在正文部分有一些简单的标题，比如“开发区”“建议地点”“工人”等。这种格式也很常见，因为它适合各种长度的信，只要再加上小标题即可。

在报告的写作过程中，只考虑格式还不够，更主要的还是报告的主题内容。在主题内容的安排上，要强调其内在逻辑关系，使得受众阅读之后能马上明白报告的内在联系。因此，在写作过程中，要强调各部分的标题设计。

4. 标题设计

标题设计的目的在于方便受众的阅读和理解。如果没有一个统一的标题体系，会使受众搞不清楚主题内容之间的关系。具体在标题设计上要注意以下几个问题：

- 标题的排版和空格应该反映报告的内在条理性。
- 避免激怒性的标题，尤其当报告是针对矛盾事物的解释时，一定不能采用有损受众尊严的标题。
- 标题应富于启发性，且让人容易理解，否则就会失去标题的价值。
- 标题一般应由单词和短语构成，尽量避免用句子。
- 标题应准确、简洁。

在标题设计中，很重要的一点是要注意格式一致性原则。这是合乎逻辑的内容组织的基本要求，通过格式一致性的标题把整体的不同部分联系在一起。当然，在通常情况下，即使有了标题，仍要求写作中在上下文之间使用承上启下的词句以及前后引用，以帮助受众能有机地从前一部分过渡到后一部分。这种过渡性的句子，在大型报告中，可能是“功能性”段落，这些段落不增加新的信息，只是起介绍、总结、过渡的作用。

标题的一致性，是以标题编号来实现的。标题的编号方式可以根据个人不同的偏好进行选择。有些写作者喜欢用编号体系来强调不同层次标题的重要程度，有的写作者喜欢用数字和字母混合使用的编号方式来说明重要性递减变化。当然，假如标题的外观已经足够清楚，也可以不用编号。常用的标号方式有：

编号组例 A，B，C；1，2，3；(a)，(b)，(c)；等等。

编号组例 1，2，3；(a)，(b)，(c)；(i)，(ii)，(iii)；·(标题符号)；等等。

编号组例——“数字”体系：

1.

　1.1

　1.2

2

　2.1

2.1.1

2.1.2

论文和会议讨论报告的写作使用“数字”体系比较常见，这种形式也是国际上采用比较多的编号方式。这种体系可以帮助受众方便地转移到相应的所需要的部分，例如“3.2.1”比“第3节第（b）节第（i）点”要容易找得多。

另外，还有一种不太常用的编号方式——直接为所有段落按次序编号（如“1，2，3，4，…，25”）。如果你的计划合理，标题清楚，采用直接为段落按次序编号，也可以帮助受众较快地找到所需要的内容。这种编号在教材、试卷中出现较多。有些机构的印刷风格也要求任何超过两页纸的文件都要进行段落编号。图5-5为标题设计的范例。

5.5.5 长篇正式报告格式简介

1. 长篇正式报告的典型格式

一份长篇正式报告的典型格式如下：

（主标题）粗体大写印刷字体并居中

粗体大写印刷字体或粗体大小写混合

在标题前空双行，在标题后正文开始前空双行或至少比正常的行间距要大。
粗体小字母，带句号。正文在同一行紧接着开始。

这是四级标题的主要格式，但也可通过如下方式来说明标题的不同级别：

- 加下划线：加下划线的标题
- 使用不同的大小字体：16磅、14磅、12磅
- 使用不同的字体：宋体
  黑体
  楷体
  隶书
- 带空格的标题：带 空 格 的 标 题

大部分文字处理软件中都提供了很多种不同的字体，这对业余人员是极具诱惑力的，但是我们建议：不要在一份文件中使用太多的字体。在正常的商业交流中，两种不同的字体就足够了。同样，你也需要控制标题层次的数量，否则会让受众混乱。

图5-5　标题设计范例

1. 前页

（1）扉页

（2）授权（授权调查范围、区域、目标）

（3）目录

（4）附表与附图一览表（如果合适）

（5）前言、引言

（6）致谢

（7）摘要

2. 主报告（所有的报告至少需要如下三部分）

（1）内容简介

（2）事实与讨论

（3）结论和建议

3. 附页

（1）参考文献

（2）附录

（3）索引

当然，上面的格式仅做参考，你也可以对其加以修改和调整，以适应不同类型、不同长度报告的需要。比如，在学术性的论文中，“授权”部分可以没有。

2. 扉页

扉页是受众阅读报告时首先接触到的内容，因此值得花功夫设计它的布局。扉页的功能在于帮助受众从一大堆报告中找出所需要的报告，因此，扉页中应说明以下几个问题：

- 关于什么内容的？　　（报告的主题）
- 谁写的？　　（作者）
- 为谁写的？　　（要求提交报告的人或团体）
- 从哪儿来的？　　（写作者所代表机构的通信地址）
- 什么时间？　　（报告完成的日期）

扉页中的标题是最重要的部分。尽管标题很短，一眼就可以看完，但是也应该很仔细地设计。首先，标题应在一页中间位置；其次，标题的字符应该居中；第三，如果标题超过两行或更多，应注意把重要的词放在一起，不能把完整语意拆开放到两行。

3. 参考文献

如果在写报告时引用了别人的著作和观点，应该在报告中予以声明，列入后面的参考文献中。这对学术论文和毕业论文来说非常重要。如果引用他人的观点，又没有表示出来，可以被认为是剽窃他人的成果，侵犯他人的知识产权。大家应该从平时的写作中就注意这个问题。在报告写作中，我们应该严格遵守下面五条规则：

- 任何不属于自己的原创内容都应该清楚地注明参考文献，以免被认为是剽窃他人作品。
- 引用他人的话时请用引号，即使只有一个词，如果是反映了他人的主要观点，也必须用引号。

- 报告中的文字和插图的每个出处都应列入参考文献中。
- 参考文献中的每一项在文中都应该注明，要养成在文中说明引用出处或数据来源的良好习惯。
- 所有的数据和图片必须在文中注明出处。

5.6 如何起草公司年度工作报告

对一般的管理者来讲，可能很少碰到写年度工作报告的情况。但对于部门经理，尤其是公司高层经理，每年都会遇到写年度工作报告的事情。即使你自己不写，由你的秘书负责你讲话稿的起草，你也需要清楚年度工作报告的写作技能。当然，对于这部分内容，合适的受众应该是公司总经理或董事长的秘书。这里提纲式地就如何写年度工作报告提出参考建议。

5.6.1 充分准备、领会目的

年度工作报告可以说是每个公司最重要的正式报告之一。为此，要写出一份好的工作报告，必须有充分的准备，具体准备工作如下。

（1）思想准备。一般要求提前一到一个半月就为年度工作报告做思想准备，要对报告的写作给予充分的重视。在思想准备过程中，一个重要的问题是弄清楚报告的性质，是阶段性、半年性还是年度报告；是董事长的报告、总经理的报告，还是部门经理的报告。对于不同的报告，要注意不同的写作风格。

（2）材料准备。对经常写报告的领导秘书来讲，材料准备已经成为一项基本功。材料准备主要包括两个方面，一是平时要建立自己的材料库。要写出内容充实，论点、论据、论证合理的报告，在平时就要养成良好的收集材料的习惯，要有专门的数据库，把平时积累的材料放在数据库里。这样，当需要的时候就可以比较方便地调取，为你所用。有经验的领导秘书告诉我，在平时，不但自己要建立材料库，还要建议办公室全体人员都去建立材料库，必要时可共享。二是在写报告之初，要在听取领导的意图后，再针对性地去收集补充材料。材料准备的技能，概括起来可以总结为“平时积累、材料收集、建立数据库、归类整理”。

（3）明确受众。要弄清楚谁来听报告。报告内容、内容组织、信息编码方式等都需要根据不同受众的特点来安排，确立受众导向的信息组织策略。

（4）明确目的。在正式动笔前就要与领导沟通，听取领导的要求，去体会领导到底要讲什么。由于领导工作忙，也没有多少时间来系统考虑讲什么的问题，因此，秘书需要深入捕捉领导的观点，并体会领导在这个报告中期望达到什么目的，这是非常重要的。作为领导的秘书，有时也需要帮助领导厘清讲什么的问题。同样，对于如何明确报告目的，可以总括为“高屋建瓴，领会意图；提炼核心，把握主要思想”。

5.6.2 全面酝酿、构筑框架

对有经验的报告写作者来说，酝酿和写作的时间比例为 1:1。换句话说，如果构思好了整个报告，就等于完成了整个报告的一半。

报告酝酿的核心任务是构筑整个报告的框架，并选择合适的素材。整个报告大体的框架思路设计，可以是提出问题、分析问题和解决问题。这个思路具体落脚到年度工作报告中，可以是：前一年工作的总结和回顾，发现优点和缺点；确定下一年的工作目标，发扬优点，克服缺点；明确下一年的工作任务，分步落实，贯彻实施。

进一步地，在更为细化问题上的框架设计，主要包括：

- 确定标题和主体。这最好由一个班子（如办公室全体成员）来讨论。
- 具体题目的设计。这包括报告题目、一级子标题、二级子标题，其中一级子标题可以是单层式的，也可以是复合式的。
- 素材的初步考虑。在框架设计阶段，不要求有很详细的设计，但要有计划。一般来说，素材选择是为观点服务的，但不排除根据素材来提炼观点。素材和观点之间是相辅相成的。

常见的年度工作报告的一般性框架如下。

第一部分：过去一年的工作回顾。该部分对前一年的工作要充分肯定成绩，鼓舞士气。在肯定成绩时，要以必要的数据说明。这部分的篇幅约占整个报告的 1/3。

第二部分：提出下一年度工作总体思路。在企业内外部环境分析的基础上，分析现存的问题和优点，从而提出下一年度的工作目标和指导方针。

第三部分：确定本年度的工作目标和工作任务。对于工作目标要明确具体、简明扼要，对于工作任务要明确、有条理、思路清晰。第二部分和第三部分的篇幅约占整个报告的 1/2。

第四部分：明确完成上述目标和任务的措施。这部分可以从人、财、物、党、政、工、团、妇等方面来分析。由于要考虑整个公司所有员工的明年工作安排，这部分内容要尽量面面俱到，尽管篇幅不多，但对各个部门都应提到。

第五部分：简要总结，发出号召。这部分内容安排一段即可，不要啰唆。

5.6.3 提炼写作、修改完善

在完成框架后，写作过程的主要任务是“填充”，根据主题和标题充实内容。

具体如何写，在本章“笔头沟通的写作过程”中分别就提炼材料、起草文稿、修改文稿三个方面做了分析，这里只补充一些建议。

第一，在内容结构上，可以采用多种方式，如正叙、倒叙、插叙、演绎、归纳、例证（枚举）、反证（排除）等。

第二，在表达方式上，注意内容与表达的结合。不同的报告有不同的写作风格。即使同一个内容，也可以有不同的表达方式。如，前面提到的年度工作报告的一般性写法，也可以改为“现状分析”“目标确定”和“措施选择”三部分。这往往需要与领导的要求一致。

第三，在文字多少上，要根据领导的意图合理布局。对于领导希望重点突出的观点，可用“铺张式”写法；对于一般性内容，则用“扼要式”写法。要把“惜墨如金”和“挥毫泼墨”相结合。

总结前面三点，一个完整的年度工作报告的写作过程可以总结为如图 5-6 所示的流程。

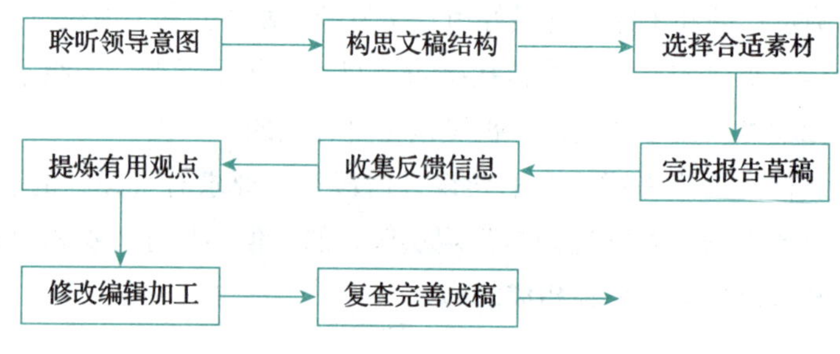

图 5-6　年度工作报告的写作过程

[技巧] 报告写作技能要领：
理解和思考是灵魂，条理和提纲是骨架。
形式和表达是血肉，实践和体验是根本。

5.7　英文信件的写作

随着国际商务交流的不断增加，跨国书信来往日益增多。这里专门就英文信件的写作格式做提示。

5.7.1　标准英文信件的构成要素

标准英文信件的格式包括题头、信内地址、称谓、主题行、正文、结尾、署名等几个部分。

（1）题头：用于注明信件的寄出地址及寄出时间。

- 位置　若是有标明单位地址信头的信纸，应写在信头至少两行以下；若是空白的信纸，应在距离顶部 1 英寸[⊖]左右之处。

- 内容 若是有信头的信纸，只须写上日期；若是空白的信纸，应有三行，其中两行为回信地址，然后一行为日期。

（2）信内地址：注明收信人的地址和姓名。

- 位置 在日期下至少两行处。
- 内容 通常有 5 行：姓名、职务、公司或组织名称及两行地址；有时也为 4 行，姓名和职务一行，公司或组织名称一行，地址两行。

（3）称谓：收信人称呼。

- 位置 通常在信内地址以下至少两行处，加上冒号（正式）或逗号（非正式）。
- 内容 Dear Mr. 或 Dear Ms.，或 Dear 加姓或 Dear 加职位。

（4）主题行（可有可无）：介绍主题。

- 位置 通常在称谓以下两行处，居中。
- 内容 描述信件主题的词语。

（5）正文：讨论主题。

- 位置 称谓以下两行处开始。
- 内容 所需的段落。

（6）结尾。

- 位置 在最后一段以下两行处。
- 内容 可以结尾如下：正式：Yours truly；半正式：Yours sincerely；
  非正式：Yours cordially

（7）署名。

- 位置 通常先是手写的签名，再接以打印的姓名、职务，在结尾下至少三行至五行处。
- 内容 手写的签名及打印的签名与职务。

5.7.2 信件格式

信件格式主要有如下三种，如图 5-7 至图 5-9 所示。

⊖ 1 英寸＝0.025 4 米。

Company Letterhead（带有公司名称和地址的信头）

Date（日期）

Name（姓名）
Company（公司名）
Address（地址）

Salutation（称谓）

When the dog chews the meats of cat, the cat is very angry and beats the dog, while the dog is much stronger than the cat. How can the cat beat down the dog? If you can answer this question, I promise you can be given one hotdog.

Closing（结尾）

Signature（签名）

图 5-7 格式一：无缩进格式（各行均顶格开始）

Company Letterhead（带有公司名称和地址的信头）

Date（日期）

Name（姓名）
Company（公司名）
Address（地址）

Salutation（称谓）

When the dog chews the meats of cat, the cat is very angry and eagerly want to fight with the dog, while the dog is much stronger than the cat. How can the cat beat down the dog? If you can answer this question, I promise you can be given one hotdog.

Closing（结尾）

Signature（签名）

图 5-8 格式二：修正的无缩进格式

Company Letterhead（带有公司名称和地址的信头）

Date（日期）

Name（姓名）
Company（公司名）
Address（地址）

Salutation（称谓）

When the dog chews the meats of cat, the cat is very angry and beats the dog, while the dog is much stronger than the cat. How can the cat beat down the dog? If you can answer this question, I promise you can be given one hotdog.

Closing（结尾）

Signature（签名）

图 5-9 格式三：半缩进格式

情境模拟训练

笔头沟通练习

情境

你是某投资公司总经理，你给小王安排一个任务，要他通过对现有独角兽投资案例进行调查，结合自己公司可能投资的 A 独角兽项目，提出独角兽投资的风险评估方法，然后对 A 独角兽项目进行外围调查、实地调研和专家组研讨，提出论证或修正观点。

根据你的要求，小王起草了一个评估报告的提纲呈给你。你对这个提纲是否满意？你认为应该如何修改？

报告提纲

1. 前言。

2. 相关概念界定（如股权投资风险评估、企业价值评估、独角兽概念等）。

3. A 独角兽项目风险管理现状与问题。

4. A 独角兽项目风险评估体系构建。

5. A 独角兽项目投资风险评估论证（拟从独角兽公司技术、市场、竞争、政策等方面进行论证）。

6. A 独角兽项目控制风险对策。

7. 评估结论与建议。

总结回顾

- 笔头沟通可以分为纸张媒介沟通和计算机网络媒介沟通两类：
  （1）以纸张为媒介的笔头沟通：读者参与程度低，反应慢；信息接收缺乏控制；约束多；传递速度慢；缺乏非语言性沟通信息。
  （2）以计算机网络为媒介的笔头沟通：读者参与程度高，反应快；信息接收能自己控制；受到的约束少；信息同时发送效率高；比传统沟通传递得快。
- 受众导向的文字组织原则
  （1）受众对信息的第一反应是什么。
  （2）受众到底需要多少信息。
  （3）以何种方式编辑信息以激发受众的兴趣。
- 笔头沟通的语言组织逻辑最有效的办法是运用演绎、归纳等推理方式，建立在论证、论据和结构有机结合的基础上组织信息内容。具体的逻辑安排如下。
  （1）最高层次逻辑：整个文稿或报告的前后逻辑性要强，确定文稿目标后，通过提出问题、分析解决、解决问题的逻辑思路，统筹把握整个文稿的结构。
  （2）中间层次逻辑：对每个论点通过“论点—论据—论证”的结构来组织信息。
  （3）基础层次逻辑：句子表达的完整性和逻辑性。
- 笔头沟通的写作过程可以划分为收集资料、组织观点、提炼材料、起草文稿、修改文稿五个阶段。
  （1）收集资料，包括文献资料、第一手调查材料两大类。
  （2）组织观点，具体可分为四个步骤：观点分组、选择观点和素材、归纳标题、论据和结论编排。
  （3）提炼材料，要概括文稿的主要观点，根据不同的对象选择论证材料，以尽可能快的速度来表达观点说服对方，用最精练的词句说明观点。
  （4）起草文稿，建议技巧是用电脑直接写文稿，不要一边写一边改，不要拘泥于写作顺序，最好能一气呵成。
  （5）修改文稿，注意时间间隔和修改的层次性。
- 成功报告要具备的条件
  （1）报告内容应该统一。
  （2）报告内容应该完整。
  （3）所有的信息应该准确。
  （4）基于逻辑分析和材料分类的写作。
  （5）内容表述方式应使计划清楚。
  （6）报告写作风格应简单精练，便于阅读。
  （7）尽量使所有可能的受众都易于了解。

- 如何起草公司年度工作报告

(1)充分准备、领会目的。

(2)全面酝酿、构筑框架。

(3)提炼写作、修改完善。

问题讨论

1 你是如何理解受众导向的信息组织原则的?

2 试选择你所看的某篇文章,运用本章所分析的三个层次逻辑,对该文章所运用的论点、论证和论据进行剖析。

3 公司年度工作报告写作有基本的格式,请找到一篇你公司的年度工作报告,试分析该报告格式的合理性和逻辑性。

4 要完成一篇高质量的报告,前提是分析领导的意图和要求。如果领导对报告的意图要求比较明确,这对你写作报告会有比较好的指导,但同时,也可能制约报告写作的创新性;如果领导对报告的总体指导不是很明确,你可能会觉得难以下笔,当把初稿递交给领导时,领导可能对报告的这个地方不满意或对报告的那个地方不满意。你认为应该如何处理好上面所讲到的这些问题?

5 你起草一个报告时,需要收集大量的原始材料,但当你面对一大堆材料时,你往往无处下笔,不知道如何来梳理这些原始素材。试讨论:如何围绕报告的目标和主题来驾驭这些素材。

案例 5-2

在不足以得出定论的年份

"我们已经永远无法回到危机前的状态,必然会面临一个全新的状态,要步入一个'新常态'的经济格局中"。从2016年下半年开始一直到2018年,中国民营经济还存在一些不确定性,从认识上和处理方法上,我们认为这是一个很多问题不足以得出定论的年份。

不足以得出定论中的定论

在不足以得出定论的年份中,NAS的发展则得出了定论。在2017年度工作报告中,我们就认定:国际市场存在严峻的不确定性。但是,对NAS来说,国际市场的影响基本上可以忽略不计,因为我们产品潜在市场的发展空间远胜于不确定性风险。我们2018年的工作目标定位是:加强管理,夯实基础,加快集团转型升级。NAS不能创造形势、左右行情,但我们会用逆向思维去求证问题、认识问题,然后结合市场趋势顺势而为,做好自己的工作。根据2018年工作目标定位,我们紧扣转变发展方式的主题,着力在结构调整上下功夫,保证目标方向不偏离,做好各项工作。

2019年,我们将在这个基础上,要求各项经济指标同步再增长20%。我们还将着手规划:再过20年,销售超1 000亿元的目标。要站在更高的平台、更大的范围内去思考问题,使NAS持续稳定向前发展。

蕴蓄,只为生机,对生物来说,这是进化;对企业而言,则为转型升级。转型升级就是转变经济发展方式,NAS把这个任务具体落实在结构调整上。我们认为,创新缘于未满足的需求,成功在于和顾客想到了一起,我们的工作以此为标准展开。

(1)在研发方面,我们把洗发水作为重头戏,取得了新的进展。我们发现,长期使用洗发水会造成化学物的不断积垢,使改善头皮发质的各种努力成为隔靴搔痒。如长期只用一种洗发水,则还会对头皮发质的需求造成顾此失彼,产生新的不平衡。所以,我们从这里入手,研制了"先清后养"的配方,同一瓶洗发水中银杏等精华先清洁头皮头发上的积垢,继而植物氨基酸直接产生滋养的功能,并根据发质的不同研制多种不同的配方,适应不同的需求,达到头皮清爽、发梢润泽的调理效果。

（2）技术改造是结构调整的支撑。有一种流行说法是，经济发展时投资什么赢什么，经济不确定时投资什么输什么。所以，在经济面临高度不确定时，一般企业都不敢投资。而 NAS 从增强自身竞争力和调整结构加快转型升级的角度考虑，则是坚决投资、大胆投资。我们还获得了国家支持的技术改造专项基金 3 025 万元。

（3）“主业＋投资”模式是结构调整的有益探索。大凡中国做得好的企业鲜有不进资本市场的，这已经成了国内企业迅速成长的一条捷径。NAS 两年前开始介入股市，2018 年已经开始有收益，特别是上海投资公司在股市方面的努力，使我们收获颇丰，基本上盘活了我们多年积累的剩余资金。新的一年，要把最坏的情况想清楚，向最好的方向去努力，尽管实业难、制造苦，但主业绝不能偏离。

2018 年，要在不足以得出定论的年份得出发展定论是件不易的事，但 NAS 做到了。其根本原因在于我们坚持制造业做强的定力，不跟风、不从众，只认客观规律；在于能结合 NAS 的具体情况独立思考，走自己发展的路子，所以使我们在转变经济发展方式、调整结构中又一次赢在起跑线上。

不足以得出定论的风险

进入 2018 年，中美贸易摩擦会越演越烈是超出我们估计的，而且，今年的中美贸易摩擦大大地刺激着人们的神经末梢，现在大家都说国际市场腥风血雨。但我们坚信，未来一定会比 2018 年好。

我们相信，随着中国经济必须强大的内在需求，政府肯定要下大力气来解决这次贸易摩擦带来的不确定性。但在美国贸易保护主义越演越烈的情况下，最近两年要得到以前那么快的发展，几乎没有可能。

出口不可依赖，剩下来的只有拉动国内消费。2018 年内需增长率很高，但投资增长率更高。从这个角度看，消费的比例肯定比前些年更低了。我们还看到，政府对投资适度宽松，大量投入的流动性资金也会向市场上漫游，会集中到不同的产业、不同的资产领域，很可能会推高物价的总水平。

不管外部怎么样，就 NAS 内部发展而言，我们要继续沿着既定的路线走下去，不断丰富其内容、积累其成果、增加其厚重。因此，2018 年下半年的工作目标就是：以社会未来需求定位，以结构调整为主线，攻坚克难，狠抓落实。

今日的中国已经能够承受得起任何困难、问题和失误，但真正难以承受的，是我们不敢面对造成困难、问题和失误的真正原因。我们不必担心智慧不够用，不必担心没有能力做好该做的事，真正值得担心的是不能把智慧凝聚在该用的地方，做了太多不该做的事。

不足以得出定论的动力

改革创新是推动社会进步的原动力，特别是像我们这种转型中的国家，改革创新的政策资源空间远大于市场资源的空间，是我们化解危机、克敌制胜、后来居上的法宝。但这种转型国家独享的、推动社会进步最为宝贵的资源，为什么到一定阶段或一定层面时，往往会成为摆设和口号，不能继续深入下去，大家都宁可做好龙的叶公，而不愿做深化改革的勇士？皆因改革触及灵魂，太利益攸关了。

随着我们的规模不断发展壮大，大企业病也随之而来。所谓大企业病就是内部员工和部门互相博弈，不比工作比待遇，声称已不堪重负，不愿再做艰苦细致的工作，甚至搞歪门邪道。NAS 太养人，和气是和气，但未必是好事，不流动的结果一定是死水一潭。

因此，改革创新是 NAS 发展的必由之路。在未来我们为什么选择销售线作为深化改革、扩大开放的突破口？因为销售线是集团的龙头，龙头昂起就能带动全身；销售线最贴近市场，容易与市场接轨，进行市场化运作；销售线量大面广，问题错综复杂，积垢较深，难的问题解决了，对整个集团的进一步深化改革开放的示范效应更大，而且销售线上下要求改革开放的呼声也是最强烈的。

要进一步深化改革、扩大开放，必然要引进一大批专业人才，甚至是原来竞争对手那里的人才。那么具体问题就来了，他们凭什么待遇这么高？职位这么高？他们过去在市场上是我们的对手，甚至针锋相对过，也没有赢我们。现在对手凌驾在我们之上，领导我们了，难道我们就那么无能？我们过去的做法错了吗？无须多言，我们引进的人才都是想干事、能干事的人。我告诉他们，如果你们选择一个已经很成功的公司，会觉得很舒服，可企业根本不会在意你，它不需要你，因为企业已经很成功，这对你没有好处；你们只有选择正在奋斗、做出变革的企业，才可以发挥作用，体现自身的价值。竞争对手的人才加盟NAS，会给我们带来新的文化观念，带来成功的经验，会冲击我们固有的思维，与我们相互交融。这本身就是一笔无形的财富，对NAS的健康是大有裨益的。

再来看我们的市场。中国有2 843个县，38 602个乡，60多万个行政村。有的县就有上百万人口，一个县的GDP就有可能突破几千亿元。只要我们政策对路，方法得当，就能把货一点一点往下铺，这个潜力是非常大的。我国西藏谈不上经济发达吧？但我们现有产品在拉萨的人均年消费达50元。如按这个标准，我国十多亿人口，那么年销售500亿元不成问题，我们现在的销售目标还算高吗？

我们的目的是，放手让一切劳动、知识、技术、管理、资本的活力竞相迸发，让一切创造社会财富的源泉充分涌流。结构调整是经济发展的表象，体制改革才是根本所在。没有体制改革就推不动结构调整，改革开放是集团在不足以得出定论年份的定力，是打开新局面的源动力，出自我们对市场足够的尊重，对规律应有的敬畏。

不足以得出定论的魅力

许多事情不足以得出定论，是事物发展中客观真实的反映，是市场经济规律的一种表现方式，即结果的不确定性。不足以得出定论是个动态的和相对的不断进化的过程，如稍有不慎，很容易陷入静态的和固定的习惯思维中。

中美出现了贸易摩擦，一些专家、媒体认为我国经济要面临一定的困难。我不这样看，如果我们能认识到人类在应对各种危机时所迸发出来的能力和创造力，就不应该从静态的和固定的思维角度看问题，这能不出差错吗？我们必须意识到，在我们的国际市场再也回不到2018年之前的情景下，我们需要学会面临一个全新的状态，要步入一个“新常态”的经济格局中。我们认识到或做好准备了吗？不然就将再次落伍，事实将无情地粉碎静态的和固定的习惯思维，展示出不足以得出定论的动态的和相对的不断进化的魅力。

在不足以得出定论的年份，在一个变化调整、破旧立新的新时期，重新思考、重新设计和重新建设是必需的。今日的报告，就是通过重新思考来形成共识，通过重新设计来谋划新的目标，通过重新建设来构造新的现实，促进NAS沿着正确的轨道，步入经济“新常态”格局。

我们知道，对市场的探索是没有止境的，NAS必任重而道远。我们更清楚，在崎岖小道的攀登上，只有不畏艰辛的人，才有希望到达光辉的顶点。许多问题不足以得出定论，这种魅力将吸引着我们，NAS人一定会以自己的定力，攻坚克难！新年春色倍还人！

资料来源：此为NAS集团总裁在2018年股东代表大会上的工作报告（摘要）。

讨论题

这是一个民营企业总裁的工作报告，阅读之后，我不由得对此表示赞叹。请你认真读完这个报告，讨论以下问题：

1. 试总结这个工作报告的文字信息结构组织、论证逻辑特点。
2. 请你在对整个报告的内容进行归纳的基础上，试图列出三个层次的标题。
3. 以“不足以得出定论的动力”这部分为例，分析其中的最高层次、中间层次和基础层次逻辑。
4. 你认为本报告还存在什么不足，应该如何改进完善？

第 6 章　面谈技能

■ 学习目标

学完本章后，你应当能够：

- 明确面谈的含义、作用和特征；
- 学会制订面谈计划，有效管理面谈；
- 有效实施面谈，掌握面谈的进程；
- 掌握不同类型面谈所需要的技巧。

引题　面谈的魅力

李林在爱声公司担任培训师已经 10 余年了。她当年找工作时，爱声公司才有两年的历史，规模也大不如现在。当时爱声公司给她的反馈是："虽然我们眼下不打算招聘培训师，但你还是可以马上把简历寄过来，因为我们总是在挖掘人才。"

翌日，在爱声公司刘总的办公室，秘书拿来了李林的简历，并说："我告诉她和您面谈的话得预约，可她执意要见您。"刘总扫了几眼简历，发现还不错，但没什么过人之处；他感觉李林有点儿咄咄逼人，但出于礼貌，他还是接见了她，就在他见到她的一瞬间，他发现女孩本人比她的简历更能打动人。

她的从容淡定——明亮的嗓音，充满朝气的举止，优雅的姿态和真诚的笑容，无一不在流露出自信，体现出才能。就在见面握手的那 30 秒钟，刘总感觉，自己已经进一步了解了简历之外的那个李林。

他们面谈了半个小时。两个月后，李林如愿以偿地被录用了。

【案例 6-1】　罗芸的难题

罗芸在汇丽食品公司（简称"汇丽"）担任地区经理快一年了。此前，她在一家名牌大学获得过 MBA 学位，又在公司本部科室干过四年多的职能管理工作。她分管 10 家供应站，每家供应站有一名主任，负责向一定范围内的客户销售产品和提供服务。汇丽主要向成批订购盒装西餐的单位提供所需食品。供应站主任主要负责计划、编制预算、监控分管指定客户的销售服务员活动。

罗芸上任的头一年，主要是巡视各供应站，了解业务情况，熟悉各站的所有工作人员。通过巡视，她收获不小，也增加了自信。罗芸手下的10名主任中资历最老的是陈万龙。他只念过一年大专，后来进了汇丽，从厨房代班长干起，直到三年前当上这个供应站的主任。老陈很善于和他重视的人，包括他的部下搞好关系。他的客户都是铁杆，三年来没一个转向汇丽的对手去订货的。

老陈招来的部下，经过他的指导培养，有好几位已经晋升，当上其他地区的经理了。不过，由于他的不良饮食习惯给他带来了严重的健康问题，身体过胖，心血管问题加胆囊结石，使他一年中请了三个月的病假。

其实医生早就给他提过警告，他置若罔闻。再则，他太爱表现自己了，做了一点小事，也要来电话向罗芸表功。他给罗芸打电话的次数，超过其他9位主任打电话次数的总和。罗芸觉得过去的同事中没有一个是这样的。

由于营业的扩展，已盛传公司要给罗芸添一个副手。老陈公开说过，各站主任中他资格最老，他觉得地区副经理非他莫属。但罗芸觉得老陈来当她的副手，真叫她受不了，两人的管理风格很不一样；再说，老陈的行为准会激怒地区和公司的工作人员。

年终的绩效评估到了。公正地讲，老陈这一年的工作总的来说干得是不错的。汇丽的年度绩效评估表总体是10级制，10分最优；7～9分属于良好，虽然程度有所不同；5～6分属于中等、合格；3～4分是较差；1～2分为最差。罗芸不知道该给老陈评几分。评高了，老陈就更认为该让他当地区副经理；评低了，他准会发火，会吵着说对他不公平。

老陈的自我感觉良好，觉得跟别的主任相比，他是鹤立鸡群。他性格豪迈，爱去走访客户，也爱跟部下打成一片，他最得意的是指导部下某种操作方法，卷起袖子来亲自下厨，示范手艺。跟罗芸谈过几次后，他就知道罗芸讨厌他事无巨细，老打电话表功，有时一天三四次，不过他还是想让她知道自己干的每项成绩。他也知道罗芸对他不听医生劝告，饮食无节制有看法。但他认为罗芸跟他比，实际经验少多了，只是多学点理论，到基层来干，未见得能玩得转。他为自己学历不高但成绩斐然而自豪，觉得这地区副经理的职位非他莫属，而这只是他实现更大抱负过程中的又一个台阶而已。

考虑再三，罗芸给他的绩效打了6分。她觉得这是有充分理由的：因为他不注意饮食，请了三个月病假。她知道这分数远远低于老陈的期望，但她要用充分的理由来支持自己的评分。然后她开始给老陈的各项考评指标打分，并准备和老陈面谈，向他传达所给的考评结果。

讨论题

1. 罗芸对老陈的绩效考评是否合理？罗芸在面谈前应做好哪些准备？
2. 预计老陈听了罗芸对他的绩效评定，会做何反应？罗芸应怎样处理？
3. 假设你是老陈，对罗芸的考评结果会采取怎样的态度和做法？

6.1 面谈的概念和性质

除了非正式谈话，面谈也许是最常见的交流方式，它经常在组织中发生，比如人们通过面谈以获得一个职位，通过面谈去收集信息以完成工作，领导通过和下属面谈来检查他们的绩效并给予建议和指导。

面谈是指任何有计划的和受控制的、在两个人（或更多人）之间进行的、参与者中至少有一人是有目的的，并且在进行过程中互有听和说的谈话。面谈既可以是沟通者和沟通对象之间一对一进行的，也可以是以一对多的口头沟通形式进行的，它是人际沟通的重要形式。从面谈的定义看，它具有以下几个特征。

- 目的性：参与面谈的一方或双方有明确的目的。
- 计划性：为什么谈（Why）、与谁谈（Who）、何时谈（When）、何处谈（Where）、谈什么（What）、怎样谈（How）等都要有预先的计划。
- 控制性：至少有一方处于控制地位，或者由双方共同控制。
- 双向性：面谈必须是相互的，而不是单向的教训和批评。
- 即时性：面谈一般要求沟通双方即时对沟通信息做出反应，反应速度快。

根据上面五个特征，首先，我们要把面谈与闲聊、打招呼、谈话区分开。例如你在走廊、马路上与人相遇，谈上几句话，这样的聊天不能称之为面谈，因为这样的谈话没有明确目的、没有计划。尽管面谈和谈话很相似，但仍有很大区别，面谈作为特殊的交流形式，是与工作有明确的目的相关性的。

其次，面谈要制订计划和策略。面谈时，沟通双方以口头语言作为沟通的媒介，针对沟通对象的特点，选择相应的沟通策略。与一般沟通一样，面谈也要针对沟通对象的特点（受众策略分析），结合自身特点（沟通者策略分析），选择相应的信息编码策略、媒介策略和信息反馈策略。

最后，面谈较笔头沟通有更高的技巧性要求。面谈作为面对面的口头沟通，在信息组织和表达（信息编码技巧）方面，与笔头沟通相比，更有技巧性。这一方面是因为面谈的即时性特征，它更需要快速的反应、灵活的信息组织技巧、及时的受众分析技能；另一方面是因为在我们日常的沟通中，口头沟通的可能性和发生频率要比笔头沟通大得多，正如我们可以一月不动笔，但不能一天不开口讲话一样。这就给我们带来了挑战：如何把自己培养成成功的面谈者？这个问题的解决，在一定程度上也决定了你的职业成功。

6.2 面谈的计划

6.2.1 面谈计划的必要性

面谈是非常重要的，甚至会影响到每个人的职业前途。管理者几乎每天都要面谈，但有些管理者作为访谈者，表现仍相当拙劣，原因之一就在于他们过于随便地看待这种“有目的的交流”，好像它仅仅是一个非正式的谈话。他们对于面谈往往事先没有计划，或计划制订得很糟糕，且不注重处理面谈过程，这样的结果是，他们不但不能实现面谈的目的，还疏远了与被访者之间的关系。

【例子】我们先来看一个例证，该面谈发生在公司服务部门主管郭靖和部门员工袁晓悟之间。

郭：袁，我一直想找时间与你谈谈有关你在某些工作方面的事。也许我的话并不都是你喜欢听的。

袁：你是我的领导，既然你找我谈谈，我也没有太多的选择。请说吧。

郭：我不是什么法官，也不可能给你什么判决，我只想要你认真对待这次谈话。

袁：可是……是你安排了这次谈话，继续发你的牢骚吧。我还记得有一次我们吃午餐时你告诉我，你不喜欢我那身褐色套服和蓝色衬衫的打扮。我觉得那有些无聊。

郭：我很高兴你提到仪表。我想你给客户造成了一个不合规范的印象，而技术服务人员看上去应当是精明的。你给人的印象是你好像买不起好衣服，你的裤子是松的，你的领带也不合时宜并经常沾满油渍。

袁：公司可以向客户要价很高，但我的报酬不允许我购买绚丽的衣服。我对把自己装扮得使客户感到眩目这一点几乎没有兴趣。而且，我从来没有听说过来自他们的抱怨。

郭：然而，我想你的仪表应当更加稳重一点。好，让我们再谈谈另一件事。在对你的例行审计中发现的一件事，我认为你做得不对。你连续三周，每星期三请一个客户吃晚饭，但你填写的出车单表明你每周都是在下午三点回家。那种行为是不符合职业要求的，对于这三次离奇的晚餐费用报销，你怎么解释?

袁：出车单可以说是下午三点，但我出去后可以去约见客户，既然约见客户就难免要请他们吃饭，公司不是有规定如果工作需要可以在500元范围内自己做主请客户吃饭吗?

郭：但你是怎样下午三点在饭店吃晚饭的呢?

袁：我认为所有在下午一点以后吃的饭都是晚饭。

根据上述例子描述，请你对郭靖和袁晓悟之间的面谈进行评判：该面谈是成功的，还是失败的？为什么？如果你安排这次面谈，将如何进行？应做什么准备？如何实施面谈？采取什么策略?

我们认为上述面谈是失败的。要实施有效的面谈，作为部门主管，首先应该明确面谈的目的；其次，应采取策略性的面谈技巧；最后，应以建设性沟通的策略去实施面谈。总体来说，面谈主体应该考虑“如何计划面谈”和“如何实施面谈”这两个基本问题。这里，我们首先讨论如何制订面谈计划，接下来，将具体讨论如何实施面谈。

有两点需要特别阐述。

第一，在较多的论述中，把面谈对象分为上级、同级和下级等不同的类型，我们不主张如此划分，而把所有的沟通对象都归结为同一类型。作为管理者，平时的面谈对象不外乎组织内部对象和外部对象两类，其中更常见的是与内部员工的沟通，内部员工不外乎自己的上级、同级和下级三类。绝大部分管理者能够根据不同的对象采取不同的策略，但总体来说，他们通常比较关注自己与上司沟通时的艺术和方式，却忽视了与下属的沟通，因为他们往往会轻视那些自己能控制的人。但事实上，管理者更多的是在与下属进行合作。从沟通的策略看，管理者可能会认为与上司沟通和与下属沟通存在很大的差别，但当深入去剖析人际关系的本质时，就会发现最基础的还是“人与人之间的关系”，因此，与上司沟通和与下属沟通不应是两个独立的问题。换个角度讲，如果把每个人都看成是上级，这就意味着在推销自己的主张时不能用职权或权力，只能用自己的影响。如果在观念上把与每个人的沟通都当成“以自己的影响”来推销观点，管理者就会深入思考如何采用建设性沟通策略使对方接受自己的影响，而不是一味的命令和强制。因此，本章将从一般意义上来讨论如何进行有效的面谈。当然，对于不同的沟通对象，沟通策略还是各有特点的。

第二，对许多人来说，面谈就意味着找工作。的确，求职或选拔面谈可能是很多人参加过的最重要的面谈。然而，求职只是参加面谈的原因之一。在每个工作日，为了发布或接受指示、推销想法和产品、工作评估、抱怨处理、解决问题等都发生着无数的面谈。此外，医生与患者、教师与学生、律师与当事人、警察与公众、父亲与儿子、亲戚朋友之间都会面谈。面谈是我们生活和工作中每天都要做的事。因此，这里所讨论的面谈技能，不仅适用于较正式的面谈，而且适用于所有的面谈。

明确了面谈的含义和必要性，以下具体展开讨论面谈的计划和实施。具体如何制订面谈的计划，可以把它分解为五个步骤（见图 6-1）。

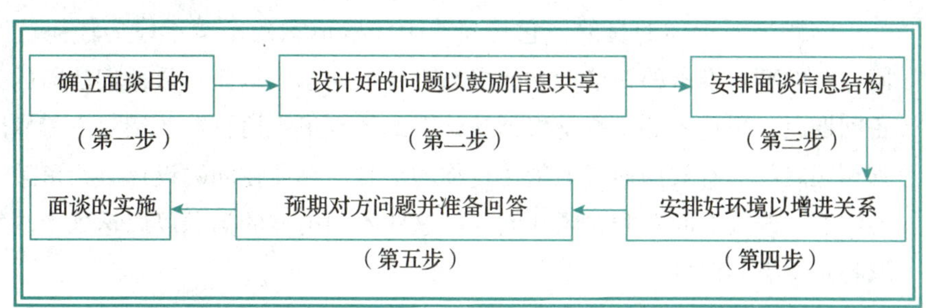

图 6-1　制订面谈计划的步骤

6.2.2　确立面谈目的

任何有计划的沟通活动，首先要清晰地确定面谈目的。你若要成功地进行某个面谈，或者使自己成为一个有效的沟通者，在每次面谈之前就先问自己这样的问题，“我为什么要与那个人谈”“想要达到什么目的”，是收集新的信息、劝说、提供建议还是对对方的绩效进行评估？你不但需要考虑通过面谈想解决什么问题，还必须考虑如何处理自己与被面谈者之间的关系。这个问题解决了，你才可能选择面谈的策略、时间、地点等。刘易斯·卡罗尔在其名著《爱丽丝梦游仙境》中有这样一段对话：

> “请您告诉我，在这里我应该走哪条路？”爱丽丝问。
>
> “这完全取决于你要到哪里去。”卡特说。
>
> “我根本就不在乎到哪里去。”爱丽丝说。
>
> “那你走哪条路都无所谓。”卡特说。

这段话给我们的启示就是“凡事要先确定目标”。面谈目的往往是非常具体的，可能是为了争取某个职位，或听某人的抱怨，或对某人的错误进行批评，或对某人的进步表示肯定并提出希望等。但无论何种目的，从沟通的过程来看，这些都是阐明信息（信息输出）、传递信息（信息流动）、接受信息（信息输入）的过程。正是为什么要交换信息的原因形成了具体的面谈目的。尼基·斯坦顿（1998）提出了面谈的四个基本目的：

- 信息的传播。比如教师与学生的面谈、新闻记者与采访对象的面谈。
- 寻求信念或行为的改变。比如产品推销、训导、劝告、绩效评估。
- 解决问题和对策。比如招聘面试、绩效评估、看病、劝告、申诉、父母与教师讨论孩子的学习问题。
- 探求与发现新信息。比如学术团体、社会团体对个例的调查，市场调查，民意测验，学术讨论和记者调查等。

6.2.3 设计好的问题以鼓励信息共享

问题来源于你的目的，它是面谈中获取信息的基本手段。任何访谈者都会提问，只有精心准备的访谈者才能提出有效的问题，从而获取他们所需的信息。在准备问题时，很重要的一点是根据被访者的特点组织语言，要用对方能懂的语言，加强相互之间的有效沟通，准确传达你的信息。具体在问题设计上，可采用两种类型的问题：开放式问题和封闭式问题。这些不同类型的问题可以达到不同的效果，获取各具特点的信息。

开放式问题，诸如“你的工作干得怎样”或“新的规章对部门士气影响怎样”，一方面可以引出一般性的信息，而且可以让被访者感到谈话过程无拘无束，因为开放式问题允许被访者自由谈论他们有何感受，他们优先考虑的是哪些问题，以及他们对某一问题了解多少。另一方面，开放式问题有利于发展沟通双方相互之间的关系。但必须记住，开放式问题往往比较难回答，特别是在被访者滔滔不绝时，话题可能会不着要点。开放式问题也很耗时，频繁使用会使访谈者很难控制面谈进程。

封闭式问题，诸如“你最后一次在哪里就职”或“你是愿意在项目 A 还是项目 Z 中工作”，这样的问题有助于引出你需要的特定信息。封闭式问题限定了被访者可能给出的回答，适合用于时间有限或想要弄清某一点信息的时候。表 6-1 总结了何时使用开放式 / 封闭式问题的建议。

表 6-1　何时使用开放式 / 封闭式问题的建议

开放式问题的使用场合	封闭式问题的使用场合
• 了解被访者优先考虑的事情 • 找出被访者可参照的结构 • 让被访者无拘束地谈论他的看法 • 明确被访者的知识深度 • 弄清被访者的表述能力怎样	• 节省时间、精力和金钱 • 维持、控制面谈的进程 • 从被访者处获取非常特定的信息 • 鼓励被访者完整描述一个特定事件 • 鼓励腼腆的人说话 • 避免被访者泛泛而谈

除了前面两类问题，面谈者在沟通时，要尽量避免“诱导式”的提问方式。例如，难道你不认为采用这个方案将会缓解我们现有的压力吗？你和你的同事一样赞成这项政策吗？这样的问题，对机敏的被访者来说，不用多久就能猜出你的意图和想要听的东西。因而你可能会得到有偏差的答复，除非你本来就打算和渴望得到你偏爱的答案。

6.2.4　安排面谈信息结构

确定了目的、设计好问题后，面谈准备的下一个步骤就是安排面谈信息结构。为此，要考虑三件事：面谈指南、问题提问和过渡。面谈指南是一份关于你想涉及的话题和子话题的提纲，通常在每个标题下列举一些特定的问题。

当你在构思面谈指南的时候，还需要注意问题的顺序，即它们将怎样结合。最常见的两种提问顺序是“漏斗型顺序”和“倒漏斗型顺序”。漏斗型顺序从一般问题开始，然后移向特定问题。倒漏斗型顺序颠倒了这个次序，从特定的问题开始，然后移向更开放的问题直到结束。表 6-2 列举了这两种顺序的例子。选择哪种顺序取决于你想在面谈中得到什么信息，同时还取决于对被访者心态的把握。

表 6-2　漏斗型和倒漏斗型问题的顺序

漏斗型：从一般到特殊	倒漏斗型：从特殊到一般
有关在大楼内吸烟的规章， 你认为怎么样？ 这些规章公平吗？ 这些规章是否限制了员工的 抽烟状况，实施状况如何？	这些规章是否 限制了员工的抽烟状况？ 这些规章公平吗？ 对于在大楼内吸烟的这些规章， 你认为究竟怎么样？

使用漏斗型顺序的场合： • 试图发现被访者的总体看法 • 避免诱导被访者 • 想竭尽所能去探求问题 • 被访者愿意讨论这个话题	**使用倒漏斗型顺序的场合：** • 想在总体反应之前了解特定事实 • 想鼓励一个不愿开口的被访者 • 想唤起被访者的记忆

6.2.5 安排好环境以增进关系

面谈地点会对面谈的气氛和结果产生较大影响。如果在你的办公室或单位会议室进行面谈，创造的是一种正式的氛围。如果在一个中立的地点（如餐馆）进行面谈，气氛就会轻松些。环境的选择取决于面谈的目标；最重要的一点是，在所有可能的情况下，你应当努力在一种有助于实现你所寻求的交流的环境中进行面谈。

6.2.6 预期对方问题并准备回答

当你准备面谈时，你应当考虑你可能遇到哪些问题，被访者可能怎样回答你的提问，他会提出什么异议或问题，被访者的个性以及在面谈中的地位（是支配地位还是被支配地位），预计需要多长时间提问等。每一次面谈都会遇到从未有过的问题，如果你能对这些情况做些安排，在实际面谈时的结果就会比仓促上阵要好得多。

面谈作为有目的的沟通活动，它不是“自然发生”的，成功的面谈是参与者一方或双方认真计划和准备的结果。好的面谈者和被访者是训练出来的，而不是天生的。面谈技巧的练习使得他们看似随意的面谈，却能得到极好的沟通效果。在面谈过程中，表面上自然放松，背后是他们事先有意识的分析、准备，并在面谈过程中小心地加以控制的结果。

面谈者在面谈准备工作中，要认真计划为什么谈（Why）、与谁谈（Who）、何时谈（When）、何处谈（Where）、谈什么（What）、怎样谈（How）等问题。表 6-3 就从“5W1H”来讨论面谈的准备工作。

表 6-3 面谈准备的问题清单

准备要素	准备问题
为什么谈（Why）	（1）面谈的主要类型是什么 （2）该面谈究竟希望实现什么 （3）你寻求或传递信息吗？如果是，那么是什么类型的信息 （4）该面谈寻求信念和行为的转变吗 （5）该面谈要解决问题的性质是什么
与谁谈（Who）	（1）他们最可能的反应 / 弱点是什么 （2）他们有能力进行你所需要的讨论吗
何时谈，何处谈（When & Where）	（1）面谈在何地进行？是在你的办公室还是在他们的办公室，或者其他地方 （2）面谈可能被打断吗 （3）面谈在一天的什么时间进行 （4）面谈前可能发生什么 （5）你在这件事中处于什么位置
谈什么（What）	（1）确定需要包括的主题和提问 （2）被问问题的类型 （3）是需要了解事情全貌，还是只需提示一下迄今为止的最新情况
怎样谈（How）	（1）如何能实现你的目标 （2）你应如何表现 （3）以友好的方式开始或直接切入主题，哪种效果好 （4）你必须小心处理、多听少说吗 （5）是采用先一般问题再具体问题的顺序，还是采用先具体问题再一般问题的顺序 （6）你打算如何准备桌椅 （7）如何避免被打扰

资料来源：STANTON N. Mastering communication[M]. London: MacMillan Press Ltd. , 1996.

6.3 面谈的实施

6.3.1 开始面谈

| 沟通训练 |

你是一位在读 MBA 学生，正参加一门课程的学习。你和你的同学对这位老师的教学方式不太满意，作为班级的学习委员，你受全班同学的委托，去与这位老师进行私下交谈，希望他能改进教学方式。那么，你打算如何开始这次面谈？

无论哪种面谈，在面谈组织过程中，必须仔细策划面谈的开始方式。尽管面谈开始的方式可以多种多样，但要坚持两个原则：一是尽量开诚布公；二是尽量以“建立和睦的关系”开始。下面列出了可供选择的面谈开始方式。

- 概述被面谈者或面谈者面临的问题。当被面谈者对问题略知一二又不很清楚时，这种方式特别有效。
- 开诚布公，就特别问题征求意见或寻求帮助。
- 说明你是如何发现问题的，建议被面谈者与你讨论问题。
- 以惊人的或引人注目的事实开始。这种方式往往在紧急情况下或被面谈者相当冷漠时很有效。
- 提及被面谈者对特别问题提出过的看法。这种方式在被面谈者就某一问题已有了众所周知的立场，要求你提出建议，或很可能强烈反对你的想法时最有效。
- 不谈问题本身，而谈问题的背景、原因和起因等。这种方式在被面谈者可能对你的观点抱有敌意且熟悉问题时较有效。
- 从说出派你与被面谈者面谈的人的名字开始。当被面谈者不认识你时，这种方式相当于“介绍信”。
- 说出你代表的组织、公司或团体。
- 请求占用对方 10 分钟或半小时时间，这种方式对那些忙碌、急躁或不耐烦的被面谈者比较有效。

6.3.2 面谈主体内容的组织

面谈的主体部分应该用来提出和回答问题、寻求问题的答案、努力说服被面谈者接受你的观点或产品。由于不同的面谈目的、类型和时间限制，面谈主体部分的时间安排是不一样的。在一个非结构化的面谈中，被面谈者可以成为面谈的主导者，而在结构化的面谈中，面谈者必须支配和控制进程。下面根据面谈结构化程度的高低，从非结构化、一般结构化、高度结构化的角度讨论如何进行面谈。

在非结构化面谈中，面谈者只要简单考虑面谈的目的，对可能涉及的几个问题或领域做一些思想准备。这种面谈比较适合交流性、劝告性的面谈。在一般结构化的面谈中，面谈者则需要准备好计划和待回答问题的框架。在高度结构化的面谈中，所有的问题都是事先安排和准备好的。这些问题以完全相同的方式提给每位被面谈者。有些问题可能是不受限制的，但这类面谈一般主要采用限定性的问题。

由于面谈是以自由对话的方式进行的，面谈者在面谈过程中提出的问题和确定的话题范围，将直接影响面谈的气氛、被面谈者的情感和由此产生的面谈结果。因此，在面谈过程中要掌握和运用提问的艺术。表 6-4 是提问的类型、用途和缺点。

即使面谈者明确了面谈目的，也对面谈的过程做了精心准备，在实际沟通过程中，仍要注意克服以下一些问题。

- 没有把握住面谈时间，时间过长，缺乏效率，也缺乏时间控制技巧。
- 把大量时间放在讨论细枝末节的问题上。
- 面谈者（或被面谈者）说得过多，不让另一方插嘴。
- 面谈没有取得预期的效果，使你感到不满意，并表露在脸上。
- 当你就问题与对方进行的面谈结束时，对方仍不知面谈的真正目的是什么。

表 6-4 提问的类型、用途和缺点

提问类型	提问举例	该提问方式的用途	该提问方式的缺点
直接提问或限定性提问	“你已经在本公司工作多久了”“事故发生时你在哪儿”	当对确定的主题寻求明确的答案时；在寻找客观事实或个人经历资料，以及为与其他被面谈者比较而要求明确答案时	限制了被面谈者的思路；给人冷淡感、沉闷感，增加被面谈者的“受审”感
是非式问题	“事故发生时你确实在那儿吗”“前天你上班了吗”	与直接提问相似，带有明确的目的，可很快获得需要的信息	问题受到极大限制；限制被面谈者的思路；给人以强制感，被迫选择一个极端的、不合实际的答案
引导性或表明了标准答案的问题	“你不认为今天的天气糟透了吗”“你不认为这个主意不错吗”	引导性问题是推销员的武器，能引导回答者接受他们的想法或产品，特别适用于营销工作中的顾客说服	被面谈者由于有表明了的标准答案而感到压力和受到攻击，因为面谈者给出他们自己的观点，促使对方做出“是”的答案
另有用意的提问	“你认为我们应该接受这个疯狂的想法吗”	当想了解对方抗拒引导的能力和坚持自己观点的强烈程度时，或者想了解被面谈者在压力下的反应时	限制性大，强迫性强，被面谈者回答的可能不是他们的真实答案
无限制的提问	“请谈谈你自己”“你怎么看这个问题”	能揭示出大量关于对方的态度、信念和动机，以及对方在集中思想、组织语言和无引导及提示情况下表达自己信息的能力	会偏离面谈者希望得到的沟通主题，信息整理困难，很多时间会浪费在寻求几个一般问题的答案上
重复性提问	“按你的说法，你是支持这种观点了”	是保证真正交流最有效的方式之一，使对方了解自己的观点是否很好地表达，了解自己理解的程度，增强融洽气氛和信任	存在被面谈者“人云亦云”的危险，即使是那些被面谈者并不真正赞同的观点，他们也会表示同意

（续）

提问类型	提问举例	该提问方式的用途	该提问方式的缺点
深入调查的提问	“对于你所说的拙劣的工作质量，你能举个例子吗”	可以引出更多的细节，把面谈从一般引向具体，当偏离主题时引回主题，鼓励对方深入表达	过分地、不断深入地提这类问题会使对方感到在受审
假设提问	“假设你的下属经常酗酒并影响了工作，你会怎么办”	考察对方处理工作中可能出现的问题的能力，发现被面谈者的偏见、陈规陋习、态度、信念和价值观	若假设不着边际，就会无法获知对方的价值观，而更像是面谈者在自话自说

6.3.3 实施面谈的阶段

在实施面谈过程中，面谈者要具体从引子、面谈主体和结束面谈三个阶段考虑面谈技能。接下来我们具体谈论这三个阶段。

阶段一：引子——建立和维持一种支持性交流的氛围

面谈的氛围是指面谈的语气和面谈中的总体气氛。与其他任何一种人际沟通活动一样，面谈应当是一种建设性的相互影响，使参与者感觉能自由准确地交流。访谈者要在引子中创造面谈的氛围，和被访者建立良好的关系，创造和寻求舒适的、开放的氛围，而且应在整个面谈过程中不断调整面谈的氛围。当你感到氛围已经不再是建设性时，要适当地把话题从实质性内容暂时引向其他相关的、轻松的话题。我们看下面这段面谈摘录：

访谈者：感谢你今天花时间和我谈谈。

被访者：噢，这一点不成问题。我能帮你做什么吗？

访谈者：我想知道你能否对我讲点有关上星期在办公室发生的那件事。首先，你知道它是怎样开始的吗？

被访者：不知道。当时我正在干我的活，突然，那两个人就动手了。

访谈者：我明白。你没有听到他们在动手前的谈话吗？

被访者：我没听到。照我看来，好像起因于那个穿蓝衣服的人。

访谈者：你没有留意吗？

被访者：我怎么知道他们会打架。

到此，问题显然开始激怒被访者了。访谈者对一个话题刨根问底，而被访者似乎认为已经说得够多了。此时，访谈者应该从这一话题上转移，努力减轻被访者的不快。

访谈者：是的，你肯定不会预料到这种情况。或许你能向我描述一下打斗之后发生了什么。

当然，一个建设性的氛围并不是只靠语言行为来维持的。有分析的倾听对维持面谈的氛围也是重要的。如果你没有表示你正在倾听被访者的话并有所反应，他将不会继续和你谈话。总体来说，你的倾听应当是为了理解面谈的内容、与被访者产生共鸣以及对信息和感受进行评价，要记住，积极倾听将有助于你在面谈时建立一种有效的和建设性的氛围。

建设性沟通在引子部分就开始了。当你确定了说话的语气和面谈的氛围时，你应当以与被访者建立积极关系的方式来深入主题。面谈开头几分钟造成的印象很大程度能决定面谈是否成功，因此，你应当努力传递一种尽可能好的印象。问候之后，你需要鼓励被访者乐意参与面谈。通常的方法是请求被访者的帮助，或者告诉被访者为什么会选择与他面谈或以他作为信息的来源。

最后，引子部分应当包含对整个面谈的定位。你应当告诉被访者：面谈目的，他将怎样有助于达到这个目的，将怎样利用面谈中获得的信息。引子部分结束时应当以一个过渡进入面谈的主体部分。使用一个过渡性陈述，比如"现在，让我们从……开始吧"，或"既然你知道在接下来的几分钟内将会发生什么，那我们就转到问题上去吧"，告诉被访者真正的面谈即将开始。

阶段二：面谈主体

一般地，面谈主体要服从面谈指南，后者预先决定了提问的顺序。有三种类型的面谈指南：结构化的、半结构化的和非结构化的。如果面谈指南是结构化的，你只须读一下指南上的问题并记录被访者的回答。半结构化的指南是在每个话题下列举几个推荐的问题，到时访谈者针对特定的候选者选择最合适的问题。表 6-5 给出了一个半结构化的招聘面谈中的问题范例。

表 6-5 一个半结构化的招聘面谈中的问题范例

教　育	工作经历	自我评价
• 你的专业吸引你的地方在哪里？ • 在大学里你最有印象的经历是什么？ • 对你来说最难掌握的学科是什么？为什么？ • 假如你重新上大学，你会选择什么课程？ • 与同学和老师相处时，你遇到了哪些困难？ • 你从课外活动中学到了什么？	• 你是怎样得到现在的工作的？ • 什么职责占用了你的大部分时间？ • 对于你的工作，你最喜欢和最不喜欢的部分是什么？ • 你碰到的最大的挫折和最大的愉悦是什么？ • 你的主管的哪些方面是你喜欢和不喜欢的？ • 你在工作中曾受到哪些批评？	• 对于我们的行业和公司你知道哪些？ • 我们的产品或服务有什么地方使你感兴趣？ • 你的长期职业目标是什么？ • 你的强项和弱项是什么？ • 你曾做过什么有价值的事情？ • 你认为在一个好的公司里是什么决定了一个人的进步？ • 今年你的自我提高计划是什么？ • 在你的生活中，最重要的三件事是什么？

如果面谈指南是非结构化的，那么你就得把指南仅仅当作进程使用。例如，一个有关离职的非结构化的面谈指南，可能简单列举了几个一般问题来讨论，"关于工作和公司，你喜欢什么、不喜欢什么""你为什么要走""有什么改进的建议吗"，特别是在非结构化的面谈中，需要鼓励被访者尽可能完整地回答你的问题。为了鼓励完整的回答，你需要根据被访者最初的反应来使用深究性问题。深究是否适当直接取决于你倾听的仔细程度与对被访者提供的内容和相关信息的分析能力。深究性

问题很少提前准备，因为你无法预料被访者对你的问题反应如何。不管什么原因，当你觉得你得到的回答不够充分时，你就会想深究下去。

你深究的性质将取决于被访者给予的回答和你所寻求的信息的类型。如果你觉得因信息不够而造成肤浅的或不够充分的答复，那么你应当使用**详细式深究**。例如：

- 关于那个话题，再告诉我一点事情。你为什么假定它那样发生？
- 当时还发生了别的事情吗？

如果你需要澄清被访者所说的内容，使用**澄清式深究**。例如：

- 工作满意对你来说意味着什么？
- 你说你对这项政策感到不悦，你能告诉我具体是什么方面使你感觉这样吗？
- 早先你曾说过你喜欢和人们一起工作，你能举个具体的例子吗？

当你想详细了解和澄清某个问题时，也可以使用**反射式深究**。它是一种迂回式策略，一般采用反馈或重复被访者刚才回答中的某些方面：

- 那么，你认为这项政策会起作用？
- 你说主管没有给予你所要的那种监督？
- 你愿意迁到别的地方，这样的假设对吗？

如果被访者没有回答你的问题，你需要使用**重复式深究**。把问题简单解释一下或逐字地重复一遍。如果你想让被访者一直自由地谈论，可以运用沉默来鼓励他这样做。沉默倾向于传递这样的信息：你期望从被访者处听到更多。然而，注意不要等得太久，要给被访者足够的时间去想，而不是让他变得不安。“我明白”“哎，哎”和“好的，请继续”之类的反应，是鼓励被访者说话的迂回式、非评价式方法。

阶段三：结束面谈

面谈的第三阶段是做出结论。当你结束面谈时，你应当达到四个目的。首先，你一定要明确表示面谈即将结束，说一些诸如“好吧，我的问题就这些”或“你帮了很大的忙”之类的话，这使得被访者知道如果他有什么问题，应该现在就问。其次，试着总结你得到的信息，用来检查刚刚得到的信息的准确性，如果有误，被访者能纠正你的印象。再次，让被访者知道下一次将干什么，比如你们需要再次会面吗？你要写一个报告吗？最后，对他留出时间并仔细回答问题表示谢意，确保你们良好的关系持续下去。

结束面谈后，要及时检查自己是否记录了所有重要的信息。尽管你可能很好地计划了这次面谈，提出了所有正确的问题和深究性问题，然而，如果你不能准确地记住得到的信息，这次面谈就不能说是成功的。毕竟，你准备和实施这次面谈是为了获取信息，而不是简单地因为你想同某人进行一次谈话。要记住获取的信息单凭记忆是不起作用的。如果仅仅依靠记忆，有可能会导致信息遗忘或为达到自己的需要对其重新调整。即使你在面谈一结束就进行总结，你还是无法避免被访者曲解而对信息进行重新解释的风险，因此，你一定要在面谈结束后立即写出总结，你还可以使用面谈指南作为总结的基础，回顾面谈的问题并写出被访者的回答。

记住信息的一个更好的办法是在面谈中做些笔记。一定要告知被访者你要做记录。做记录要尽可能不引人注目，不要让被访者感到不安。要学会怎样在做记录时仍然保持目光与被访者接触。这是一个很难掌握的技巧，但你如果能熟练地运用这一技巧，将极大地帮助于你取得成功。

6.4 常见的面谈类型和面谈技巧

第 6.3 节中提到的内容将有助于你计划和实施任何类型的面谈。然而，还有一些特殊类型需要计划和考虑。在本节中，我们将简要描述组织中几种最常见的面谈类型，并把前面提到的总体原则应用到特定的问题和情况中去。

6.4.1 信息收集面谈

信息收集面谈是组织中最常见的一种面谈，也是最像谈话的一种面谈。当你需要收集关于某个话题的事例或在能解决问题的情况下需要帮助时，你可以进行这类面谈。为了保证你能有效、准确地收集自己想要的信息，你得花时间提前做好计划。如前所述，你应遵循上面提出的计划步骤：确定总体目的并安排日程，形成问题，构建面谈结构，安排环境，预期可能的问题。

此外，信息收集面谈是唯一你能选择内行人的面谈。在其他面谈中，如选聘面谈或绩效评估面谈，你很少有机会自己决定面谈对象。但当你想收集关于某个话题或问题的信息时，你可以自己选择被访者。这种选择基于以下两个因素的考虑：谁能给你需要的信息和谁愿意给你这个信息。通常，访谈者会和那些愿意但却不知道必要信息的被访者谈话。

举例来说，假定你的组织正在考虑实施弹性时间工作表，你被指定要求写一份可行性报告。尽管你可以从一个同事那里得到一些有关时间安排的想法，但如果你能找到一位弹性时间安排方面的专家，那么这位专家对你的面谈帮助更大。但如果你需要知道这种变化的收效如何时，你最好还是和同事面谈，而不是找专家面谈。

信息收集面谈很像一般谈话，访谈者可能没有意识到你的意图，这样的话要保证被访者围绕正题并回应你的问题会比较困难。因此，访谈者必须灵活地对待被访者并适应他，比如，选择能鼓励说话的自然环境，创造轻松的气氛。一般说来，漏斗型顺序在信息收集面谈中能起到很好的作用，它能马上引出总体信息和被访者对该主题的感受。然而，当你准备就某一话题会见许多人，或者评价他们的回答是否一致时，选择倒漏斗型顺序也许更好。

6.4.2 雇用选聘面谈

雇用选聘面谈用来帮助现有的组织成员挑选新的成员。在选聘面谈中，访谈者试图评价求职者是否适合进入本组织以及他们是否具有从事该项工作的合适技能。另外，访谈者通常还应该试着向被访者宣传自己的组织。选聘面谈中的问题涉及四个一般性话题：

- 以前的工作经历。
- 教育和培训的背景。
- 被访者的个性特征。
- 被访者参加过的相关活动以及被访者的兴趣。

其中，面谈者要根据工作的性质和被访者的个性，来决定哪些话题应该是交流的重点。对于选聘面谈，根据问题依据的不同，一般可以选择以下三种信息渠道：

- 运用工作描述来系统陈述那些涉及与任务有关的技能和个性特征的问题。
- 运用评价表，根据组织对成员的一般标准来设计问题，从而评价求职者的特征。
- 运用求职者简历来系统阐述那些有关求职者的特殊技能和以前工作经历的问题。

第一，为了更好地通过工作描述来评价此人所具有的技术上的技能和经验，以及该人是否具有适应组织现有环境的个性素质，在设计问题时，要避免一般性咨询问题。

第二，在根据公司已经设计好的评价表来评价未来的雇员时，所提问题一般应围绕评价表上的话题，但问题的询问方式可以较为灵活，比如可以通过设计一些特别的话题（而这些话题又是围绕关键问题的）来考察面谈对象的特征。

第三，在根据面谈对象的简历来提问题时，要仔细阅读这些材料，如果两次工作经历中有时间间隔，可以向求职者询问间隔期间的有关情况。如果简历上的信息太笼统，可以提些问题以了解详细情况。

|沟通聚焦|

大多数人在设计简历时有一个非常明确的目的——能获得招聘官的面谈机会。因此，简历中所提供的信息可以说是总结了沟通对象迄今为止的职业生涯中所有好的方面，而且所有信息都是用热情洋溢的语句写成的。此时，你就需要考虑如何透过这些语句来获得准确的信息。例如，假定你在 A 的简历中看到这样一行，即“我有多年在领导岗位工作的经验”，显然，为了知道更多具体信息，你会问求职者“几年”“是什么岗位”“你的具体领导责任是什么”等问题。

除上面所提的三种信息渠道外，在询问问题的技巧上，还有以下三点建议供参考：

（1）多涉及具体经历性问题。在面谈问题设计时，一定要包括一些涉及具体经历的问题。比如“你能告诉我一个你曾经成功实现预定目标的确切事件吗？”被访者可能不想谈得具体，但你可以深究下去，直到被访者给你提供了具体的行为信息。为什么行为信息如此重要？一些专家认为，估计将来工作绩效的最佳方法是评价过去的行为：过去的行为预示了将来的绩效。如果你发现，对方过去的行为和实绩中，有些情形与现在本组织所碰到的情况相似，那么你就可以判断他的风格是否适合你自己的组织，能否和其他成员很好地合作。

（2）注意询问问题的平衡性。在问题设计时，应注意询问问题之间的平衡，比如问一些正面信息时也问一些反面信息。这将有助于你了解被访者全面思考问题的能力，同时也使对方隐藏的偏见暴露出来。例如，你在问了正面问题之后，接着这样问："那么，请你现在告诉我一个你曾经未能实现目标的具体事件。"同样，你也要保证被访者给你提供具体的行为信息。

（3）注意面谈过程的"PEOPLE"原则。所谓"PEOPLE"原则，是指面谈准备（Prepare）、面谈双方建立关系（Establish Rapport）、获取对方信息（Obtain Information）、提供自己的信息（Provide Information）、有效的结尾（Lead to Close）和结论性评价（Evaluate）。"PEOPLE 原则"的具体描述，如图 6-2 所示。

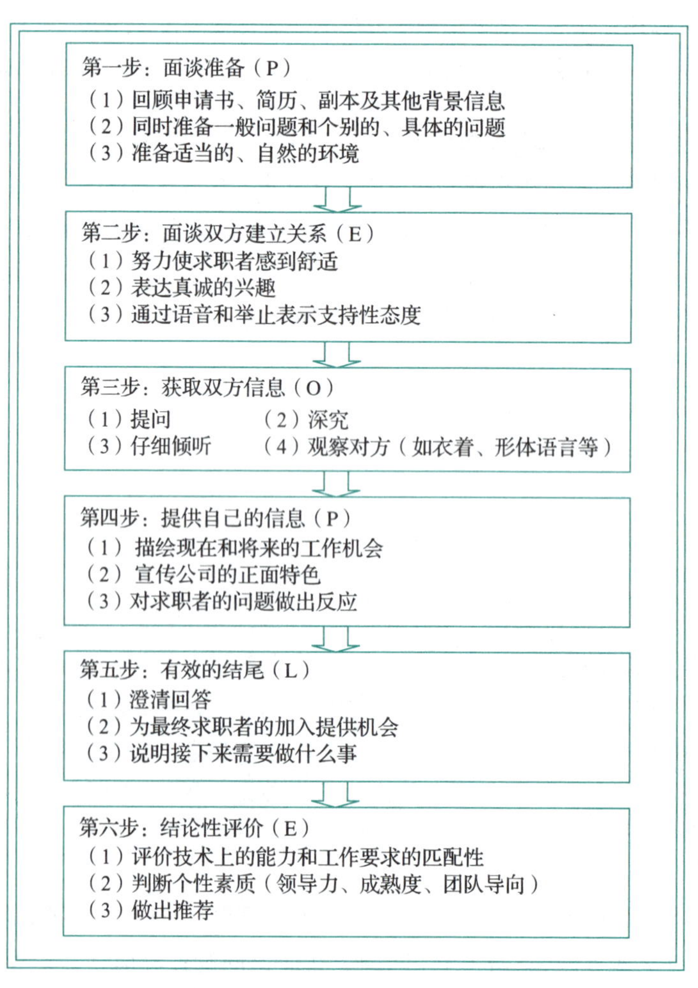

图 6-2　选聘面谈建议过程：PEOPLE 原则

6.4.3　绩效评估面谈

绩效评估面谈通常是一个更大的专业评估系统的组成部分。这个系统的目的是评价组织成员实现目标的程度，并通常就提高工作业绩的方法给下属提供反馈。然而，每个组织在实施业绩评估系统的细节上都不同，这里有一些通常的做法。

1. 绩效评估面谈的准备

首先是书面材料的准备。一般地，在绩效评估面谈之前，下属、上级或两者都准备了书面评价。然而，在大多数情况下，还会要求你用特定和具体的信息来支持你对下属的评价。例如，假如你在使用一个评价量表，表明这位下属做得不好，你应当用客观的措辞写出你为什么做出这样的评价，因为下属有权知道，你也有责任用证据来支持你的决定。

其次是面谈结构的准备。为保证面谈成功，访谈者应计划并准备好绩效评估面谈的结构。访谈者要为本次面谈安排一个确定的时间和地点，同时要考虑这些安排可能对访谈者和被访者造成的影响。访谈者必须决定面谈的总体目的和日程。在绩效评估面谈中，经常提到的话题包括工作知识、工作业绩、工作目标、职业目标和机遇以及人际技能。

2. 绩效评估面谈方式的选择

绩效评估的难点是人们倾向于非面对面地评价别人或被别人评价。在面对面的绩效评估面谈中，参与的双方可能都感到不安。访谈者需要消除被访者的疑虑，要让对方认识到绩效评估面谈是帮助被访者自我认知的一种手段。由于人们总是不太喜欢受到批评，因此，要用消除疑虑和赞扬的方式来平衡你的批评。比如当你提出批评后，你应当与被访者一起找到提高今后业绩的方法。

在准备绩效评估面谈时，你应当事先确定你的目标，而这些目标就限定了这次面谈的形式。一般来说，有三种类型的绩效评估面谈对应于实现特定目标，有四种类型的绩效评估面谈对应于实现多重目标，这些面谈形式在表 6-6 中做了总结。

表 6-6　绩效评估面谈的类型

- 告知—说服型面谈
  用于对员工绩效的评价，其做法是：经理将评价告诉员工，并劝说员工遵循推荐的方式，以提高绩效
- 告知—倾听型面谈
  用于对员工绩效的评价，其做法是：经理将评价告诉员工，接着以不做判断的方式去听员工的反应
- 问题解决型面谈
  用于帮助员工的职业发展，其做法是：经理并不给出评价，而是让员工找出薄弱环节并和员工一道提出改进计划
- 混合型面谈
  同时用于绩效评价和员工的职业发展，其做法是：经理从问题解决型面谈开始，以更直接的告知—说服型面谈结束

绩效评估面谈的第一种类型叫**告知—说服型**面谈。这种方法在本质上是评价性

的。首先你要告诉下属你是怎样评价他的，接着你要用你选择的方式说服下属以提高他的绩效。当你非常清楚你的期望时，应当使用这种面谈。这种形式对以下几类人也有效：

- 那些很难客观评价自己的年轻员工。
- 那些非常忠诚或强烈认同组织的员工或评价者。
- 那些不太愿意在组织中就如何提高工作绩效发表意见的员工。

如果你想让你的下属对你的评价做出反应，就应该用**告知—倾听型**面谈方式。在这种面谈方式里，首先你要告诉下属你对他的评价，然后再倾听他的反应，而且在听的过程中，不要轻易表达你的意见。这种面谈的目的也是评价性的，但同时你可以了解下属的想法以帮助他们接受你的评价。对于那种旨在帮助下属通过对自身过去的表现做评价来更好地开展工作的情况，告知—倾听型面谈比较有效。这种面谈方式对以下几类人比较有效：

- 那些强烈希望融入团队的员工。
- 与考核者地位比较接近的员工。
- 对受教育程度较高的下属尤为适用。

第三种常见的绩效评估面谈是**问题解决型**面谈。在此过程中，评价下属的表现已不再是目的。评价者的主要目的是帮助下属制订提高工作绩效的计划。对于有些下属在工作中的不足，更应鼓励下属自己去思考，而不是由评价者去决定。访谈者要避免评价和判断，其主要是针对下属提出的问题提供一些解决建议。在此过程中，你要与下属形成一种伙伴关系以帮助他分析并提出解决问题的办法。

最后，如果你既想评价工作表现又想为下属提供一些事业发展的建议，应当采用**混合型**面谈。在这种面谈中，你从问题解决型面谈的框架开始，然后用更直接的告知—说服型面谈结束。这样，你既能帮助下属实现发展目标，又能向对方反馈你的评价。

不管你选用哪一种面谈方式，一个绩效评估面谈需要包括所有一般面谈的要素：

- 建立关系并将被访者引向主题。
- 以一种支持性的方式实施面谈主体。
- 结束时要明确说明接下来应做什么事。
- 绩效评估面谈一般还应讨论具体的改善或改变计划。

6.5 管理者与下属的面谈技巧：个人管理面谈计划

本节专门就管理者与下属之间的面谈技巧“个人管理面谈计划”进行分析，该计划为管理者如何与下属进行面谈和沟通提供建议。

管理沟通是一个双向的沟通过程，面谈双方要给予对方一定程度的反馈，使对方感到得到了支持和鼓励，得到了指导和建议。尤其是管理者，由于他们平时极缺时间，即使他们希望指导、建议和训练下属，却总是找不到时间。因此，当有机会与下属进行面谈时，管理者必须给下属反馈的机会，提高沟通的绩效。为了帮助管理者提升与下属继续面谈的技能，我们提出“个人管理面谈计划”，这种计划既能够使管理者的意图得到贯彻（给下属以指导、建议和训练），同时也为下属提供反馈和发展的机会。

“个人管理面谈计划”是用于针对管理者与下属之间定期的、一对一的会面。博斯（1983）通过调查，发现当管理者与下属进行定期私人面谈时，下属的工作绩效会有明显提高。这些面谈可称为“个人管理面谈计划”。图 6-3 比较了实施“个人管理面谈计划”的团队部门与未实施“个人管理面谈计划”的团队部门的绩效。

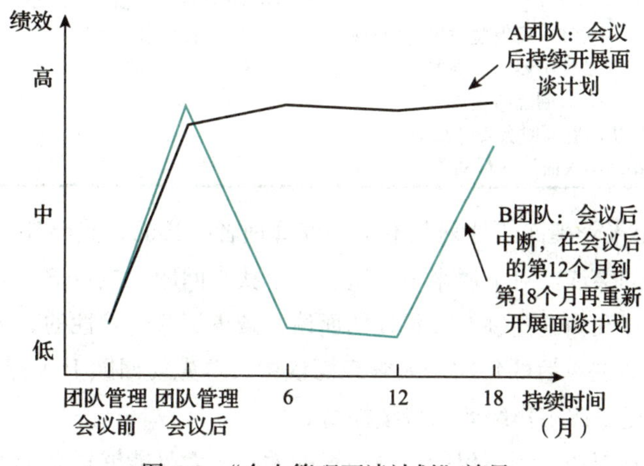

图 6-3 “个人管理面谈计划”效果

注：1. 在 A 团队中，面谈计划在团队管理会议后持续进行，而在 B 团队中，面谈计划只在会议后的第 12 个月到第 18 个月进行。
2. 该计划调查实验时的样本数为 5。

建立“个人管理面谈计划”分两步。第一步为角色协商，阐明管理者对下属的期望、责任、评价标准等。没有这一步，大多数下属会不清楚管理者究竟对他们有什么要求，以什么作为评价他们工作绩效的标准。经过角色协商，可以克服双方之间的不确定性。在协商过程中，管理者应与下属就现有管理制度中没有的同时对下属有影响的条款进行协商，而后管理者与下属签署一个意向和责任的书面报告，作为一个非正式合同。角色协商的目的在于使双方都明白对方的要求。因为这个角色协商不是敌对性的，而是互相支持、团队合作的，因而双方都表现出了良好的建设性沟通意向。

“个人管理面谈计划”的第二步，也是最重要的一步，就是管理者与下属之间进行一对一的面谈。这些面谈是定期的、私人性质的，而不仅仅是在发生错误和产生危机时才进行，也不是公开的。这种面谈能给管理者为下属提供指导和建议的机会，帮助下属提高技能，改善工作表现。因而，每次面谈应持续45～60min，主要特征集中于表6-7中所列的9点。面谈常会提出一些行动条款，在这些条款中，有的是由下属完成的，有的是由管理者完成的。双方都为面谈做准备，双方都提出应做讨论的条款。

表 6-7 “个人管理面谈计划”的特征

- 面谈为定期的、私人性质的
- 面谈的主要目的是帮助个人发展、搞好人际关系、提高组织绩效，因此面谈是问题导向的
- 管理者与下属共同准备会谈议程
- 有充裕的时间进行相互交流
- 建设性沟通用于共同问题的解决，能不断提高工作成就与人际关系
- 面谈的第一项条款为，对前一次面谈行动条款的执行进行检查
- 面谈主要议程包括：
  ——管理问题与组织问题　　——组织价值与前景
  ——信息共享　　——关注良性的人际关系问题
  ——关注下属发展与提高的障碍　　——关注管理技能培训
  ——关注下属个人需要　　——对工作表现的反馈
  ——私人问题与关注点
- 解决问题同时会受到嘉奖
- 小结本次面谈的行动条款

“个人管理面谈计划”不是一种管理者召集的正式会议，而是管理者与下属平等参与的会谈。对下属来说，这是一个找出问题、报告信息的机会，而对管理者来说，可以利用这些针对性很强的面谈，减少那些突发性的、无针对性的、冗长无效的会议。在以后的每次个人管理面谈中，首先要回顾上次行动条款被执行的情况，由此鼓励下属工作绩效的持续提高。

这种面谈计划不仅能提高面谈的效率，而且能够提高个人的责任感，使得双方沟通更加顺畅。事实上，管理者由于减少了突发性的、无计划的会议，反而得到了更多的自由支配时间。在解决问题的同时，沟通双方也加强了人际关系。

情境模拟训练

“关于新员工岗前培训”的访谈

情境背景

你在一家高技术电子企业工作，该企业刚被一家大型电子企业集团兼并。你所在的公司主要生产高复杂度的通信设备元件。在公司的发展历史中，这次兼并是一个既令人兴奋也令人疑惑的特殊时期。新的母公司是一家强调高生产率以及员工顺从和忠诚的企业。

集团将在两个星期后派遣一个人力资源管理小组来考察你们公司。他们已提前送来了一份将要检查的项目清单，其中包括公司新员工岗前培训计划。你的上司——人力资源副总，要你准备一个关于岗前培训计划简要情况的报告，该报告要求在30分钟时间内给集团人力资源管理小组汇报。特别地，她要求你先与公司各部门代表进行面谈，以了解他们对公司现在岗前培训计划的看法。

一直以来，新员工加入公司后，都会被安排参加一次指导性质的会议。在这个会议

上，新员工将与公司人力资源部的每一个成员见面，了解公司的政策和工作程序，每个人还拿到一本员工手册。这个指导性会议的时间有两三个小时，具体长短也将依据参加者多少而定。会议结束后，公司给每位新员工配备一位辅导师傅。担任辅导师傅的员工，必须在本公司工作过一年以上，其职责是帮助新员工熟悉工作和环境，并要求辅导师傅在至少半年内不定期地与新员工保持接触。如果双方都愿意，这种关系可以继续。这个岗前培训计划已经持续大约三年了，但从没有正式评估过。

任务

为完成该项任务，你已经安排好同数位部门经理、辅导师傅及当前受训者的面谈。通过这次面谈，你计划获取“关于新员工岗前培训”的评价信息。在面谈开始前，请结合前面所讨论的面谈技巧，包括面谈准备、面谈实施等具体策略，列出你的具体计划议程、有关问题、提问方式和措辞、问题深究形式、环境安排等，然后在组内讨论。讨论之后，大家分成三人小组并轮流担任访谈者、被访者和观察者。

角色描述

角色 1：受训者

你得知自己将被访谈，主题是“关于新员工岗前培训”计划，而你参加到该计划已有三个月了。对这个计划的落实你感到很满意，并希望它继续下去。事实上，你希望有朝一日自己也能成为一名新来员工的辅导师傅。

你的许多朋友指出你有一个不好的倾向，就是讲话太快、太多且老想主导谈话。而你也认识到，当你紧张或者深深卷入某个话题的时候，你的确话多。由于你被指定作为受训者代表接受面谈，而且你也从小道消息听说该计划有可能被取消，因此你对这次面谈感到紧张。从内心，你希望让访谈者知道你从辅导师傅那里和整个岗前培训计划中学到了不少东西。你也知道这次面谈很重要，因此，你想确保让访谈者能从自己这儿听到该计划的所有好处。

你对该计划反应如此积极，是因为它同你以前的培训经历形成了鲜明反差。以前的公司仅仅是通过录像带放映让员工了解有关公司的粗略概貌。而且，由于没有标准化的辅导程序，新员工只能自己照顾自己。他们不清楚公司期望他们做什么，没有激励，也没有团队归属感，结果是滋生了许多困惑和误解。相反，在这里，你很感激能够从辅导师傅那儿得到问题的解答。总之，这种岗前培训计划的确能帮助你尽快熟悉和适应新的工作岗位。

角色 2：部门经理

你得知了自己是被访谈者，可是面谈来得真不是时候，你的部门刚刚流失了一位很优秀的员工，这几天你为找到一位接替者而焦头烂额。你对花时间考虑或参加这样一次访谈毫无兴趣，你恨不得有更多的时间去招聘，引进一位新助手。

事实上，你对任何形式的面谈都会感到不适，因为你很腼腆，所以这种一对一的正式谈话往往使你感到不安。对于自己被选为访谈者，你并不介意，因为你至少还能把握，甚至控制面谈的局面。然而你从来没有觉得自己是一个优秀的被访谈者，对你的提问往往会使你感觉到好像在受审。因此，你对这次面谈表现出退缩、不合作甚至是抵制的态度。

你认为，访谈者应该去找直接涉及该计划的人谈话。因为，除为辅导师傅、员工配对外，你自己跟它真的没有多少关系。该计划看来效果不错，但毫无疑问，如果让受训者自己去找辅导师傅的话，他们同样也会学得很快。你平时也了解到，自己部门内的新员工感到这个计划还是有用的，所以，尽管你不怎么情愿，你也会支持。然而，与其同一个相对陌生的人讨论这个话题，还不如直接写一份关于对这项计划的评价报告。

角色 3：辅导师傅

你刚刚得知你将被访，也是关于公司岗前培训计划的，你置身这一计划已有六个月之久。当你第一次成为一名辅导师傅的时候，你对接受这个公益性的工作曾感到兴奋。然而现在，经验说明这个计划是浪费时间。无论在工作上还是在社交生活中，新员工通常都把他们的辅导师傅当作拐杖。你总体感觉到：这项计划在鼓励员工依赖别人，反而会降低生产率，浪费时间。你发现有时自己好像在接管他们的工作，成为保姆。你曾想，这可能是自己的个性导致的——太愿意帮助别人，也许事实确实是这样，但你也注意到在其他辅导师傅和新员工之间同样存在这个问题。进一步地，你发现在经历过的人和没经历过的人之间，没有发现在生产率上有任何重大差别。实际上，由于过于注重人际关系，你反而感觉生产率下降了，新员工出现了较多的闲聊和游荡，在工作上精力不够集中。

你认为公司应该抛弃这项计划，虽然对新员工来说，给他们一个适应期也许是有用的，但在实际效果面前，你实在无法说服自己再接受这项计划。你甚至觉得要你对这项计划做评价，本身就在浪费自己宝贵的时间。

总结回顾

面谈的概念和性质。面谈是指任何有计划的和受控制的、在两个人（或更多人）之间进行的、参与者中至少有一人是有目的的，并且在进行过程中互有听和说的谈话。面谈具有目的性、计划性、控制性、双向性与即时性等特征。

- 根据面谈结构化程度的高低，面谈可分为非结构化、一般结构化、高度结构化面谈。
  （1）非结构化的面谈：面谈者只要简单考虑面谈的目的，对可能涉及的几个问题或领域做一些思想准备。这种面谈比较适合交流性、劝告性的面谈。
  （2）一般结构化的面谈：要准备好计划和要回答的主要问题的框架，若需要进一步了解问题的话，则要准备一些进一步的问题。
  （3）高度结构化的面谈：所有问题都是事先安排和准备好的，并以完全相同的方式提给每位被面谈者。
- 面谈计划可以分解为五个阶段：
  （1）确立面谈目的：主要有信息的传播、寻求信念或行为的改变、解决问题和对策、探求与发现新信息等目的。
  （2）设计好的问题以鼓励信息共享，即具体可采用两种类型的问题：开放式问题和封闭式问题。面谈者在沟通时，要尽量避免“诱导式”的提问方式。
  （3）安排面谈信息结构：要考虑三件事，即面谈指南、问题提问和过渡。
  （4）安排好环境以增进关系：面谈地点会对面谈的气氛和结果产生较大影响，应当努力在一种有助于实现你所寻求的交流的环境中进行面谈。
  （5）预期对方问题并准备回答：面谈者在面谈准备工作中，要认真计划“5W1H”：为什么谈（Why）、与谁谈（Who）、何时谈（When）、何处谈（Where）、谈什么（What）、怎样谈（How）这些问题。
- 面谈的实施
  （1）开始：可以有多种多样的方式，但要坚持两个原则——一是尽量开诚布公；二是尽量以“建立和睦的关系”开始。
  （2）面谈主体内容的组织：应该用来提出和回答问题、寻求问题的答案、努力说服被面谈者接受你的观点或产品。
  （3）实施面谈的三阶段：引子阶段（建立和维持一种支持性交流的氛围）、面谈主体阶段（根据结构化面谈指南、半结构化面谈指南和非结构化面谈指南，并组织提问顺序）、结束面谈阶段。
- 常见的面谈类型和面谈技巧
  （1）信息收集面谈：需要收集关于某个话题的事例或在能解决问题的情况下需要帮助时所进行的面谈，很像一般的谈话。
  （2）雇用选聘面谈：用来帮助现有的组织成员挑选新的成员。访谈者评价求职者是否适合进入本组织以及他们是否具有从事该项工作的合适技能，同时向被访者宣传自己的组织。
  （3）绩效评估面谈：评价组织成员实现目标的程度，并就提高工作绩效的方法给下属提供反馈。通常的做法是：绩效评估面谈的准备，包括书面材料与面谈结构；绩效评估面谈方式的选择，有告知—说服型面谈、告知—倾听型面谈、问题解决型面谈与混合型面谈。

- 个人管理面谈计划：用于管理者与下属之间定期的、一对一的会面，具体分两步。
  （1）角色协商，阐明管理者对下属的期望、责任、评价标准等。
  （2）管理者与下属之间进行一对一的、定期的、私人性质的面谈。

问题讨论

1. 现在假设你是部门经理，你部门内的小王近来情绪不稳定，可能是与上一周你对他的批评有关，那是由于他连续三次拖延工作任务，你非常生气，便把他叫到办公室狠批了一通。但从现在的情况看，似乎小王的情绪更不稳定了。于是，你决定找小王再谈一次。现在，你打算如何与小王面谈？
2. 你是人力资源部经理，公司要招聘一位办公室主管培训的科员。目前，已经有20多位申请人递交了申请书和简历，你也做了初步筛选，准备从中选择6位进行面谈。现在，请你设计一个招聘的面谈计划。
3. 信息收集面谈、雇用选聘面谈与绩效评估面谈之间有什么差异？面谈重点分别是什么？
4. 请根据以下三种情形选择相应的面谈重点，以及你认为最合适的面谈地点，并说明为什么。

   情形一：小张一直是一个工作比较负责的员工，近来连续三次出现了上班迟到的情况。

   情形二：小王是一个大学毕业、很聪明的、刚上班不久的员工，刚来单位不适应企业的工作方式，你需要与他谈一次。

   情形三：你是主管市场的副总，需要选拔A、B两位中某一位任市场部经理，为此，你需要与两位分别做一次谈话。
5. 要实施面谈，应如何去设计相应的面谈流程。请根据你工作或生活中的实际例子，谈谈如何设计面谈流程的建议。

自我技能测试

面谈技能的自我检查

请你认真回想一下前几天参加过的单独面谈。面谈可以是你的上司叫你去他办公室讨论某个问题，或约定一个具体时间与你见面；或许是你约一个客户去讨论某个问题或沟通感情；也或许是与导师在学校里单独讨论学术问题。在所有这些面谈中，你可以是“面谈者”，也可以是“被面谈者”，不论何种情况，用下面的问题对面谈进行评判，把评判结果写在问题后面的横线上。若你感到有不对之处和妨碍面谈有效性之处，也可以写在后面。通过对全部11个问题的判断，评判你的一对一沟通技能水平。

测试问题

（1）为什么要进行面谈？________

（2）双方都明确面谈的目的吗？________

（3）我对面谈期望的结果是什么？________

（4）我的期望实现了吗？为什么？________

（5）面谈对象的选择是否合适？________

（6）进行面谈的时间、地点选择是否合适？是促进了沟通，还是阻碍了高效沟通？________

（7）我听得充分吗？是否所说的比该说的多？________

（8）我认真考虑别人的观点了吗？________

（9）对方认真考虑我的观点了吗？________

（10）面谈实际进行了多长时间？它应该进行多长时间？＿＿＿＿＿＿＿＿＿＿＿＿＿＿

（11）时间安排得好吗？是否把大部分时间用于目的性问题上了？＿＿＿＿＿＿＿＿＿＿

总体评价

1. 你对这次面谈的总体评价是（优秀、良好、一般、基本不满意、很不满意）

2. 最大的三个问题在于：（1）＿＿＿＿＿＿＿＿＿＿（2）＿＿＿＿＿＿＿＿＿＿

（3）＿＿＿＿＿＿＿＿＿＿

请试着将这三个方面作为你这两天特别要注意的问题加以改进和提高。

案例 6-2

另谋他就还是据理力谏

罗铭是H公司的执行总经理，在H公司工作近15年，经历了该公司从成长到壮大的全过程。但目前罗铭面临着两大挑战：一是个人职业前途何去何从；二是发展战略与公司老板孙董事长的想法完全对不上。这两个问题使罗铭非常苦恼，尽管孙董事长与自己是好战友、好兄弟，但有些话实在难以启齿，尤其是关于自己未来的发展空间问题，更不知道该如何与孙董事长说。与罗铭的为难非常相似，孙董事长基本上也知道罗铭的想法，总归两人是一起创业走过来的兄弟，平时也或多或少地了解到罗铭的不满，比如当前的工作太烦琐，希望有更多的时间去做更高价值的工作。但根据目前公司的实际，他并不认可罗铭的想法。两人的想法处于对峙状态。

H公司是一家民营的出口导向型制造企业，经历20多年的发展，公司从当初的20多人已经发展到同行业的领头羊，全国制造企业500强，也有一定的社会知名度。最近几年，政府高层官员分批多次考察了公司，借此机会，公司也获得了当地政府、媒体和民众的一系列认可和一定的社会地位，并有力地推动了公司突飞猛进式的发展。这样的机会让孙董事长调整了自己的工作方式，似乎开始改变原先务实的工作作风，把更多的工作精力转向争取社会声誉和个人影响力。用员工的话说，老板开始务虚了。

不过，孙董事长的创业过程也实属不易。孙董事长白手起家，从小型的加工作坊开始辛苦打拼，起初十来年发展比较平稳。从2000年开始，公司进入快速成长期，并以每年30%的平均速度增长，即使在2008年全球金融危机下，出口业绩不但没有下降，反而稳步上升，这主要归功于孙董事长的市场意识。孙董事长是一个重市场、轻管理的人，自己一直直接领导着销售和研发部门，亲力亲为参与销售客户谈判和产品开发。随着公司规模的不断扩大和市场环境的变化，家庭作坊式管理模式和5 000人的规模不断产生碰撞，很多客户提到，H公司从外表看是一家光鲜亮丽的集团公司，但里面根深蒂固地还是一个家庭作坊、一家较为传统的制造型企业。孙董事长崇尚苦干文化，始终保持较强的创业激情。

罗铭加入H公司已经有15年时间，开始只是公司的采购人员，当时与孙董事长都是20岁出头的年纪。出于干一番事业的雄心，也迫于改变当时较为贫穷的生活状态，罗铭不顾辛苦，日夜操劳，除公司销售、研发外，其他工作都尽力参与把控，逐渐与孙董事长形成“黄金搭档”。但是最近几年，随着公司的发展壮大，他发现自己与孙董事长在公司发展战略、管理方式和个人价值取向上的冲突越来越大，对孙董事长的管理方式越来越抵触，有时出现当面争吵，甚至“对骂”般的发飙。

从这些争吵中，员工听出了一些孙董事长对罗铭的不满意，主要反映在：

（1）公司发展这么多年，销售和研发部门在自己的亲自管理下，人员培养较好，业绩也是每年高速增长。但为何生产部门会出现这么多交货异常的问题？生产部门里也时不时出现一些不正常的声音，怀疑罗铭是否全身心在工作。

（2）在公司发展过程中，孙董事长一直对罗铭不错，他也得到了该有的地位，甚至是公司唯一一位非亲属获得股份的员工，为何罗铭在以前困难的时候可以全身心投入，现在有钱后就没有创业激情了，天天讲要有生活质量。

那么，罗铭呢？他也想不明白。第一，孙董事长与自己是多年的合作伙伴，而且自己分管生产、采购已多年，管理上总体属于行业领先水平，对公司的发展壮大立下了汗马功劳，为何孙董事长总是鸡蛋里挑骨头，对很多细节不满意就骂呢？第二，孙董事长亲力亲为，什么事情都管，小到公司门口的植物应该如何摆放，停车位如何划分，每天忙忙碌碌的，急匆匆地下判断，不跟大家商量，也不听取意见。现在公司大了，孙董事长不可能了解所有信息，很多时候就草率做判断，下面的人也不知道如何执行。对于自己这个执行总经理工作范围的事情，孙董事长也经常提出自己不可接受的要求，正所谓“大事不抓，小事乱抓”。那自己怎么开展工作呢？第三，孙董事长对很多内部事情不了解前因后果，又很怕下面的人糊弄，就经常召集大家开会，就某个问题一直展开讨论，到最后没有结果。这样，未解决的事项越拖越多，已经影响公司一些重大项目的进展。第四，孙董事长性子急，脾气暴躁，经常不问青红皂白地把经理叫过来骂一通，每天都处于火急火燎的状况中，大家都在躲避向他汇报工作，很多人把工作汇报到自己这边，再由自己去向孙董事长汇报。

在这样的情况下，罗铭不知道该如何继续开展工作，经常明知孙董事长的决策是错误的，却还是让大家去执行这个错误的决策，因为公司95%的股份都是孙董事长及其家里人的，罗铭只有5%的股份。但罗铭也意识到，公司内部管理不提升，内部异常不断增加，若不能消除问题的根源，后果会日益严重。面对这种状况，罗铭应该怎么办呢？是与孙董事长再去沟通，还是干脆拍屁股走人？如果去据理力谏，又怎么沟通呢？同时，孙董事长也在想，是否应该与罗铭好好谈谈？

讨论题

1. 如果你是孙董事长，计划与罗铭面谈，你的面谈目的是什么？面谈前应做哪些准备？如何设计面谈的时间、地点和内容？如果面谈效果不理想，又有何对策？
2. 如果你是罗铭，希望与孙董事长面谈，你的面谈目的是什么？需要做哪些准备？如何设计面谈的时间、地点和内容？
3. 如果公司聘请你作为沟通顾问来解决孙董事长与罗铭之间的问题，你该如何设计面谈的策略？

第 7 章　倾听技能

■ 学习目标

学完本章后，你应当能够：

- 认识到倾听的重要性，意识到倾听是管理者最重要的沟通技能之一；
- 了解倾听的过程，并能有意识地根据六个阶段去理解倾听的含义；
- 认识到倾听的内部障碍和外部环境，特别是认识自身倾听中的障碍；
- 采取有效的倾听策略，克服自身的倾听障碍，提升自我沟通能力；
- 学会倾听过程中正确提问的技巧、沉默的技巧与记笔记的技巧等。

引题　有关倾听的小故事

【故事一】

一天，一位年轻人来找苏格拉底，向他请教演讲术。他为了表现自己，滔滔不绝地讲了许多话。待他讲完，苏格拉底说："我可以考虑收你为学生，但是，你要缴纳双倍的学费。"年轻人很惊讶，问苏格拉底："为什么要加倍呢？"苏格拉底说，"因为我要教你两门功课，一门是怎样演讲，另一门是怎样闭嘴。"

【故事二】

扁鹊觐见蔡桓公，在蔡桓公面前站了一会儿，扁鹊说："您在皮肤纹理间有些小病，不医治恐怕会加重。"

蔡桓公说："我没有病。"

扁鹊离开后，蔡桓公说："医生喜欢给没病的人治'病'，以此来显示自己的本领。"

过了十天，扁鹊再次觐见蔡桓公，说："您的病扩散至肌肉了，不及时医治将会更加严重。"

蔡桓公不理睬。扁鹊离开后，蔡桓公又不高兴。

又过了十天，扁鹊再一次觐见蔡桓公，说："您的病已经深入肠胃了，不及时治疗将要更加严重。”

蔡桓公又没有理睬。扁鹊离开后，蔡桓公更加不高兴。

又过了十天，扁鹊远远地看见蔡桓公，掉头就跑。蔡桓公于是特意派人问他。

扁鹊说：“在皮肤纹理之间的小病，用汤药就能治愈；扩散至肌肉的病，用针灸可以治好；扩散至肠胃的病，用‘火剂汤’可以治好；而深入骨髓的病，医生是没有办法医治的。现在蔡桓公的病已经深入骨髓，我也就不再请求为他治病了。”

五天后，蔡桓公身体疼痛，派人寻找扁鹊，可扁鹊已经逃到秦国了。蔡桓公因此不治而死。

【案例 7-1】 一次心理咨询

来访者：当我工作上遇到一些困难，或者有一些人际关系协调不好时，就会产生换工作的念头。可是冷静下来一想，即使我换掉了这份工作，其他工作也会遇到同样的问题，那时我又该怎么办？

咨询师：嗯。

来访者：我自己也想不出来答案，然后，一直就是这样，在心里放着。

咨询师：感觉就是说，你在工作中遇到很多情况的时候，你会感觉心里很不舒服。

来访者：对，很不舒服，那时心里就会有一种压抑的感觉，特别压抑，特别特别的压抑。

咨询师：而且你这种压抑可能有的时候还不容易表达出来。

来访者：是的，像是上火一样，也像是胸腔疼一样，症状是比较严重的，说话也说不了，嗓子也疼，然后胸腔也很疼，这种时候我就得吃药了。

咨询师：这种事情确实是压力导致的。可能有时候你跟别人的沟通也不是很多，是不是？

来访者：我觉得不是不多，我就觉得，比如说，我们领导吧，他那种做法我很难接受，没有办法跟他沟通（声音突然提高了），当时我就觉得很生气。事实上，领导对我是信任的。可是我觉得他有时候的一些做法，让我很生气，比如，他这个人很不擅长管理。

咨询师：嗯。

来访者：事实上他是这样的，他是一个特别……他是特别注重那种……他是搞科研……就像搞科研一样。

咨询师：嗯。

来访者：他的那种做法就是，大家谁有积极性谁就要多做一些事情，谁没有积极性谁就少做一点事情。问题是，我是很积极的，那样的话，我就会多做很多的事情。其实，我对这个并没有什么意见。

咨询师：嗯。

来访者：我有意见的是，根本就没有人来配合我的工作，完全要我一点一点去做，给我带来了很大的困扰。

咨询师：嗯。

来访者：然后，我去跟他说的时候呢，他就会觉得……他就是一种无所谓的样子，啊，谁有积极性谁就多做一些。

咨询师：嗯。

来访者：我就觉得很难接受。可是这些事情如果我不做，好像就没有人做，到时候大家都会找我，所有人都会找我，出了问题都会找我（语速特别急）。我觉得自己就像是……

咨询师：嗯。

来访者：既然是谁……谁有责任感和积极性，谁就多做一些，我不做，为什么大家都会来找我呢？

咨询师：嗯。

来访者：我觉得自己很无辜，不做又没办法。做了吧，要是做得顺利我倒无所谓，但要是做得不顺利，就会导致自己心情特别压抑。

咨询师：你有很多责任感，我感觉（语速很缓慢）。

来访者：对，我是一个比较有责任感的人，这一点我承认，但是这在工作中也给我带来了很大的不快（语速明显有所缓慢）。

咨询师：因为本身……你像……领导既然谈了，你也就可能更积极地去工作，但是，这个过程中，确实……大家……这种……有可能……我看你单位是科研院所这一类的啊？

来访者：对，是的。

咨询师：本身在这样的体制下，大家已经都很……

来访者：（急切地打断咨询师）事实上，它已经不是一个……它已经是一个私企了。（略有停顿）我就是觉得……大家都在这里工作，然后……我觉得我的付出……我的付出很艰辛很艰辛。

咨询师：你觉得一方面你付出得特别多，另一方面收效不是很大。

来访者：对。

咨询师：背上很多责任……

资料来源：华夏心理网，http://www.psychch.com，作者是刘明。

7.1 什么是倾听

【例子】美国知名主持人林克莱特访问一名小朋友，问他："你长大后想要当什么呀？"小朋友天真地回答："我要当飞机的驾驶员！"林克莱特接着问："如果有一天，你的飞机飞到太平洋上空后，所有引擎都熄火了，你会怎么办？"小朋友想了想说："我会先告诉坐在飞机上的人绑好安全带，然后我会挂上我的降落伞跳出去。"当现场的观众笑得东倒西歪时，林克莱特继续注视这孩子，想看他是不是一个自作聪明的家伙。没想到，看到现场观众的反应，小朋友的两行热泪夺眶而出。于是，林克莱特问他：“为什么要这么做？”小朋友的答案透露出一个孩子真挚的想法：“我要去拿燃料，我还要回来！”

在沟通过程中，你真的听懂或者听完对方的讲话了吗？你是不是习惯性地在别人还没有来得及讲完自己的事情前，就按照自己的经验大加评论？其实，在现实生活与工作中，这样的事情是经常发生的，我们周边充斥着充耳不闻的听众，他们假装在听别人讲话，似乎眼睛也直盯着对方，看上去对别人说的话很有兴趣，甚至还点头称是，或者在合适的时候露出微笑，但实际上一句话也没有听进去。我们把这样的行为称为“听”，但不是“倾听”。

“听”是一种生理过程，涉及声波在我们耳膜上的震动，还有电化脉冲从内耳向大脑中枢听力系统的信号传递。但听不一定是倾听，因为倾听涉及注意力，以及如何让听到的内容产生意义。哪怕我们觉得自己是在认真听，通常也只会抓住听到的一半内容。两天之后，我们只记得其中的 1/2，或者是原来内容的 1/4。正是由于这个原因，有人夸张地说，“倾听”已成为一门失传的艺术。

比较“听”与“倾听”的不同，“倾听”具有四个方面的特征。

一是专心原则。倾听要求沟通者以专心的态度去听。好的倾听者希望了解到一些东西，他们愿意尽力去听，因为有可能从中受益。有效的倾听，不是被动、照单全收，它应该是积极主动地倾听，这样你才会更了解说话内容，更懂得欣赏对方，回答也更能切中要点。

二是移情原则。倾听要求沟通者去理解说话者的意图而不是沟通者想理解的意思。好的倾听者知道自己内在的情感、观念和偏见可能会阻碍新的思想。在与不同文化背景的人进行沟通时，好的倾听者会努力超越自己狭隘的文化观念，敞开心胸接受新的思想。

三是客观原则。倾听要求沟通者客观听取内容而不迅速加以价值评判，不要以自我为中心。客观原则要求沟通者不要不自觉地被自己的想法缠住，而漏掉别人透露的语言和非语言信息。很多时候，我们都有这种体会：当听到自己不同意的观点时，会在心中反驳他人所言，结果导致沟通中的主观偏见和信息遗漏。

四是完整原则。完整原则要求沟通者对信息发送者传递的信息有一个完整的了解，既获得传递的沟通内容，又获得发送者的价值观和情感信息；既理解发送者的言中之义，又发掘出发送者的言外之意；既注意其语言信息，又关注其非语言信息。

从以上四个特征看，“倾听”与“听”之间的本质不同在于心态上的差别。积极倾听本质上要求沟通者从深层次自我修炼的境界来提升“听”的艺术，我们不但要学会从他人处倾听，还要学会从自身内心倾听，从自然界倾听，也就是说，倾听的对象可以是人，可以是自然，也可以是自我。例如，通过倾听自然界美好的声音，可以使自己达到一种空间感的共鸣，从琐碎繁杂的现实世界中得到暂时的心灵净化，让自己有一个与空旷无际的自然融为一体的平和之心。再如，从自我内心深处倾听——“带心去倾听”，可以克服自己的浮躁，从内心去寻求平衡。当我们带心去倾听时，就能听取不同沟通者沟通内容的闪光点，以及每个沟通者背后的阅历、思想和人生体验，然后从中感悟学习的意义——从他人的理念、思维模式和思考途径中去探寻适合自身的结果，这种境界就是“听君一席话，胜读十年书”的写照。

沟通聚焦

经常有本科生、MBA 同学向我反映说，哪些教师的课好听，哪些教师的课不好听，如果不好听，他就不听了，认为“没有意思，浪费时间”。固然，教师讲课的艺术性有差别，且当教师讲课的艺术性不够时，听者可能就提不起精神。但每当学生给我提出这种体会时，我就给他讲，你其实只带了耳朵去听课，而没有带你的心去听。带心去听，你会发现听讲课艺术性较差老师的课，其实是个修炼自己毅力和控制力的好机会。一个人能够从相对枯燥、单调的课程中听出乐趣来，难道不是一种境界吗？

7.2 倾听的重要性

我们先看倾听在管理活动中的作用。也许有人想，“现代社会的管理者都很忙，时间也异常宝贵，可谓‘一寸光阴一寸金’，哪有那么多空闲去听人瞎侃呢？”而实际上，在每天的沟通过程中，我们花在倾听上的时间远超出读、写、说等其他沟通方式。美国明尼苏达大学尼科尔斯教授和史蒂文斯教授认为，我们每天用于沟通的所有时间中，45% 用于倾听，30% 用于交谈，16% 用于阅读，只有 9% 用于写作。

接着，我们再看倾听在自己生活中的作用。我在课堂组织案例讨论与演讲时经常发现，当同学上台演讲时，总有一部分同学在下面聊天，而不是认真听他人的演讲。这些同学为什么不认真听呢？我也问过，“当你演讲时，是否期待各位听众能竖起耳朵听你演讲？”回答几乎没有例外是肯定。那我再问，“那别人在讲的时候，为什么你就不认真听呢？”有一位同学回忆演讲课堂上的经历时说：“当我听别人演讲时，发现这是极有效的一件事，在听的过程中发现富有启发性的观点时，我会去尝试着做，使我明白了很多行得通的和行不通的办法，掌握了应该回避的事情。轮到我自己演讲的时候，这些收获就大有帮助了。”时间一长，老师就发现最好的演讲者，通常都是那些有很好倾听技能的同学。

在实际工作中，倾听被充分证明是管理者必备的最基本素质之一。日本松下电器的创始人松下幸之助把自己的全部经营秘诀归结为一句话：首先细心倾听他人的意见。松下幸之助用自己的实际行动证实了倾听的重要性，例如在产品批量生产前，他要充分倾听各方面人员的设想和意见，再确立下一步的经营目标。正是由于能充分认真听取各层次的意见，松下幸之助在处理问题时总是胸有成竹，当机立断，表现出敏锐的判断力。这里，我们把倾听的重要性概括为以下五个方面。

第一，倾听是对他人的一种激励。倾听不但有助于激励受众的谈话欲望，还有助于激励受众的工作积极性。当受众发现你以友好的方式听他们讲话时，他们就会不断解除一部分或者全部心理戒备，因为受众会觉得自己的话有价值，他们就会愿意说出更多更有用的信息。优秀的倾听者还会促使对方思维更加灵活敏捷，启迪对方产生更深入的见解，双方皆受益匪浅。特别是，当你是沟通对象的上司时，如果你很认真倾听对方的讲话，对方会从中找到自身的价值，从而以更好的沟通交流技巧和更积极投入的心态，来做好你所交办的工作。

【例子】《关键对话》是一本讲述如何应对我们在面对难以解决却将对生活工作产生重大影响的"关键时刻"的经典书籍，被喻为"旷世奇书"，《高效能人士的七个习惯》作者史蒂芬·柯维为其作序，给予了极高的评价。书中作者曾引用了这样一句话："说服别人的一个最好方法是用你的耳朵——听听他们在讲什么。"换而言之，当你希望通过沟通说服对方时，"正确地听"比"不停地说"更有效果。倾听者要做到发自内心的倾听，在举手投足之间表现出强烈的好奇心、耐心和尊重。时刻反省自己：我的倾听足够真诚吗？书中作者提出了高效倾听的四种手段：询问观点、确认感受、重新描述和主动引导。当对方的观点有缺陷时，倾听者也应避免成为"令人讨厌的观点杀手"，而是适当地进行补充，鼓励对方不断地向观点库中添加新的观点。

第二，倾听有助于了解全部信息。为了解决问题和更有效地做出决定，尽可能多地获取相关信息是十分必要的，积极倾听有助于得到说话者全部的信息，促使他们尽其所能地提出全部例证。这样，你就可以在掌握尽可能多的信息基础上，做出更准确的决策。特别是，交谈中很多有价值的信息，常常是说话人一时的灵感而迸发出来的，说者自身可能没意识到，听者却很有启发。实际上，就某事的分析评论、交换意见，都是最快的信息获得渠道。一个随时都在认真倾听他人讲话的人，在与别人的闲谈中就可能成为一个信息的富翁，倾听收集这些信息，往往比正式渠道得到的信息还要有价值。

第三，倾听有助于相互改善关系。倾听能够为说话者提供说出事实、想法和感情等心里话的机会，当你认真听他们讲话时，他们会感到愉快，相互间的友情就会加深。积极倾听能够激发讲话者和听众的灵感，使双方积极参与到交流中，通过交流，相互加强了解，就可能建立良好且稳固的人际关系。

【例子】在华为创始人任正非看来，"允许异见，就是战略储备"，他坦言，"我们不仅要团结与我们意见一致的人，也要团结与我们意见不一致的人。甚至要团结反对过自己、而且犯错了的人。做不到这一点就谈不上接班人，就永远不会得到提拔。"华为的"蓝军"就起到这样的作用，蓝军在华为公司是作为"对手"存在的，他们以打败华为为目标，这种内部的对抗极大增强了华为未雨绸缪的战略能力。比如任正非当年曾想把华为终端业务卖掉，因为他的理念是聚焦主航道，华为坚持做好"to B"业务就好了。对此，华为蓝军部门就提出反对，他们认为"to C"的终端业务决定华为战略的成败，是华为主业的侧翼掩护，坚决反对卖掉终端业务。任正非从善如流，事实证明这个决策对华为公司非常关键，2019 年华为消费者业务营收为 4 673 亿元，占到华为销售收入的 54.4%，有力支撑了公司的发展。

第四，倾听是一种有效解决问题的方式。人们仔细地互听对方的讲话是解决异议和问题的最好办法。有了积极倾听的理念，听者就会以积极的心理活动来理解讲话者的内容，把这种理解反馈给讲话者，同时也给予听者进一步提高听的效果和理解程度的机会。当然，这并不意味着必须相互同意对方的观点，而是要表明他们理解对方的观点。每个人都需要理解，但再没有比认真听更好的方式来表达这种品质了。

【例子】曾经有一位朋友面临进入两家公司的选择，十分为难，他来找我，要我提供参考建议。而事实上，在长达一个半小时的会面中，绝大部分时间是他在滔滔不绝地向我分析这两份工作的利弊，他时而激昂，时而平静，时而陷入一小会儿的沉思，而我只是静静地听他诉说，偶尔提问启发他更深地思考。最后他如释重负地站起来，愉快地说："我知道该怎么办了，你给我提了这么宝贵的意见，我真不知该怎么感谢你才好。"实际上，我什么建议也没给他。

第五，倾听有助于帮助讲话者廓清思想。积极倾听的反馈能够帮助讲话者澄清思想，使交流更加准确。有些思想，讲话者本身也没想清楚，他们很难精确地解释其含义，这时候，倾听者的反馈和问题引导，可以帮助讲话者梳理他们的思维逻辑，从混乱的思维中理出问题的根本。更进一步地，倾听还可以帮助讲话者发展他们的思想，给予他们机会澄清想说的内容或激发他们做进一步的补充，从而使交流的"交谊舞"跳得更加协调和谐。

7.3 倾听的过程

几乎所有人在倾听上都有过并不时地出现失误，比如，你曾经在会议刚结束就向与会者询问会上宣布的某个决定；又比如，当你向同事咨询某个计划书的细节时，他告诉你"上次经理不是刚说了吗?"；再比如，你在听一个很重要的报告时，因为紧张而错过了某一部分的内容。那么，是什么分散了你倾听时的注意力呢？我们可以通过对倾听过程的分析来寻找答案。理想的倾听过程包括六个方面：预测、感知、注意、解码、评价和行动，如图 7-1 所示。

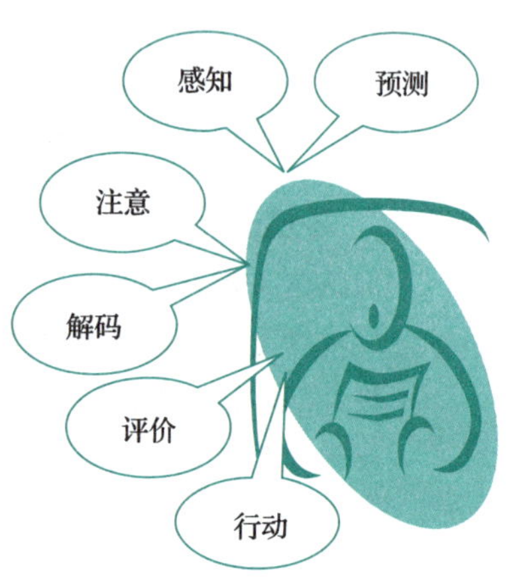

图 7-1 倾听过程

预测：根据对将要与之沟通的人以前的认知和经验，我们可以预测他对沟通可能做出的反应。

感知：当你听到声音并留意它们的时候，感知便开始了。这时，周围的噪声、注意力不集中、伪装在听等因素都开始影响你。

注意：倾听的时候，你通常会剔除一些你认为无关的或不感兴趣的信息，而把注意力集中在你认为重要的或感兴趣的内容上。把感知集中起来的能力被称为选择性注意。在某项研究中，参加者坐在四个播放不同内容的喇叭中间，并被告知只注意听某一个喇叭中传出来的信息。在各种情况下，听者在回忆来自那个喇叭的信息方面都显示出几乎完美的表现。但总体来说，人们只是对 20s 以内的信息能够完全集中注意力，而在这之后，即使能很快地重新把注意力集中在相应的信息上，注意力还是很容易分散的。

解码：一旦你将注意力集中到一个声音或者一则信息上时，你就开始解译它，或者说进入了解码过程。解码过程也受到很多因素的影响，如文化背景、教育背景和社会背景等，你所理解的沟通信息是经过你的期望和人生经验过滤后才得出的，因此，你的理解很可能与其本身含义出现很大的分歧。

评价：当你对信息进行解码以后，你就开始评价，分析其价值与结论，但通常这样的分析是基于个人的信念而对信息传递者进行的衡量。一位研究人员在一份对大学生的研究报告中指出，思想封闭、僵化和存有偏见是倾听的主要障碍。例如，研究发现，我们不能成为好的倾听者是因为我们的偏见阻碍了自己敞开心胸接纳别人的观点。

行动：倾听的最后一个过程是行动，即经过对信息处理几个过程后倾听者的反馈。倾听者的反馈很重要，因为它有助于澄清信息和正确解码，帮助信息传递者弄清信息是否得到了清晰、准确的传达。

7.4　倾听中的障碍

7.4.1　环境障碍

环境干扰是影响倾听的最常见原因之一。交谈时环境的多样性与复杂性会时常转移人的注意力，从而影响专心倾听。例如，来来往往的人、环境的布置等都会分散人们的注意力，几个人谈话，也可能相互干扰。再如，研究者对工程设计院的调查表明，由于各种因素的干扰，相距 10m 的人，每天进行谈话的可能性只有 8%～9%；而相距 5m 的人，这一概率则达到了 25%。有效倾听的管理者必须意识到这些环境因素的影响，以最大限度地消除环境对倾听的障碍。

具体来说，环境主要从两方面对倾听产生影响：一是环境会干扰信息的传递过程，甚至会消减、歪曲原来的信息；二是环境会影响沟通者的心境，这也是为什么人们很注重挑选谈话环境。比如，在会议室里向下属征询建议，大家会十分认真地发言，但若换在餐桌上，下属可能会随心所欲地谈谈想法，有些不成熟的念头也会表达出来。再如，咖啡厅里上司随口问问你西装的样式，你会轻松地聊几句，但若上司特地走到你的办公桌前发问，你多半会惊恐地想这套衣服是否有违公司仪容规范。这是由于不同场合人们的心理压力、氛围和情绪都大有不同。

为了达到好的沟通效果，我们需要从三个方面对沟通环境进行分析。

（1）封闭性。环境的封闭性是指谈话场所的空间大小、有无遮拦设施、光照强度（暗光给人更强的封闭感）、有无噪声等干扰因素。封闭性决定着信息在传送过程中的损失概率。

（2）氛围。环境的氛围是环境的主观性特征，它影响人的心理接受定势，也就是人的心态是开放的还是排斥的，是否容易接收信息，对接收的信息如何看待和处置等倾向。环境是温馨和谐还是火药味浓，是轻松还是紧张，是生机勃勃还是死气沉沉，会直接改变人的情绪，从而作用于心理接受定势。

（3）对应关系。根据说者与听者在人数上的对应关系，可分为一对一、一对多、多对一和多对多四种。人数对应关系的差异，会导致不同的心理角色定位、心理压力和注意力集中度。在教室里听课和听同事谈心、听下属汇报，是完全不同的心境。听下属汇报时最不容易走神，因为一对一的对应关系使听者感到自己角色的重要性，心理压力也较大，注意力自然集中；而听课时说者和听者是明显的一对多关系，听者认为自己在此场合并不重要，压力很小，所以经常开小差。如果听者只有一位，而发言者为数众多，比如原告和被告都七嘴八舌地向法官告状，或者多家记者齐声向新闻发言人提问，倾听者更是全神贯注，丝毫不敢懈怠。

除了以上三个要素之外，也有学者提出了更为宽泛意义上的环境概念，它不仅包括社会因素，而且包含人的心理、生理因素。他们认为良好的倾听环境应包括如下几点：一是非威胁环境。在这种环境中，双方都有一定的安全感，并有与他人平等的感觉。这种环境可为非正式的，像谈判场所也可以选择非正式的，如在酒吧或咖啡厅。二是适宜的地点。必须保证不受打扰或干扰。三是反馈和行动。可用眼睛或面部表情来进行。四是时间因素。选择适宜的时间，同时保证沟通谈话的次数。五是正确的态度。倾听有百利而无一害，拒绝倾听就是拒绝成功的机会。

表 7-1 简要分析了管理者通常所处的几种倾听环境，并从封闭性、氛围、对应关系三个方面来分析该环境中影响倾听效果的主要障碍。

表 7-1 环境类型特征及倾听障碍源

环境类型	封闭性	氛围	对应关系	主要障碍源
办公室	封闭	严肃、认真	一对一 一对多	不平等造成的心理负担、紧张，他人或电话打扰
会议室	一般	严肃、认真	一对多	对在场他人的顾忌，时间限制
现场	开放	可松可紧、较认真	一对多	外界干扰，事前准备不足
谈判	封闭	紧张、投入	多对多	对抗心理，说服对方的欲望太强烈
讨论会①	封闭	轻松、友好、积极投入	多对多 一对多	缺乏从大量散乱信息中发现闪光点的洞察力
非正式场合②	开放	轻松、舒适、散漫	一对一 一对多	外界干扰，易跑题

① 讨论会是指深度会谈、头脑风暴会议或专家小组会谈等形式。

② 非正式场合是指餐厅、咖啡厅、家中等。

7.4.2 倾听者障碍

倾听者理解信息的能力和态度都直接影响倾听的效果，来自倾听者本身的障碍主要可归纳为以下几类。

（1）急于发言。人们都有喜欢自己发言的倾向。发言在商场上尤其被视为主动的行为，而倾听则是被动的。有一种观点是："我们都倾向于把他人的讲话视为打乱我们思维的烦人的东西。"在这种思维习惯下，人们容易在他人还未说完的时候，就迫不及待地打断对方，或者心里早已不耐烦了，往往不可能把对方的意思听懂、听全。

（2）选择偏好。有些人喜欢听和自己意见一致的人讲话，偏心于和自己观点相同的人。这种拒绝倾听不同意见的人，不仅拒绝了许多通过交流获得信息的机会，而且在倾听过程中注意力就不可能集中在讲逆耳之言的人身上，也不可能和任何人都交谈得愉快。与排斥异议相对应的，人们对信息有选择倾向，往往选择那些我们爱听、熟悉、感兴趣、喜欢听的部分，漏掉很多有用的东西。这无疑会影响倾听效果。

（3）心理定势。曾经有一个女孩做了一个试验，她走上讲台，同时邀请一位观众作为伙伴。然后她在纸片上写了一些东西，小心地把纸折起来，并对她的伙伴说："我要进行一项传心术的试验。请你列举出一种家禽、一种长在脸上的东西和一位俄罗斯诗人的名字。"这位伙伴说道："母鸡，鼻子，普希金。"女孩微笑着说："现在请你将刚才纸条上的内容念出来。"这位伙伴大声念道："母鸡，鼻子，普希金。"正好是他刚才自己说的词语！这个试验正是一个心理定势的缩影。人类的全部活动，都是由积累的经验和以前作用于我们大脑的环境所决定的，我们从经历中早已建立了牢固的条件联系和基本的联想。由于人都有根深蒂固的心理定势和成见，很难以冷静、客观的态度接收说话者的信息，这也会大大影响倾听的效果。

（4）厌倦情绪。由于我们思考速度比说话速度快许多，前者是后者的 3～5 倍（据统计，我们每分钟可说出 125 个词，理解 400～600 个词），我们很容易在听话时感到厌倦。因为我们可以接纳一个人说的话，但同时还有很多空余的"大脑空间"，我们很想中断倾听过程去思考一些别的事情，"寻找"一些事做，占据大脑空闲的空间。这是一种不良的倾听习惯，接下来，我们来看一个例子。

【例子】小李是一家巨型石油公司公关小组中最年轻的成员。他也能参加每两周一次的小组会议，对此他很高兴。但是，参加十多次这样的会议之后，他开始觉得这样的会议太无聊了。

这次，副总裁又对公司的演讲稿撰写问题发牢骚了，这些问题不是小李的工作领域。副总裁说："演讲草稿送交总裁办公桌的时候……"

"办公桌，"小李想，"这是我的大问题。人人都有木制的办公桌，但我却还在使用复合板的办公桌，这真是丢脸的事情。"小李想象自己坐在一张漂亮的胡桃木办公桌后面。他正在主持一次面试，给来客留下了深刻的印象……

小李突然将注意力拉回到会议上。副总裁已经讲到了拉丁美洲出现的公关问题。小李认真地听了一会儿，直到他听到“尤其是加勒比海地区”这几个字。“啊，今年我要是能够享受冬季假期就好了。”他想。他沉浸在梦想里，有白色海滩、热带饮料、异国的舞蹈、佩戴水下呼吸器的潜水活动、帆船，他本人晒得一身晒斑，还有被风吹散的……

“……肯定会影响今年的工资提升。”这句话猛地将他带回会议室。副总裁就工资提升的问题说了些什么话？啊，好吧，会后他可以问别人。但是，现在副总裁又在谈预算问题了。那些烦人的数字、百分比，小李又走神了。

他昨天晚上约会的姑娘叫琳琳，她看来真的很喜欢他，但是……她在门口就说了再见，之后又一个人进屋，是不是他做错了什么事情？她真的很累了吗？上次她请他进屋喝了一杯茶，还聊了很长时间。啊，当然，她白天真的是很累了。是人都能明白这一点。但是，可是……

“……这是小李极有兴趣的一个领域。也许，我们应该听听他的意见。”啊！啊！副总裁说的是哪一个领域？人人都看着小李。此时，他在拼命回忆会议上副总裁最后说的几句话。

（5）消极的身体语言。你有没有习惯在听别人说话时东张西望，双手交叉抱在胸前，跷起二郎腿，甚至用手不停地敲打桌面？这些动作都会被视为发出这样的信息：“你有完没完？我已经听得不耐烦了。”不管你如何对谈话内容感兴趣，这些消极的身体语言都会大大妨碍沟通的质量。

（6）过于关注细节。有时我们过于关注信息的每一个细节，试图把自己变成人造的海绵，把演讲者说的每一个字都吸收进去，把每一个信息放在同样重要的地位，结果，我们会错过演讲中的要点，甚至还可能把事实弄错。人是不可能记住一个演讲者说的所有东西的，有效的倾听者一般集中精力听主要的思想和证据。

（7）武断。武断的第一种形式是想当然地把自己的猜测“塞进”讲话者的嘴里，并因此可能与自己最亲近的人发生交流误解。因为我们先验地假定自己知道他们是什么意思，所以就不愿意听他们实际想说什么。有时候，我们根本就不想对方把话说完。武断的另一种形式是事先假定一个人的话或思想很无聊，或者会引起误解，而不愿意听取别人的实际说法。例如当我们预先假定一个人说出来的话没有任何价值时，我们就会忽视信息中的有用成分。

【例子】热尼是新毕业的大学生，她在一家地区杂志社的研究部找到了一份助理编辑的工作。到任后不久，负责研究部的编辑离开杂志社另谋高就。在接下来的两个月时间内，热尼凭自己一个人的力量主持了研究部的工作。她经常累得头昏脑涨，但热尼意识到这是一个很好的学习机会，因此不愿意放弃刚刚承担起来的责任。

有一天，该杂志社的主编青儿到热尼的办公室来谈话。下面就是那次谈话的内容。

青儿：过去两个月来，你做了相当不错的工作，热尼。但是，你知道我们的确还需要一位新的编辑。因此，我们决定做一点变更。

热尼：我不奇怪，我知道我也有做错事的时候。

青儿：刚开始的时候，人人都会犯错误的，你已经承担了不少责任。因此……

热尼：好吧。我有机会尝试这份工作很开心。我知道自己没有经验，这也是一个很好的部门。

青儿：是啊，的确是的。这也不是一份轻松的工作。我们真的还需要一位编辑和助手来处理所有的工作。我就是想告诉你……

热尼：你当然是对的。我希望你已经找到了一位很好的新编辑。

青儿：我想是的。但是热尼，我觉得你还没有明白……

热尼：不，我明白了。我早就知道自己只不过是临时补缺而已。

青儿：你没有听我说完。

热尼：不，我在听。你希望态度和蔼一些，但是，你来这里是要告诉我，你已经找到了一位新的编辑，我想回头去干我原来的那份工作。

青儿：不，事情完全不是这样的。我觉得你在极其困难的条件下干得很不错。你改进了自己，我有意来让你当编辑。但是，我觉得你还需要一位助手。

为什么这里会出现如此多的混淆？很显然，热尼不能肯定她在这家杂志社的未来。尽管她在努力工作，但她还是明白她犯过一些错误，一个更有经验的人本来可以避免这些错误。因此，当青儿开始谈到要做一点变更的时候，热尼就很快得出了结论，假定最坏的情形会出现。这样的误会本来是可以避免的——当青儿说“我们决定做一点变更”的时候，热尼问一句“什么样的变更”，然后听别人把话说完就好了。

（8）太注重演讲方式与个人外表。我们习惯于根据一个人的长相或讲话的方式来判断一个人，而没有去听他真正说了什么内容。有些人被演讲者的口音和个人外表以及行为习惯扰乱了心绪，结果连演讲的内容都没有听到。集中精力看演讲者的演讲方式，或者太注意演讲者的外表，这是演讲交流过程当中最主要的干扰因素之一，我们应该时时加以预防。

7.5 积极倾听技能

沟通聚焦

我讲课喜欢互动，尽量让学生自己的思想能够在课上得以交流。于是，每次给新的班级开课，第一次课上我就会这样告诉学生：上课时，对我讲的观点有不同的看法，或者有你自己的观点需要补充，随时可以提出来，不需要举手；当我提问题时，对问题有什么看法，也可以畅所欲言。

受我的鼓动，学生会很好地响应。我给学生上课时，每当我提出探讨性的问题，他们会争着发表自己的看法，课堂气氛也很活跃。可有一次，当我给一个本科班级第三次讲课时，有个学生利用课间休息的时间，向我提了这样一个问题："魏老师，你猜猜看，每当你提出问题时，我们在想什么？"

"我想，要么是'会不会叫到我'，要么是'怎么回答'。"我猜测。

"不是。其实，每次你提出问题之后，我们并不担心被叫到，我们是在想'你要什么答案'。"学生告诉我。

"为什么要猜我的答案啊？我不是讲过吗，你们怎么想就怎么说，不要去管我的答案，这样才会有新的想法碰撞啊，何况管理问题本来就很少有标准答案。"我对学生的说法不太理解。

"是啊，魏老师，我们对你上课的方式还是很喜欢的。开始，我们也是根据你的建议，怎么想就怎么说。但实际上，我们发现你提出问题时，对于问题你是有自己的标准答案的。"学生继续说，"因为前面两次课进行问题讨论时，同学们回答完问题，你就在同学的名字后面打上成绩A、B、C，这不就说明你是有标准答案的吗？"

"那只是我做个标注而已，你们管我打成绩干什么呢？"我又问。

"你不是说过吗，平时讨论情况要算到这门课程的学习成绩中去的。那么，当你提问题时，我们肯定希望自己的答案与你的想法一样，因为这样可以得到高分啊！"

我终于明白了。

从此之后，我在课上讨论问题时，不再给学生的答案评分了，因为我发现我的评分已经阻碍了学生自由发表观点。再进一步看，我给学生打上A、B、C，就说明我对问题已经有先验判断：当学生的回答与我的想法一致时，我就会给学生打高分，不一致时，我就会打低分，或者在总结时忽略这样的答案。这说明，我最想听的是那些与我自己想法一样的观点。这不就是为了"想要的东西"而听吗？

7.5.1 确立正确的倾听理念

这个例子给我的启示是：尽管我们口头上说要去关注别人的每一个观点，但实际上，我们忽视了那些与自己想法不一样的东西，而且，我们还通过制度和评价（如打分）的方式，引导别人说那些自己想听的话。要解决这样的倾听障碍，前提就是调整正确的倾听理念。

首先，要从内心认识到倾听的重要性。苏格拉底认为，人之所以长两只耳朵、一张嘴，是因为人要多听少说。只有当我们认识到"说得最多，就是听得最少"，以及倾听是最好的学习方式时，才能让我们从内心认识到倾听的重要性。正如前面讨论倾听的作用所强调的，我们要确立"倾听是人格魅力，倾听是内在品质，倾听是解决问题的重要方式"等这样的理念。

其次，要从肯定对方的立场去倾听。我们的态度应该是："我对你很感兴趣，我认为你的说法很重要""我尊重你的想法，即便我不赞同，我知道这些想法对你是合适的""我相信你是有理由这么做的，你的想法值得听听，并希望你能知道我是愿意听的那一类人"。要肯定对方，需要克服自己的先验意识。当管理者有强烈的先验判断，或当他们对沟通者或信息原本就持否定态度时，就会阻碍有效的倾听。另外，不要为了面子，或者因为担心自己的权威或地位受到挑战，不能接受与自己观点相左的思想，要以“有容乃大”的气度去倾听他人的建议。

最后，要学会给对方及时的、合适的反应。建设性倾听者的标志是他能对他人的话做出合适的反应，通过反应来加强人际关系。大多数人不管在任何场合，都习惯于用一两种方式做回答，而且首先采用的是评价性或判断性的反应。也就是说，大多数人在听别人陈述时，他们倾向于做同意或不同意的判断，但建设性倾听要避免简单地做评价与判断之类的第一反应，相反，应该采取灵活的反应方式，使之与环境相适应。

7.5.2 提升倾听时“听”的技巧

1. 专心神入

我们要消除倾听过程中所有的生理和精神干扰是不可能的。比如，我们思考的速度比演讲者谈话的速度快得多，就会不自觉在倾听的时候走神，哪怕在最理想的环境下，我们的注意力也很容易走神，我们不太容易保持警醒，不太容易让自己的注意力集中。每当意识到这样的事情发生时，一定要让自己的注意力转回到演讲者所说的事情上来，强迫自己的注意力集中在演讲内容上。这里提三点建议：一是预测演讲者下一句话会说什么，努力预测演讲者接下来要讲的内容，然后拿演讲者所说的话跟你预想的话进行对比。二是在心里回顾演讲者刚刚说过的话，并确保自己理解了演讲者的意思。三是听字里行间的意思，看看演讲者用语言暗示出来的意思和以身体语言表达出来的意思（具体可见下面的例子）。有心的倾听者能找寻各种各样的线索，掌握演讲者要传达的真实信息。开始，你也许觉得认真听讲很困难。但如果努力，多加练习，你的注意力水平一定会有大幅提高。

【例子】假定一位演讲者正在引荐某人。演讲者说：“我很高兴有机会向各位介绍我亲爱的朋友张小姐。”但是，演讲者并没有与张小姐握手。他甚至都没有看她一眼，只是转过身离开了讲台。张小姐真是他“亲爱的朋友”吗？当然不是。

2. 不要因外表或演讲方式而分心

1860 年，亚伯拉罕·林肯（第 16 任美国总统）在著名的库柏联盟上演讲时，出现的是这样的情景：一个身材修长、模样难看的人，身上松垮垮的衣服虽然是为这趟旅行专门准备的，但明显是一位没有经验的裁缝的作品。很大的脚，很笨拙的手，长而瘦削的脑袋，头上是一蓬乱发，看来没有彻底梳理过。至少在一开始的时候，这些都是这位演讲者展现出来的形象，这位演讲者的形象显然不符合纽约人对一位成功的政治家应有的外表的预期。尽管看上去这位演讲者形容枯槁，没有教养的样子，但是，林肯对邪恶的奴隶制有强硬的话要说。走运的是，库柏联盟的听众并没有让他的外表挡住他要说的话。

同样，你也必须做到，不要把一个人的外貌或讲话方式作为对他演讲效果的预设判断——因为外貌或讲话方式而否定他的演讲。甘地看上去一点也不起眼，他经常穿一身简朴的白棉衣发表演讲；海伦·凯勒从童年早期起便又聋又哑，要她吐出明确的字音都很困难；斯蒂芬·霍金是个高度残障的人，只有通过声音合成器才能说话。但是，想一下，他们的演讲是如何令人震撼，如何发人深省的。

反过来，如果一位演讲者外貌特别吸引人，也不要因此而受到影响和误导。人们很容易假定，如果一个人长得很漂亮，谈吐清晰，那么他就一定能够做出流畅的报告。历史上有很多没有道德的演讲者，他们长得极漂亮，但他们的讲话似乎更像催眠剂。

3. 搁置判断

除非只听与我们的思想一模一样的人讲话，否则，我们就一定会听到与自己意见相左的内容。如果出现这样的情形，我们天生的倾向是在心里与演讲者发生争论，或者根本不听他把话说完。但是，这两种反应对演讲者和自己都是不公平的。在两种情况下，我们都丧失了一个机会，不能掌握别人的意思，也不能被人说服。

这是不是说你就一定得同意自己听到的任何内容？完全不是这样的。这里的意思是说，你应该听人们说下去，最后才做出一个结论。应该理解他们的观点，听听他们是什么想法，看看他们的证据是什么，评估他们的推理过程，之后再做主张。如果你肯定自己的想法是正确的，那也没有必要害怕听到不同意见。如果你无法肯定自己的想法是正确的，那更有理由仔细听别人在说什么，封闭的思想等于没有思想。

4. 专心听讲

有经验的倾听者并不会把演讲者所说的所有话都记在心里，但他们又能专心地听取演讲中特别的东西。这里有三条建议供大家进行专心听讲时参考。

一是听要点。大多数演讲里都包含两三个要点。例如，比尔·克林顿（第42任美国总统）在联合国对21世纪面临的几大挑战所做的一次演讲，有以下三个演讲要点：联合国面临的第一个挑战，是如何利用全球繁荣解决发展中国家的贫穷与疾病。联合国面临的第二个挑战，是如何防止种族清洗行为和其他大规模杀戮与根除人种事件。联合国面临的第三个挑战，是如何确保不再有人利用核武器、化学武器和生物武器。这三个要点是克林顿演讲中的主要信息。跟任何一种演讲一样，这些要点是人们应该注意听的中心内容。倾听克林顿演讲的人应该能够在不太费力的前提下明白演讲者的主要意思，当克林顿在演讲时提出准备拿出“三个解决方案给新的千年”时，头脑灵敏的倾听者就会准备好去听三个演讲要点，以及每个要点的不同解决方案。实际上，克林顿就是根据这样的思路去演讲的，演讲结束之后，只有完全没有注意听的听众才会不明白克林顿到底讲了什么。

二是听证据。只了解一个演讲者的演讲要点是不够的，还必须听支持要点的证据。不管是谁在演讲，认真的倾听者会关心里面的证据。仍然以克林顿的那次演讲为例，他在讲到“为什么要解决贫穷与疾病问题”时，演讲部分内容是这样的：

“我们仍然在挥霍大多数人潜在的未来：有 13 亿人仍然在靠每天不到 1 美元的收入生活，许多国家有一半以上的人口喝不到清洁的水。南亚国家的人比美国人利用互联网的机会少 700 倍。每年仍然有 4 000 万人死于饥饿，这比第二次世界大战时期死掉的总人口还要多……在接下来的 10 年里，艾滋病将剥夺更多非洲人的生命，将使更多孩子成为孤儿，比 20 世纪所有战争中死掉的人和变成的孤儿还要多。”

在克林顿的这段演讲中，每个问题的答案都是肯定的。他关于经济状况的数字、饮水质量、互联网使用状况、饥饿和非洲艾滋病流行状况的资料都建立在公用档案基础上。这些数字跟克林顿说要解决发展中国家的贫穷与疾病问题密切相关，足以证明他的观点。如果克林顿的证据不足，有失偏颇，或者不准确，那你对于是否要接受他的主张应该小心。当我们在倾听演讲者的证据时，有四个基本问题必须问：证据准确吗？证据是从客观来源获取的资料吗？证据跟演讲者所说的话相关吗？证据足够支持演讲者的观点吗？

三是听技巧。如果你想成为一位有效率的演讲者，那你还应该研究别人有效演讲的方法。听演讲的时候，不管是在课堂内还是在课堂外，都应该集中精力听演讲者的内容，但同时也要注意他使用的技巧，看他是如何传达自己的信息的。一般来说，演讲者的技巧包括在以下几个部分中。①介绍部分。演讲者用什么方法引起别人注意，如何使演讲跟听众发生联系，如何建立可信度？②信息组织方式。演讲信息是不是很清晰，很容易跟上？你能列出演讲者的要点吗？演讲者从一个要点转向另一个要点的时候，你能够跟上吗？③所用语言。演讲者所用语言是否准确、清晰、鲜明、合适？演讲者是否针对听众和当时的情形做了合适的调整？④演讲方式。演讲是否流畅、有强烈的影响力、有说服力？演讲的方式是强化还是减弱了演讲者的主要思想？他如何利用视线接触、手势和视觉辅助设施？围绕以上四个内容去倾听，然后分析演讲者有哪些方法是可以运用到自己的演讲中的。如果你以这种方式去倾听，那你一定会惊讶地发现，从成功的演讲中学习到的东西真多。

7.5.3　提升倾听时“提问”的技巧

积极倾听需要对对方的表达给予积极的响应，这时，“提问”成为重要的倾听技能。根据人们在平时沟通过程中倾听技巧的总结，可以把积极倾听中“提问”的技巧分为以下五种。

一是解释性提问。倾听者要学会用自己的词汇解释讲话者所讲的内容，从而检查自己的理解。比如：

讲话者：我觉得很压抑，因为我自愿加班加点，尽了最大努力，按时完成了项目，但是好像人人都不赞同我。

听者：看上去你很失望，你没有得到足够的支持。

讲话者：是的，正是这样，并且……

二是向对方表达你对他感受的认同。当有人表达某种情感或感觉很情绪化时，传递你的认同。比如：

讲话者：我真是厌烦极了。这项预算非常不精确，他们希望我严格管理。我花费了大量的时间熟悉它们，发现错误，却耽误了我的工作。

听者：是的，真是够烦的。

讲话者：关键是还有许多事要做。我需要有人去做那些事，我的大脑需要休息。

听者：听起来你确实厌烦极了。

讲话者：我建议……我宁愿……

三是适当重复。把讲话者所说的内容、事实简要地概括重述。比如：

讲话者：你不在时发生了许多事情。李撞了车，需要几天才能治好；王患了流感；张扭伤了脚。此外，我们必须有一份临时计划，不知谁故意把我们的主要文件弄丢了。你回来了，我真高兴。

听者：看来这段时间你做了大量的工作，而且一直忙到现在，对吗?

讲话者：我要说的是，如果由我来做，我会把一切管理得井井有条，并且我已经在做了。

四是综合处理对方信息。综合讲话者的几种想法为一种想法。比如：

讲话者：第一件事主要是政策改变，没有人能够预言；第二件事是我们最好的一个技术员辞职了；第三件事是这个项目的最后期限到了，我建议检查一下，看看我们应该做些什么。

听者：你的意思是有一系列的障碍使得我们这个项目的完成更加困难了。

讲话者：我认为最关键是政策的变化。如果政策不变，我们会有机会。

听者：没有想象的那么糟，我们肯定还会有机会。

五是大胆设想。从讲话者的角度大胆地设想。比如：

讲话者：我真不知该如何选择，每项活动都有赞成和反对两种意见，而且双方的反应都相当强烈。

听者：如果我处在你的位置上，我想我宁愿慢些做出决定，以免得罪某一方。

讲话者：是的……我想我需要更多的信息，或许应该再收集一些意见，向所有在这方面有经验的人请教。

当我们在运用以上五种提问技巧时，要根据不同对象、不同时机、不同目的，采取有针对性的提问策略，而不是胡乱提问。为此，我们还要在提问时注意四个要点：

第一，要理解对方。设身处地地理解别人，以理解的态度交谈，诚恳而准确地提出一些双方都能接受的问题，从而有利于双方的沟通。比如，提问时要理解对方的年龄、民族、身份、文化素养、性格等特点。

第二，要注意把握提问的时机。提问时机十分重要，交谈中遇到某种问题未能理解，应在双方充分表达的基础上再提出问题。过早提问会打断对方的思路，而且显得很不礼貌，过晚提问会被认为精神不集中或未能理解，也会产生误解。

第三，把握提问内容。提问就是为了获得某种信息，提问的内容要在倾听者总目标的控制掌握下，把讲话者的讲话引入自己需要的信息范围。常用的方法之一是，用范围较窄的问题促成协议。范围较窄的问题给人回答的余地也小，如果你希望用问题引导对方接受你的决定，最好用范围较窄的问题。比如，饭店服务员问顾客“要加一个鸡蛋，还是加两个鸡蛋”，效果肯定比问“要加鸡蛋吗”好得多。方法之二是，用范围较大的问题获取信息。开放式问题可给予对方发挥的余地。“你为什么愿意到本公司工作”比“你愿意加入本公司吗”更有助于获取应聘者的信息。

第四，注意提问的速度。提问时话说得太急，容易使对方感到咄咄逼人，引起负效应；说得太慢，对方心里着急，不耐烦。

通过不断实践自己的倾听技巧，你的倾听技能将会得到不断提高。而且，你还会发现这些努力是非常值得的。没有人是为了给你面子才去积极倾听的。

7.5.4　提升倾听时“沉默”的技巧

沟通中的“沉默”代表着不同的含义，“沉默”传递给受众的信号也不一样，从而使讲话得到的反馈有很大不同。在倾听过程中运用的“沉默”可被理解为：一是不感兴趣。倾听者如果长时间对讲话者的谈话没有反应，且目光游离不定，那么，给人的印象是他对谈话毫无兴趣。二是支持和信任。当倾听者沉默不语但保持良好的目光接触且不时点头或以微笑相回应时，讲话者的感觉是倾听者对自己是支持或者信任的。三是受到讲话者的打动。当倾听者长时间沉默不语，但目光较长固定且表情与讲话者所要表达的情感相符合时，十有八九是倾听者被打动了。

沉默就像乐谱上的休止符，运用得当，含义无穷，真正达到以无胜有的效果。但一定要运用得体，不可不分场合，故作高深而滥用沉默；而且，沉默一定要与语言相辅相成，不能截然分开。在倾听中适时地运用沉默，可获得如下效果：

第一，沉默能松弛彼此情绪的紧张。若对方情绪化地说了些刻薄之词，事后往往会内疚、自省，但若你当场质问或反驳他，犹如火上浇油。这时若利用沉默策略，有利于平复双方情绪，也给对方自省的时间，进而改变态度，甚至聆听我们的话。

第二，沉默能促进思考。适时创造沉默的空间，有利于引导对方反思或进一步思考，在对方说谎时此举尤其能引起他的恐慌。此外，沉默片刻能给双方真正思考的时间和心灵沟通的机会。

第三，沉默有助于控制自我情绪。在自己心生怒火的时候，开口极容易失言，影响谈话氛围和自身形象，保持沉默可克制自己激动的情绪。

沉默有诸多有益的作用，但也有消极的作用。当我们面对的受众在沟通过程中出现消极的沉默时，就应该分析沉默出现的原因，并采取相应的措施，努力打破沉默，使会谈健康、正常地开展下去。一般地说，消极的沉默可能存在四个方面的原因：

- 对方对话题不感兴趣。此时，可以转换话题，或创造机会让对方引导话题，谈一些他乐于讨论的事情。如果对方是由于事前没准备而沉默，则可以提供一些简明的启发性谈话，活跃对方的思维。
- 过于谦让。唯一的办法是增强交谈的竞争气氛，制造欢迎新意见的环境，用热烈紧张而有趣的谈话激发沉默者介入交谈。
- 双方关系微妙。如果双方不了解，可主动介绍自己，谈及广泛的话题并从中发现共同点；如果双方曾有隔阂，应主动热情攀谈，多谈双方意见一致的话题。
- 自己言多。努力加强倾听的技能和素养，主动征求他人的看法，营造真正的“双向”沟通。

7.5.5 提升倾听时“记笔记”的技巧

一个善于倾听的人，会在很短时间内就挑出演讲者的演讲要点、证据和所用的技巧。当我们观察那些具有出色倾听能力的行为时，我们会发现，这些倾听者平时有个很好的习惯——他们多半拿着纸笔在听。做好笔记，是改善注意力，跟上演讲者思路的绝好办法。

不幸的是，许多人不会做笔记，主要反映为以下三种情形。

一是费尽力气想把演讲者说的所有话都写下来。他们把记笔记当作一种竞赛，看书写速度赶不赶得上演讲者说话的速度。演讲者开始说话以后，记笔记的人立即就开始书写了，但过不了一会儿，记笔记的人就开始乱画一通，记下的都是不完整的句子和简化的字眼。如果你没有经过特殊训练，即使你记录的速度再快，也是很难跟上演讲者的讲话速度的，最后发现，记笔记的人总是要败下阵来。

二是只记录那些自己感兴趣但不重要的信息。他们来的时候带着笔、笔记本和良好的意愿。他们也知道自己不可能把所有内容都记下来，因此就舒舒服服地坐在椅子上，等着演讲者说点什么让他们感兴趣的话。当演讲者讲到笑话或者惊人的故事时，听的人才把它记下来。结果，等演讲结束一看，发现记下的是一大堆小把戏，而重要的话一句也没有记下来。

三是干脆什么都不记。这个在听演讲的人中是很普遍的。我们的学生中，有的自以为很聪明，自以为记忆力超群，根本就不记笔记。也有的学生坐在那里听，纯粹是为了应付，因为他们听不听内容无所谓，记不记要点也无所谓，他们根本就懒得动手。

以上三种情形反映了大部分在记笔记上没有效率的人的共同点。要解决这些问题，首先，要从内心认识到记笔记的价值，记笔记不但是沟通的重要形式，也是对他人的尊重。其次，要学会记要点和重要信息，记笔记最关键的是要集中在演讲者的最主要观点和证据上。最后，要把要点记录与自己感兴趣的信息结合起来，自己感兴趣值得记录的信息，当然可以记录下来，但更重要的是把演讲者的论点、论据和论证记下来。

7.6 倾听技能要点

总结前面的倾听技能，可以得到以下要点。

要点一：必要准备

- 目标准备：和讲话者共同承担提高效率的责任，尽力去思考讲话者要说的内容，而不是你应当说什么。
- 心态准备：即使你不完全同意对方的观点，也要敞开心胸接纳对方的话语，保持注意力集中。
- 知识准备：掌握与交流内容相关的知识背景，提升对沟通内容的理解力和悟性。
- 时间准备：安排较充分完整的时间，尽量避免因其他事而打断，更不要使对方感到这是官方套话。

要点二：培养兴趣

- 要记住听者和讲话者同样有激发对方兴趣的责任，要从讲话者中寻找可能与你、与你的工作、与你的兴趣相关的信息。
- 要对讲话者表示出兴趣，“毕竟没有人愿意对着空房间讲话”，要问自己：“如果我是讲话者，感觉又怎样？”
- 要表现出你对讲话者的反应，以简短的评述或动作传递你的兴趣，但反应要平静和简单，不能干扰讲话者的思路。

要点三：倾听主要观点

- 不要倾向于只听事实，要学会区分事实和原理、观点和举例、证据和辩解。
- 注意演讲者组织信息、传递语言和适当重复等环节，提炼出主要观点。
- 要特别关注讲话的开始、中间或结尾，这些时段隐藏或包含最主要的信息。

要点四：集中注意力

- 尽量降低注意力的波动性和选择性。要特别注意避免注意力时而下降，时而上升的趋势，使之保持稳定。

- 不要因为讲话者的衣着、外表、词汇，或者可视的、口头的与书面的辅助物而分散注意力。
- 要全神贯注于对方的信息之上，不要让自己在交谈停顿的时候胡思乱想。

要点五：提供语言反馈

- 适当以“是的”“我明白了”“好”和“哦”等来回应讲话者，有礼貌地问一些问题。
- 必要时，将对方所说的予以提要重述，以表示你在注意听，也鼓励对方继续说下去。
- 语调要尽量保持客观和中立，遇到某些你确实想多知道的事情时，不妨重复对方所说的要点，鼓励他做进一步的解释或澄清。

要点六：留意身体语言

- 不仅要听对方所说的事实内容或说话的本身，更要留意他所表现的情绪，加以捕捉。
- 注意对方尽量避而不谈的地方，因为这些可能正是问题的症结所在。

要点七：学会克制自己

- 要避免直接质疑或反驳，让对方畅所欲言。
- 在谈话中间，即使有问题，也留到稍后再来查证。
- 自己不要在情绪上过于激动，此时要尽量了解对方。
- 即使对方停顿，也并不意味着讲话者讲完了，要有耐心。
- 尽量把自己的情绪和对方传递信息的实情区别清楚。

情境模拟训练

积极倾听

技能训练说明

本训练旨在提高倾听、反应、总结、探查和鼓励的技能，要求3到4人为一组。请分配好各小组成员的角色，阅读下面的情景说明，并按要求开始练习。观察者按照要求对倾听做出反馈。

情境说明

角色安排要求：1名小组成员扮演甲方，1名小组成员扮演乙方，其余成员扮演丙方（观察者），具体角色如下。

甲方：谈论个人在实际工作中或者生活中遇到的一个较为棘手的问题，当然，即使不重要也无妨。在谈论问题时，不要期望马上得到问题的解决方法。

乙方：倾听并提出建议。要求：①注意倾听关键的句子，通常这些句子是随口说出的。②使用短句插话或保持沉默。③不提出劝告，既不表示同意也不表示反对，也不确信某事；使用甲方说过的术语。④倾听对方的需要和有感情的语言。

丙方：观察，为乙方提供指导，并为双

方提供反馈信息，说明甲乙双方的陈述，哪些是切实可行的，哪些要点和行为需要纠正。例如：①乙方使用了长句，应尽量使用短句。②甲方表述不太明确，乙方应当进一步探查。③乙方应总结听到的内容，以便继续倾听。

20min 后轮换角色重复进行。

观察者反馈

观察者记录对整个倾听过程的反馈。

总结回顾

- 正确认知倾听的价值

  倾听是高层管理者最可能缺失的沟通技能，而倾听又是最重要的沟通技能。倾听的价值如下所示。

  （1）倾听是对他人的一种激励。

  （2）倾听有助于了解全部信息。

  （3）倾听有助于改善相互关系。

  （4）倾听是一种有效的解决问题的方式。

  （5）倾听有助于帮助讲话者廓清思想。

- 正确认识自己在倾听过程中存在的障碍

  （1）环境障碍。环境会干扰信息的传递过程，环境会影响沟通者的心境。环境障碍分析包括封闭性、氛围、对应关系。

  （2）倾听者障碍。它主要包括急于发言、选择偏好、心理定势、厌倦情绪、消极的身体语言、过于关注细节、武断，以及太注重演讲方式与个人外表。

- 提升积极倾听的技能

  （1）确立正确的倾听理念。比如：要从内在认识到倾听的重要性，要从肯定对方的立场去倾听，要学会给对方及时的、合适的反应。

  （2）提升倾听时“听”的技巧。比如：要学会专心神入；不要因外表或演讲方式而分心；倾听时要学会搁置判断；专心听讲，听取要点、证据和技巧。

  （3）提升倾听时“提问”的技巧。比如：学会用自己的词汇解释讲话者所讲的内容，向对方表达你对他感受的认同，适当把讲话者所说的内容概括重述，综合处理对方信息。

  （4）提升倾听时“沉默”的技巧。比如：沉默能松弛彼此情绪的紧张，沉默能促进思考，沉默有助于控制自我情绪。

  （5）提升倾听时“记笔记”的技巧。比如：避免三种情形——费尽力气想把演讲者说的所有话都写下来，只记录那些自己感兴趣但不重要的信息，干脆什么都不记。

问题讨论

1. 简述倾听对管理者的重要性。
2. 阻碍有效倾听的因素有哪些？
3. 简述倾听中的提问技巧。
4. 如何提高有效倾听？
5. 简述积极倾听的技巧。
6. 分析下面的话：“一个管理者的工作不是听下属的抱怨。”

自我技能测试

倾听技能测验表

步骤

步骤 1：在阅读本章内容之前，请你对下列测试问题根据度量标准进行评分，并将分值写于左栏（学习前），你的回答应该反映你现在的态度和行为，而不要有意根据你所希望的结果去评价，要诚实。采用这种方式是为了帮助你评估自己在解决问题及建设性沟通方面的能力处于何种水平。通过自我评价，你就可以根据需要调整你的学习方向。

步骤 2：完成本章的学习后，尽可能把所学的知识和技能与实际结合起来，根据自己的工作体会，结合平时的工作反思，不断修正自身的沟通技能，然后遮住你第一次的答案，重新回答下列测试问题，将分值写于右栏（学习后）。当你完成这次调查后，检测你的进步，如果你在某一技能领域的成绩依然较低，说明在这些方面你还得不断加强理论与实践的结合。

评价标准

几乎从不（1 分） 很少（2 分） 偶尔（3 分） 常常（4 分） 几乎都是（5 分）

测试问题

学习前 学习后

______ ______ 1. 我喜欢听别人说话。
______ ______ 2. 我会鼓励别人说话。
______ ______ 3. 我不喜欢的人在说话时，我也注意听。
______ ______ 4. 无论说话的人是男是女，或年长年幼，我都注意听。
______ ______ 5. 朋友、熟人、陌生人说话时，我都注意听。
______ ______ 6. 我目中无人或心不在焉。
______ ______ 7. 我会注视说话者。
______ ______ 8. 我会忽略足以使我分心的事物。
______ ______ 9. 我微笑、点头以及使用不同的方法鼓励他人说话。
______ ______ 10. 我深入考虑说话者所说的话。
______ ______ 11. 我试着指出说话者所说的意思。
______ ______ 12. 我试着指出他为何说那些话。
______ ______ 13. 我让说话者说完他的话。
______ ______ 14. 当说话者在犹豫时，我鼓励他继续下去。
______ ______ 15. 我重述他的话，弄清楚后再发问。
______ ______ 16. 在说话者讲完之前，我会避免批评他。
______ ______ 17. 无论说话者的态度与用词如何，我都注意听。
______ ______ 18. 即便我预先知道说话者要说什么，我也注意听。
______ ______ 19. 我会询问说话者有关他所用字词的意思。
______ ______ 20. 为了请他更完整地解释自己的意见，我会询问。

自我评价

将所得分加起来。

90～100 分，你是一个优秀的倾听者。

80～89 分，你是一个很好的倾听者。

65～79 分，你是一个勇于改进、尚算良好的倾听者。

50～64 分，在有效倾听方面，你确实需要再训练。

50 分以下，你注意倾听吗？

案例 7-2

被拒绝的计划

下面是发生在一家大公司的两名员工之间的一段谈话：

刘伟（刘）：昨天与毛世农（公司市场部经理）的会谈怎么样？

赵国栋（赵）：嗯……啊……这不是很重要。

刘：看起来你心情很不好。

赵：是的。这次会谈几乎是完全失败的，让我说，我希望将这事忘了。

刘：事情往往不像我们想象的那样。

赵：对极了！对那家伙抱希望简直不可能。我认为上交的计划是非常清楚而周到的，但他全盘否定了。

刘：你说他一点都不接受？

赵：对。

刘：老赵，我们以前见到过你的工作，你总是一流的。我很难想象你的计划被毛世农否决。他怎么说的？

赵：他说不现实，很难实施……

刘：真的吗？

赵：真的。当他这么说时，我觉得他是在对我进行人身攻击。我也很恼怒，因为我认为我的计划很好。要知道，我对计划中的每一个细节都花了巨大精力。

刘：我能肯定。

赵：对我真是一个打击。

刘：我敢打赌，遇到这样的事，我也会沮丧的。

赵：毛世农肯定有些什么事要反对我。

刘：尽管你对这些计划尽了很大的努力，但还是不能分辨毛世农到底是反对你，还是反对你的计划，对吗？

赵：对。你又能怎么分辨呢？

刘：我完全能理解你的困惑与迷糊，你感到毛世农的行为是不合情理的。

赵：我只是不明白他为什么要这样做。

刘：当然。如果他说你的计划不切实际，那他到底是什么意思？我的意思是，你是如何去处理这样一个基本问题的？这也许太笼统了。他是否提了一些具体事件？你有没有要他指出问题或要他将反对的原因说得更具体点呢？

赵：好主意，但你知道——受到拒绝，我是多么失望，简直就像在云里雾里，你明白我的意思吗？

刘：是的。那是一次不成功的经历。你是那么在意自尊，以至于想通过尽快放弃计划，来挽回留下的一点点尊严。

赵：对极了，我只想在我说出令人后悔的话之前，尽快逃离那儿。

刘：然而，在你的这个想法背后，你也许想着毛世农并不会仅仅因为不喜欢你本人而让公司去冒险。但是……计划是好的！这其中的矛盾很难处理，对吗？

赵：完全是这样。我知道应该让他说出更多的想法，但我站在那儿时像个木偶。不过现在又能做些什么呢？事情已经弄糟了。

刘：老赵，我不认为全失败了。我的意思是从你告诉我他所讲的与你所讲的，我认为这还不是结论。也许他未理解计划，也许这天本该他休假，谁知道？有很多可能，与毛世农约个时间坐下来，一点点问他反对的理由，怎么样？你与他再谈谈如何？

赵：我想我会知道得更多一些。至今，我还不知道如何修正或改动计划。你是对的，我真的不知道毛世农是怎样看待我或我的工作的。我经常只是做出反应，而很少进行回答与解释。

刘：也许该安排另一次会谈。

赵：好吧，我想我应该与他在下星期安排一次会面。我很想搞清楚问题究竟在我，还是在计划。（停顿）谢谢。

讨论题

1. 分析刘伟在本次沟通中所采取的倾听策略。
2. 谈话中的哪些话最重要？哪些话是改变赵国栋思考方式的关键句子？
3. 对于解决赵国栋的问题，直接给出建议的缺点在哪儿？为什么刘伟没有简单告诉赵国栋该怎么做？

第 8 章　演讲与辅助手段

■ 学习目标

学完本章后，你应当能够：

- 掌握演讲准备的基本内容，并在平时演讲中运用；
- 有效驾驭演讲材料提炼和结构安排，提高演讲效果；
- 熟练运用演讲过程的心理技能，提高演讲反应能力；
- 正确运用演讲过程的非语言技巧和视觉辅助手段。

引题　关于挑战者号航天飞机事件的电视讲话

1986 年，美国挑战者号航天飞机爆炸后，时任总统里根发表了一篇全国电视讲话，悼念在爆炸中牺牲的宇航员。下面是里根总统演讲的最后几句话的两个版本。一个版本是这样的：

跟伟大的海上探险家弗朗西斯·德雷克一样，挑战者号航天员把他们的生命献给了他们全身心投入的一项事业。我们因他们而得到荣誉，我们永远也不能够忘记他们。我们将永远铭记今天早晨见到他们准备飞行的最后时刻。

里根实际的演讲内容如下：

今天，历史出现了重复。390 年前的今天，伟大的探险家弗朗西斯·德雷克在巴拿马海岸的船上死去。在他的一生中，辽阔的边陲就是海洋。一位历史学家后来说："他活在海上，死在海上，埋在海底。"因此，今天，我们可以对挑战者号全体航天员说：他们的奉献是彻底的，就跟德雷克一样。

挑战者号航天飞机上的航天员使我们感到了荣耀，是他们度过自己一生的方式使我们感到荣耀。我们永远也不会忘记他们，不会忘记今天早晨看见他们的最后一刻，当时，他们准备好了远行，跟我们挥手道别，"挣脱大地无情的束缚"去"触摸上帝的脸庞"。

通过以上两个版本的比较，你可以体会到演讲语言的魅力，尤其是最后的句子——“挣脱大地无情的束缚”去“触摸上帝的脸庞”让人难忘。这是从许多飞行员带在身边的一首称为《高高飞行》的十四行诗里摘录出来的，它们使航天员的死亡崇高化，使演讲在流畅、感人和诗意的气氛中结束。

【案例 8-1】　雷军两次演讲的开场白

2020 年 8 月 11 日，在小米集团成立十周年，小米集团董事长兼 CEO 雷军开始了第一次年度演讲，以下是这次演讲的开场白：

“大家晚上好，欢迎大家来听我的演讲。

2020 年是非同寻常的一年，全球都在面临巨大的挑战。这场全球大变局，深刻影响着我们每一个人的生活。大家都在问，‘面对这样的局面，我该怎么办？’很多人都很焦虑，其实我也很焦虑。但焦虑没有用！这个世界有很多事情是我们改变不了的，但我们可以改变的是自己的心态。我们下决心改变自己的心态，才能积极面对这个复杂的世界。我选择了一种最简单的方式去改变，走路！我定了一个目标：每天走 10 公里，先走一个月吧。这个目标对我来说很有难度，我也很怕自己做不到。但没关系，向着太阳，一直走，你就会重新感受到内心的平静和温暖的动力。向前每多走一步，热爱和勇气就会多一分。走着走着，上个月，我真的走了 318.11 公里。平均每天走了 1 个小时 50 分钟，平均每天走了 10.5 公里。一个不可思议的目标达成了。

今年是小米集团成立十周年，我们本来打算办一场盛大的庆典活动，但受新冠疫情影响，只能取消了。生活中还是需要一些仪式感，生活更需要积极面对。我决定办一场演讲，来纪念这个重要的日子。同时，也算给所有关心小米集团的朋友们做一场完整的‘总结汇报’吧。”

一年之后，在小米集团成立十一周年，雷军又一次发表了年度演讲——“我的梦想，我的选择”，以下是这次演讲的开场白：

“大家晚上好，欢迎大家来听我的演讲。

去年是小米集团创办十周年，我们认真做了总结和反思，用重新创业的决心，正式开启了新十年的征程。今年是小米集团新十年的第一年，也是小米手机发布的十周年，你会明显地感受到，小米集团发生了很大的变化，它在一步一步成长，在一步一步长大。

前几天，小米集团第三次上榜了《财富》世界 500 强，全球排名 338 名，进步了 84 名。还有一个好消息，大家可能都已知道：国际调研公司 IDC 报告显示，2021 年第二季度，我们的手机销量超过苹果，首次成为全球第二。全球市场占有率达到 16.9%。也就是说，全球每卖出 6 部手机，就有一部小米。销量同比增长 86.6%，小米集团正在高速成长中。这是一个天大的好消息，我们都非常激动。感谢所有小米集团同学的辛勤付出，更要感谢全球米粉十年来不离不弃的支持！在这个幸福的时刻，我想起七年前难忘的一幕：那是 2014 年 11 月，在乌镇首届世界互联网大会上，主持人问我关于小米集团未来的发展战略。那时，小米手机发布仅仅三年时间，成为中国第一、全球第三，这真的是一个奇迹。那个时候的我，正是意气风发的时候，我脱口而出：五到十年，我们要做到全球第一。苹果是当时的全球第一。主持人马上问在场的苹果高级副总裁布鲁斯·塞维尔的看法。他说：'It's easy to say, it's much more difficult to do.'真的没有想到，7 年后的今天，我们超过苹果，首次成为全球第二！

还有更多的好消息，我们在 22 个国家排到第一位。在欧洲这样的发达市场，我们市场份额达到了惊人的 25%。我们在欧洲市场登顶了，成为第一名！这是中国企业第一次达到这个成就。拿到全球第二之后，大家都特别高兴，觉得全球第一唾手可得。在这里，我还是需要讲实话：不要低估世界级巨头的实力。我们还是一个年轻的公司，我们需要非常冷静地看到差距，继续夯实基础，稳打稳扎，当前小米集团的任务是真正站稳全球第二。小米集团的梦想就是'让全球每个人都能享受科技带来的美好生活'。这条路注定很漫长，很坎坷。我和小米集团全体同学都会拼尽全力去证明：小米集团的梦想一定可以实现！

去年我办了人生第一场演讲，今年我决定再办一场，演讲的主题是《我的梦想，我的选择》。主要想讲讲，过去这些年，为了追寻梦想，我们克服了哪些困难，做了哪些艰难选择。"

资料来源：小米公司微信公众号，2020 年 8 月。

讨论题

1. 请对以上演讲的逻辑、演讲技巧、个人风格做辩证点评。

2. 如果你是雷军，你将如何组织演讲主题与过程，传递什么样的信息给什么样的受众？

8.1 演讲准备

尽管你不是政治家、演员、演讲家或知名人士，但在信息交流不断增加、知识量呈指数爆炸的时代，人们更需要通过听来获取自己所需要的知识和信息。同时，组织越来越意识到培养每个人技能的重要性，以及面对面交流的优势。因此，管理者面向较大规模群体讲话的机会日益增加，不断提高个人演讲的技能越来越重要。这里将讨论演讲的准备、开场白和结束语组织、语言结构等基本技能。

8.1.1 明确演讲目的

演讲的目的非常繁多，勒德洛和潘顿（1992）把演讲的目的归纳为以下几种：说明服务项目，介绍产品；创立形象，制订行动计划；取悦同事、组织和外部人员；使人接受概念、观点和了解产品；代表小组、公司和部门发表演讲；表明态度，说明工作方法；建议解决问题的方法，提出新概念。

这种分类法在分类标准上不够明确，比如“说明服务项目，介绍产品”和“使人接受概念、观点和了解产品”在内涵上有重复性。我们根据演讲者希望得到的效果划分演讲的类型，可以把演讲的目的归纳为以下五类：教育、鼓励、说服、报告和娱乐（如图 8-1 所示）。

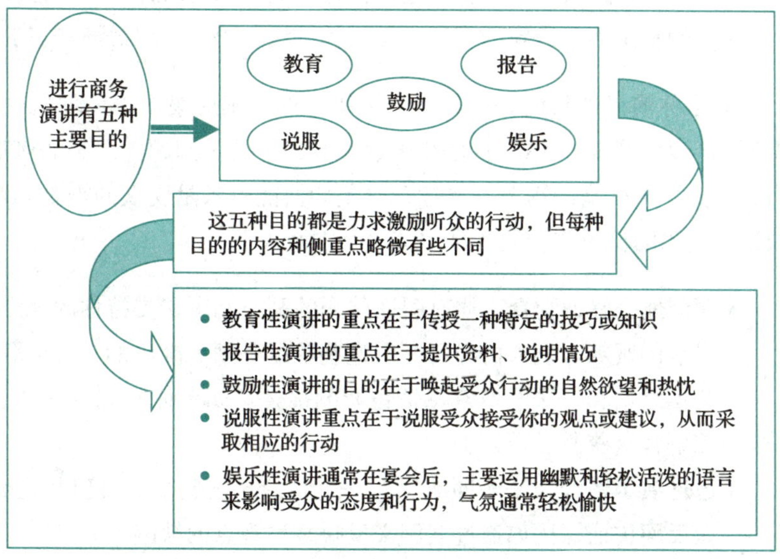

图 8-1　演讲目的的明确

教育性演讲的重点在于传授特定的技巧或知识，对他人进行技能培训和开发；报告性演讲的重点在于向对方提供资料（如产品、服务、制度等），并说明情况；鼓励性演讲的目的在于唤起受众行动的自然欲望和热忱，如为了提高员工的士气，或提高组织的凝聚力，激发员工的工作积极性；说服性演讲重点在于说服受众接受你的观点或建议，从而采取相应的行动，如说服顾客产生购买行为；娱乐性演讲通常在宴会后，主要运用幽默和轻松活泼的语言来影响受众的态度和行为，气氛通常轻松愉快。根据不同的目的，演讲者应组织相应的演讲内容，并采取相应的信息组织方式。

如果你的演讲目的是报告性的，你应该了解受众目前的知识水平和认识水平。具体应考虑以下几个问题：

- 使用适当的语言，并考虑是否使用术语。如果受众对术语不了解，则要对这些术语的含义做解释。
- 使用轶事、实例和生动的说明。
- 运用演绎和归纳逻辑方式，安排时间和空间顺序，仔细推敲用词以准确形容事物。

如果你演讲的目的是教育性的，则应当集中精力于知识面的宽度和广度，以及解释的逻辑性，并借助图表或演示文稿软件。具体要考虑以下问题：

- 演讲内容的思维逻辑，要由浅入深，层层递进。

- 要解释事物是如何发展的，如何执行其程序和进度，要解释事物的原因和方式，以及一个过程中如何采取相应的步骤。
- 选择自己常用的语言风格制成清晰的文字图片或演示文稿，以使受众能够领会。
- 要充分利用演绎、归纳等逻辑推理方式，强化演讲的条理性。
- 要侧重于准备最新的理论、思想和方法，给受众以最新知识的熏陶。

如果你演讲的目的是鼓励性或说服性的，则应集中思考如何改变受众的信念、态度和行为。为此，你的目标在于解决好四个关键问题：一是如何吸引受众的注意力；二是了解受众的需要和兴趣；三是如何能够满足受众的需要；四是如何激发受众给予适当的反应和赞同。具体从四个方面入手：

- 深刻地去感染受众，通过引证受众的利益和事实支持你的观点，如统计资料、可靠的观点、别人的经历，但这些依据必须是准确的、有关联的。
- 避免泛论和夸张及具有感情色彩的语言。如果你的观点是基于假设的，就应该解释这些假设。
- 通过演示案例，来赞同或反对一个结论。这些案例可以是正面支持，也可以是反面佐证，比如通过案例来反映某种观点的缺陷。
- 结构必须有严密的逻辑性，以归纳的方式增强你的说服力。

如果你演讲的目的是娱乐性的，这种演讲最有艺术性。这种演讲的一般准则是：

- 具有感召力和鼓动性，能调动活跃的气氛。
- 要简短，运用适当的幽默，比如引用别人的幽默故事。
- 讲话时要适应受众的口味和场景，别具一格。

8.1.2 演讲的准备工作

演讲的准备工作首先要做好心理准备，以适应环境。其次，要分析解决为什么（Why）、谁（Who）、什么（What）、何时（When）、何地（Where）、怎么做（How）这些基本问题。

1. 环境准备和适应

不管你是这次演讲活动的组织者还是非组织者，你最好在演讲开始之前了解演讲的环境。因为不熟悉环境的情况下，演讲者自己准备的材料、工具、辅助手段很可能无法使用，从而影响演讲的效果。比如，可能你习惯采用幻灯片投影的演讲方式，结果由于环境中没有多媒体工具，你就无法按照原定的设想展开演讲，甚至因为心理准备不足，而影响后续演讲的效果。

在任何一种情况下，都可能发生理想的环境和既定环境之间的冲突，这就需要尽早地修正环境，或适应环境。

在环境准备中，受众人数是一个非常重要的因素。可能某个演讲的受众是 20 人，你可以考虑如何让受众参与到整个过程中去，因此，在演讲时可以采用适当的互动方式让受众参与。但当实际的受众人数达到 60 人时，你就需要当机立断地修改你的演讲方式。

房间和讲台的布局以及视觉辅助仪器的配备也是演讲者要考虑的非常重要的环境因素。在房间的安排上，你应该考虑座位的安排、窗户的位置、灯光的配置等要素。在座位的安排上，一般来说，受众与你的距离越近，越易引起共鸣；半圆形布局好于传统的“教室形”布局；在窗户位置的考虑上，既要使得空气新鲜，又要防止穿堂风；在灯光的配置上，要了解开关的位置，并避免使用演讲者背后的灯光；在视觉辅助仪器的配备上，要检查和了解投影仪的状况与使用情况，检查白板、记号笔等板书工具是否可以使用；在讲台的布局上，要考虑移动空间、麦克风和椅子的情况（如果需要坐着讲的话）。

2.“5W1H”的准备

为什么（Why）：关注为什么要演讲，也就是演讲的意图和目的。只有当目的明确后，才能有的放矢地准备演讲内容。

谁（Who）：分析受众的对象、文化层次、知识背景、年龄、组织中的地位、他们对演讲内容的了解程度、出席演讲的原因和态度等。

什么（What）：准备演讲的具体内容。讲什么是一个非常关键的内容，一方面是演讲的主题，一定要与组织者充分沟通；另一方面是演讲的知识面和知识点。只有根据受众的需要安排内容，才能吸引受众的注意力。

何时（When）：确保你有充足的准备时间，包括书面准备时间和演示材料的准备时间。

何地（Where）：最好在演讲之前先到现场看看，若不可能，则要询问演讲的环境和设施状况。

怎么做（How）：弄清楚是正式演讲还是讲座，或是引导性的讲话，是否有提问时间，若有提问和讨论时间，则要留时间给受众提问，同时你要估计受众可能的问题并做相应的准备，以使你在回答时有新的内容可讲。

3. 演讲材料的准备

确定好演讲的目的和主题后，演讲者就要做下面三步工作。

第一步：整理思路。要利用各种可能的时间对主题做思考，并与了解或熟悉这个主题的周围的人交流看法，获取他人的思想。要养成一个随时记录灵感的习惯，这些灵感可能是突然冒出来的，要及时抓住它们。这些灵感可能来自通勤的路上，可能来自睡觉前，或早上起床时。用简单的文字记录下来，便于在设计提纲和内容时加以整理。

第二步：查阅和收集资料。杂志、报纸、书籍是最有效的三个资料来源。平时要有意识地看这些资料，丰富你的知识库和信息库，具体如图 8-2 所示。

收集支持要点的资料

- 说明要点好处的背景资料
- 说明要点有效性的例子
- 证明要点的事实、数据及图表
- 方案实施前后的比较
- 权威人士的观点和理论基础

图 8-2　资料收集

第三步：设计演讲提纲。演讲提纲主要包括开头、主体和结尾。其中要特别注意设计主题的引入和结尾。有一个忠告："关注开始和结尾，主体自会照顾自己"。在主体部分，要列出演讲的要点、主要观点，对每个要点的论证方法，提出支持自己要点的说明材料和理由，同时还要考虑受众可能持反对的意见以及自己应对这些观点的策略。

8.2　演讲的语言结构

演讲的语言结构包括演讲开场白、演讲主体、演讲结尾三个部分。

8.2.1　演讲开场白

演讲开场白有四个目的：一是提高受众的兴趣；二是让受众感受到你的演讲与他们的关系；三是让受众明白你是有资格和实力来做这次演讲的；四是把开场白作为一个在你和受众之间建立亲善关系的机会。从这四个目的出发，具体的演讲开场白组织可考虑以下策略。

- 以说明主题或标题开头，但不必太深入。
- 以提问题的方式开头。提的问题应从受众的预期出发，并与你的主题紧密相关。
- 以叙述演讲目的和内容安排入手。但是，不要过早泄露你的论证策略和有趣的观点。
- 以非正式话题切入。比如，"刚才我与贵公司的谢总聊天时，谈到这样一个问题……这正是企业现阶段面临的最普遍，而且也很难解决好的问题。"但是，这种切入方式在非常正式的场合是不适用的。
- 以趣闻轶事开头。必须结合主题，要简短，可能的话最好结合自己的亲身经历，这样更能赢得受众的信任，提升亲和力。
- 以事例、统计资料和数据开头。以惊人的数字，或强烈的数字对比，作为演讲的开头可以增强吸引力，但这种数据应该与受众是直接相关的。
- 以引证材料开头。引证取材于受众熟悉的名著、名人，并紧密结合你的主题。
- 以讲述笑话、时事故事等其他形式开头。

生动有力的开场白准备如图 8-3 所示。

准备生动有力的开场白

- 陈述一个惊人的事实
- 陈述一个引人注目的问题
- 提问，让受众参与进来
- 使用展示物、小道具或形象教具
- 讲述一段与主题有关的故事（可以是幽默故事）
- 答应受众要告诉他们如何获得他们想要的事物

图 8-3 开场白准备

【例子】犬科伴侣

开场白

门铃响了。弗朗西丝立即从它蹲着的地方跳起来，转了三圈，之后从大门到沙发之间来回跑。接下来，它跳到沙发上，开始跳上跳下。弗朗西丝疯了吗？不，它是一条“犬科伴侣”，它刚刚在提醒有听力障碍的主人有客人来了。

犬科伴侣就是接受过训练的一些狗，它们能够帮助有听力障碍的或有其他生理障碍的人。除回答门铃以外，犬科伴侣还能够完成其他许多任务，包括给轮椅上锁或者开锁、开灯关灯、从书架上取书，甚至从冰箱里取啤酒。根据报道，美国共有 3 500 条狗充当犬科伴侣，另有 7 000 条导盲狗引导盲人行路。

两年以前，我对犬科伴侣产生了兴趣，当时，我姐姐因为车祸瘫痪了，结果找来一条叫露茜的犬科伴侣。从那以后，我就开始观察露茜，了解了很多这方面的事情，我跟姐姐谈话，看了很多相关的文章和小册子。

我还掌握了更多关于生理障碍者的实际情况，我们，或者我们所爱的人也许需要犬科伴侣的帮助。今天下午，我想跟大家谈谈犬科伴侣，看看它们如何受训，了解它们为所帮助的人提供了哪些服务。

点评

演讲者用一个故事唤起听众的注意。这个故事的效果特别好，因为其内容丰富具体，还唤起我们对弗朗西丝特别行为的好奇。

现在演讲者透露了他的主题。他确定了犬科伴侣的定义，并利用统计数字来显示当前在工作当中的犬科伴侣数量。这有助于强化受众的兴趣。

演讲者确立了他的可信度并解释了他本人对犬科伴侣的兴趣。他使演讲主题与受众产生直接关系，提示受众兴趣点。

他预先透露了演讲的要点，因而使受众明白接下来应该注意什么。此外，这个故事还提供了很好的过渡，可以马上进入演讲的主体。

资料来源：卢卡斯．演讲的艺术 [M]. 李斯，译．海口：海南出版社，2002.

8.2.2 演讲主体

演讲主体部分的安排，首先应该帮助受众预览演讲的主要论点。预览是演讲内容的目录、议程表和提纲。预览的作用在于让受众了解你的演讲内容和轮廓，以及概括的提纲。比如在正式的场合，你可以这样预览。

“在接下来的20分钟时间里，我将向大家汇报三个问题：一是西北地区的市场开发经验；二是东北地区的新市场开发情况；三是东北地区下阶段的工作重点。”

其次，在主体的组织上，要明确阐述主要的论点。具体做法上要注意四个问题：

- 要严格遵循演讲预览，不能讨论的问题与预览内容次序不一致，也不能只讲其中一部分内容，让受众感觉到没有条理。
- 要限制主要论点的数量，一般以3～5个为宜。这是因为受众获取信息与演讲者输出信息相比，要困难得多。论点多了，受众不易领会，而且容易忘记。
- 使用清晰的连接词。讲话比写文章更需要在语言的连接上使用清晰的连接词，连接词能帮助受众厘清演讲内容。比如，在写文章时，你可以用“第一”“第二”“另外”等之类的连接词，但在演讲时，就要避免这种用法，因为受众记不住“什么东西的第二”“什么东西的另外”。可以改为“采用弹性工作制的第二个好处是……”“除要求大家准备笔记之外，还……”这种表达比简单的“第二”“另外”要清晰得多。
- 做阶段性的小结。演讲的每个观点，要提纲性地归纳一下，让受众有机会简略整理你的观点。阶段性小结还能够以适当的方式，把话题过渡到下一个观点。比如：

  “目前我们已总结了西北地区市场开发的五个经验，以及东北地区市场开发所面临的六个现实问题——一……二……从市场特点看，东北地区和西北地区有一定的相似性，我们可以借鉴西北地区的经验。现在就让我们来讨论东北地区下一阶段的具体措施。”

8.2.3 演讲结尾

很多演讲者主体内容讲完后，最后一句话就是：“我就讲这些，谢谢大家。”这实际上浪费了你最宝贵的时间。因为听众很可能记住的是你最后说的话，而你却没有利用好。所以，不要用“好了，该讲的都讲完了”作为结束语。

在演讲进入结束语之前，应该用简短的、语气较强的、明显的句子，来开始你的结束语。有效的结尾形式如下：

- 做总结。总结一下主要论点，在说服性或教育性的演讲中是比较有效的。
- 前后呼应。再回到开场白中提到的问题、事例、数据、故事等。
- 以行动方案结尾。用号召行动结尾，使得“我们下一步该做什么”更加明确。
- 以强调受众的收益结尾。可以强调，如果受众听从你的建议可以获得什么好处。

8.3　演讲的心理技能

8.3.1　提升演讲资格，优化自我形象

|沟通训练|

如果在演讲之前，你没有树立起良好的形象，而且受众早就形成了对你的成见和怀疑，他们怀疑你是否有诚意，是否够资格站在他们面前发言，是否值得他们花费宝贵的时间和精力来听你的长篇大论，这时，你应该采取怎样的应对策略提升你的形象？

策略：如何提升你的自我形象

- 谈谈你对所讲专题所做过的调查和研究，列举一些你在这方面的经验和成就。最好是找一个较有名望、成就或权力的人，在发言前讲几句有利于提升你的自我形象的话。
- 选择柔和自然、大方得体的服装，避免穿戴奇特耀眼、与演讲内容不协调的服饰。这是因为：受众不仅会对你的内容，而且会对你的衣着打扮做出反应，合适的衣着可以增加你的魅力，至少不会使大家分散注意力。当一个人的衣着大方得体时，良好的自我感觉有助于演讲的成功；当一个人的外表显得成功时，他的思想也比较容易获得大家的认可。
- 发言前和受众聊聊天，表示友好和谦逊；适当地赞赏受众，或者寻找共同点，引起心理共鸣，从而缩短心理距离（见图 8-4）。

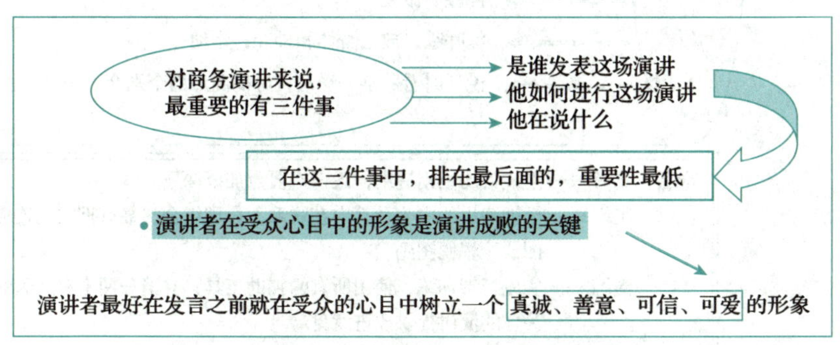

图 8-4　提升演讲资格，优化自我形象

8.3.2　克服恐惧和焦虑，展现充分的自信

1. 正确地看待恐惧和焦虑

现实中有 99% 的人，包括著名的职业演讲家在内，发表演讲时都有不同程度的恐惧和紧张。其实，某种程度的登台恐惧感是有用的，我们天生就有能力应对环

境中不寻常的挑战。人在紧张时脉搏加快，呼吸加速，身体处于应激状态，这时人的思维和反应都可能加快，活动的能量也会明显增加。

| 沟通训练 |

如果你在演讲时碰到以下情况，怎么办？

- 发言前非常紧张。
- 担心别人会认为自己的观点非常愚蠢。
- 演讲时靠在讲桌上。
- 紧张得踱来踱去。
- 手上玩东西。
- 忘记了接下来要演讲些什么。

2. 策略：如何克服紧张、焦虑和恐惧

关于如何克服紧张和焦虑等，下面以图 8-5 来说明。我介绍一个我自己觉得特别有效的消除紧张的办法——自我提示，即避免去想可能会使你不安的反面刺激，跟自己说，我比受众中任何一个人都更有资格来做这番发言。这种自我启发式的精神对话对克服发言的恐惧非常有效。

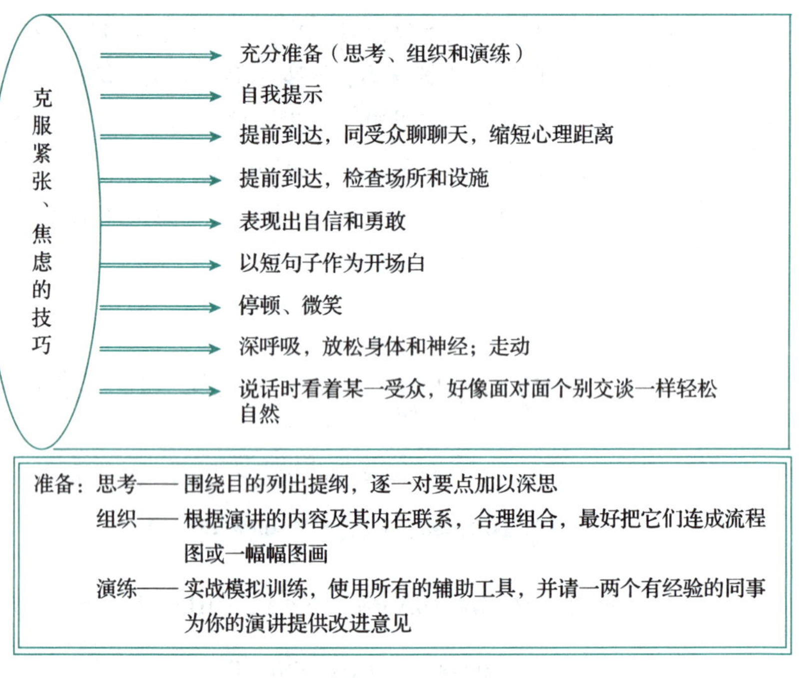

图 8-5　如何克服紧张和焦虑

8.3.3　机智应答受众，提升快速反应

在演讲过程中，受众经常会现场提一些问题，而且这些问题对演讲者来说，往往是事先无法准备的。这就对演讲者提出了挑战：如何迅速、机智地回答受众的问题，提高自身的可信度？

诚然，要提高快速反应能力，更重要的是平时的训练和积累，但在技巧方面也有相当的讲究，这里专门就如何机智应答受众，提高自己的快速反应能力提出一种模式供大家参考。该模式的整个过程如图 8-6 所示。

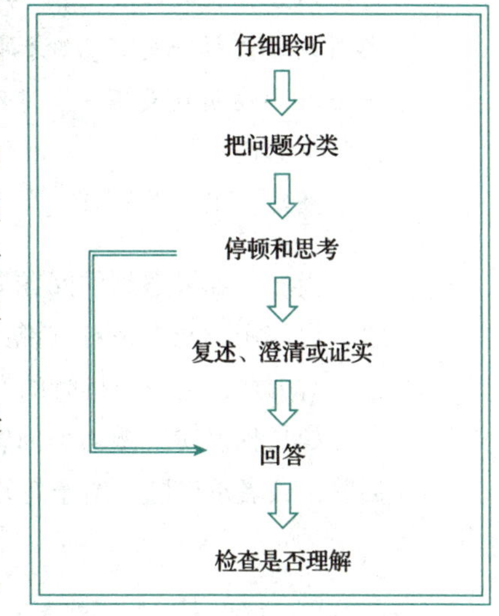

图 8-6 应答受众提问模式

第一步：仔细聆听。仔细聆听受众提出的问题时，要与提问者进行眼神交流，点头，显示你很感兴趣的表情。这样，对方会觉得你对他很尊重，而且对他的问题感兴趣，且乐于尽力回答，给对方以亲和力。

第二步：把问题分类。区分对方的问题是寻求理解和帮助，还是带有敌意的故意刁难，加以区别对待。

第三步：停顿和思考。除非你很有把握，一般不要急于回答，稍微停顿以思考对策，这样也给对方一个深思熟虑、稳重可靠的印象。

第四步：复述、澄清或证实。如果你不理解或没有听清楚，可以提问澄清，或者复述对方的问题，证实对问题本身的理解。比如，“你刚才想了解行政人员是否会受这次变革的影响，对吗？”

第五步：回答。回答问题要切中要害，尽量避免冗长啰唆。

第六步：检查是否理解。对于寻求理解和帮助的问题，可以这样问：“不知我这样的解决方式你是否能接受 / 理解”或“我这样的回答不知是否能让你满意”。

在应答受众提问时，最困难的是应对带有敌意的问题。如果发现对方的提问是带有敌意的刁难，则可以采取重复、改编的策略，直截了当而又简明扼要地给予回答。

- 重复策略：尽量使用提问者的语言，把问题重新叙述一遍。
- 改编策略：把问题改编成与你的演讲宗旨相关或对受众来说很一般的问题。

在采取以上两个策略的前提下，最后给予简明扼要、开诚布公的回答，不要怕说“我现在无法回答这个问题，你可以把它写在你的名片背面或一张纸上，我将在下周把答案给你”这样的话。在问答时，可以使用格言、名句或幽默的话，然后很快就转向下一个提问者。下面，我们来看一个例子。

【例子】下面是一位公司经理在一次员工会议上与雇员进行对话的情景：演讲者准确估计到与会者准备拖延时间，有意发难，便对所提出的问题采取了复述和改编的办法，以轻松幽默的语言给予回答。

雇员：刚才听到你提出了几项目标，但是，什么时候我们才会得到更短的工作日？

重复：你问我什么时候将得到更短的工作日？

改编：换句话说，就是你应在要我们安全生产、提高质量、获得更大效益的口号中再加一条——增加更多闲暇时间。

回答：我的回答是，“今年不行”，但是，我看闲暇时间少不一定是坏事。大家都听说过这样一句话，“诸神拥有的时间长达百万年，但他们却不知道怎样打发掉一个有雨的星期天下午”。至少在一年多的时间内，增加闲暇时间不会作为我们必须解决的问题。

继续：下一个问题。

当然，如果遇到的问题非常棘手，且令人头痛，就不得不采取更具进攻性的回答，比如用眼光直视对方说：“你为什么要提这样的问题？”为了说明动机或表白自己，对方往往会放弃挑衅的态度，而你自己也从中赢得了宝贵的思考时间。

如果你确实不能当场回答对方的问题，不妨坦白地告诉对方；也可以让受众来回答，或者承诺随后给予答复。

8.4 演讲中的非语言技巧

演讲中的语言文字和视听辅助手段只是沟通中的一部分。沟通中的65%～90%是非语言的沟通。非语言的演讲技巧包括肢体语言、声音技巧、空间和物体的安排等。

8.4.1 肢体语言

肢体语言有五个基本元素：姿势、手势、身体移动、面部表情和眼神交流。优秀的演讲者通过这些肢体语言的运用，以达到吸引听众注意，增强演讲效果的目的。

1. 姿势

优秀的演讲者通过运用姿势来表现他们的泰然自若。具体在采用有效的姿势时，要关注两个问题：

- 尽可能采用放松的、有职业规范的站立姿势。要根据你自己的特点，舒适地直立，面对听众，把身体的重量均匀地落在两只脚上；双脚应与肩同宽，相距既不要太近，也不能太远。
- 注意不要左右或前后晃动或用脚尖上下颠动，不要表现出无精打采的样子，也不要将重心完全放在一只脚上或倚靠在讲台上。最后，避免“僵直”的姿势，比如僵硬的立正姿势。

2. 手势

优秀的演讲者演讲时手的动作和他们在谈话时一样，有些人夸张一些；有些人含蓄一些；有些人有时含蓄一些，有时开放一些。在手势的运用上，也要注意两个问题：

- 当面对个体讲话时，可以让手自由活动。比如，可以做些帮助谈话的动作，也可以暂时不动或指向辅助图像中的某一项。
- 不要把手放在一个地方，然后待在那儿不动。比如要避免这样一些手势：双手交叉在身体前面，双手交叉在身体后面，双手抱臂交叉于胸前，紧抓讲台，要避免显得你很紧张的动作，如挠耳朵、搔手臂等。

具体参见图 8-7。

> - 身体站直，让颈背紧紧贴着衣领，让双手自然下垂在身体的两侧
> - 不要玩弄你的衣服、首饰或其他东西，因为这样会使听众分散对你的注意力，并且会给人一种懦弱而缺乏自我控制的形象。你必须以静止的状态站着，控制你的身体，给人以泰然自若的感觉
> - 让双手自然地下垂在身体的两侧，因为这样双手不会受到受众的注意，而且能自然而不受妨碍地摆出各种强调性的手势
>
> 原则：做手势时要注入生命的活力，融合当时的感觉，使其显得自然；唯一有价值的手势就是你天生会的那种

图 8-7　演讲时的姿势和手势

3. 身体移动

身体移动要因演讲者个人和空间的大小而定。具体要注意两个问题：

- 自然移动，不必总是站着不动，也不必总在计划每一个动作。例如，你可以身体前倾表示关注对方的反应，或表示强调重点；你也可以向后走动以便指点辅助图像。
- 避免随机的、紧张的、快速的或经常的移动。

4. 面部表情

无论在何种场合做演讲，都要像在平时交谈一样显得轻松自然。具体如下：

- 保持放松的面部表情，要显得生动有趣。表情要随主题和情景的不同而变化。
- 避免面部僵化，毫无表情，也不要在讲述悲伤或不好的事情时面带微笑。

5. 眼神交流

眼神交流是重要的非语言沟通技巧。沟通专家林恩·鲁塞尔（Lynn Russell）在研究“听说联系”时提出，有好的视线交流，既会让受众觉得与你有联系，也可以让你看到受众的反应。图 8-8 是在演讲时要避免的两种眼神交流方式。

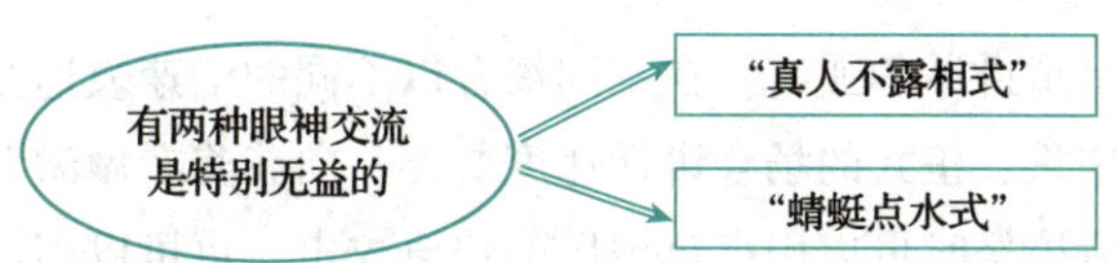

图 8-8　演讲时要避免的两种眼神交流方式

- 真人不露相式：演讲者一直低着头，头顶被受众一览无余。这种情景出现在演讲者逐字逐句地读不熟悉的讲稿，或者为掩盖心慌假装低头看稿的时候。
- 蜻蜓点水式：演讲者受不了长时间低头的疲乏，在一句话刚刚念到一半或翻页时慌忙瞥一眼受众。

有效的眼神交流形式，可考虑以下四类眼神。

- 环视：用于事先对讲稿的全文做过反复阅读，可以脱离讲稿讲述整个句子甚至大段故事的情节。
- 搜索：在意念上用一条看不见的线把整个会场划分为若干个区域，边讲话边有意地轮流注视这几个区域，这样全场没有一组人能逃出你的视线。
- 扫视：演讲者的视线沿水平方向掠过人群，短时间用眼神接触多个受众。
- 凝视：演讲者持续地与某个受众眼神交流达几分钟之久或直到讲完一句话为止。这样可以帮助你缩短与所有受众的距离，使你感到你是他们中的一员。

8.4.2 声音技巧

如果我们把声音和语言分离开来，你会觉得语言是那么的乏味，正如我们在听那没有起伏、没有快慢的“睡眠曲”。即使在语言中包含了多么有价值的信息，由于没有吸引力，没有被受众接受，也就失去了其本来的价值。“声音是语言的载体”，声音组织成为重要的非语言演讲技巧。我们应有效地使用声音的五个要素：语调、语速、语汇、声音连接和发音。

1. 语调

演讲时，语调要随着内容、环境的变化而不断调整。语调的抑扬顿挫能使声音具有表达力、感受力，不单调、不枯燥。对于语调的变化，演讲者要注意以下技巧：

- 演讲要富有表情和热情，语调要温和愉快，音量要有高有低。如根据房间的大小适当调整音量，呼吸要深厚充足。
- 语调不能太单调或令人烦躁（如刺耳）。声音不要小得听不见，或大得不适合房间的大小。要特别注意两个音量问题：不要在句子的末尾降低音量，不要在使用辅助图像时降低音量。
- 对于重要的句子要突然提高或降低声调，以达到强调和音乐美感的作用。

2. 语速

语速是指讲话的速度。在不同场合以不同的语速表达会起到不同的效果，比如在严肃、庄重、正式的场合讲话速度要慢；向获奖者做激动人心的致辞时，节奏要明快；发泄愤怒时可以用声色俱厉的快语攻击，也可以用低沉的慢语恐吓。演讲者在调整语速时，应注意以下问题：

- 通常情况下语速不要太快，要让大家能听懂听清楚，也不能太慢，应保持活跃的气氛。
- 在重要的词语之前或之后略加停顿，也可以使用停顿将一组内容分开或暗示一段思考的结束。
- 对于重要的词句，把声音拖长，并一字一句都说得很重；对于不重要的句子，可以说得很快，甚至说五六个句子的时间和说五六个词语的时间差不多。

【练习】用很慢的速度说“3 万元”，再用很快的速度说“3 000 万元”。

3. 语汇

演讲者要尽量运用不同的语汇以增强语言的活力，运用生动形象的语言表达演讲。具体要求不断变换语汇，不要重复单调用词，为增强气势，可以采用排比的方式，用重复的词汇加强语言的力量。语汇运用在本书第 2 章中已做过阐述，此处不再展开。

沟通训练

试对比以下两组句子。

第一组

A. 距离我们最近的星球，在 35 兆英里[⊖]之外。

B. 如果一列火车以一分钟跑一英里的速度向前行驶，将要耗时 4 800 万年才能达到距离我们最近的星球。如果在星球上唱歌，而声音又能传回此地，则要 308 万年。如果以蜘蛛丝从地球牵到那星球，蛛丝的总重量将达到 500 吨。

第二组

A. 如果要解决全国失学儿童的就学问题，国家要每年投入近 20 亿元。

B. 现在，有些贪官一年光去澳门赌博就花去 1 亿元，国家为了让失学儿童回到课堂投入的钱，只够 20 个这样的人赌博赌一年。

4. 声音连接

声音连接就是在演讲过程中，用填充词作为有声的暂歇，如“哦”“嗯”“大家知道”等。在演讲过程中一般不要用填充词，偶尔用填充词短暂停歇有利于整理思路。但一个高超的演讲者会设法避免这种填充词。

5. 发音

在发音方面，就是要求发音清晰。不要含含糊糊，也不要连读。切记“不要自己把自己的话吃掉”。有的演讲者往往会把一个句子的最后一个或几个字吃掉，这种现象一定要设法避免。发音不清楚会使人感到没教养，或做事很忙乱、很着急。

⊖ 1 英里 =1 609.344 米。

8.4.3 空间和物体的安排

非语言沟通的另一个组成部分是利用周围的空间和物体，不论是在办公室还是在普通房间，物体和空间会影响以下四种选择：座位安排方式、演讲者位置的高度和距离、物体摆设、演讲者着装。

座位安排方式会无言地显示与受众的合作态度。直线式座位安排适用于合作最少的场合。马蹄形或曲线形座位安排鼓励更多的合作和参与。对于受众较少的场合，选用长方形会议桌，领导者坐在桌子的一头，强调他的权力；或者选用圆形会议桌，鼓励平等参与。

演讲者位置的高度和距离也会影响演讲效果。演讲者相对于受众的位置越高，无形中制造出的气氛就越正式。因此，最正式的演讲大概就是在舞台上或讲台上做的演讲。半正式场合中，一般是演讲者站着，受众坐着；为了让气氛更加轻松，可以把自己与受众放在同一水平上：与受众围坐在一起或坐在受众前。

在物体摆设方面，一般演讲者和受众之间放置的物体越多，合作的形式就越正式。要想使演讲更加正式，可以使用讲台或在演讲者和受众之间放张桌子。要想使演讲不那么正式，无论站着还是坐着，在演讲者和受众之间什么物体也不要放。

演讲者着装略。

8.5 有效地利用视听辅助手段

8.5.1 视听辅助手段的设计

不管演讲者对演讲的内容如何充分准备，也不管其非文字的表达技巧如何高，由于演讲者说话的速度总是跟不上受众听的速度，因此，演讲者要运用视听辅助手段来填充因受众信息接收速度和演讲者输出速度之间的速度差所带来的时间空隙。同时，运用视听辅助手段可以帮助受众厘清思路，使得接收的信息更有条理。另外，视听辅助手段还有助于帮助受众理解演讲的内容，增强信息的接收，加深印象。

视听辅助手段的设计应注意以下四个方面：列出演讲内容的议程图表、列出依据支持图表、使用信息标题、做好图片之间的联结。

（1）列出演讲内容的议程图表。议程图表就是演讲的提纲、基本框架。议程图表是演讲的目录。仔细研究设计议程图表并确保后面的图表都是由此引出的。图 8-9 是某公司市场部经理制作的议程图表。

（2）列出依据支持图表。支持图表是为了支持你的观点。议程图表中的每一部分都需要一系列的支持图表的支持。支持图表可以是文字，也可以是图形或图解（见图 8-10）。

东北地区市场开发现状和对策

- 西北地区的市场开发经验
- 东北地区的市场开发情况
- 东北地区下阶段的工作重点

图 8-9　议程图表

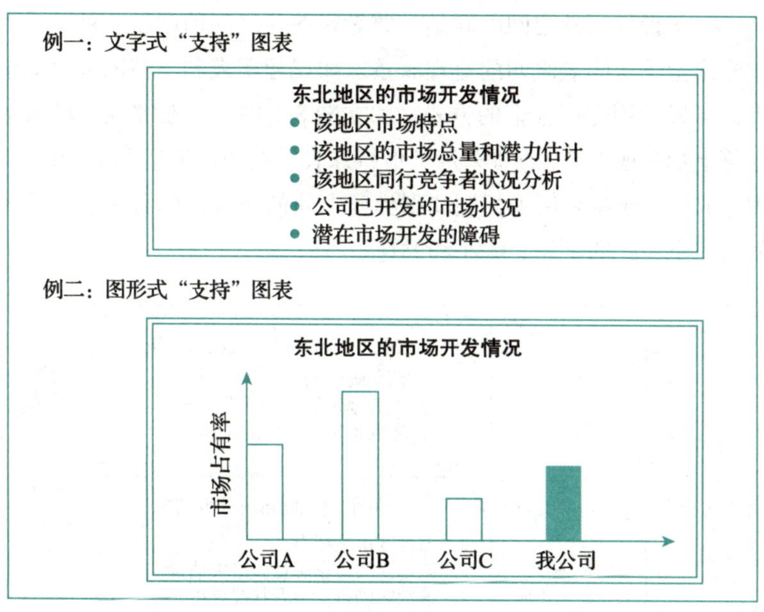

图 8-10 支持图表设计

（3）使用信息标题。使用信息标题的目的在于帮助受众直观地理解图表的含义。使用信息标题的方式可以是信息标题，也可以是主题标题。当演讲者需要表达某个观点时，应该用信息标题；如果演讲者不在乎受众从图表中去获得某一结论，如果需要由他们自己去理解，则只要用主题标题就可以了。一般来说，我们应采用信息标题，这样更准确，易于理解。这两类标题如图 8-11 所示。

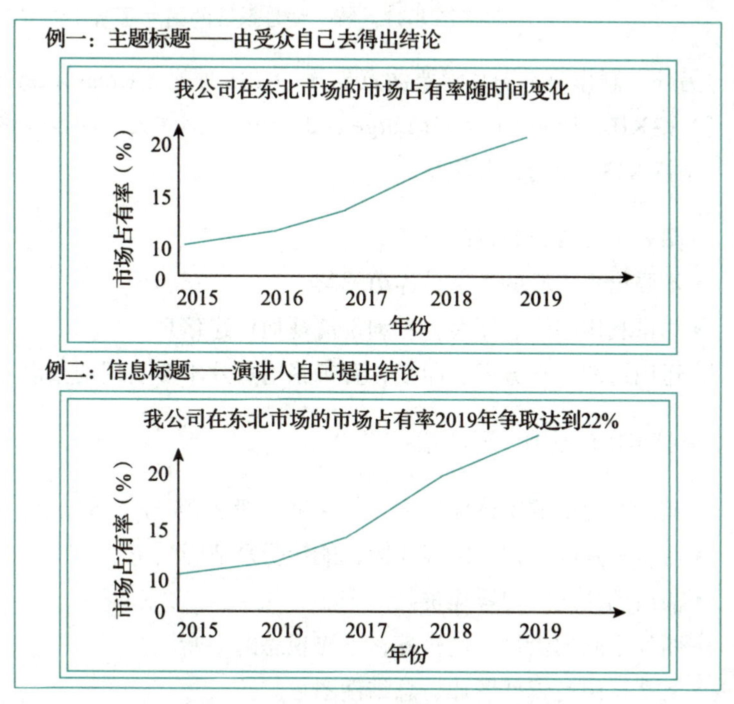

图 8-11 信息标题和主题标题示例

（4）做好图片之间的联结。要做好图片之间的联结，就是要让受众能够从图表中看出上下层图表之间的直观联系。如议程图表和支持图表之间的联结。具体做法上，可以采用专门标记的方式，如在图 8-9 中在“东北地区的市场开发情况”几个字符上加框或加黑；或者采用其他特殊表示技巧；或者可以采用一致的编号系统（见图 8-12）；或者采用主标题和副标题之间的一致，如每一层次采用相同的格式——使用完全一样的字体、大小和颜色。

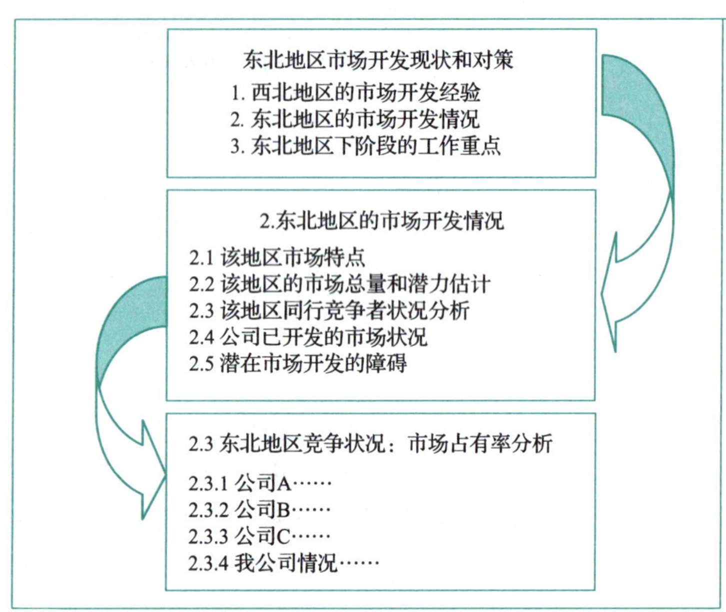

图 8-12　统一编号系统的图片联结

另外，制作演示图片时要注意要领：KISS 原则（Keep It Short & Simple，简短明了）和 KILL 原则（Keep It Large and Logic，字体大，内容逻辑强）。

坚持 KISS 原则，要注意：

- 图表不要成为数据的海洋。
- 不要出现大段的文字、连篇累牍。
- 尽量利用图形、图表，有利于清楚地传递信息。
- 运用饼图、直方图、曲线，且每张幻灯片不要出现两张以上的图片。

坚持 KILL 原则，要注意：

- 演示图片上的字体要较大，如文字一般在 28 号字体以上，32 号比较合适。
- 演示图片的图像、图表要大，能让受众清晰浏览。
- 前后图片之间内容连贯。
- 图片之间的衔接有逻辑性，不出现思路中断。
- 要多运用逻辑性图片、总结性图片。

8.5.2 视听辅助手段的利用

多媒体投影系统能将个人计算机、手机、U 盘中的图像和声音投影或传播出来。多媒体投影仪可以用大屏幕投影仪、LCD 投影平台（这些平台与个人计算机的图像输出口相连，但它们安装在投影仪的镜头之上或内部，适用于受众较少时使用小屏幕投影）等。现在越来越多的工具可供演讲者选择使用，这里介绍几种。

- 静态投影系统。三种静态投影系统是胶片投影仪、35 毫米幻灯放映机、CCD 数码相机。其中，胶片投影仪有很强的灵活性。
- 动态投影系统，如录像、电影等。
- 写字板和公议平板等。

8.5.3 如何使用投影仪

投影仪是演讲过程中最常用的工具，它一方面成本低，另一方面使用方便、效果好。这里专门对投影仪的使用过程中可能出现的问题，以及正确使用方法做介绍。

- 当演讲开始后，便马上讲解，使受众不知听好，还是看好。

  最好的方式：先让受众很快地扫视一下演示内容，然后再开始讲解，讲解时不应照演示内容宣读，而应把它当作一种提纲，从中引申开来，提供支持性解释。
- 讲解时面朝投影屏幕，背对受众。

  最好的方式：用电子教鞭在投影屏幕上指引，而不是用手指向投影屏幕。
- 在投影胶片上写得太多。

  标准的投影胶片：一般每页不超过 6 行，每行 10～15 个字，字体应让最后一排的受众看得清楚。

  利用投影仪进行演示时应注意的事项如图 8-13 所示。

- 按45度角摆放投影仪
- 准备一个备用的灯泡
- 确保在座的每一位受众看得清楚
- 先把投影胶片放上，再开机
- 讲授者直接面朝受众
- 用电子教鞭作为指引工具，指向投影屏幕，而不是用手指向投影屏幕
- 用一张纸作为掩盖演示内容的工具，首先短暂地演示整张胶片，然后用纸盖住尚不需要展示的部分，一段一段地揭开
- 当无须演示时，马上关掉投影仪，以免受众分心

图 8-13 利用投影仪进行演示时应注意的事项

8.5.4 图片页面的设计

精良的图片页面设计，不但能够让受众清晰理解你的意思，能让他们直观地把

握信息的结构，让受众感觉到亲切、悦目；而且，对演讲者自身来说，也可以省时、省事，树立良好的沟通形象。一般来说，进行图片页面设计时，要注意以下 8 个方面的原则（见图 8-14）。

- 用空白突出重点
- 用小标题把观点分类，使受众容易把握文章结构
- 在英文图片中要限制全部大写字母的使用
- 控制每张图片的字体数目，一般每张图片字体类型不宜超过两种
- 按具体情况和受众要求调整边界
- 在左上角或右下角突出需要强调的重点
- 用分栏来统一图表的格式
- 使用阴影突出，或适度着色和其他点缀方式

图 8-14　图片页面设计应注意的 8 个原则

情境模拟训练

情境一

A 公司是一家生产 IT 设备的国有大型企业，由于该公司在 1993 年开始与美国一家跨国公司合作，并且当时正值我国通信产业快速发展的起步阶段，市场形势出乎意料的好，产品取得良好的市场绩效，公司的产业也不断延伸，走上了多元化发展的轨道。但随着国外企业的不断进入，以及国内竞争的加剧，国有企业在机制和体制上的弊端不断显示出来。2000 年开始，该公司经济效益持续下滑，到 2003 年公司决定对业务进行重组，同时，计划对公司内部进行裁员。

针对公司要进行裁员的说法，内部存在两种观点。第一种观点认为公司经济效益不好，关键原因之一是冗员严重，因此，建议让公司 30% 的员工下岗；第二种观点认为，冗员本身并不是问题，根源还是在于公司的体制和机制问题，因此，通过改制激发公司每位员工的活力才是出路。比如，公司可以对内部员工进行分流，树立“以人为本”的管理思想，建立和健全公司激励制度，让公司重新焕发青春和活力。

要求：假如你是公司工会主席，从保护员工利益角度，针对上述两种观点，在公司行政办公会议上做一次演讲。现请你为全班同学做模拟演讲。

情境二

你大学毕业已经三年了，在一家大型出版公司当经理助理。在获得了一些管理经验之后，你刚刚提升为负责儿童图书系列市场推广工作的经理。虽然你以前曾经给同一工作组的其他成员做过一些简要的报告，但是，这次你要面对众多的受众做一个报告。在公司的年度销售会议上，你将对销售部门做报告，介绍公司新出的书，以及如何将这些书销售到批发商和零售商书店那里去。

你很高兴有这样一次机会，你知道这表明公司对你的能力很有信心。但是，越是接近演讲的日子，要控制自己的紧张情绪就越困难。会议上将有 150 人，包括高级编辑和地区经理，还有本部门的销售人员。所有的眼睛都会盯着你。重要的是，你必须传达自信和有所准备的意思，但是，你又担心自己会怯场，把相反的信息传递出去。

问题：你会利用什么样的策略来控制自己的紧张情绪，并使这样的情绪为你所用？

资料来源：卢卡斯．演讲的艺术 [M]. 李斯，译．海口：海南出版社，2002.

总结回顾

- 演讲准备

（1）明确演讲目的，如教育、鼓励、说服、报告和娱乐。

教育性演讲：传授特定的技巧或知识，对他人进行技能培训和开发。

报告性演讲：向对方提供资料（如产品、服务、制度等），并说明情况。

鼓励性演讲：唤起受众行动的自然欲望和热忱，激发工作积极性。

说服性演讲：说服受众接受你的观点或建议，从而采取相应的行动。

娱乐性演讲：影响受众的态度和行为，创造轻松愉快的气氛。

（2）演讲的准备工作：做好心理准备以适应环境，分析解决 **5W1H** 的基本问题。

环境准备和适应。包括熟悉环境，了解受众情况与人数、房间和讲台的布局以及视觉辅助仪器的配备。

5W1H 的准备。包括演讲目的、受众情况、演讲具体内容、演讲时间、演讲地点与演讲方式等。

演讲材料的准备：整理思路，查阅和收集资料，设计演讲提纲。

- 演讲的语言结构

（1）演讲开场白。具体策略：以说明主题或标题开头，以提问题的方式开头，以叙述演讲目标和内容安排入手，以非正式话题切入，以趣闻轶事开头，以事例、统计资料和数据开头，以引证材料开头，以讲述笑话、时事故事等其他形式开头。

（2）演讲主体。首先，应帮助受众预览演讲的主要论点。其次，在主体的组织上要明确阐述主要的论点，要限制主要论点的数量。最后，要做阶段性的小结。

（3）演讲结尾。具体策略：做总结，前后呼应，以行动方案结尾，以强调受众的收益结尾。

- 演讲的心理技能

（1）提升演讲资格，优化自我形象。

（2）克服恐惧和焦虑，展现充分的自信。

（3）机智应答受众，提升快速反应。具体策略：仔细聆听，把问题分类，停顿和思考，复述、澄清或证实，回答，检查是否理解。

- 演讲中的非语言技巧

（1）肢体语言。正确运用姿势、手势、身体移动、面部表情和眼神交流五个基本元素。

（2）声音技巧。能有效使用语调、语速、语汇、声音连接、发音五个要素。

（3）空间和物体的安排。包括座位安排方式、演讲者位置的高度和距离、物体摆设、演讲者着装等基本要素。

- 有效地利用视听辅助手段

（1）视听辅助手段的设计。具体策略包括：列出演讲内容的议程图表，列出依据支持图表，使用信息标题，做好图片之间的联结。

（2）制作演示图片时要注意运用 KISS 原则和 KILL 原则。

（3）利用视听辅助手段。能正确运用多媒体投影系统、静态投影系统、动态投影系统等。

（4）正确使用投影仪。

（5）图片页面的设计。

问题讨论

1. 选择你目前正在上的某一门课程，分析该课程讲课老师哪些方面的讲授方式对你是很有启发的，或者哪些方式最令你不满意，把它们写出来。如果要学习老师好的讲授方式或者要克服不满意的地方，应该采取哪些对策？
2. 下面是两个普通的演讲题目，每个题目都提供了两种假设的受众。请为每个题目写一份简要的文字，解释你将如何调整自己的演讲内容与目的，以适应受众在统计意义上的需求特点。

题目一：性侵犯。

第一种假设：80% 女性，20% 男性。

第二种假设：80% 男性，20% 女性。

题目二：美国挑战者号爆炸。

第一种假设：白天上课的同学，70% 年龄为 18～22 岁，30% 为 23 岁以上。

第二种假设：晚间上课的同学，50% 年龄为 35 岁以上，30% 年龄为 23～34 岁，20% 年龄为 18～22 岁。

3. 一般地，在一次演讲中，演讲内容应该包含几个要点？为什么演讲中要限制要点的数量？准备演讲要点应注意哪些策略？
4. 作为一起偷车案件中的被告方律师，你需要在法庭辩论时，强调以下几点以证明你的委托人是无罪的？

   偷来的汽车在偷窃发生的 3 个小时后发现被抛弃了，发动机还是热的；在汽车被发现的时候，你的委托人正在机场准备接一位朋友。

   对汽车垫子上的鞋印进行实验分析，结果表明，印迹是 13 号鞋子留下的，而你委托人的鞋码是 10 号。

   实验分析表明，车内有烟灰存在，而你的委托人并不吸烟。

   这场犯罪的唯一见证人距离车辆 50 米远，他说小偷“看上去像”委托人，但是，这位证人承认，偷窃发生时，他并没有戴远视眼镜。

   汽车在约下午 1 点的时候被偷，而你的委托人声明，上午 11 点，他还在 175 公里外的一个小城里。

   在一份给警方的陈述中，证人描述小偷是金发，而你的委托人却是黑发。

   在你起草演讲提纲时，你明白你的这些论点可以组织成三大要点，每一个要点都有两个论证理由。请编写一份提纲，按照这种方式把要点组织起来。
5. 在演讲过程中要能够有效利用语言，使语言充满活力，有哪些策略？
6. 选择一个就企业内部政策问题进行的说服性演讲话题，针对此话题起草两份具体的目标陈述，一份是用于争取被动受众的，另一份是用于促使立刻行动的。一旦写好具体陈述目标，请解释这两种目标下的演讲之间有何不同（尽量具体说明）。

自我技能测试

演讲技能自我评估调查表

步骤

步骤 1：在阅读本章内容之前，请你对下列测试问题根据度量标准进行评分，并在左栏（学习前）先估出分值，你的回答应该反映你现在的态度和行为，而不要有意根据你所希望的结果去评价，要诚实。采用这种方式是为了帮助你评估自己在演讲技能方面的能力处于何种水平。通过自我评价，你就可以根据需要调整你的学习方向。

步骤 2：完成本章的学习后，尽可能把所学的知识和技能与实际结合起来，根据自己的工作体会，结合平时的工作反思，不断修正自身的沟通技能，然后遮住你第一次的答案，重新回答下列测试问题并填入右栏（学习后）。当你完成这次调查后，检测你的进步，如果你在某一技能领域的成绩依然较低，那么说明在这些方面你还得不断加强理论与实践的结合。

评价标准

非常不同意 / 不符合（1 分）　不同意 / 不符合（2 分）　比较不同意 / 不符合（3 分）

比较同意 / 符合（4 分）　同意 / 符合（5 分）　非常同意 / 符合（6 分）

测试问题

学习前　学习后

______　______　1. 我在整个演讲过程中，眼神同受众保持接触。

______ ______ 2. 我的身体姿态很自然，没有因为紧张而做作。
______ ______ 3. 我能运用基本的手势来强调我的要点。
______ ______ 4. 我运用停顿、重复和总结来强调我的观点。
______ ______ 5. 我每次演讲前都会确定具体的目标。
______ ______ 6. 我会对受众的需求、忧虑、态度和立场进行分析。
______ ______ 7. 在组织思路时，我会先写下几个主要的论点。
______ ______ 8. 我会特意准备一个颇具吸引力的开场白。
______ ______ 9. 我演讲的结尾会呼应开头，且必要时能要求受众采取行动。
______ ______ 10. 我制作的幻灯片简明扼要，有助于达到演讲目标。
______ ______ 11. 我的论点、论据之间有内在的逻辑联系，有助于支持我的主张。
______ ______ 12. 我会把紧张、焦虑转换为热情和动力。
______ ______ 13. 我会清楚地叙述我的观点为受众带来的好处与利益。
______ ______ 14. 我会热切、强烈地讲述我的观点。
______ ______ 15. 我会事先演练，以免过分依赖演讲稿，并且会注意受众的反应。
______ ______ 16. 我的演讲稿只写关键词，以免照本宣科。
______ ______ 17. 我会预测受众可能会提的问题，并且准备相应的回答。
______ ______ 18. 我的声音清楚，语速适中，富有感染力。
______ ______ 19. 我会有意识地运用发音、语调和语速来表示强调。
______ ______ 20. 演讲前我会检查场地及相应的设施。
______ ______ 21. 准备演讲时，我会估计将会遭到的反对意见。
______ ______ 22. 在整个演讲过程中，我会充满自信。
______ ______ 23. 演讲前，我会检查我的衣着打扮是否得体。

自我评价

如果你的总分是 105～115 分，你具有优秀演讲者的素质；98～104 分，你略高于平均水平，有些地方尚需要提高；99 分以下，你需要严格地训练你的演讲技能。

选择得分最低的 6 项，作为本章技能学习提高的重点。

案例 8-2

关于文化问题的演讲

很少有大学生在毕业演讲上让主讲人相形见绌的，尤其是那位主讲人是来自哈佛大学的普利策奖得主。但是，1996 年 5 月 12 日，萨吉德·扎希尔·奇诺依在里士满大学对自己的同学发表演讲时，正好就发生了这样的事情。

奇诺依出生在印度孟买附近，而且在那里长大，他在一次校园演讲比赛中崭露头角，被选为代表参加演讲。他谈到来到美国求学而产生的种种感受，之后，他动情地谈到了在里士满大学受到的热烈欢迎，也谈到了如何通过理解别人而克服文化上的差异。

他对着约 3 000 名听众临场发挥，而且手中没有讲稿，结果得到雷鸣般的掌声，他的话在媒体上广为转载。他的演讲给人极大的启迪，主讲人、哈佛大学心理医生罗伯特·柯尔斯在发表自己的演讲之前，对他给予了高度的评价。柯尔斯说："我参加过很多毕业典礼，但是，我从来没有听到过这样的演讲。"

下面的演讲文本是根据录音整理出

来的。

尊敬的来宾、各位老师、教职员工、同学们、女士们、先生们，尤其是1996届的同学们：

我可以一而再，再而三地回忆起那个场景：1992年8月15日星期六晚上11点30分，在印度孟买国际机场，我离开祖国，来里士满大学求学。我跟父母、家人和朋友最后道别，我在他们眼中看到了希望，看到了期盼，甚至看到了一丝悲伤。一登上波音747飞机，我就知道自己的一生发生了永久性的变化。

接下来我在飞机上度过了36个小时，那是一段充满了疑问，充满了焦虑，充满了无尽担忧的时间。

离开家是不是明智的选择？离开父母、家人、自己的家，是不是正确的选择？离开自己的祖国、文化和背景，是不是正确的选择？选择里士满大学是不是明智的选择？

接着，当然，还有一个没完没了的问题，一个挥之不去的疑虑：里士满大学共有3 000名学生，但一共只有3名印度学生，我能否融入这个校园？

我的祖国完全不同，我的文化完全不同，我的经验完全不同，我的背景完全不同，我的语言完全不同，我的口音完全不同，我能融入这里吗？

就这样，我飞上了天空，在高高的云层上面，摸索着这些文化、交往和种族的问题。我所不知道的是，就在3万英尺下面，就在地面上，世界面临着同样的问题：文化的问题、交往的问题、种族的问题。

因此，不管我坐的飞机是否从孟买起飞，那里的印度教徒和穆斯林在战争一触即发的临时和平中生活着；也不管我的飞机是否从非洲起飞，那里有卢旺达和布隆迪的胡图族和图西族在长久的敌意中生活着；也不管我的飞机是否从波斯尼亚和黑塞哥维那起飞，那里的塞尔维亚族、克罗地亚族、穆斯林和波什尼亚克族又一次打破了停火协议，问题都是一样的——不同的文化是否能够彼此相融，并且相互弥补？

女士们、先生们，在那个颠簸不平的飞行途中，我找到了答案。我在里士满大学过了四年非同寻常的生活。我的学习成绩不错，业余生活过得不错，我的毕业计划也不错。

但是，对我的思想产生了永世难忘的影响的，倒不是上述这些东西。不，让我难于用文字表达的是那些特别的时刻，是那些人类彼此交往的时刻，是发生人类相互关系的时刻。

我的第一个感恩节是跟我的辩论课老师一起度过的。在那个感恩节的晚上，我第一次吃到了美国的火鸡，第一次看到了美国的橄榄球比赛，而我当时连擒抱摔倒与触地得分之间的差别都弄不清楚。但是，突然之间，我已经成为美国人表达谢意的传统不可分割的一个部分了。

我的第一个圣诞节夜晚是跟新闻系的一位教授一起过的。在那个圣诞节的夜晚，我们之间的关系已经不是老师与学生了，而是两个在乒乓球桌上彼此厮杀的兄弟。

微积分考试的头一个晚上，我跟一位美国朋友进行了很长时间的诚实谈话。那天晚上，我学到的微积分知识并不多，但是，我明白了一个道理——尽管我们彼此很不相同，我们有不同的国家、不同的文化、不同的大陆，但是，我们从本质上讲还是一样的。

1992年12月，印度受到一次集体暴乱的打击，当时，暴力行为和流血事件就在离我家人和我家不到几百米的地方发生。那个时候，我读一年级时认识的一名极好的室友与我一样整夜未眠，他给了我希望、力量和勇气，帮我走过艰难的每一步。

是啊，在那次颠簸的空中旅行的四年后，我找到了文化问题的答案。

我发现，只需要一点点理解，只需要一点点感受力，只需要一点点思想开放，只需要为这个社区，就是里士满大学的这些人着想一下，我的一生就可以永久性地改变了。

我发现，不管你属于哪一种文化，不管你的背景如何，也不管你有什么样的经历，不管你讲什么语言，不管你有什么样的口音，都不会有任何的差别。人类彼此的联结远远超出这些表面的差异。

可是，看看我们今日的世界吧。看看面临着我四年以前面临过的同样问题的那些地区吧。

看看波斯尼亚和黑塞哥维那，在那里，1992—1996 年，共有 30 万人被屠杀了。那里面有塞尔维亚人，有克罗地亚人，有穆斯林，这些人被屠杀掉，仅仅因为他们分属稍微有些不同的传统、文化或历史。

看看印度的孟买。在 1992 年的一个发了疯的星期里，2 000 名印度人，包括印度教徒和穆斯林在内，在彼此厮杀中死掉了。他们为了一个清真寺而打斗，他们为了用砖块和泥浆造成的一个建筑物而流血。2 000 条生命因此消失。

看看非洲，在那里，1992—1996 年，100 万胡图族人和图西族人失去了自己的生命。我们稍稍思考一下吧。在我当一年级学生和四年级学生这段时期内，100 万人因文化、历史或背景不同而死去。

是啊，大家来看看那种疯狂吧。世界奋力挣扎，仅仅为了突出其彼此的差异。我们已经忘记了内在的相似之处。这一切都是因为我们已经失去了对彼此的理解。我们失去了一点点感受力，仅仅需要一点点开放精神，仅仅需要一点点设身处地的思考。

1992 年，有两个类似的文化问题。1996 年，却出现了两个根本对立的后果。

因此，对 1996 届的同学们，我想说，大家努力去做杰出的人吧。去找到最后的工作，去追求有极大回报的事业吧。去上最好的研究生项目。去你们各自的社区，进行真正的改造吧。

但是，千万不要忘记，哪怕一刻也不要忘记这四年的回忆，让我们都记住，只需要一点点理解，只需要一点点感受力，只需要一点点开放精神，只需要一点点设身处地的着想，一切就会有很大变化：波斯尼亚和黑塞哥维那的一个青年就不会再完全绝望了，里士满大学的另一个青年就会萌生极大的希望。

谢谢大家。

讨论题

请根据上面的演讲文本做分析。

1. 本演讲在语言技巧上有什么特点，特别是整个演讲的语言结构有什么特点？
2. 演讲的内容组织有什么独特之处？就本次演讲的目的而言，演讲材料的选取与组织有什么过人之处？

P A R T 3

第三篇

基于组织的管理沟通

“乱花渐欲迷人眼，浅草才能没马蹄。”这是唐代诗人白居易在春季踏青的时候写的一首诗。虽然乱花迷住了双眼，但是这种喜悦之情仍然跃然纸上。当管理者面对一个新组织的时候，踌躇满志、一展雄图的想法很自然，但是却很有可能由于花朵太多而无从下手，不容易有效地把握群体特点。在面对整个组织的时候，我们应该如何实现换位思考？如何把握沟通对方的特点？如何实现群体的有效沟通？这些成为中层以上管理者最为关心的沟通技能。组织层面的沟通包括组织内部的沟通，也包括与外部组织之间的沟通。由于组织内部个体的差异性和环境的差异性，以及不同组织之间的目标和行为的差异性，要正确处理好内部沟通和外部沟通，并达成内部之间、内部与外部之间的沟通目的，对于管理者而言确实是个艰巨的挑战。

围绕这些问题，本篇分以下五个主题讨论组织层面的沟通策略技能：

- **第 9 章　沟通环境与策略**
- **第 10 章　数字沟通**
- **第 11 章　会议组织与沟通**
- **第 12 章　危机沟通**
- **第 13 章　跨文化沟通**

第 9 章　沟通环境与策略

■ 学习目标

学完本章后，你应当能够：

- 将内部环境和外部环境结合起来分析沟通策略；
- 认识外部沟通环境差异对沟通信息解读的影响；
- 分析内部环境中主观障碍、客观障碍和沟通方式障碍；
- 正确利用组织内部非正式沟通渠道，提高组织沟通绩效；
- 完善内部信息沟通网络和技术环境，采取有效沟通策略。

引题　不同语言沟通环境带来的致命误解

文化人类学家爱德华·霍尔把语言环境分为高语境文化和低语境文化。高语境文化通过有形的环境信息或是个人内化了的信息进行交流，诸如日本、沙特阿拉伯、西班牙和中国均属于高语境文化国家。低语境文化通过明确的编码（如言语）来传递信息，比如加拿大、美国和大多数欧洲国家都属于低语境文化国家。正是这两种不同语境文化的差异，导致了跨文化交流时经常发生误解，甚至导致严重的后果。

下面是 1991 年长岛坠毁的哥伦比亚国家航空公司飞机上黑匣子记录的对话：

驾驶员对副驾驶员："告诉他们，我们正处于紧急状态。"

副驾驶员对领航员："我们正在消耗燃料……"

领航员："爬高到 3 000 米，并保持这一高度。"

副驾驶员对领航员："喂，我们的燃料马上要用完了……"

领航员："我把你们领到东北方向 15 英里，然后你们再返回……这是不是对你们和你们的燃料有好处？"

驾驶员："我想是这样。"

最终，飞机因燃料用尽而坠毁。

从驾驶员、副驾驶员和领航员之间的对话可以看出，来自哥伦比亚的副驾驶员（母语是西班牙语，高语境语言）和来自美国的领航员（母语是英语，低语境语言）之间的致命误解。“紧急状态”是低语境的表述，“我们正在消耗燃料”是个较高语境的表述（从字面上看，所有的飞机在起飞后都在消耗燃料）。领航员最后的问题是“这是不是对你们和你们的燃料问题有好处？”这也是一个高语境的表述。领航员应该问：“你们是说你们的燃料处于危机状况？”如果领航员问了这个问题，可能副驾驶员会回答“是的”，因为他刚刚听到驾驶员说“告诉他们，我们正处于紧急状态”。

【案例 9-1】 巨人大厦“倒塌”的催化剂

1996 年 9 月，耗尽巨人集团心血的巨人大厦完成地下工程，开始浮出地面。也就是在此时，巨人集团的财务危机全面爆发了。当时，很多知情人已经看到了巨人集团的危机。可是，谁也没有想到，危机会爆发得那么突然和猛烈，其中，媒体在推动巨人大厦加速倒塌的过程中“功不可没”。

从 10 月开始，巨人集团总部越来越热闹起来，一些买了巨人大厦楼花的债权人开始依照当初的合同来向巨人集团要房子，可是，他们看到的却是一片刚刚露出地表的工程，而且越来越多的迹象表明，巨人集团可能已经失去了继续筑建大厦的能力。这一吓人的消息一传十、十传百，像台风一样卷刮到并不太大的珠海市的每个角落。那些用辛辛苦苦赚来的血汗钱买了大厦楼花、原本梦想赚一票的中小债主再也按捺不住了。一拨一拨的人群涌进了巨人集团。

1997 年 1 月 12 日，数十位债主和一群闻讯赶来的媒体记者来到巨人集团总部，恰逢深居简出的巨人集团总裁史玉柱刚刚驱车从外面回来。于是，发生了一场面对面的“短兵相接”。其间，一位律师对债权人和记者口气凌厉地嚷嚷道：“如果你们不是想解决问题而是来闹事，你们就去闹。作为企业行为，任何事情向社会曝光都没有问题。如果你们要曝光，可以先曝光，然后再谈，我们不怕曝光。”

结果，巨人集团仅仅委派了律师与债权人和记者周旋，巨人集团与媒体的关系迅速恶化。于是，种种原本在地下流传的江湖流言迅速地在媒体上被一一放大曝光：

巨人集团的资产已经被法院查封，总裁史玉柱已经没有资产可被查封了；

巨人集团总部员工已经三个月未发工资，员工到有关部门静坐并申请游行；

巨人集团一位副总裁及七位分公司经理携巨款潜逃；

史玉柱沉痛承认在保健品开发上交了上亿元的学费……

这些耸人听闻的新闻真假参半、泥石俱下，一时间让史玉柱百口难辩。就在这时，又发生了巨人集团因不正当竞争行为向娃哈哈集团道歉的事件。巨人集团在公众和媒体心目中的形象轰然倒塌，从此万劫不复。

令人玩味的是，在“巨人风波”的爆发中，国内有些媒体表现出一种异常的投入和不冷静，扮演了一个唯恐天下不乱的角色，用巨人集团一位高级职员的话说，就是“以落井下石的火力一夜间彻底摧毁了被它们吹捧了几年的企业”。史玉柱在危机中曾几度企图恢复生产销售秩序，可是几度被媒体的跟踪报道打乱。每出现一次报道，就造成一批骨干的离去，增加一批讨债者上门，以致恶性循环，难以挽救。

史玉柱日后曾十分不解地感慨道：“巨人集团一直是个‘新闻企业’，我本人也是个‘新闻人物’，想不当都不行。以前新闻总说巨人集团这也好那也好，现在说巨人集团这也不好那也不行。我原计划1997年好好做市场，但各地报纸一转载‘巨人风波’，说巨人集团差不多倒闭了，产品没人敢买了，这下子问题大了。”“巨人风波”平息后，国内媒体自身也曾对此有过检讨，当数年后“爱多事件”爆发时，便有人吁请大家冷静，以免重蹈巨人集团报道的覆辙。当然，这是后话了。

在那些腥风恶雨的日子里，史玉柱一直躲在巨人集团总部四层的总裁办公室里，那是一间300m^{2}的大办公区，史玉柱将办公室、书房、卧室、会议室、秘书室集于一体，构成了一个封闭的空间。当危机全面爆发时，史玉柱就躲在这个孤岛上，拉下所有帷幕，拒绝与任何外界接触，整日在不见一丝阳光的大房子里孤寂地枯坐。

史玉柱把自己在孤岛上关了数十日。就在这些日子里，新闻媒体对巨人事件进行了高密集的轰炸，企业形象支离破碎。可是，史玉柱却始终没有跟媒体、社会进行过哪怕一次认真、知心的对话。他异乎寻常地对仅有的几位对他和巨人集团还抱有一丝希望的员工说，我们不必主动去找任何一位记者，我们的名声已经这样糟了，坏到了不能再坏的地步，还能怎样？就这样，史玉柱轻易地放弃了最后一次获取同情和救援的机会。

在财务危机被曝光三个月后，史玉柱终于向媒体提出了一个“巨人重组计划”，内容包括两个部分：一是以8 000万元的价格出让巨人大厦80%的股权；二是合作组建脑黄金、巨不肥等产品的营销公司，重新启动市场。可是，谈了十多家，还是一无所成。在这一过程中，庞大的“巨人军团”分崩瓦解。史玉柱从公众的视野中消逝了。

资料来源：吴晓波．大败局[M]. 杭州：浙江人民出版社，2001.

这里选择中国企业发展史上极具代表性的巨人集团倒塌的经典案例，希望读者不会因为时间过去久远，而忽视企业所面临的外部沟通环境之复杂。请讨论以下问题：

1. 巨人大厦“倒塌”过程的外部沟通环境有哪些要素？这些要素分别扮演了什么角色？

2. 新闻媒体在巨人大厦“倒塌”过程中起了什么作用？巨人集团在与媒体沟通中存在哪些失误？

3. 巨人集团内部沟通体系设计存在什么问题？有什么教训？

9.1 外部沟通环境分析的必要性

沟通所依存的环境不外乎内部环境和外部环境。分析组织内部环境，在于明确组织内部影响沟通的基本因素，实现组织系统内成员的意见交换和协调，支持组织沟通目标的达成。分析组织外部环境，旨在实现组织和相关环境的信息交换与协调，使得组织与环境之间保持动态平衡。唯物辩证法认为，世界是一个普遍联系的整体，世上万事万物及各要素都处于相互影响、相互制约之中，这要求管理者在管理沟通过程中坚持系统观，把握好全局和局部。

本章概括性地探讨不同内外部环境是如何影响组织沟通的。外部环境主要探讨外部技术因素、不同文化背景、不同外部利益相关者对管理沟通的影响；内部环境主要探讨内部沟通障碍、信息控制、沟通渠道等对组织沟通的影响。外部沟通环境分析的意义在于以下几个方面。

第一，有助于企业更好地融入全球化管理活动中。在全球性商务活动过程中，必须了解沟通对方的文化、法律、制度和行为准则，有针对性地采取沟通策略，既达到沟通目标，又能赢得对方的尊重。比如，在一个国家，问候某人的家人可能是必要的，而在另一个国家可能是对别人严重的冒犯。例如在美国，邀请他人到自己家里吃饭可能是很高的礼节，但在中国有的地方，如果你只是在家里请他人吃饭，他人会认为你对自己不够重视，而到酒店吃饭，他会觉得你非常客气。

第二，有助于管理者制定科学的管理沟通战略。即使在我们国家内部不同地区之间，由于环境的差异性，也需要企业采取不同的与公众沟通的策略。比如，同一个企业会根据不同地区消费者的需求差异，采取不同的沟通诉求策略。对于一家生产营养液的企业，在东部地区采取的公众诉求策略可能是强调产品对孩子成长所需的营养起到充分补充的作用，而在西部地区的公众诉求则是对孩子的母爱等。

第三，有助于组织确立正确的信息传递对象。不同的沟通对象，信息组织和传递策略就不一样。比如对政府机构或非营利性组织来说，希望通过公众沟通媒介向所有不同阶层、不同民族及不同信仰的社会群体传递其服务的宗旨和方式，而对于娱乐业的营销员工，他们总是倡导“时尚一族”的特有文化，并专门为这些“时尚弄潮儿”提供服务。

第四，有助于企业找到最有效的沟通渠道。随着信息技术和网络技术的发展，信息沟通渠道越来越丰富，企业可以选择传统的报纸、杂志、电视、广播等作为沟通渠道，也可以选择网络（包括电子邮件、短视频、微信等）作为沟通渠道。

【例子】不管你现在对不同组织、不同地区、不同国家的文化了解如何，有一点是肯定的，那就是你必须通过自己学习，或通过向他人学习不同外部环境特征下的沟通策略和技巧，让自己成为一个适应未来时代需要的跨文化沟通人才。但如果你在工作中遇到了不能确定别人文化习惯的问题，你就得考虑采取相应的策略。一是采取法庭上律师的策略——不要问你并不知道答案的问题；二是采取与上述完全相反的策略——坦白地告诉别人你对他们的文化习惯不是很清楚。这两种策略本身就是矛盾的，也正因为矛盾的存在使得沟通成为一种艺术。如果你的同事也碰到过这样的问题，当你坦率地告诉对方你的“无知”时，他会很乐意地帮助你解决问题。但如果你与沟通对方本来就是敌对的，而你问这样的问题，反而会引起他对你的轻视。

9.2 外部沟通环境因素与策略

组织外部沟通环境因素包括全部与企业沟通活动相关的、处于组织外部的利益相关者，以及社会、政治、经济、文化等因素。由于企业的实际沟通行为发生在外部组织和个体之间，因此，我们把沟通的外部环境界定在处于企业外部的组织和个体，从利益相关者角度看，主要包括竞争对手、终端客户、中间商、供应商、政府、社会团体等。分析外部环境就是分析这些外部利益相关者的特点，以采取相应的沟通策略。

一是客户因素分析与沟通策略。这里的客户包括终端客户和中间商。分析客户因素，主要是把握客户的需求特点和心理特点，了解客户的利益和兴趣所在，从客户处反馈对本企业产品的意见和建议，并与客户建立良好的关系。可以运用第 2.2 节“沟通对象的特点分析”所提出的三个基本问题来展开，即分析“他们是谁”“他们了解什么”“他们感觉如何”。

【例子】银行客户因素分析，第一个重要的特点是客户的心理特点，并不断缩短与客户的心理距离。客户刚接触银行业务员工时往往会刻意保持与银行业务员工的心理距离，因此，对于初次接洽的客户，无论大客户、小客户，都要热诚以待，让客户充分感受到你对他的尊重，感受到你的合作态度，促使其也相应地采取合作态度，在沟通中不至于有过多保留。

客户的第二个重要特点是希望得到肯定的评价，要多给客户肯定的意见。特别是对尚不熟悉的客户，即使有负面的意见（如哪些方面不符合信贷条件），也要婉转地提出或者等合适的时机再提。如果将话题过多集中在负面意见上，客户很可能会产生抵触情绪，就更不容易得到进一步的信息。

客户的第二个重要特点是不喜欢被别人“教导”，而希望轻松地交谈。与客户刚认识的时候，往往希望能尽可能多地了解对方情况，但如果一次向客户提出一大堆的问题，沟通的气氛就会显得很紧张、很累，效果不一定好。一般而言，提问要拣关键点，问题不能过多，尽量让客户多谈，顺着客户的言谈提一些问题，间或聊一些相关的轻松话题，差不多的时候再把话题引回来，提一个新的问题。这样，沟通的气氛就会比较融洽，也更容易在轻松的沟通中拉近双方的距离。

二是政府因素分析与沟通策略。与政府建立良好的关系是管理沟通的重要任务，无论公共关系管理、企业形象培育与品牌建设，还是利益相关者管理，都把政府放在重要的地位，因为政府的支持是企业赖以生存与发展不可缺少的条件。在我国，政府不但是制度的制定者、监督者，还是资源配置的主导者，因此，企业应做好以下几个方面的工作：

- 正确认识政府的地位与功能。能够分析不同政府部门的信息兴奋点和关注点，有的放矢。
- 认真准备沟通的信息。事先应对所要讨论的问题进行深入调查研究，邀请专家和内部管理员工进行分析讨论，提炼完整的论点和充足的论据。
- 沟通过程论点简明、措辞谨慎、态度谦虚。要把主要信息集中在有限的几个关键点上，在有限的时间内让对方感受到你所提问题的重要性。
- 充分了解沟通对象的背景和信息需求。政府官员有的关注操作性信息，有的关注思路性信息，有的关注你讲话中有没有亮点，因此，要根据对方的背景组织信息，对方不是很关注的信息，可以以后通过文字报告和汇报材料的形式补充。
- 适当的后续跟踪。沟通之后与对方保持联系，可以继续寄送相关的文章材料，保持接触关系的持续。

三是社会团体因素分析与沟通策略。社会团体往往是利益相关者的代表，比如，消费者协会是顾客的代表，行业协会是同行利益的代表，慈善机构是社会公众（尤其是弱势群体）公益事业的代表等。要处理好与社会团体的沟通，应注意做好以下工作：

- 通过积极主动地向新闻媒体、大众传播媒介提供企业的信息，不断把企业的情况及企业对社会的贡献等事实通过报道、杂志、通信等形式传递给这些社会团体。
- 通过开放企业让社会团体来参观，使其了解企业内部的整洁、有序、人本化的工作环境、企业对员工的关爱，以及企业承担的社会责任等，提高企业的美誉度，给外部公众创造负责任的良好形象。
- 通过座谈会和新闻发布会的形式让这些社会团体了解企业，通过参与或赞助社会文化、体育、教育、公共福利事业等形式树立良好形象。
- 通过重视环保工作和社区服务等形式树立企业关注社会公益事业的形象等，与社会团体建立良好的沟通关系。

除以上这些外部环境因素外，企业外部利益相关者还包括竞争对手、供应商、中间商等，这些利益相关者与本企业的关系比较特别，表现为基于直接经济利益的合作或竞争关系，与这些利益相关者的沟通策略在管理学、经济学的各类书籍中有较多的描述，这里不做具体分析。

以上陈述的外部沟通环境主要还是围绕国内展开的，如果我们把外部沟通环境放在不同国家、不同文化背景中讨论，其特点就更加纷繁复杂。正如前面提到的，管理沟通是一门综合性非常强的课程，由于外部沟通过程中所涉及的因素很多，要面面俱到地讨论如何与所有外部组织沟通是不可能的。

这里简要总结一下外部沟通环境分析应注意的三个基本问题。一是要知己。要对企业自身的特点、形象、要求等有一个清醒的认识。比如，在公共关系问题的处理上，要对自身的知名度、美誉度，以及外部公众对自己的信任度有正确的定位，否则，你所采取的公共关系策略就会不得要领。二是要知彼。要通过各种调查方法收集对方对自己的评价和认知，了解对方的习惯、思维方式和价值观，了解对方的需要和目标等。三是要设法找到兼顾沟通各方利益点的途径，包括文化认知、相互尊重、求同存异等，甚至是融合沟通各方的文化。

【例子】“神舟六号”飞船成功上天并安全返回是我国 2005 年最引人注目的重大事件之一，全国人民无不高度关注这个令整个中华民族骄傲的大事。和“神舟六号”飞船的两名宇航员一起到太空的，还有来自台湾的 1 克泥土、大陆的 9 克泥土和云南的普洱茶等。前者是政府希望早日达成两岸和平统一的夙愿，后者则更多的是企业的炒作行为，即利用事件营销来扩大品牌影响力，以期获得更多的市场机会。

然而，自“神舟六号”安全返回地面后，有关普洱茶的声音并没有此起彼伏，而是有些消失遁形的味道。很显然，普洱茶的此次事件营销美中不足，存在着明显的缺憾。“神舟六号”上天的分量自然非同小可，普洱茶选此重大题材进行营销也可谓用心良苦，并需要投入不少银两，然而，事件有了，普洱茶却没能通过事件营销获得广泛的关注从而提升品牌形象。

有专家认为，普洱茶上天这个事件营销，在事件发生前后与外部环境沟通的策略中存在不少问题，比如，缺乏与外部沟通的持续有效的主题，普洱茶上天后，没有通过后续炒作来提升和巩固品牌的影响力。再比如，普洱茶上天与“神舟六号”上天之间没有给外部受众找到一个合适的、给人以联想的结点。也有人认为，这次普洱茶上天，根本就没有设计好与外部受众的沟通策略，普洱茶花了大力气，最后只成为“神舟六号”上天众多谈资中的一个小插曲。

9.3 技术环境与管理沟通策略

管理沟通中的外部技术环境，随着信息技术、多媒体技术、网络技术等的不断发展而日益丰富，在多姿多彩的虚拟世界中出现了大量的以互联网为工具，以文字、声音、图像及其他多媒体为媒介的沟通方式，特别是网络沟通成为目前最活跃和最重要的沟通方式。网络沟通的主要方式有电子邮件、网络电话、网络传真、网络新闻发布（微博、抖音、微信公众号）和网络聊天工具（如微信、QQ、钉钉）等。

9.3.1　网络沟通的优缺点分析

网络沟通是一个集成性的名词，包括全部通过网络完成的、以解决管理问题为目的的沟通方式。这种网络沟通具有以下优点：

- 沟通便利，节约成本。人们只要把计算机连到网络上就可以进行沟通，与传统书面沟通相比，既节约了大量的成本，又大大提高了便捷性，因而具有最高的性价比。
- 沟通信息立体、直观。人们可以利用微信、QQ 等工具进行视频聊天，在聊天的同时还可以看到对方的表情和神态，此沟通方式的信息立体、直观、全面，犹如双方在面对面聊天一样，而且沟通双方也可以利用网络传输多媒体资料。
- 超时间性和超地域性。通过互联网，一台计算机可以将任何时间、任何地点需要沟通的双方联系起来，方法的便捷性是以往任何工具无法比拟的。例如，你在收到一封来自美国的跨地域邮件后，可以选择在任何时间阅读。
- 沟通双方互动性高。不同地方的沟通双方如同坐在同一会议室进行互动交谈。

但网络沟通同时存在着一些缺点。第一，横向沟通扩张，纵向沟通弱化。网络超越时空限制，可在横向层面认识很多人，也可以使很多人认识你，因此，人们可以利用网络扩大人际关系交往面。但是，一个人的精力是有限的，人际横向沟通的快速扩张，会大大地弱化人与人之间的纵向沟通。20 世纪九十年代、21 世纪初出生的“网上一代”大多都在网上拥有许多泛泛之交，但在现实生活中，他们中的绝大部分都缺少真挚、深入的纵向沟通。第二，口头沟通受到极大的限制。网络沟通扩大了“代沟”，许多家长都反映与子女之间存在着语言代沟，“YYDS”“emo”等父辈不理解的网络语言已成为当代青少年的口头禅。口头沟通的缺失，使得很多沉溺于网络的青少年出现了各种心理问题，如“网络综合征”。第三，传统价值观和道德观受到挑战。网络在给人们的工作、生活和社会交往带来极大便利的同时，也产生了许多新的社会问题。比如，上网时间过多，和异性相识便利对婚姻造成极大威胁。另外，暴力游戏、网上色情电影也使人们在思想道德建设上面临着严峻挑战。第四，合理的个人隐私权受到前所未有的挑战。在传统社会中，个人隐私比较容易保密。而在网络时代，人们的生活、娱乐、工作、交往都会留下数字化的痕迹，个人详细信息在论坛注册账号时被要求提供或在聊天记录里反映，有时甚至公开；一些不法分子甚至还会利用网络获取他人的隐私，进行要挟、勒索、伪造等违法活动。

如何利用网络沟通的优点，并克服其缺点，更好地借助网络实现成功的管理沟通？这里选择日常生活中最常见的两类信息技术环境下的沟通方式，讨论其利弊和沟通策略。

9.3.2 电子邮件沟通

电子邮件沟通是组织管理过程中应用最广的网络沟通方式，它日益成为管理工作和生活中不可缺少的沟通工具。电子邮件作为沟通手段，具体有以下几个方面的优点。

（1）传送速度快。往往在数秒钟内，邮件就可以发送到全球任意位置的收件人信箱中，接收双方交换一系列简短的电子邮件就像是一次次简短的会话。

（2）信息类型多样。邮件除可以发送普通文字内容外，还可以发送软件、数据，甚至音频、动画、视频或其他各类多媒体信息。

（3）收发方便。电子邮件采取的是异步工作方式，它在高速传输的同时允许收件人自由决定在什么时候、什么地点接收和回复电子邮件，不会因“占线”或收件人“不在线”而耽误时间，跨越了时间和空间的限制。

（4）成本低廉。用户一般只须花费很少的上网费用，就可以将电子邮件发送到远在地球另一端的收件人手中。

（5）交流对象更为广泛。同一封电子信件可以通过网络极快地发送给网上指定的一个或多个收件人，甚至召开网上会议进行互相讨论。

（6）传送机制可靠。电子邮件高效可靠，即便是收件人的计算机正好关机或断开互联网，电子邮件服务软件也可以将信息安全可靠地送达目的地。

（7）表达形式灵活。电子邮件作为一种以计算机网络为媒介的笔头沟通方式，与传统的以纸张和传真为媒介的笔头沟通相比较具有参与度高、可匿名、约束小、语言逻辑和语法规范要求低、可以用情感符号显示非语言性信息传达等特点。

但是，利用电子邮件沟通也存在这样一些缺点：

- 沟通效率难以保证。如果电子邮件的收件人不能及时接收电子邮件，甚至在一段时间内都不收取，那么将会产生一个时间滞后，延长沟通时间。因而相比于电话或其他即时的沟通方式，电子邮件的沟通效率大大降低。
- 反馈性低。每一封电子邮件的传送都是单向的，也就是说，如果收件人收到了电子邮件后不回复，那么发件人将无法获知邮件是否到达目的地和是否被阅读。
- 对技术和硬件的依赖性大。电子邮件的特殊信息传输方式，决定了它对网络技术和计算机及其他硬件设备的依赖性较大，在缺乏接收硬件、无法上网等情况下，这种沟通方式将会受阻。
- 安全性受限。由于网络病毒、垃圾邮件等问题，收件人有时无法验证邮件的来源和可靠性，因而导致安全性降低。
- 受到服务和管理软件的限制。电子邮箱的容量及附件容量是没有严格统一的，导致使用不同电子邮件服务软件的客户常常受到收件、寄件限制，因此而降低邮件传输的可靠性和便利性。

因此，采用电子邮件沟通时，要注意以下沟通策略：

（1）为了提高沟通的绩效，使收件人更容易理解和接收邮件包含的信息，要做好信息组织。如分析收件人对信息的第一反应会是什么；他到底需要多少信息；以何种方式编辑信息可以激发他的兴趣；将重要信息着重强调和清楚说明，提高互动反馈来克服无法看到对方的即时反应这一不足。

（2）为了提高沟通的效率，可以采用邮箱接收邮件后自动回复或者发送“邮件已阅读”的信息给发件人，以加强发件人对邮件发送情况的了解和控制。

（3）为提高电子邮件的及时反馈性，可以将电子邮件与手机短信等其他通信方式相关联，用短信或者电话的方式提示收件人接收邮件，也可以直接用移动网络接收邮件。

（4）改善硬件和软件环境，提高管理和服务软件功能，提高电子邮件传输的安全性和可靠性，保证信息能够及时顺利地发送给收件人。

（5）对机密的重要电子邮件，可以采用信息技术加密的方法来保障沟通信息的安全性。

9.3.3　电话沟通

电话仍是目前商务沟通中最方便的方式之一。采用电话沟通具有如下优点：

- 实时性。电话接通后，瞬间可与对方通话联系，就速度而言，没有其他沟通工具可以比拟。
- 简便性。操作简便，几乎无须培训就会使用。
- 双向性。电话沟通可立即接收到对方的回音，且双方都可自由沟通。
- 经济性。可节省时间与金钱，减少无谓的往返时间以及金钱浪费。
- 普遍性。固定电话和移动电话的普及率很高，可以随时随地与他人进行电话沟通。

尽管电话沟通具有省时、省力、快速沟通的优点，但是双方仅仅通过语言进行沟通，还是存在一些局限性。首先，由于双方看不到对方的情形及状况，信息传递的渠道十分单一，容易造成误会。其次，运用电话进行沟通，难以留下可供回溯的记录，可能因为遗忘、误会发生纠纷。因此，电话沟通往往用于日常事务的询问和解答、与新对象前期的沟通和一些临时性或突发性事件的沟通，而通常的重大问题、复杂问题的沟通不会仅仅通过电话沟通来解决。

针对上述局限性，在进行电话沟通时，应该采取相关策略，扬其长处避其短处。

（1）准确地发送和接收信息。进行电话沟通的双方，要尽量避免误会的发生。对信息发件人而言，在沟通前要先整理沟通内容，沟通时说话简明扼要、条理清晰；对于重要的信息要进行复述，跟外部员工沟通时不要使用缩略语。信息接收者要积极倾听，不断地确认与反馈。

（2）重视非语言因素。电话沟通中双方情感传递大多通过非语言的因素来表现。非语言因素包括声音大小、音调高低、抑扬顿挫、语气语法，乃至叹息、回应速度，甚至姿势转换、专心与否都会影响电话沟通品质。所以沟通时，要保持一种愉悦的心情，根据沟通的具体情景来确定不同的语言风格、语气和语调。

（3）对沟通的关键内容进行记录。由于电话沟通的无形性，一段时间后很容易造成遗忘。因此进行电话沟通时，应该把主要事项记录下来，以免因为遗忘而耽误事情。此外，人们在打重要电话时很容易跑题，为避免这种情况，需要把关键信息列一张清单，写明要讨论的所有事项，每说完一件事后打上钩，表明这件事情已经完成。

（4）要注意沟通的时间。电话沟通的一个最重要的优点就是高效率，因此电话沟通的时间相对于别的沟通方式一般都比较短。在电话沟通时要言简意赅，抓住纲领，尽可能在 3 分钟内结束，以免引起别人的不耐烦。如果要沟通的内容比较多，应该在打电话之前准备一个提纲，以避免遗漏要点后需要再次进行沟通。

（5）要及时处理电话留言。如果你有电话留言和语音信箱，应尽快处理其中等你回复的留言，最迟不超过 24 个小时。留言给别人时，先说清楚姓名、电话号码和打电话的时间。讲话要慢而清晰，否则姓名和电话号码皆有遗漏的可能。

随着信息技术的发展，电话沟通中出现了一类特殊且重要的专司电话沟通任务的沟通者（沟通者群体）——呼叫中心，又叫客户服务中心，简称“客服”。它是充分利用通信网和计算机网的多项功能集成，与企业各部门联结而形成的综合信息服务系统。它可以有效地为客户提供高质量、高效率、全方位的服务。在整个客服体系架构中，电话接听和处理是一个前端的、重要的部分。因此，电话沟通的质量是评价客服的关键指标。

一般来说，客服电话沟通的对象主要是企业外部员工，沟通内容主要是应对客户的询问、投诉等。电话应对技巧所反映的是企业的风貌、精神、文化、管理水平，甚至经营状态等。因此，除电话沟通应采用的相关策略外，接听电话、应对的技巧以及特殊事件的处理也特别重要。

- 接听电话的技巧。应该在电话铃声响两三次的时候接听电话，过急地接听电话可能会引起别人的惊讶，过慢则会引起别人的急躁。要向对方表示问候，自报公司名称、职务、姓名或工号。沟通过程中要做好记录，通话结束后要礼貌地和对方道别并轻轻放好话筒。
- 应对的技巧。在应对客户的询问时，客服要耐心仔细，尽量少用专业用语。在应对客户的投诉电话时，要让客户诉说不满，并耐心地等待客户平稳情绪，然后肯定客户信息中的合理部分，认真琢磨对方不满的真正原因，找到解决的办法。
- 特殊事件的处理。客服往往会碰到一些特殊事件，例如遇到自己不知道的事情，或者遇到骚扰电话等。所以，在员工手册中应该准备一些应对特殊事件的处理预案，这样即使遇到，也能从容面对，提高沟通质量，维持企业良好的形象。

9.3.4 微信沟通

微信是移动互联网时代应用最广、受众最多的社交工具。微信数据报告显示，截至 2023 年第三季度，微信已经拥有 13.36 亿日活跃用户，每天有超过 10 亿分钟的视频和音频通话，以及超过 450 亿条消息。作为一种即时沟通工具，微信具备以下几个方面的优势。

（1）传播速度快，沟通效率高。使用微信发送短消息可以快速完成，接收消息之后自动弹出提示，实现了双向实时沟通，沟通效率高。而传统的网络沟通工具，如邮件，往往需要较长的反应时间，反馈滞后。

（2）表现方式强，沟通效果佳。可以通过文字、图片、语音、视频等多种表现方式沟通。通过微信语音通话，用户可以即时听到对方的声音，看到对方的表情，感知双方的情绪和态度，沟通更加有效。

（3）信息获取渠道更广。通过朋友圈、公众号等可以快速获取世界各地的资讯和动态，也可以根据自己的偏好关注感兴趣的好友，形成活跃的社交圈子。

（4）打破地域限制，降低沟通成本。传统的跨国短信和通话沟通成本较高，且会受到当地法律、政策、运营商的限制。而通过微信，用户随时随地都可以与目标用户沟通联系，让地域限制和成本考量不再是即时沟通的障碍。

（5）输入法功能丰富，查找保存方便。在跨文化沟通中，外国文字可以翻译成本国文字，有利于提高跨文化沟通效率。文字沟通可以通过输入法直接输入，也可以将语音转成文字。聊天记录可以长期保存，还能通过关键词、图片等多种形式查询。

（6）安全性、私密性高。相比于邮件，微信感染网络病毒的风险低，沟通更加稳定和安全。此外，通过删除、屏蔽等功能，用户可以筛选信息，获取垃圾消息的可能性低，沟通更加私密和准确。

微信等聊天工具的沟通优点有很多，但仍然存在一些问题：

- 沟通效果受到表达方式的限制。实时沟通的时候，沟通频次高，消息发送者可能没有认真组织措辞，造成沟通双方在内容、情绪感知上的误会。
- 沟通效率受到沟通成本的限制。实时沟通相比于电子邮件，信息呈现碎片化的形式，信息的全局性较弱，这个维度的沟通成本较高。
- 消息体量大，管理成本高。实时沟通的信息形式丰富，涵盖文字、图片、语音、视频、文件等。消息零碎且数量庞大，还涉及垃圾消息，关键的消息容易被埋没，降低沟通效果。
- 场景非正式，社交礼仪不被重视。相比于面对面沟通和邮件沟通，微信沟通的非正式属性更强，因此用户可能过于随意，无法很好地遵循社交礼仪，甚至给对方留下负面印象。

针对微信等工具沟通所具有的特点和不足，在采用微信等工具沟通时，要注意以下策略来有效改善沟通效果。

第一，有效措辞，突出重点。发信息时要有效地组织措辞，尽量在一条信息里清楚地表达沟通意图，切忌刷屏打扰对方。整合碎片化消息，注意重点和要点，重要内容（比如时间、地点等）可以加上【 】标出，便于阅读、记忆以及后期查找。

第二，直接沟通，及时回复。微信是一个即时通信平台，直接的信息交流与沟通更符合用户习惯。试探性地问对方“在吗”往往让信息接收者反感，也降低沟通效率。不妨直接说事，对方看到之后可以直接给出答复。另外，尽可能及时回复收到的消息，如暂时不方便回复，可以进行简单的标注，事后说明情况。切忌不回复消息而发朋友圈，这会让对方感到不被尊重。

第三，有效沟通，避免误解。相比于文字沟通，发送语音增加了信息接收者的沟通成本。因此，应尽可能避免发送大段语音，多发送文字，或利用微信语音输入文字的功能，降低信息接收者的阅读成本。尽可能避免容易引起误解的表情包和语气词，如“哦”“呵呵”等语气助词可能会给对方带来负面的感受。

第四，尊重好友，注意礼仪。首先，注意推荐礼仪。推荐前应征求双方的意见，再拉一个小群为双方做简单的介绍。直接推送名片有泄露他人隐私、打扰他人的隐忧。其次，尊重好友，避免群发广告或祝福。群发广告会消耗人脉资源，应尽量避免；群发的祝福往往让对方感到厌烦，祝福尽可能个性化，以表诚意。最后，尊重群友，避免公群私聊。公群私聊不仅让群友信息过载，还可能因无效信息刷屏而错过重要信息，并让其他群友感到被冒犯，因此应尽量避免。

9.4 内部沟通环境分析的必要性

经常有员工这样抱怨：我们公司内部甚至部门内部，人与人之间都戴个面具，相互之间存在隔阂。可以说，这是一种比较常见的现象，但这种现象越来越使我们伤心——它撕碎了现代人的心，也使现代人生活在压抑、沮丧的环境中；它使人产生被遗弃感和孤独感，这种感觉强化了员工与企业的貌合神离。被隔绝的员工由于不了解企业，也就无法和企业建立亲密的关系，也正是在这种背景下，员工的奉献减少了，不关心和不信任增多了，整个公司的生产力也就陷于停顿。

那么，是什么导致上述局面的呢？几乎每一个员工（包括自己）刚到公司时都充满热情，觉得自己是这个公司的一员，应该好好干，也会告诉自己，要把自己的全部时间、精力和心思投入公司的发展中去。事实呢？如果你来到一家与你的预期相吻合的公司，即使在公司碰到困难时，你也会和公司取得相互理解，会奋不顾身地为公司目标而奋斗，你会尽最大努力去做好自己的工作，因为你觉得自己是公司的一部分。但如果你来到一家与你的预期很不吻合的公司，公司内部管理者关心更多的不是你的心境和愿望，而是公司的利润，或者自己的利益，他们总是说没有时间与你交流，他们往往很少给予你足够的关注，你会对公司越来越失望。

现在，假设你终于走上管理岗位，成为一名管理者，你又是如何考虑公司内部沟通的呢？是否还记得你作为普通员工时的期望？是否还关注你的下属的期望？

正如你自己一样，普通员工渴望着和公司紧密相连，希望自己和公司的关系不是一张工资单的关系；他们也在希望自己成为“圈内人”，能深入公司内部，对公司各部门情况有所了解；他们更希望自己不只是被雇用的一双手或仅仅是机器上的一个零件，随时可以被更换；他们期待着与公司坦诚交流而产生的那种特殊结合在一起的感觉。要解决好这些问题，寻求组织内部有效的沟通技能成为管理者必须面临的课题。

对组织内部沟通环境可以从内部组织结构、组织文化和内部技术环境三个方面来考察：第一，内部组织结构反映了组织成员的权力关系、信息沟通渠道和业务流程等，它在本质上反映的是组织内部人与人之间的关系和联结方式。为了更好地解决好权力关系，保证信息沟通的顺畅和业务流程的优化，就需要采取有效的沟通技能。第二，组织文化是组织内部全体员工共同遵守的行为规范、思维方式、意识形态、风俗习惯等。每个组织及其子组织都有自身的文化或子文化，需要结合不同组织内部文化环境的特点选择相应的策略。第三，内部技术环境也深刻地影响着组织内部沟通，随着企业内部互联网、局域网的普遍采用，正在从根本上改变着人的沟通模式。

从组织内部上述三个方面考察环境的变化，可以帮助我们采取针对性的沟通策略。从管理沟通的角度讲，由于沟通对象是非常明确的人，而人所存在的直接环境是组织，因此，在内部沟通技能上，重点在于解决不同组织环境及其文化环境下的沟通策略。

9.5 内部沟通环境的障碍

内部沟通环境中的障碍包括主观障碍、客观障碍和沟通方式障碍三个方面。主观障碍来自以下六个方面：

- 个体的性格、气质、态度、情绪、见解等的差异，使信息在沟通过程中受个体的主观心理因素的制约。
- 在信息沟通中，如果双方在经验水平和知识结构上差距过大，就会产生沟通的障碍。
- 信息往往是依据组织系统分层次逐级传递的。而在分层次传递同一条信息时，往往会受到个体的记忆、思维能力、价值观等的影响，从而降低信息沟通的效率。
- 对信息的态度不同。有些管理者和员工忽视自己认为不重要的信息，不关心组织目标、管理决策等信息，而只关心与其物质利益有关的信息，使沟通发生障碍。
- 管理者和员工之间相互不信任。这主要是由于管理者考虑不周，伤害了员工的自尊心，或决策错误所造成的，而相互不信任则会影响沟通的顺利进行。

- 员工的畏惧感也会造成障碍。这主要是由于管理者管理严格、咄咄逼人，以及员工本身的素质所决定的。

对于主观障碍影响管理沟通质量的现象，表 9-1 提出了四个方面的识别建议。

表 9-1　主观障碍的四个识别建议

识别问题	建议思路
员工能畅所欲言吗	当你和员工交谈时，他们能畅所欲言。他们知道自己的意见能起作用，也能被重视
你常与员工联系吗	经常联系的员工深信自己能及时知道有关本部门和全公司的重大情况
你与员工有深层次的思想交流吗	交流使员工积极承担义务而不是听从指挥。除非你努力设法和员工交流思想，否则员工能做的往往只是服从命令。员工如果感觉不到自己和公司心心相连，就不会竭尽全力
你知道员工需要什么吗	当你知道员工需要什么的时候，才是你和他们建立联系的时候。只有公司和员工间有了相互了解，才能达到高质量的服务和丰厚的利润。员工才是质量、服务和利润的推动力

客观障碍主要包括以下两个方面：一是信息的发送者和接收者如果空间距离远、接触机会少，就会造成沟通障碍。社会文化背景不同、种族不同而形成的社会距离也会影响信息沟通。二是组织机构过于庞大，中间层级过多，信息从最高决策层到下级基层单位，由于层级过多导致信息被不断改造和误读，产生失真，而且还会浪费时间，影响其及时性。这是组织机构自身所造成的障碍。

沟通方式障碍可以概括为以下两个方面。

第一，沟通方式选择不当，原则、方法使用不灵活所造成的障碍。沟通的方式和网络多种多样，且它们都有各自的优缺点。如果不根据组织目标及其实现策略来进行选择，不灵活运用有关原则、方法，则沟通就不可能畅通进行。在管理工作实践中，存在信息的沟通，也就必然存在沟通障碍。管理者的任务在于正视这些沟通障碍，采取一切可能的方式消除这些沟通障碍，为有效的信息沟通创造条件。

第二，语言系统所造成的障碍。语言是沟通的工具，人们使用语言、文字及其他符号将信息通过沟通渠道呈现。但是语言使用不当就会造成沟通障碍，这主要表现在以下三个方面。一是误解。这是由于发送者在提供信息时表达不清楚，或者是由于接收者接收信息失误所造成的。二是歪曲。这是由于对语言符号的记忆模糊所导致的信息失真。三是信息表达方式不当。这表现为措辞不当，词不达意，丢字少句，空话连篇，文字松散，句子结构别扭，使用方言、土语，千篇一律等。这些都会增加沟通双方的心理负担，影响沟通的进行。

组织内部沟通的一个例子是罗斯·佩罗与美国通用汽车公司合作后出现的障碍。

【例子】罗斯·佩罗是一个性格直爽的亿万富翁，他在 1984 年把自己的电子数据系统（EDS）公司以 25 亿美元的价格卖给了通用汽车公司，并成为其最大的股东和董事会成员。通用汽车公司购买 EDS，主要是需要佩罗的管理技能来协调公司内部大规模的信息管理系统。通用汽车公司主席罗杰·史密斯也希望佩罗的进取精神能重新激发出公司的活力。但从佩罗进入公司开始，他就成了公司现有政策的激烈批判者，他认为公司生产一辆汽车所花费的时间比打第二次世界大战的时间还长，他尤其严厉地批评了公司内部存在的官僚主义作风，要求公司在追求结果的过程中培养团结一致的精神。到 1986 年 11 月，史密斯认为公司已明显地具有了足够的佩罗式的精神，而此时，公司内对佩罗的批评声到处可闻，结果，这个汽车巨头花费了佩罗原有股权两倍的价格打发他，让他从董事会退休。

从这个例子中可以发现，人际冲突在组织中是客观的、无处不在的。在现实中，大多数组织都趋向于员工的多样化、全球化，合资公司大量涌现，因此，当来自不同组织和文化背景的管理者走到一起时，如何处理好内部沟通日益成为一个重要的问题。任何一个组织内部存在过度不和谐因素，都将在竞争的环境中处于难堪的境地。事实上，适度的冲突正是活跃的、有进取性的、有激励的组织的生命血液，它能够激发出员工的创造力，以及整个组织的创新精神。为此，就要求管理者在正确看待内部沟通障碍的前提下，运用适当的策略建设性地做好内部沟通工作。如何解决组织内部的沟通障碍？接下来将着重从内部信息控制和沟通策略的视角讨论具体的对策建议。

9.6 内部信息控制和沟通策略

9.6.1 优化组织内部信息控制系统

对沟通过程的信息控制，可以从信息收集、信息加工处理及信息传递三个方面入手。

信息收集是进行信息沟通的前提，也是进行管理决策的前提。在沟通的控制中，首先应在收集工作上下功夫。在具体策略上，可以从以下几个方面入手：首先，要提高信息员的素质和能力，收集及时、有用的信息。任何组织要提高信息沟通的水平，其关键是提高信息员在政治、知识和能力方面的水平，建立一支反应灵敏的信息员队伍。其次，要建立和完善信息网络，开辟尽可能多的渠道，力求所收集的信息完整齐备，而且在疏通这些渠道时，还要求树立全面观念、政策观念、时效观念和求实观念。最后，要保证信息的准确性，要求信息来源真实可靠，原始记录准确无误，切忌使用模棱两可的信息；同时，要注意防止信息传递过程中“报喜易、报忧难”的现象，要在信息真实性方面加以严格控制。

在信息加工处理上要保证信息的准确性、及时性和反馈性。在具体做法上，可以从以下几个方面入手：第一，信息的加工处理必须遵循准确、及时、系统和对实际工作具有指导意义的要求；第二，在对信息进行加工处理时，要依据其来源、时效的不同归口处理，以提高工作效率；第三，对信息加工处理要给予反馈，确保信息的准确性。这种反馈是双向的，即下级主管部门经常给上级领导提供信息，同时接受上级领导的信息查询；上级领导也要经常向下级提供信息，同时对下级提供的信息进行反馈，从而形成一种信息环流。

信息传递过程的控制，在具体策略上，应注意以下四个方面：

- 信息传递要贯彻“多、快、好、省”的原则，这是一般要求，在信息传递中，这几个方面互相联系、互相制约，要加以协调控制。
- 信息传递要区分不同的对象，选择信息传递的目标，确保信息的效用。同时，在提高信息传递的针对性时，注意信息的适用范围，考虑信息的保密度，防止信息大面积扩散、泛滥。
- 要适当控制信息传递的数量，但要注意信息过分保密和随意扩散的倾向。
- 要控制信息越级传递和非正式渠道的沟通，尽可能地使之成为对层层传递和正式沟通渠道的补充，共同完成组织目标。

9.6.2 内部角色分析和沟通策略

1. 组织内部角色定位

组织内所发生的沟通现象，往往受到组织成员的地位或角色的影响，因为每个人都会根据他的地位或角色，对于沟通的信息，给予不同的理解和解释。关于内部沟通技能的提高，一方面要学会对自身的角色有清醒的认识，另一方面要学会对他人的角色有正确的认知。

一位网络公司的总经理经常要求员工思考两个问题：我是谁？我在什么地方？对这两个问题的理解，一是“角色认知”，二是“角色定位”。任何一个组织都是由不同的个体所组成的，因此，可以认为，组织有序化和沟通畅通化的过程，是以个体不断修正自我角色定位为前提的，并由此而采取合适的沟通策略。

所谓地位，简单地可以理解为某个体在某一层次系统中所处的位置。在任何组织中，都会发展出这种地位差异。对于角色分析，关键在于界定自身在组织中所处的地位。从现有文献来看，较多的观点是从个体在组织中所处的正式职位来界定地位。很显然，这种界定地位的标准是不合适的，我们认为，地位与职位往往是不对称的。

恰当地界定地位，可以从社会地位认知、组织地位认知两个方面进行，在此基础上，对自己应该扮演的角色有合理的定位。社会地位是指某个体在某一组织、社区或社会中的声望、影响力、价值观认同水平和能力被认同的程度，它常常与年龄、家庭、职业、教育层次、自身素养和道德伦理紧密相关。组织地位是指某个体在组织内的层次位置，常常表现在不同名衔、职位上面，它可以直接通过正式职位来判定。

尽管地位是规定一个人应扮演角色的最主要因素，但它绝对不是全部。角色分析比地位分析内涵更为丰富。角色是社会学的一个概念，一般是指居于某种位置的人（不管是谁）所被期望表现的某类行为。这里所谓的某种位置，可以是正式职位，也可以是在他人心目中的地位（如期望）。比如，你现在是一位大学教授，可能你并没有任何正式职位，但当你到一家公司去做演讲时，公司员工就会先验性地用“学识渊博”“文质彬彬”等字眼来期望你所扮演的角色，这就是社会地位对角色的影响。

在组织内部，正式组织的领导由于职位——组织地位的不同，所扮演的角色也各不相同，对于这一点，大家的意识是比较明显的。在正式组织内，居于不同地位或位置的人，也会由于他所居地位或位置而表现出某种特殊行为形态。例如，一位总经理会怎样说话和表现怎样的态度，一位营销经理会采取怎样的立场，不待真正发生，大家都事先有了某种期望。否则，就会有“望之不似人君”的感觉。

但我们在扮演正式组织内部的角色外，更多地在扮演非正式群体的角色。在非正式群体中，不同个体之间常常会渐次发展出不同角色，由不同个体担任。有的担任创议者，有的担任附和者，有的担任质疑者，诸如此类。角色一旦形成以后，很自然地，其他人都期望担任某种角色的人会表现特定的某种行为，或不会表现某种行为。比如一个经常唱高调、提反对意见的人，如果某天忽然立即附和一个非常现实的意见，其他人都会感到奇怪，因为这不符合他的角色行为。

严格来说，虽然地位和角色代表不同的观念，但在本节讨论中，我们仅把角色限于正式组织的环境内，为方便起见，都称为组织角色。以下进一步讨论，在正确认知自我组织角色的前提下相应的沟通策略选择。

组织内的每个人都有不同的组织角色。例如高层管理者、中层或基层管理者，他们的组织角色不同；又如不同职能部门的工作者，也会由于本身属于销售、生产或财务部门，表现为不同的组织角色。由于所担任的组织角色不同，就会产生不同的态度和观点，以及不同的利害关系，因而每逢接触什么新的信息时，就会依本身的态度、观点或利害加以评估，进而导致不同的意见和结论。

【例子】本人曾经利用对研究生课程进修班讲课的机会，要求 56 位学员就一个案例分析主要的问题所在。结果统计发现，认为该案例中存在的关键问题是销售方面的学员中，82% 在公司里负责销售工作；认为该案例中存在的关键问题是组织方面的学员中，75% 是在公司里从事生产管理的经理员工。这表明，虽然他们所获得的是相同的信息，但这些信息所代表的意义，却受每人组织角色的影响而不同。

2. 组织角色定位对沟通的影响

有关组织角色对沟通的影响，最主要是由上级与下级之间的组织角色关系所造成的。从上级与下级间的沟通来看，人们往往觉得上下级之间的沟通不像平级之间的沟通那么容易。由于正式的组织角色关系的存在，无论上级对下级，还是下级对上级，往往不能像平常人之间那样沟通。究其原因，下级在组织内的发展前途，在相当大的程度上，操之于上级之手。这使得下级在与上级接触的时候，很自然地会怀着一份特别的心理状态，影响了他与上级间的整个沟通过程。一方面，从下级的“上向沟通”而言，他不愿意在这上面发生什么对自己不利的影响，因此对于沟通内容不免加以选择和控制。他可能会尽量掩盖对自己不利的事实，或者如果必须报告，就企图加以对自己有利的解说；即使与自己没有直接关系的消息，为投上级之所好，也倾向于只挑选上级期望知道的部分而提出报告。这都使得其间沟通发生歪曲现象，正式组织内部的信息失真现象，基本来自这个原因。另一方面，下级对于上级所传达给他的“下向沟通”也同样会因上级和下级关系而发生歪曲。由于下级想从沟通中得到更多或更微妙的信息，每每从字里行间去揣测可能的含义，往往捕风捉影，自以为是。上级一句非常漫不经心的话，可能被下级解释为带有特别的意义（即“言者无意，听者有心”），以致造成“庸人自扰”或“自我感觉良好”的结果。

尽管下级是问题之所在，但上级方面也不是没有问题的。由于上级所接触的范围较广，知道的事情可能较多，因此在与下级沟通的时候，往往一个人滔滔不绝，变成单向的沟通。甚至有些上级在心理上就认为，在上级和下级之间，上级就应该担任“讲”的角色，下级只有“听”的份。这也不能认为是有效的沟通。

当然，并非所有上级和下级之间的沟通，都会发生上述情况；或即使发生，也未必会达到相同的严重程度。这取决于上级和下级之间的关系如何界定。例如，权威型的领导更可能发生上述情况；反之，如果上级能容忍下级某些错误，自己又能接受某种程度的批评，也许可使沟通所发生的歪曲程度大为减少。但是，最基本的是上级不要忘记或疏忽在沟通中还有“听”的一面。

对于上下级之间的沟通，我们的对策建议是：积极倾听。除良好的倾听习惯外（这在第 2 章中有讨论），更需要的是平等的沟通。无论上级还是下级，都要以一颗平常心去对待他人的观点。倾听不应是一般的“听听”就算了，而是要能够设身处地（站在说的人的立场）地去“听”。这种倾听的要点是，先不要有什么成见或决定，应密切注意讲的人所要表达的内容及情绪。这样才能使后者畅所欲言，无所顾忌。而后，听的人才能得到比较真实而完整的沟通信息，供他作为判断和行动的依据。

在平常的生活中，人们有各种有趣的说法，如“官越大，耳越背”，再如“一个领导要有口若悬河的本事”。大家为什么有这些说法呢？因为在平时的工作中，领导“讲”习惯了，下级也“听”习惯了，久而久之，就出现了领导的“听力衰退”，以及下级的思维惰性。反正领导怎么说，我怎么做就可以了，不带脑子一样工作，“有脑袋的还不如没脑袋的”，这个说法就是对平时上下级之间由于非建设性沟通而带来的负面结果的诙谐说法。

无论上级还是下级，要界定好自己的组织地位，不是说下级不要说只要听，也不是说下级应该拣上级喜欢听的话说，而是要正确运用管理沟通的艺术，根据自己的角色定位，不断提高自己的“听力”，以恰当的方式说恰当的话。其中最关键的技能是建设性倾听，要不断尝试、磨炼及体会“听的艺术”。

9.7 组织内部沟通渠道网络

组织内成员间所进行的沟通，可因其途径的不同分为正式沟通与非正式沟通两种系统。正式沟通是通过组织正式结构或层次系统运行的，非正式沟通则是通过组织正式结构或层次系统以外的途径来进行的。

9.7.1 正式沟通渠道

正式沟通一般是指在组织系统内，依据组织明文规定的原则进行的信息传递与交流。例如组织与组织之间的公函来往、组织内部的文件传达、召开会议、上下级之间的定期情报交换等。正式沟通的类型有三种：下向沟通、上向沟通和横向沟通。

下向沟通一般以命令方式传达上级组织或其上级所决定的政策、计划、规定之类的信息，有时颁发某些资料供下级使用等。上向沟通主要是下级依照规定向上级所提出的正式书面或口头报告。除此以外，许多机构还采取某些措施以鼓励上向沟通，如意见箱、建议制度，以及由组织举办的征求意见座谈会、态度调查等。比如有时某些上级采取所谓“门户开放”政策，使下级可以不经组织层次向上报告。横向沟通主要是同层次、不同业务部门之间的沟通。在正式沟通系统内，横向沟通的机会并不多，往往采取委员会或举行会议的方式来进行。

正式沟通的优点是：沟通效果好，比较严肃，约束力强，易于保密，可以使信息沟通保持权威性。重要的消息和文件的传达、组织的决策等，一般都采取这种方式。但其缺点在于层层传递的沟通渠道刻板，沟通速度很慢，此外也存在信息失真或扭曲的可能。

在管理学中，提到的正式沟通形态一般有五种：链式沟通、环式沟通、Y式沟通、轮式沟通和全通道式沟通（见图9-1）。

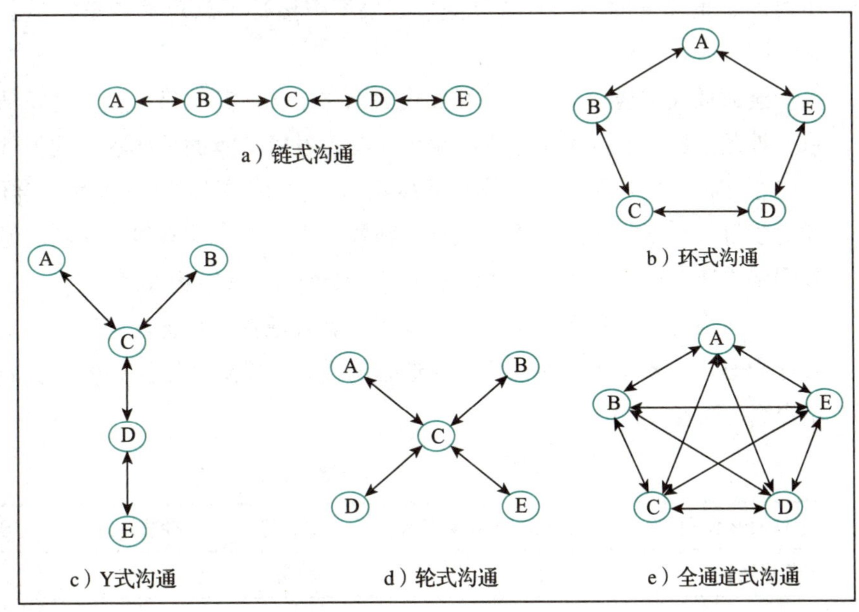

图9-1 五种沟通形态

链式沟通。这是一个平行网络，其中居于两端的成员只能与内侧的一个成员联系，居中的成员则可分别与两个成员沟通信息。在一个组织系统中，它相当于一个纵向沟通网络，代表一个五级层次，逐渐传递，信息可以自上而下或自下而上进行传递。在这个网络中，信息经层层传递、筛选，容易失真，各个信息传递者所接收的信息差异很大，平均满意程度有较大差距。如果某一组织系统过于庞大，需要实行分权授权管理，那么，链式沟通网络是一种行之有效的方法。

环式沟通。此形态可以看成是链式形态的一个封闭式控制结构，表示组织成员之间依次联络和沟通的关系。其中，每个成员都可同时与两侧的成员沟通信息。在这个网络中，组织的集中化程度和管理者的预测程度都较低；畅通渠道不多，组织中成员具有比较一致的满意程度，组织士气高昂。如果在组织中需要创造出一种高昂的士气来实现组织目标，环式沟通是一种行之有效的方法。

Y 式沟通。这是一个纵向沟通网络，其中只有一个成员位于沟通内的中心，成为沟通的媒介。在组织中，这一网络大体相当于组织领导、秘书班子再到下级管理者或一般成员之间的纵向关系。这种网络集中化程度高，解决问题速度快，组织中领导员工预测程度较高。除中心成员（C）外，组织成员的平均满意程度较低。此网络适用于管理者的工作任务十分繁重，需要有人选择信息，提供决策依据，节省时间，而又要对组织实行有效控制。但此网络易导致信息曲解或失真，影响组织中成员的士气，阻碍组织提高工作效率。

轮式沟通。属于控制型网络，其中只有一个成员是各种信息的汇集点与传递中心。在组织中，大体相当于一个管理者直接管理几个部门的权威控制系统。此网络集中化程度高，解决问题的速度快。管理者（当然是C）的预测程度很高，而沟通的渠道很少，组织成员的满意程度低，士气低落。轮式沟通网络是加强组织控制，争时间、抢速度的一个有效方法。如果组织接受紧急攻关任务，要求进行严密控制，则可采取这种网络。

全通道式沟通。这是一个开放式的网络系统，其中每个成员之间都有一定的联系，彼此了解。此网络中组织的集中化程度及管理者的预测程度均很低。由于沟通渠道很多，组织成员的平均满意程度高且差异小，因此士气高昂，合作气氛浓厚。这对于解决复杂问题，增强组织合作精神，提高士气均有很大作用。但是，由于这种网络沟通渠道太多，易造成混乱，且又费时，影响工作效率。

上述沟通形态各有其优缺点。作为一名管理者，在管理实践中，要进行有效的人际沟通，就要发挥上述这些沟通形态的优点，避免其缺点，使组织的管理水平逐步提高（见表 9-2）。

表 9-2　五种沟通形态的比较

沟通形态评价标准	链式沟通	环式沟通	Y 式沟通	轮式沟通	全通道式沟通
集中性	适中	低	较高	高	很低
速度	适中	慢	快	1. 快（简单任务） 2. 慢（复杂任务）	快
正确性	高	低	较高	1. 高（简单任务） 2. 低（复杂任务）	适中
领导能力	适中	低	高	很高	很低
全体成员满意程度	适中	高	较低	低	很高

9.7.2　非正式沟通渠道

所谓非正式沟通，是指组织结构或层次系统以外的信息沟通渠道，它一般由组织成员在感情和动机上的需要而形成。非正式沟通和正式沟通不同，因为它的沟通对象、时间及内容等各方面，都是未经计划和难以辨别的，而且渠道也非常繁多且无定型。非正式沟通的渠道是通过组织内的各种社会关系来实现的，它们超越了部门、单位及层次，较正式沟通渠道具有更大弹性，它可以是横向流向，或是斜角流向，一般以口头方式为主，不留证据、不负责任，也比较迅速。例如同事之间的任意交谈，甚至透过家人之间的传闻等，都算是非正式沟通。

概括而言，非正式沟通的优点在于：沟通形式不拘，直接明了，速度很快，容易及时了解到正式沟通难以提供的“内幕新闻”。非正式沟通能够发挥作用的基础是组织中良好的人际关系。但其缺点在于：沟通信息难于控制，传递的信息不确切，容易失真，而且它可能导致小集团、小圈子，影响组织的凝聚力和人心稳定。

由于非正式沟通不必受到规定手续或形式的种种限制，因此往往比正式沟通还要重要。但是，过分依赖这种非正式沟通渠道也有很大危险，因为这种信息遭受歪曲或发生错误的可能性相当大，而且无从查证。尤其与员工个人关系较密切的问题，例如晋升、待遇、改组之类，常常发生所谓的“谣言”。这种不实信息的散布，对于组织往往造成较大的困扰。因此，管理者既不能完全依赖这种形式来获得必需的信息，也不能完全加以忽视，而应当密切注意错误或不实信息发生的原因，设法提供组织成员正确而清晰的事实，加以防止。

非正式沟通的形态有四种（见图 9-2），依照最常见至较少见的顺序分别为：群体链式沟通、密语链式沟通、随机链式沟通、单线链式沟通。群体链式沟通是指在沟通过程中，可能有几个中心成员，由其转告若干成员，而且有某种程度的弹性，图 9-2a 中的 A 和 F 两人就是中心成员，代表两个子组织的“转播站”。密语链式沟通是指由一个成员告知所有其他成员，这种形态类似独家新闻（见图 9-2b）。随机链式沟通，即碰到什么成员就转告什么成员，并无一定中心成员或选择性（见图 9-2c）。单线链式沟通，就是由一成员转告另一成员，另一成员也只再转告下一个成员，这种情况最为少见（见图 9-2d）。

一般来说，当组织内部非正式沟通盛行，极有可能的结果是滋生组织内部的消极因素。因此，如何最大限度地降低非正式沟通的副作用，是管理者在沟通策略选择时应考虑的问题。在传统的管理及组织理论中，并不承认这种非正式沟通的存在。但是，要真正消除这些非正式沟通是不可能的，而且也是不必要的，关键在于如何去了解、适应和整合，使其有效担负起沟通的重要作用。例如，管理者可以设法去发现在非正式沟通的网络形态中，谁处于核心和“转播站”的地位，也许通过这种沟通形态可以使信息更迅速地传达。管理者也可以设法从非正式沟通中去发现所沟通的信息内容。不过，这些做法有其危险或代价：过分利用非正式沟通，会冷落或破坏正式沟通渠道，甚至组织结构，而且，设法从非正式沟通中去探听消息，其结果往往会导致组织背后形成一套“谍报网”，无意中造就一批“打小报告者”，从而破坏组织内部的团结。

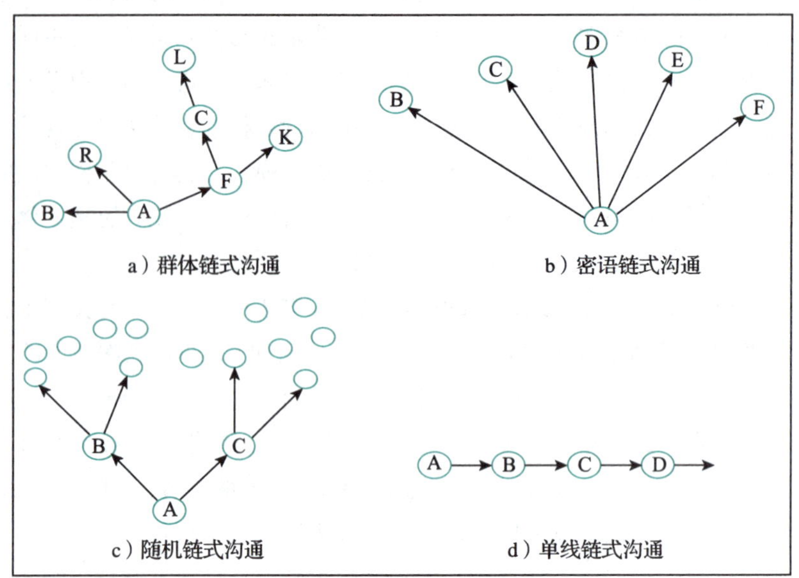

图 9-2　非正式沟通形态

要消除非正式沟通的负面影响，最大限度地发挥其积极作用，根本上要分析非正式沟通盛行的原因。原因分析的基本逻辑思路是“由己及人”——先分析自身在管理中存在的问题，再分析对方的需要。分析自身是否存在问题主要包括两个方面：一是管理工作是否存在缺陷。如果负面非正式沟通的产生是管理工作中存在的缺陷所导致的，就应该采取恰当的改进方式，消除非正式沟通的抵触情绪。二是价值取向是否与长远发展战略匹配。如果管理工作没有问题，则要分析正式组织所倡导的价值取向是否符合组织长远的发展战略，若不符合，就应该考虑修正现有价值取向，引导员工行为。

如果前面两个问题都不存在，就应该分析非正式沟通网络中成员的状况，包括成员构成、产生背景、价值取向等。具体包括：

- 非正式沟通网络中成员的背景。哪些人或谁在非正式沟通渠道中处于主导地位。
- 非正式沟通网络存在对正式沟通产生影响的历史状况。
- 非正式沟通网络的价值取向，尤其要了解处于主导地位的“网络中心人物”的价值取向，进一步分析非正式沟通和正式沟通之间的价值取向吻合程度。
- 非正式沟通网络和正式沟通网络之间的关系。
- 非正式沟通网络成员与正式沟通网络成员之间的关系。

分析了非正式沟通存在甚至盛行的原因后，建议采取针对性的措施来解决问题。可以采取的策略中，比较常用的策略可以总结为以下五个方面。

一是开诚布公，正本清源。有的管理者在平时习惯于内部操作，不给员工提供信息的反馈，故作神秘，封锁消息，结果，即使正常的信息，也会笼上一层神秘的面纱，为背后谣言的流传创造条件。开诚布公，正本清源，就是要求管理者尽可能地向组织开放沟通渠道，公开必要的信息，杜绝种种散布不实谣言的温床。

二是提供事实，驳斥谣言。要想阻止非正式沟通所带来的谣言，最有力的策略是正面提供客观事实，以事实去击破谣言存在的基础。这些事实要求有较强的针对性。

三是诚信待人，与人友善。避免非正式沟通副作用最基本的做法，是培养组织成员对组织管理者的信任和好感，这样他们比较愿意听组织提供的消息，也比较能相信组织提供的消息。要组织成员对管理者产生好感，前提是管理者真诚对待员工，把员工看作利益共同体。对管理者要加强这方面的培训，提高处理问题的能力。

四是丰富生活，充实人生。闲散和单调乃造谣生事的温床。为避免发生不实谣言，扰乱人心士气，管理者应注意不要使组织成员有过分闲散或单调枯燥的情况发生。

五是突破中心，价值引导。当非正式沟通网络通过前面四个策略还不能解决时，就应采取该种策略。具体可以采取“中心突破法”和“内部瓦解法”。“中心突破法”就是从网络中心人物切入，“擒贼先擒王”；同时，实施“内部瓦解法”，通过对非正式沟通网络成员的价值观引导，先争取部分成员的价值取向转换，以点带面。

沟通聚焦

组织内部正式或非正式沟通体现在日常的沟通行为中，以下是引自罗锐韧、曾繁正（1997）编著的《管理沟通》中的几个关于内部沟通的做法建议。

你将怎么办。这五个字是管理者可用于听取内部意见的最有力基础。如果管理者能够经常征求员工意见，许多障碍也就可以消除了。杜邦公司总裁爱特伍德经常问他的员工：“如果你处在我的地位，你将怎么办？”

让我们交谈。公司采用集会方式，每季或每月召集大量员工聚在一起开会，让员工交谈，也可以让员工了解公司的最新情况。摩托罗拉公司每季度召开面对面会议，相互交谈；对于那些腼腆、胆怯的员工，则在大会过后再召集一次小会，名叫交谈会议。每次会议参加的人数不多，却能更有效地取得双向交流效果。

大字报方法。美国一家公司创造性地把过去一些原始交流信息方法，比如大字报，变成革新的沟通工具，在该公司内所有的地方都贴上大型海报，上面列举十个问题，鼓励员工问他们自己，也向同事或管理者提出问题。这些问题包括“现在什么事情使你着迷”“在什么事情上时间花得太多”“什么成本太高”“什么事情显得愚蠢”和“什么工作太烦琐”等。

好主意部。邦迪商店是一家保护用品零售商店，一向以采用先进和特殊管理方法而闻名。他们在公开交流中成立了一个“好主意部”，集中听取员工改进工作的意见，包括如何使人类生命更有意义和促使人们精神焕发等方面设想的交流。

周五论坛。在梅里托里斯公司里，每周五早上 9 点，100 多位管理顾问聚集在一起，做 3 小时的思想交流——一共 3 小时！受邀请参加的人包括有潜力的新雇员、现有和潜在委托人等。如果你想参加，只需遵守一条规定：你必须积极投入活跃和激烈的辩论中。

情境模拟训练

沟通障碍的消解

组织内部沟通障碍的存在原因是多种多样的，如何正确认识内部沟通障碍，需要我们深入去揭示沟通障碍的根源。本情境模拟训练的目的，在于感悟沟通障碍存在的形态及消除沟通障碍的策略建议。在这项情境模拟训练中，由6位同学组成一个团队小组，并先指定一名教练、一名记录员，其他成员共同参与。具体讨论步骤如下。

第一步，对照图9-3，请大家指出该图指代了什么，或者说这是一个什么图。根据各位成员的判断，请记录员记录下小组讨论的答案（可用表9-3记录）。

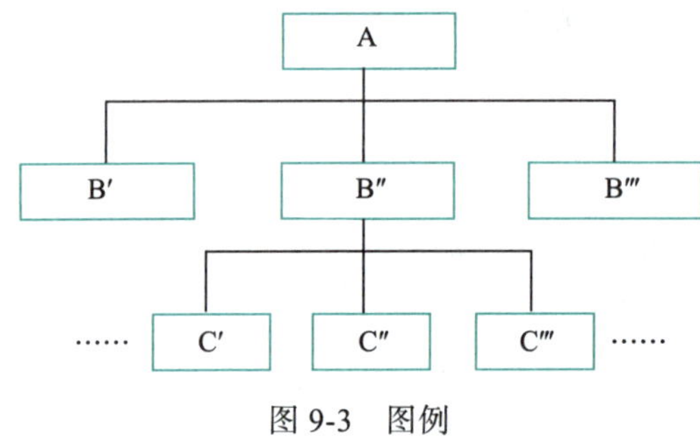

图9-3 图例

表9-3 指代物讨论记录表

序号	表征物	指代物特征描述
1		
2		

第二步，在小组讨论过程中，教练可以启发成员应用发散性思维，寻求尽可能多的指代物答案。

第三步，当出现10个左右的答案后，由教练向成员提出这样一个问题：如果这个图表征的是你所认为的某种指代物，那么，这种指代物在信息沟通、资源配置、权力结构、文化惯例等各个方面有什么特点，存在哪些沟通障碍？请记录员记录下讨论的要点。

第四步，由教练进一步提出这样的问题：假如上述这个指代物就是一个组织的结构或者一个组织的科层结构，组织结构（组织科层结构）中存在的沟通障碍是否就是各种类似指代物（也就是前面表9-3中的指代物）弊端的集合？有什么策略来消除组织结构所带来的沟通障碍？这些策略能根本地消除组织中的沟通障碍吗？

第五步，再请小组成员讨论：图9-3是由什么因素组成的（教练提示应用直观性思维来讨论）？这些因素与因素之间能够建立新的联结方式吗？如果添加了新的联结方式，消除了什么障碍，同时也增加了什么障碍？

第六步，根据前五步的讨论，全体小组成员总结组织内部沟通障碍的类型、特点、解决策略等。

总结回顾

- 外部沟通环境因素与策略
  （1）外部沟通环境：全部与企业沟通活动相关的外部竞争对手、终端客户、中间商、供应商、政府、社会团体等利益相关者。
  （2）政府沟通策略：正确认识政府地位与功能，认真准备沟通信息，沟通过程论点简明、措辞谨慎、态度谦虚，充分了解沟通对象的背景和信息需求，适当地后续跟踪。
  （3）社会团体因素分析与沟通策略：积极主动地向新闻媒体、大众传播媒介提供企业的信息，传递给社会团体；开放企业让社会团体与组织来参观，树立良好形象；通过社会回报形式，展示良好社会责任；重视环保和社区服务，与社会团体建立良好的沟通关系。
- 内部沟通环境障碍分析
  （1）主观障碍：个体的性格、气质、态度、情绪见解等的差异，经验水平和知识结构差距，信息逐级传递中的效率降低，对信息态度的不同，管理者和员工之间相互不信任，员工畏惧感障碍。

（2）客观障碍：信息发送者和接收者空间距离障碍，社会文化背景障碍，组织结构层级化障碍。

（3）沟通方式障碍：沟通方式选择不当，原则、方法使用不灵活所造成的障碍；语言系统所造成的障碍。

- 内部信息控制和沟通策略

（1）优化组织内部信息控制系统。①信息收集过程控制：提高信息员工素质和能力，建立和完善信息网络，保证信息的准确性。②信息加工处理控制：保证信息的准确性、及时性和反馈性。③信息传递过程控制：贯彻“多、快、好、省”原则，选择合适的信息传递对象，适当控制信息传递的数量，控制越级信息传递和非正式沟通渠道。

（2）内部角色分析和沟通策略。①组织内部角色定位。②对自身角色的清醒认识，对他人角色的正确认知。③组织角色定位对沟通的影响。④要正确处理好上下级之间的沟通。

（3）组织内部沟通渠道网络。①正式沟通渠道，包括下向沟通、上向沟通和横向沟通。正式沟通形态一般有五种：链式沟通、环式沟通、Y 式沟通、轮式沟通和全通道式沟通。②非正式沟通渠道，即组织正式结构或层次系统以外的信息沟通渠道。非正式沟通的形态有四种：群体链式沟通、密语链式沟通、随机链式沟通、单线链式沟通。

问题讨论

1. 请结合自身实际的工作体会，以具体例子来说明，组织内部应采取什么策略来降低小道消息的负面影响。你认为小道消息都应该控制吗？
2. 请说明正式沟通与非正式沟通的区别，各有什么利弊，非正式沟通有哪些基本的形态，这些形态有什么特点。
3. 随着信息技术和网络技术的不断发展，如何利用这些技术解决组织内部信息沟通和控制成为新的课题，你认为应该如何利用这些技术来有效地建立信息控制系统？这些技术能够解决全部信息控制问题吗？
4. 内部信息沟通过程不同管理层级之间应采取什么策略来保证信息沟通过程中信息得到有效的控制？
5. 请结合你自己的切身感受，分析利用微信进行沟通的优缺点，并与电子邮件沟通、电话沟通做比较。

案例 9-2

新行长来了之后

郑冕工作的开发区支行马上又要有重要的人事变更，来自其他支行的王曦调任该支行“一把手”，继续延续开发区支行历届都是女行长的“光荣传统”。

王曦是一位 50 多岁临近退休的女行长，在一家城郊支行度过了人生最美好的 30 年，从一名普通的柜员一步步走上支行“一把手”的岗位，营销客户是一顶一的高手，也曾经一度成为市分行行长班子的热门人选，虽然未能如愿，但是调任排名数一数二的开发区支行，也算是市分行领导对她的肯定。

王曦得知自己调任开发区支行后，便提前开始布局新业务。她请市分行某领导先推荐一位在开发区支行办事牢靠的人，于是，市场部副经理郑冕被推荐给了王曦。

本来能够得到上级领导的推荐是个值得高兴的事，但是郑冕却陷入了深深的纠结之中——王曦竟然在自己调令还没下发、现任支行“一把手”徐宝强还没调离的情况下，就开始私下里向郑冕发送业务办理指令（徐宝强是当时和王曦一起竞争市分行行长班子的对手之一）。郑冕接到任务后很苦恼，不知道是否应该向行里领导汇报这件事。

如果如实汇报，徐宝强可能会面子挂不住，毕竟徐宝强还是开发区支行的“一把手”，人还没走，那边就开始越俎代庖了。但是，未来领导王曦也可能不高兴。目前的业务指令都是通过非正式沟通渠道下达给郑冕的，上面还有部门经理黄俊和分管副行长杨杰涛。跳过这些人，不是明摆着给郑冕出难题吗！

但是不汇报的话，业务最终还是要由徐宝强、杨杰涛、黄俊签字同意。如果不说清楚来龙去脉，恐怕业务也不会通过审批。一旦说清楚了，又怕他们会觉得郑冕在现任领导还在的情况下，就胳膊肘往外拐。

思前想后，郑冕觉得未来的领导和现在的领导都不好得罪，所以选择了先和黄俊、杨杰涛汇报实情。三人分析了目前的局面，决定暂时不对徐宝强说明这笔业务的来源。在业务审批的时候，徐宝强果然还是对业务来源心存疑虑并拒绝签字。最终还是由王曦出面向徐宝强说明了情况后，这笔业务才通过了审批。三人都明显感觉到徐宝强的不高兴，但谁都没有受到批评。

转眼间王曦走马上任已经1个多月了，大家似乎都觉察出她和前几任行长有太多不同。郑冕通过这几个月的接触，渐渐摸清了新领导的脾性。她发现这位新领导是个顶尖的营销高手，虽已过了天命之年，却对工作保有近乎狂热的热情。她凭借三十年来积累的对人性的把握和对待客户极大的热情，将大客户牢牢抓在自己手里。

王曦始终认为，要服务好公司客户就是服务好人。人都喜欢被别人重视和关心，因此，只要能够给他们足够的重视和关注，就能用这个支点抓住一个客户。事实证明，她来到开发区支行短短一个月，新客户的数量和存量客户的黏合度就明显得到了提升。

但是，作为开发区支行利润核心的市场部员工，却对这位在营销上颇有造诣的女行长颇有微词，甚至有些人表现出了强烈的不满。之前，开发区支行以开放的思维，鼓励员工进行创新业务和新市场的开拓，给员工以最大的发挥空间。同时，引入绩效排名，鼓励市场部门之间、客户经理之间竞争，形成了绩效为先的支行文化。通过几届行长的努力，该支行已成为杭州市范围内业绩数一数二的大支行，而且，无论行长室几位领导，还是支行员工，其素质和实力都高出其他城区支行一大截，员工都有较强的自豪感。

但是自从王曦来了以后，表现出了强烈的控制欲，在内部管理和外部营销性事务上近乎“一言堂”，要求员工一定要按照她的方法和思路办事，并且7×24小时随时待命，一旦接到她的指令，不论你手头是否有事都要优先完成她交代的事。

大家发现，王曦似乎对支行其他领导班子成员和员工非常不满意，总是把“我原来支行的人怎么好，你们支行的人怎么连这点都不懂”挂在嘴边。王曦还有个习惯，经常在客户面前大肆数落客户经理，甚至在开例会时，当着普通员工的面批评分管行长和部门经理，引起了行长班子的不满，最终导致王曦被市分行领导约谈。

袁立宏是开发区支行一位资深的部门经理，年纪和王曦差不多，有一次开会时因为客户营销方案和王曦的意见相左，据理力争了几句。王曦明显拉下了脸，很不客气地说了一句“我看你跟我年纪差不多，怎么智商差那么多”，一瞬间整个会场的气氛降到冰点，袁立宏气得都想揍王曦了。

这样的事情几次三番发生以后，王曦似乎从哪里知道了坊间流传她的一些不好的风评，甚至省行都有人来打听情况，但是，王曦一直认为是她在业务上太过较真导致的。直到有一天，另一个部门经理老葛实在受不了王曦的脾气，当着员工的面拒绝执行指令，她才觉察到问题的严重性，当天就单独约谈了老葛。根据老葛的事后描述，当时他索性把平时听到的市场部对她所有的不满和盘托出，王曦很震惊，她从来没有想过这些风评源于她这几十年来的工作习惯。在她看来，当着客户的面数落客户经理是在给客户唱一出双簧，能够表现出对客户的重视和对下属的掌控力。那为什么她之前没有引起员工不满呢？

根据郑冕后来了解到的信息，原来王曦在以前的支行做了几十年的领导，又临近退休年龄，对此次的调动其实并不情愿，本身就带有不满情绪；原来支行的大部分员工自来行一开始，就在这样的环境中工作，也早已习惯了王曦的工作风格。

自被市分行领导约谈后，王曦的行事作风似乎收敛了很多，也主动找几个中层干部道了歉。这场风波似乎从表面上平静了下来，但对于郑冕来说，事情远没有那么简单。

郑冕作为市分行领导推荐的业务骨干，似乎格外受到王曦的器重。王曦总是跳开分管副行长杨杰涛和部门经理黄俊直接给郑冕下指令，到后来不仅下营销指令，连部门内部人事也直接跟她商量，渐渐地越级指挥这件事成了她的心病。

郑冕知道自己只是部门的副职，按规定对部门的事务没有决定权和人事权，王曦交代的事情每一件最终都要通过黄俊执行。郑冕也曾经多次和王曦提出过自己没有决定权，有些事还是要找黄俊商量，但是王曦似乎并不在意，甚至交代她有些决定不需要告知黄俊。时间一长，引发了黄俊对郑冕的不满，认为她很多事没有跟他汇报，导致他信息不对称，经常被王曦批评。

然而郑冕心里清楚，其实，自己每一件事都和黄俊进行了汇报。好在黄俊是个脾气很直爽的领导，主动打电话给她，把自己的不满和意见一股脑儿地发泄了出来，郑冕也趁此机会把她的无奈告诉了黄俊，并明确说明自己虽然没有告知领导谈话内容的义务，但是自己对黄俊并无隐瞒，最终还是取得了黄俊的谅解。

现在，王曦已经上任近半年了，支行的各项事务都在逐渐步入正轨，虽然王曦的行事作风依旧很强硬，但至少开始照顾员工的情绪了。

注：本案例由浙江大学 MBA 学生郑逸同学提供，特此感谢。编者做了适当修改。

讨论题

1. 王曦调任开发区支行行长后，在组织内部沟通上出现了哪些问题？你认为出现这些问题的原因是什么？
2. 王曦为什么一直没有意识到自身在沟通上出了问题？其认知上存在什么误区？
3. 郑冕在王曦调任开发区支行前后，在沟通上有没有出现问题？为什么？
4. 王曦后来一定程度上意识到自身问题后，决定聘请你担任该支行的沟通顾问，你将如何设计该组织内部的沟通机制？

第 10 章　数字沟通

■ 学习目标

学完本章后，你应当能够：

- 认知数字沟通的新管理情境。
- 理解数字沟通的基本要素特征。
- 理解数字沟通的优点与挑战。
- 掌握数字沟通的基本策略。

引题　如何让机器的声音媲美人类

人工智能生成内容（AIGC）热潮下，图像内容领域进展神速，而另一个赛道的人工智能生成语音也同样至关重要：如何让机器的声音媲美人类？作为人工智能语音领域的龙头企业，科大讯飞于 2022 年年初正式启动“讯飞超脑 2030 计划”。第一阶段（2022—2023 年），该公司将推出软硬件一体的机器人，推出专业数字虚拟人家族，担当老师、医生等角色；第二阶段（2023—2025 年），推出自适应行走的外骨骼机器人和陪伴数字虚拟人家族；第三阶段（2025—2030 年），最终推出懂知识、会学习的陪伴机器人和自主学习虚拟人家族，全面进入家庭。

2022 年年底，科大讯飞宣布新一代语音合成系统 SMART-TTS 已经能够生成带有高兴、抱歉、撒娇、严肃、悲伤、困惑、害怕、鼓励、生气、安慰、宠溺 11 种情感的声音，每种情感有 20 档不同强弱度的调节能力。此外，SMART-TTS 还提供了声音的创造能力，让使用者根据自己的喜好调节停顿、重音、语速等。科大讯飞总裁吴晓如表示：“目前（科大讯飞）已经把语音、眼神视线、手势、面部表情结合起来，实现数字虚拟人交互的多维表达，下一步发力的重点将是元宇宙和现实世界的信息沟通。”

【案例 10-1】　一目可视的数字沟通困境

几年前的一个晚上，周总正坐在杭州家中的书房里，计算机屏幕上映出了两位好友的笑脸，这两位朋友即将成为他的合伙人。在线上会议中，周总、小雅和小李有说有笑。

“我觉得这是一个尚未开发的‘蓝海’市场，有着巨大的潜力。”周总说道。“目前为止，国内市场还完全没有了解医学插画行业的真正价值，我们大有可为。”小雅说道，眼里充满了希望的光芒。“我也这么认为。只要长期坚持下去，我相信一定能推动医学插画行业的繁荣，大不了一小步、一小步来。”小李笃定地补充道。三人一拍即合，不断规划着公司未来的宏伟战略，一家注定创新与伟大的企业仿佛已经跃然纸上，这次线上会议的气氛也由此达到了最高点。

公司的办公地点设置在杭州，由周总和小李在杭州负责前期的公司落地与业务拓展，而小雅则在北京为两人提供专业技术上的支持。三人的合作非常顺利，不出两月，公司的业务就已经走上了正轨。然而，由于周总和小李在线下紧密共事，原本不熟悉的关系越拉越近，在工作与生活中也愈发有默契。而小雅与她的伴侣日常居住在北京，新冠疫情的暴发使得跨省出行雪上加霜，导致她几乎没有机会参加线下讨论。公司里发生的许多事情，比如方案执行时的各种麻烦、突如其来的紧急状况，往往需要即时进行决策。本该是三人共同决定的事件，却要么因为时间上来不及开展会议讨论，要么因为小雅抽不出时间参加线上会议，最终只好由周总和小李两人匆匆交换意见，便快速执行了。等到小雅获悉情况或终于有空时，却只剩下冷冰冰的结论留给她。

很多次线上会议，小雅最后都是点点头，留下几句“你们决定就行”等类似的答复。话语中的无奈与叹息，令周总和小李感到无比自责。周总意识到，公司的做法无疑是在日益“架空”小雅，对于合伙人来说甚至是种“背叛”。周总非常着急，经常和小雅就此私下沟通，试图悉心找到一个能够让双方都满意的方案，最终往往徒劳无功。北京与杭州之间有着 1 276 公里的空间距离，在交通与科技发达的当下，只需要乘坐两个小时的飞机便能抵达。明明有着数不胜数的工具来帮助三人跨越距离，但恰恰是这“近在眼前”的虚拟空间，成为三人合伙路上最大的阻碍。没有悬念的，在一年后的一个寒冷的冬天，小雅最终离开了公司。

此外，周总还发现员工在线上会议的发言积极性很低，于是他提出员工可以会后将建议通过邮件发送给自己。没想到这一举措却给周总带来了巨大的麻烦。会后，周总的收件箱收到了“99+”的未读邮件，但大多数建议都显得不太靠谱，看着无数天马行空的想法，他无奈地摇了摇头，最终还是决定依靠自己的经验和调研分析来做出决策。然而，第二天周总路过 A 讨论区时，意外听到了几名员工就工作问题进行团队讨论后的窃窃私语。“你知道吗？这么重要的事情，周总一个人就做决定了。”“是啊，我之前发了有关反对引进的建议邮件给他，但他没给我回复，也没采用我的建议，这也太独裁了吧！”带着员工们的质疑回到办公室，周总内心想着并非自己希望独裁，但会上大家讨论不积极，会后过多杂乱的低质量建议让自己无法做到民主，只有关键时刻的掌舵，才能带领公司在正确的轨道上航行——此时的“独裁”已是最佳选择……

讨论题

1. 案例中的故事讲述了什么样的管理沟通问题？为什么会产生这些问题？
2. 什么是有效沟通？试结合案例分析数字沟通的利与弊。
3. 如果你是周总，你将如何发挥数字技术优势，帮助团队化解沟通困境？

10.1 数字沟通的概念内涵

数字沟通是指在数字化环境下，管理者和组织利用数字技术与沟通渠道进行信息传递、交流和影响的过程。在建设“数字中国”的战略背景之下，党的二十大明确提出要“加快发展数字经济，促进数字经济和实体经济深度融合”。近年来，我国数字经济取得了飞速发展，虚拟现实、增强现实、人工智能、语音识别等技术的不断进步，推动了组织的管理沟通活动与数字空间不断融合，重塑了管理者与内部员工、外部合作伙伴、客户和其他利益相关者之间的沟通与互动过程。

依据数字媒介的依赖程度与沟通主体的存在方式，管理沟通场景可以被划分为物理世界、赛博世界、智能世界和元宇宙世界所组成的四元空间（见图 10-1）。其中，传统的管理沟通发生在由人类主体与物理空间交互形成的物理世界中，无论沟通主体和客体存在的组织体系，还是信息传递的通道和反馈等，都发生在现实工作空间、有形物理空间中，几乎没有涉略到其他三大管理空间。我们把赛博世界、智能世界和元宇宙世界称为数字沟通的新场景，事实上，人与机器沟通、机器与机器沟通已经成为现实，管理者需要面向四元空间来构建数字时代的新沟通体系。

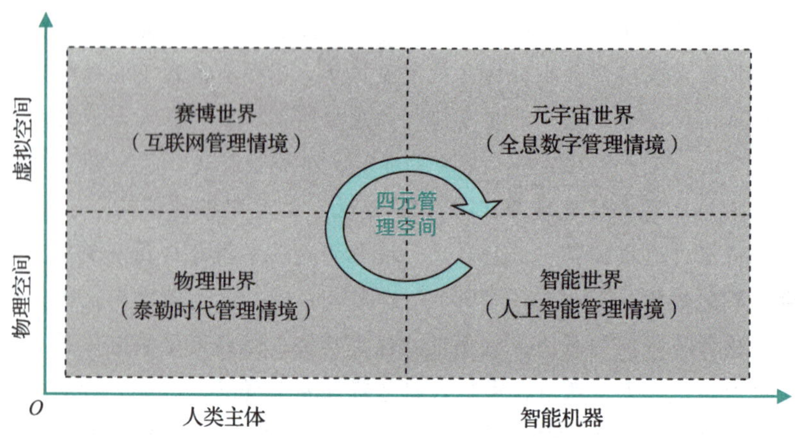

图 10-1 管理沟通场景的四元空间

10.1.1 物理世界

在泰勒时代（即科学管理时代）的管理情境下，管理沟通发生在人类与物理空间的交互中。传统的管理世界强调标准化和效率，管理者注重将工作过程分解为简单且可测量的任务，通过科学方法确定最优的操作方式。在这种情况下，管理沟通被认为是将标准化指令传达给员工，以确保任务的准确执行和高效率的实现。因此，传统物理空间的管理沟通具有如下特征。

（1）线性和单向传递。传统的沟通信息传递通常是线性传递方式，也就是从主体和客体之间通过语言或者文字完成，由于沟通渠道、沟通时间和反馈机制的局限，这种沟通往往是单向的，管理者制定工作指令或决策，并将其传达给下属，下属执行任务后向上级报告。这种传递方式强调信息的单向流动，强调上级指令的传递和下属的执行。因此，泰勒时代的管理沟通反馈机制相对有限，上级较少回应员工的意见、建议和反馈，更关注的是任务的完成和结果的达成。

（2）强调指令和规范。传统的管理沟通强调将指令和规范传达给员工，以确保任务的准确执行。管理者将工作任务分解为小的操作步骤，并制定标准化的工作流程和指导方针。通过明确的指令和规范，管理者试图通过管理沟通确保每个员工在工作中按照预定的方式行动。

（3）较强的层级结构。传统的管理沟通存在明确的层级结构，信息从上级向下级流动，并通过不同层级的管理者进行传递。上级管理者负责制定决策和指令，中间层管理者负责将信息传达给下级，下级向上级反馈执行情况，这种层级结构在传统的管理沟通中起到了组织和控制的作用。

（4）局限于物理环境。泰勒时代的管理沟通主要关注的是人与人在物理环境下的交互，有其现实性、人际性和面对面互动性等优点，但也存在沟通效率、沟通范围、沟通时间和沟通空间等的局限。在数字时代，依靠数字技术可以跳出物理空间的局限，通过直播、虚拟现实、视频等方式，实现一对“无数”受众的沟通。

随着时间的推移，物理世界的管理沟通理念和实践较泰勒时期发生了重大变化。现代的管理趋向于更加人性化和综合化的方法，注重开放式沟通、员工的参与和反馈，促进团队合作和组织的创新发展。这些变化使得管理沟通更加注重人与人之间的互动和情感交流，而不仅仅是单向的指令传递。

【例子】沃尔玛的管理沟通之道

美国沃尔玛百货有限公司创始人山姆·沃尔顿曾说过：“如果你必须将沃尔玛管理体制浓缩成一种思想，那可能就是沟通。因为它是我们成功的真正关键之一。”沃尔玛公司总部设在美国阿肯色州本顿维尔市，公司的行政管理人员每周花费大部分时间飞往各地的商店，通报公司所有业务情况，让所有员工共同掌握沃尔玛公司的业务指标。任何一个沃尔玛商店都会定时公布该店的利润、进货、销售和减价的情况，并且不只是向经理及其助理公布，也向每个正式员工和兼职员工公布各种信息，鼓励他们争取更好的成绩。此外，沃尔玛公司的股东大会是全美最大的股东大会，每次大会公司都尽可能让更多的商店经理和员工参加，让他们看到公司全貌，做到心中有数。山姆·沃尔顿在每次股东大会结束后，都和妻子邀请所有出席会议的员工约 2 500 人到自己家里举办野餐会，在野餐会上与众多员工聊天，大家一起畅所欲言，讨论公司的现在和未来。山姆·沃尔顿认为让员工了解公司业务进展情况，与员工共享信息，是让员工最大限度地干好本职工作的重要途径，是与员工沟通和联络感情的核心。而沃而玛也正是借用共享信息和分担责任，适应了员工的沟通与交流需求，达到了预期的目的：使员工产生责任感和参与感，意识到自己的工作在公司的重要性，感觉自己得到了公司的尊重和信任，积极主动地努力争取更好的成绩。㊀

10.1.2 赛博世界

在虚拟空间管理情境下，管理沟通发生在人类主体与虚拟空间交互的赛博世界中。赛博世界（CyberWorld）是指一个虚拟的、数字化的环境，由计算机网络、人工智能、虚拟现实和增强现实等技术构建而成，是人们在数字领域中交流、互动和创造的环境。在赛博世界，管理沟通通常发生在虚拟团队内部和虚拟团队之间。数字管理沟通采用数字编码作为技术依托，并以数字媒介作为信息传播工具。不同于传统的团队，虚拟团队具有三大特性。

（1）团队构成。虚拟团队是由跨越时间、空间和组织界限的成员所组成的，成员间的沟通主要依赖于现代信息技术。

（2）团队治理。虚拟团队特别强调成员个体对项目或任务协调者所负的责任，使项目或任务得以及时并按标准完成，因此，虚拟团队与共享式领导高度匹配，团队成员以自我管理为主，彼此协作决策、知识共享、共担责任。

（3）团队职能。虚拟团队不仅可以实现高效且透明的知识共享，还可以突破时间和空间障碍，在几近垂直分解的全球价值链中实现开源化协作与资源的动态调配。㊁

互联网管理情境下，管理者对数字媒介的依赖程度较高，管理沟通的“数字化”主要体现在通过数字编码对语言内容和情绪反应进行转写并收发，实现以互联网工具为媒介的线上交流互动。因此，赛博世界的数字管理沟通，核心在于沟通地点的非限制性和交往时间的即时性。信息传播方式主要以文字、声音为起点，并逐渐过渡到图像和视频等混合信息的沟通模式。㊂基于此，赛博世界的管理沟通需要把握以下要领。

（1）注重跨时区和跨地域。实时音视频和增强现实等数字技术允许沟通主体与

㊀ 本案例节选改编自：沃尔顿法则：沟通是管理的浓缩 [J]. 北京石油管理干部学院学报，2016，23(1)：72.

㊁ BROWDER R E, ALDRICH H E, BRADLEY S W. The emergence of the maker movement: implications for entrepreneurship research[J]. Journal of business venturing, 2019, 34(3): 459-476.

㊂ 康雅琼，高腾飞 . 数字交往的发展阶段、隐忧及其未来实践 [J]. 青年记者，2023(4): 9-13.

分布在全球各地的大规模受众进行虚拟互动，赛博世界使得管理沟通的时间和空间实现大跨度突破，这要求管理沟通具备灵活性，能够适应不同时间和地点的沟通主客体需求。换言之，管理者需要考虑并协调团队成员之间的时地差异和沟通障碍。

（2）依赖互联网手段。赛博世界中虚拟团队的沟通完全依赖于科技工具和信息技术的支持，例如视频会议、电子邮件、即时消息、在线协作工具等。通过这些工具，团队成员可以进行远程沟通和协作，但也需要解决可能出现的技术问题和沟通工具的适应性问题。比如，新冠疫情期间采取的线上教学模式，给学校、教师和学生都带来了技术上的挑战。

（3）强调有效沟通。由于缺乏面对面的直接交流，虚拟团队的管理沟通更加需要强调有效性。具体而言，沟通主体需要清晰地传达信息、任务和期望，避免信息的丢失或误解；沟通客体也需要及时反馈沟通问题，因此，在沟通渠道选择、沟通内容设计、沟通反馈机制等方面，需要有预先的布局和灵活优化。

（4）建设信任和合作文化。由于虚拟空间的沟通难以对彼此快速建立真实认知，虚拟团队的管理沟通需要更多地强调建设信任和合作文化。管理者需要通过透明沟通、及时反馈、文化认同等手段促进团队成员之间的相互了解和信任建立，从而提高团队成员的协作效能和团队整体的绩效。

【例子】诸暨山下湖——电商直播赋能传统珍珠业

建成于 2008 年的全球最大淡水珍珠交易市场——华东国际珠宝城，通过数字化转型，在 2018—2019 年与淘宝、快手合作，共同创建了珠宝城直播基地。2020 年入驻阿里拍卖，后与抖音共建了诸暨抖音电商直播基地，短短 3 年时间，珠宝城发展为世界最大的淡水珍珠产销中心，占世界淡水珍珠总产量的 73%，2023 年全镇的交易额预计接近 500 亿元，而其与消费者的沟通和交互全部发生在直播间的虚拟电子世界。通过直播平台，珍珠卖家能够以真实、生动的方式向消费者展示产品和服务，并直接与他们进行实时的互动。消费者可以通过弹幕、留言、打赏等方式与卖家互动，提出问题、表达意见或对产品进行评价。卖家则能够实时回应、解答消费者的疑问，并提供个性化建议和推荐。通过电商直播间的沟通和互动，消费者能够更深入地了解产品特点、使用方法和购买优惠，并与卖家建立更紧密的关系，促进了消费者与品牌之间的连接和信任。

10.1.3　智能世界

在人工智能情境下，管理沟通发生在智能机器与物理空间的交互中，管理者依托互联网技术进行对内与对外的信息传递，以聊天助手、AI 管家等为代表的智能机器充当了重要的中介角色，改变了管理沟通的方式和模式。它们提供了更高效、实时和智能化的沟通辅助手段，促进了沟通主客体之间的信息共享、合作和决策。然而，智能世界的管理沟通仍无法完全脱离物理空间，需要进行有效的面对面沟通和人际交流，以确保理解、参与和共享的平衡。

人工智能情境下，管理者对数字媒介的依赖程度较低，其管理沟通的“数字化”主要体现在将智能机器作为辅助性的沟通主体，利用自然语言处理等数字技术，使得管理沟通的信息编码与解码过程自动化、个性化、高效化。具体而言，智能世界的管理沟通具有如下特征。

（1）智能机器作为沟通中介。智能机器如聊天机器人、虚拟助手或智能应用程序等，扮演了沟通的中介角色。它们通过自然语言处理、机器学习和其他相关技术来支持人机交互，帮助管理者和员工及外部沟通对象进行信息交流。例如，ChatGPT、文心一言等知识增强大语言模型能够协助沟通与创作，高效便捷地帮助人们获取信息、知识和灵感。

（2）数据驱动决策和分析。智能机器能够收集、分析和处理大量的数据，为管理者提供数据驱动的决策支持，使得决策和运行的效率达到10倍速的提高。管理层借助数据分析和机器学习算法，让智能机器为管理层提供洞见、趋势预测和业务分析等信息，既提高了沟通效率，也提高了决策的整体成效。

（3）自动化和智能化执行。智能世界中的管理沟通可以通过自动化和智能化技术实现，利用人工智能和机器学习等技术，使系统具备自学习能力，从大量数据中提取有用信息，极大地提高沟通效率。例如，聊天机器人可以与用户进行对话，根据用户的问题提供相应答案和指导。由此，管理者和员工可以与智能系统进行即时互动，并获得更智能和个性化的管理沟通支持。

【例子】伊芙丽AI重塑与顾客的沟通互动

伊芙丽是杭州意丰歌服饰有限公司旗下的一个时装品牌，该公司成立于2001年，是一家集设计、生产、销售于一体的时装品牌零售公司，旗下拥有EIFINI伊芙丽、SEIFINI诗凡黎和MM麦檬三个女装品牌。利用视觉分析、计算机视觉等AI技术，伊芙丽通过摄像头和图像处理算法来分析消费者的行为和兴趣，搭建了顾客沟通的智能世界。通过分析顾客经过衣服的频率，AI可以提供以下几个方面的洞察。

（1）流量分析。AI可以识别和跟踪经过某一商品或陈列区域的顾客数量，并记录其频率。这可以帮助零售商了解特定商品或陈列区域的受欢迎程度。

（2）热点区域识别。AI可以通过分析顾客的流量模式来确定店内的热点区域，即最受顾客欢迎和关注的区域。这些信息可以用于优化布局和陈列，提高产品的曝光度和销售机会。

（3）识别购买意愿。AI可以根据顾客在展示区停留时间的长短、观察衣服的频率以及其他行为模式来预测其购买意愿。这为零售商提供了有关顾客偏好和购买决策的重要指导。

（4）个性化推荐。基于消费者的购物行为和兴趣，AI可以为他们提供个性化的推荐，帮助他们更快找到感兴趣的商品，提高购物体验和购买转化率。

借此，伊芙丽极大地提高了与顾客的沟通效率，顺风直上，迎来迅猛发展，线下门店销售排名常年位居前列，2021年“双11”，主品牌在天猫平台位居女装类目前两名，连续四年销量领跑国内女装。

10.1.4 元宇宙世界

随着人工智能技术的日益成熟，基于智能机器和虚拟空间交互的元宇宙成为新兴沟通情境。“元宇宙”一词出自尼尔·斯蒂芬森（Neal Stephenson）的科幻小说《雪崩》。在这本小说中，人类通过“ avatar”（数字替身）在一个虚拟三维空间中生活，作者将那个人造空间称为元宇宙。元宇宙脱胎于现实世界，又与现实世界平行，是一个集体虚拟共享空间，由虚拟增强的物理现实和物理持久的虚拟空间融合而创造，包括所有虚拟世界、增强现实和互联网的总和，被认为是互联网进化的未来。

总而言之，元宇宙是一个虚拟与现实高度互通、且由闭环经济体构造的开源平台，是与传统物理世界平行的全息数字世界。目前互联网行业对元宇宙的最终形态还没有定论及详尽的描述，但人们公认元宇宙具有四大核心属性[⊖]。

（1）与现实世界的同步性与高拟真度。元宇宙虚拟空间与现实社会保持高度同步和互通，交互效果逼近真实。具有同步性和高拟真度的虚拟世界是元宇宙构成的基础条件，它意味着现实社会中发生的一切事件将同步于虚拟世界，同时用户在虚拟的元宇宙中进行交互时能得到近乎真实的反馈信息。

（2）开源开放与创新创造。元宇宙通过技术开源和平台开源，使得不同的开发者和内容创作者可以在平台上进行交互和整合。在数字化环境中，使用者可以自由地创造和表达自己的想法、内容和交互体验，包括通过构建虚拟空间、设计虚拟对象、开发虚拟应用程序等方式来创造独特的数字体验和内容。因此，元宇宙提供了一个开放、自由的创作平台，鼓励不同需求的用户构建原创的虚拟世界，不断拓展元宇宙边界。

（3）永续发展。得益于开源开放与创新创造的特性，元宇宙平台的建设和发展不会“暂停”或“结束”，而是在多主体共创中无限期地持续发展。

（4）拥有闭环运行的经济系统。在元宇宙中，用户的生产和工作活动的价值将以平台统一的货币形式被确认和确权，用户可以使用这一货币在元宇宙平台内消费，也可以通过一定比例“兑换”成现实生活中的法定货币。毫无疑问，经济系统的闭环运行是驱动和保障元宇宙不断变化和发展的动力引擎。

元宇宙世界是将现实中的管理沟通“全息投影”至虚拟空间中，这意味着沟通的主客体是利用符号和虚拟形象构建出的全新虚拟主体。在全息数字管理情境下，沟通主客体从物理实体的存在方式中脱离，以全新的虚拟身份进入虚拟空间中开展日常交互。例如，苹果公司开发的一项技术，支持信息发送者提交自己满意的形象制作，对其进行网络虚拟化处理。

【例子】百度“希壤”元宇宙世界

2021 年 12 月 27 日，百度 AI 开发者大会上发布了元宇宙产品“希壤”，一个平行于物理世界、跨越虚拟与现实、永久存续的多人互动空间。从造型上看，希壤

⊖ 喻国明. 未来媒介的进化逻辑：“人的连接”的迭代、重组与升维——从“场景时代”到“元宇宙”再到“心世界”的未来 [J]. 新闻界，2021(10)：54-60.

是一个莫比乌斯环星球，城市设计融入大量中国元素，中国山水、中国文化、中国历史都被融入城市建设和互动体验中。从功能上看，希壤提供：①智能互动智能。Avatar、智能语音助手、虚拟地图导航，还有隐藏的百度人工智能技术彩蛋，为用户提供沉浸式感受的科技盛宴。②声临其境。基于百度行业领先的方位语音、大场景混音、语音识别、语音合成等语音技术，为用户打造身临其境的全真声场。③万人同在。朋克区、生态湖，广阔地图随心探索；打卡拍照、好友密聊，多种玩法趣味无限；十万人同屏互动，让用户拥有会场全真深度体验。④开放共创。基于希壤平台，客户、开发者可以在希壤世界中挥洒创意，合作共赢。

目前，希壤已经逐渐搭建了各种社交场景，从艺术馆、学校、银行、技术中心到营销中心，越来越多的线下场景被搬入这个虚拟宇宙，搭建了众多可供用户交流的空间，以及观展、消费、学习等生活场景。例如，在汽车品牌领克打造的“领克乐园”中，用户能够沉浸式体验看车和购车。在虚拟中国传媒大学的校园中，用户可以以虚拟化身漫步在校园中，或者在 VR 设备中身临其境地体验虚拟校园生活，在蓝色光标旗下“蓝宇宙”营销空间中，汽车、服饰、消费品等平台已经入驻，用户能够以最前卫的方式“逛街”。

10.2 数字沟通的基本要素分析

沟通，即主体将信息通过选定的渠道传递给客体，并被其有效理解的过程，是人与人之间意义的传递和理解。一次成功的沟通需要涵盖以下两个环节：一是主体的意图成功到达客体，二是客体理解主体的意图。符号学认为，沟通中的信息传播就是编码和解码的过程。如今，组织管理沟通模式的数字化转型与数字技术的发展相互呼应，体现在沟通主客体、信息传播渠道与信息传播方式在数字化实现路径中的变化。由此，管理沟通活动与数字空间不断融合，形成了全新的沟通形态与沟通逻辑。

10.2.1 主体与客体

数字沟通逻辑革命性地改变了沟通的主体与客体，根据数字能力与资源禀赋对数字沟通的参与者进行了重新洗牌，使得某些群体的“声音”更加突出。这些独特的群体包括以下三类。

（1）Z 世代。又被称为“线上一代”，通常是指 1995—2009 年出生的一代人，他们一出生就与网络信息时代无缝对接，是数字沟通场景的“土著居民”。Z 世代在数字沟通场景中发挥着重要作用：

一方面，他们数量庞大。中国互联网络信息中心发布的第 52 次《中国互联网络发展状况统计报告》显示，截至 2023 年 6 月，我国网民规模达 10.79 亿人，20～29 岁、30～39 岁网民占比分别为 14.5% 和 20.3%。其中，Z 世代的人口数量达 2.6 亿，约占我国网民规模的两成。随着这部分用户的成长，其商业价值不断显现，成为企业的核心消费者群体，也是企业管理沟通的重要客体。

另一方面，Z世代精通数字沟通工具与技术，其生活方式较先前的世代而言发生了颠覆性变化，与互联网密不可分。他们热爱“玩梗”和“创造”，在不同圈层间引领社会潮流，彼此的沟通颇具网络效应。因此，企业的Z世代员工也成为数字沟通场景下的主力军。

【例子】00后“上岗整活”，助力官媒“破圈”

随着引领社会潮流的00后进入主流媒体运营的工作岗位，传统主流媒体开始利用短视频等数字媒介“玩梗”，“00后上岗官媒画风就变了”的话题受到热议。伴随着一句“向云端～”，中国火箭发射升空，中国航天科工官方紧跟互联网潮流，化身“冲浪第一人”，互动量较以往大幅提升；以“谁再胡说八道，就给他一电炮”为背景音乐，我国96A主战坦克发出“壮丽一击”，中国军工官方账号获得超130万点赞。这些“洗脑音乐”与一向正经严肃的官方账号结合，使得其在自媒体时代重新“破圈”，让更多年轻人认识了大国重器的魅力，同时心生敬畏之情。这样的“整活”让我们看到，如何与年轻群体沟通、如何依托潮流传递群众喜闻乐见的信息、如何提升传播力和影响力等一系列问题已受到主流媒体的重视。主流媒体放下姿态迎接个性潮流，年轻人对主流价值认同也正是在这种沟通中得以加深。然而，这种娱乐化的沟通模式也并不是无懈可击的，娱乐与严肃的矛盾成为主流媒体在数字沟通场景下新的议题。

此外，也有越来越多企业营销和知识科普账号借助“热梗”与年轻人保持积极互动，快速扩大影响力。例如，网友戏称坐在星巴克敲电脑的人为“星巴克氛围组”，星巴克随后公开招聘“星巴克氛围组”员工，形成了极大的“破圈”传播效应。又如，罗平警方结合热门动漫电影《铃芽之旅》制作禁毒视频，向广大网友普及非法种植毒品原植物的危害。

（2）虚拟数字人。它是指具有数字化外形的虚拟人物，通常是为特定沟通内容而训练的人工智能角色，他们拥有人的相貌与行为，具有一定的表达能力和娱乐互动能力。与具备实体的机器人不同，虚拟数字人主要通过三维重建技术、动作捕捉、语音合成、动画生成、AI驱动等技术构建，借助AR/VR技术及显示设备存在。虚拟数字人不仅能够理解沟通对象的语言，通过声音、图像、语义、手势指令技术共同识别其情感细节，提高语义理解的准确率，做出相应的回应。他们甚至能够以手语表达为输入，实现与聋哑人的人机对话。从内容文本到图像语音，再到当下融合了视觉、语音及语义技术的多模态数字人交互，虚拟数字人的应用已拓展至虚拟客服、虚拟员工、虚拟代言人等多个范畴，成为企业对外管理沟通的新载体，同时也正成为企业品牌年轻化管理的重要结合点。

【例子】超写实数字人AYAYI入职阿里

2021年9月，我国首个超写实数字人AYAYI宣布入职阿里，成为天猫超级品牌日的数字主理人。AYAYI和天猫共同开启元宇宙的营销世界。未来，AYAYI将与天猫解锁多个身份，如 NFT 艺术家、数字策展人、潮牌主理人、顶流数字人等。此前，AYAYI 于 5 月亮相小红书，首发帖阅读量便达到 300 万，一夜涨粉近 4 万人，并吸引娇兰与其合作。此外，AYAYI 也与 Bose、保时捷、博柏利（BURBERRY）等国际顶级品牌达成合作，成为这些品牌与年轻消费人群沟通的“代言人”。

（3）AI 智能助手。它是指基于人工智能技术和算法的虚拟助手或机器人，AI 智能助手基于文本和语音信息与用户对话和交互，为其提供支持，并不断自我学习和改进以提供更准确和个性化的服务。具体而言，AI 智能助手通过自然语言处理、机器学习、深度学习和语音识别等技术，能够理解和解释用户的指令、问题或需求，并做出相应的回应或提供相关的信息。

依托模块化的数字技术，AI 智能助手可以嵌入各种设备和平台，如智能手机、智能音箱、计算机和网页等，用于执行各种任务，例如回答问题、提供实时信息、执行特定操作、发送消息、设置提醒、管理日程、播放音乐、控制家居设备等。一些著名的 AI 智能助手包括 Siri（苹果设备上的智能助手）、Alexa（亚马逊 Echo 设备上的智能助手）和微软的 Cortana 等。特别地，2022 年，基于生成式 AI 技术的聊天机器人模型 ChatGPT 在全球范围内掀起了人机沟通的热潮。

【例子】钉钉一条“/”唤起 AI

在 2023 春季钉峰会上，钉钉发了一条斜杠“/”，并现场演示接入千问大模型后，通过输入“/”在钉钉唤起 10 余项 AI 能力。钉钉总裁叶军现场演示的四个场景为：群聊、钉钉文档、视频会议及拍照生成应用。

（1）群聊：新入群者无须“爬楼”，在对话框输入钉钉斜杠“/”即可自动整理群聊要点，快速了解上下文，并生成待办事项、预约日程。用户还可以训练专属的助理机器人，用“/”创建机器人后只需要发送文档、网页或者知识库的一条链接，就可以让机器人自动学习其中内容，生成对话问答，不用再手动设置问题和答案。

（2）钉钉文档：“/”是用户的创意助理，帮助写文案、生成海报。

（3）视频会议：“/”是会议助理，能一键生成讨论要点、会议结论、待办事项等。

（4）拍照生成应用：“/”支持用户通过自然语言或拍照生成应用，并以钉钉酷应用的形式在群聊内使用。例如，公司行政人员需要统计午餐的订餐份数，只需要在群聊对话框中输入“/”和需求，几秒钟后一个订餐统计小程序就会展现在群聊中。叶军表示：“除了这四个高频使用场景，我们还在同步测试钉钉个人版、搜索、邮箱、AI 助理、智能客服等产品，让客户和生态基于钉钉 PaaS 底座的能力，更好地对接大模型。”

10.2.2 信息传播渠道

数字沟通逻辑变迁最直接的体现是沟通渠道和媒介的变化，将传统沟通渠道转变为以数字编码和互联网为依托的新型媒介。基于此，媒介的功用从工具性价值转变为沟通主体赖以生存的基础。数字技术为管理沟通提供了多样化的信息传递渠道，如图像、声音、视频等。这些多媒体元素可以增强沟通的表达力和感染力，使信息更加生动直观。例如，视频会议可以实现面对面交流，增强交流的效果和沟通的质量。常见的数字沟通渠道和媒介包括以下五类。

（1）内部社交媒体平台。如钉钉、微信群等，提供了组织内部成员之间交流的便捷平台。员工可以通过消息、讨论群组、分享文件等方式进行实时沟通，加强协作和知识共享。

（2）视频会议工具。如腾讯会议、Zoom 等，允许远程会议和虚拟团队沟通。通过视频会议，员工可以进行面对面交流，分享屏幕、演示和讨论项目等。

（3）社交媒体平台。组织可以利用公开的社交媒体平台，如抖音、微博，与内外部利益相关者进行沟通和互动。通过这些平台，组织可以扩大影响力、增加品牌知名度，并与客户、合作伙伴和员工进行交流。

（4）新闻发布平台。用于组织内部发布新闻、博客文章和其他重要信息，如微信公众号。这样的平台可以促进信息的传递和员工之间的互动。

（5）数字化仪表板。数字化仪表板使用数据可视化技术，将组织的关键业务指标和数据以图表、图形等形式展示出来。员工可以通过仪表板了解组织的运营情况，并基于数据进行讨论和决策。

【例子】光明乳业：数字化让沟通更有形

2020 年，突如其来的新冠疫情改变了光明乳业与利益相关者的沟通方式，见屏如见面，“云”会议成为后疫情时代最主流的交流通道。2019 年年报披露后，光明乳业利用视频会议系统组织了几十场线上交流活动，覆盖国内外主要投资者。光明乳业还积极参与上海证监局“五个一”投资者保护行动，其中包括签署和发布《落实新证券法，加强投资者保护》、参与上海辖区上市公司投资者网上集体接待日活动。公司还参与了上海证券交易所国际投资者“云走进”交流专场等投资者关系管理活动，将公司的发展动态真实、准确、完整、及时地向市场及境内外投资者展现，进一步提升了公司信息透明度和资本品牌认知度。2021 年，光明乳业在年报披露后于上证路演中心平台召开“光明乳业 2020 年度业绩说明会”，首次进行“真人视频 + 文字互动”形式的直播解读。活动期间，光明乳业收到众多投资者的问题和建议，管理层针对征集到的问题一一进行了翔实回复，得到了投资者的一致肯定。沟通无形，价值有形，光明乳业认为只有构建上市公司与投资者互信友好的关系，才能推动企业更长久地发展。

10.2.3 信息传播方式

数字技术改变了人们的认知模式，因此数字沟通逻辑下的编码与解码方式也与传统沟通情境不同。在传统的沟通情境中，信息的传递通常以面对面或书面交流的形式进行。而在数字沟通逻辑下，沟通的主客体获取、处理和理解信息的方式有所不同，体现在以下四个方面。

（1）多媒体化表达方式。数字技术使信息可以通过多种格式进行编码和传输，包括文字、图像、音频和视频等，这使沟通更加丰富多样，相较文字而言能够更准确地表达情感和意图。

（2）非线性信息访问。在数字沟通逻辑下，沟通的主客体可以非线性地访问信息，通过超链接、标签和搜索等方式跳跃并链接到各种相关的信息，这使得信息获取更加灵活和高效。

（3）碎片化信息获取。在互联网时代，信息爆炸、内容碎片化无处不在，数字沟通情境下的个体往往通过碎片化方式获取信息，例如通过社交媒体的快讯、推送通知等。这种碎片化信息获取方式可能导致注意力分散和信息过载，产生了许多噪声，影响沟通双方对信息的深入理解和整体把握。

（4）社交化信息传播。相对于以前的大众传播技术，互联网最重要的能力之一是双向性。通过互联网，不仅组织可以以低成本接触空前规模的受众，而且个人也可以很容易地向全球互联网用户社区提供他们的个人思想、反应和意见。因此，作为人类社会历史上最古老的沟通机制之一，口碑传播被互联网的这一独特属性赋予了新的意义，成为数字沟通逻辑下编码与解码的核心机制。

【例子】如何看待消费者“非理性化”

2020年11月11日，直播带货在“双十一”的消费狂潮中热度大增，某头部主播一天直播带货交易流水便达到了39亿元，超过了90%的上市公司的年度交易量。而在该头部主播的直播间里，出现了部分“非理性下单”的消费者，例如，有人只是想囤点小零食，第二天醒来却发现自己下单了一个家具。头部主播的直播成功并不能完全归咎于消费者的“非理性化”，其直播内容的娱乐性和吸引力与电商直播领域的沟通技巧功不可没。此外，消费者的“非理性化”也反映了个人心理认知与社会文化背景在数字管理沟通场景下的变迁。

10.3 数字沟通的挑战与策略

10.3.1 数字沟通面临的挑战

在数字化转型中，企业常常依赖各种即时通信和数字平台来进行管理和沟通，例如钉钉、微信等，它们可以帮助企业提升团队之间的协作和沟通效率。然而，数字化工具的使用也引发了一些新的沟通问题。

（1）沟通信息过载和过滤。使用即时通信和数字平台进行沟通，可能产生大量的信息流。人们疲于应对信息过载，容易产生工作懈怠，而真正重要的信息可能淹没在信息流之中。管理层和平台层面需要帮助员工过滤和处理这些信息，确保真正重要的信息能够被及时注意到。具体而言，沟通信息的过载和过滤可能给企业带来如下管理挑战。

- 注意力分散。在面对大量的信息输入时，人们往往难以集中注意力，无法充分专注于特定的任务或信息源。这可能导致效率低下和注意力不集中，使人们在信息之间来回切换，而无法深入思考和理解信息。
- 决策困难。过多的信息意味着过多的选择，当人们被大量的信息选项所淹没时，伴随而来的往往是错误决策或低效决策。
- 信息过滤。为了应对信息过载，人们常常需要进行信息过滤，筛选出对自己重要和有价值的信息。然而，人们的过滤标准和偏好可能不同，有可能错过一些重要信息或接收具有偏见或错误的信息。

（2）沟通效率和误解。在钉钉等工具中，沟通方式通常以文字为主，这可能导致信息传递不够完整和准确，产生歧义和引发误解。因此，透明度偏差在数字沟通场景下尤为严重，这要求数字化管理层要确保沟通的清晰度，避免产生误解和沟通失效的情况。具体而言，透明度偏差有以下几类成因。

- 语言和表达误解。由于数字沟通中缺乏面部表情、手势、声音变化等非语言元素，参与者对于信息的理解和解读可能存在误差。数字沟通以文字为主要信息载体，而文字表达方式难以传递情感和语气，容易产生歧义或引发误解，容易导致信息在传递过程中失真或不完整。
- 缺乏上下文信息。在数字沟通中，参与者可能缺乏直观的上下文信息，例如环境背景、身体语言和情境。这种缺乏上下文的情况可能导致信息的解释和预期与发送者的意图不一致。
- 延迟和同步问题。数字沟通通常涉及互联网连接和实时技术，而网络延迟和同步问题可能会导致部分信息被忽略，进而失去连贯性。

（3）沟通连续性和工作负担。即时通信工具的出现使得随时随地进行沟通成为可能，形成无间断地保持信息交流和沟通的能力。然而，这种移动通信赋能的沟通连续性也导致企业员工的工作时间被动延长。“有空看看”“文件用微信发我”“我把和客户的沟通截图给你”……随着各类移动办公产品的发展，员工被裹挟到一个随时随地处于待命状态的环境，时间点已不再重要，任务成了管理沟通的首位，员工在数字沟通情境下面临着不断的信息输入和工作负担。

因此，管理层需要关注员工的工作和生活平衡，确保他们不会被过多的即时沟通所压倒。实践中，我国多个区域已经着手排查整治超时加班问题；学术上，近年来组织行为学学者也开始关注“非工作时间工作连通”对员工倦怠、非伦理行为甚至婚姻倦怠的影响。

【例子】“隐形加班”成为职场痛点

“每天不是在加班就是在工作。”在某顶级会计师事务所工作的于红发了一条朋友圈，配图是公司附近的地铁站，即便到了家，移动办公工具上的诸多事项，也让她有“我好像下班了，又好像没下班”的感觉。于红加完班回到家已是晚上 10 点多，可她并不能休息，而是打开办公软件，与项目组成员开会商讨一个审计项目的最后过审事项。在家开完远程会议的于红看了看时间，已是夜里 11 点半，吃完降压药后她终于可以休息了。长期的熬夜和高强度的工作让刚刚 30 岁出头的她身体亮起红灯，医生嘱咐多休息可以让血压平稳，但于红停不下来，整个项目需要协作完成，“如果你休息，那上下游协作的同事也没法工作，项目会因为你而停下来。”然而，“其实很多时候的加班是在等待项目组相关环节的交接。”因此，企业可以用更高效的组织和管理能力，避免无效加班，尽可能地让员工在合理合法的办公时间内提升效率。㊀

（4）信息发酵和沟通危机。数字沟通增加了信息发酵和沟通危机的可能性。信息发酵是指在网络和社交媒体等数字平台上，通过用户的分享、评论和转发等行为，使得一条信息在短时间内迅速传播，甚至呈现指数级扩散的现象。由于信息的传播过程是去中心化且多渠道的，信息的真实性、准确性和完整性可能受到挑战。沟通危机是指在信息的高速扩散过程中，可能出现包括谣言、虚假信息的传播，以及信息被曲解、误解或故意篡改等现象。这些负面信息的“爆炸式”扩散可能导致公众产生误导和恐慌，形成偏见，还有可能对个人、组织的声誉造成无法挽回的实际损害。

（5）沟通工具过度依赖。在数字沟通中，依赖于在线工具进行点对点沟通的频率会增加，过度依赖在线工具可能给企业管理带来三个方面的风险。

- 故障和中断风险。如果企业过度依赖某个特定的数字沟通工具，例如一个内部即时通信平台或在线会议软件，那么当该工具出现故障或中断时，企业的沟通和协作能力可能会受到严重影响。这可能导致重要信息的丢失、工作任务的延误以及业务运营的中断。
- 安全与隐私风险。在数字管理沟通情境下，数据安全和隐私保护是一个重要的考虑因素。数字沟通工具在信息传输和存储过程中可能涉及敏感和机密的企业数据。过度依赖某个工具可能使企业容易遭遇数据泄露、黑客攻击或网络安全威胁的风险。如果数字沟通工具的安全性不能得到保障，企业可能面临数据泄露、知识产权受损和声誉损失等问题。
- 社交隔离感风险。过度依赖数字沟通工具可能导致员工之间产生社交隔离感，无法建立深入的人际关系。因此，管理层需要警惕过度依赖这些工具而忽视面对面的沟通和互动，以及团队成员之间的真实联系。

10.3.2 数字沟通策略

为了更好地应对上述挑战，数字管理沟通策略应涵盖个人和企业层面的考量，以实现高效沟通与协同，提升组织绩效。

㊀ 本案例节选改编自：甘皙．“我好像下班了，又好像没下班”[N]. 工人日报，2022-05-07(03).

（1）个人层面。为了减少信息过载与沟通误解，提升沟通效率，管理者需要在数字管理沟通中把握数字信息传递的艺术，掌握数字时代的交流礼仪。[⊖]具体而言，数字时代的管理者需要掌握如下管理沟通要领。

- 注意语言歧义。如果你觉得自己的表达比较模糊或是有被误解的可能，可以通过发送表情、图片等，作为有效的补充说明。此外，在发送信息前，记得检查是否有因为错别字或者软件自动校正带来的表达歧义。
- 简洁明了地传递信息。使用简洁、清晰的语言表达思想，避免冗长和复杂的句子结构。关注核心要点，用简短的语句传达信息，确保接收者能够迅速理解。如果有很多事项需要沟通，不妨采取电话或者视频通话的方式。
- 选择合适的沟通工具。根据具体的沟通需求和情境，选择恰当的沟通工具。例如，利用即时通信工具快速解决简单问题，使用电子邮件传递详细信息，或者在需要面对面交流时召开视频会议。

（2）企业层面。数字沟通涉及企业层面的制度、战略与文化变革，具体可以从五个方面入手来调整沟通策略。

一是领导力变革。数字化转型中，领导风格需要从传统指令式管理模式转变为鼓励和激发创新的领导风格。数字沟通需要更加注重与员工的共享愿景、共建目标，提供明确的沟通指导和支持，促进员工积极参与变革和创新。具体而言，领导者需要具备以下特质和行为。

- 数字化思维。具备数字化战略思维能力的企业领导能够运用数字化思维去发现、分析和解决企业的战略发展问题，积极构建或支持组织的数字化愿景，推动数字化转型。
- 敏捷决策。数字管理沟通伴随着大量可供利用的数据、变化迅速的管理环境，以及新的工作方式，这要求领导者充分利用数字化工具快速获取和分析数据，并具备敏锐的洞察力以准确识别和理解数字化时代的变化和趋势，引导团队在灵活的工作环境中高效合作。
- 开放性与信任建立。通过赋予员工更多的自主权和责任，鼓励员工参与和分享意见并对其决策参与保持开放。同时，利用数字技术促进员工之间积极、透明、合作和共享的沟通方式。基于此，打破信息孤岛，建立互信关系，提升团队的凝聚力和创造力。

二是推行数字化制度与文化。数字沟通不仅仅是技术层面的变化，还涉及组织

⊖ 针对这一话题，Facebook Messenger 团队和现代社交礼仪权威机构德布雷特（Debrett's）联合推出了《数字信息传递的艺术：数字时代的交流礼仪》。该指南根据 Facebook Messenger 团队对 3 500 名来自英国、美国和澳大利亚的受访者进行的调查，了解人们在电子信息接收、发送过程中的“成”与“败”。详见：腾讯传媒．首份数字时代沟通指南发布：现代人聊天，真的好难 [EB/OL]. (2019-09-29)[2023-08-29]. https://mp.weixin.qq.com/s/RoyHbRbZb1OtpwF9TM8Kdw.

文化的转变，数字沟通需要积极推动数字化文化的建设和传播。这意味着推行数字化工具的培训和普及，提升员工的数字技能，培养开放、协作和创新的数字化文化氛围。在概念层面，企业数字化转型中塑造的文化通常会包含数据驱动决策、价值共创、持续学习、创新实验、敏捷迭代等关键点。在操作层面，企业可以依循以下步骤建立并推行数字化文化。

- 明确愿景与目标。领导层需要共同确定数字化转型的愿景，例如提高生产效率、改善客户体验、创造创新解决方案等，在组织内部达成数字化重要性的共识。
- 基于业务战略制订计划。将数字化转型纳入企业的业务战略。根据愿景和目标，制订详细的数字化转型计划。该计划应该明确定义所需的资源、责任分配以及评估和监控指标。
- 提高员工数字化技能。培养员工的数字化技能和知识是组织实现数字化的关键。企业应通过提供培训和学习机会，如内部培训、外部专家讲座、在线学习平台等，让员工掌握数字化工具、技术和行业趋势。
- 创建数字化工具和平台。建立适应数字化文化的工具和平台，以促进沟通、协作和信息共享。企业可以为员工提供易于使用和安全的数字化工具，如内部社交网络、在线协作平台和知识库。这些工具可以促进跨部门合作、知识共享，提高工作效率和创新能力。
- 持续改进和评估。数字化文化的推行是一个持续改进的过程，要定期评估数字化转型的进展，并根据反馈和结果进行调整和改进；收集员工的意见和建议，组织工作坊和定期会议，鼓励沟通和分享经验，以不断推动数字化文化的发展。

三是跨部门合作。新的数字沟通工具和模式不断涌现，要求组织能够快速响应和适应变化。另外，过度依赖数字沟通工具可能导致员工之间产生社交隔离感，形成信息茧房与部门圈层，不利于企业的长期协调发展。为此，企业更需要打破部门之间的壁垒，鼓励跨部门合作与知识共享，整合综合资源与跨领域知识，统一目标和行动，提高沟通效率与速度，促进创新和提升灵活性。

四是开放式创新。由于数字技术对企业组织边界的颠覆性破坏，因此高效的数字沟通也涉及与广泛利益相关者的价值共创，这就需要企业打破封闭的组织沟通边界。企业应利用数字媒介工具，广泛地与客户、供应商、竞争者等群体互动交流。数字沟通可以促进开放式创新。一方面，基于数字化、无边界的即时通信工具，数字沟通为开放式创新提供了强大的支持和推动力，有助于加速创新流程，促进数据开放和知识共享；另一方面，开放式创新也推动了数字沟通的进步和应用，帮助企业接触更多元的沟通工具与技巧，刺激企业推行管理沟通的数字化转型。

五是重视客户沟通。管理沟通的数字化转型不仅仅是企业内部的变革，还需要企业与客户建立良好的数字沟通和互动。数字技术改变了客户的权力地位，促进了社交共享和共同消费模式的发展，使得客户市场选择的权力逐步增强，对企业运作的参与也日益加深。因此，数字情境下企业与客户的管理沟通成为更加重要的议题，可以为企业带来如下增益。

- 提供实时的反馈和市场洞察。通过数字渠道，企业可以主动收集客户的意见、建议和疑虑，了解他们的需求和偏好，及时调整产品和服务，以满足客户的需求。
- 提升客户体验。通过数字渠道，客户可以更方便地获取信息、购买产品、提交反馈，享受个性化的服务和定制化的体验。这种便捷和个性化的体验可以增加客户的满意度，建立品牌形象和竞争优势。
- 创新和共创。客户是企业最直接的用户，他们的反馈和建议可以成为企业改进产品和服务的重要依据。利用数字化工具，企业可以与客户进行协作和创新，共同开发新产品、解决问题和应对挑战。因此，企业高管纷纷开设微博、抖音等社交媒体账户，积极影响消费者对品牌的认知。

【例子】美的数字化变革之路

数字互联网时代的到来对产品和服务提出了更高的要求，美的根据时代的变化于 2020 年年末将战略主轴升级为“科技领先、用户直达、数智驱动、全球突破”，重构全新时代的智慧美的。2012 年 8 月底，方洪波正式出任美的集团董事长，着手深入推进企业转型升级。为了促进集团整体顺利上市，也为打破各事业部之间的“孤岛困境”，“一个美的、一个体系、一个标准”是方洪波为此定下的变革目标，他决心要统一整合事业部的信息系统。这次变革在集团内部中被称为“632 项目”，是指 6 个运营系统、3 个管理平台、2 个技术平台（见图 10-2）。围绕着方洪波提出的变革目标，花费了近三年的时间，美的最终实现了三方面的一致性。

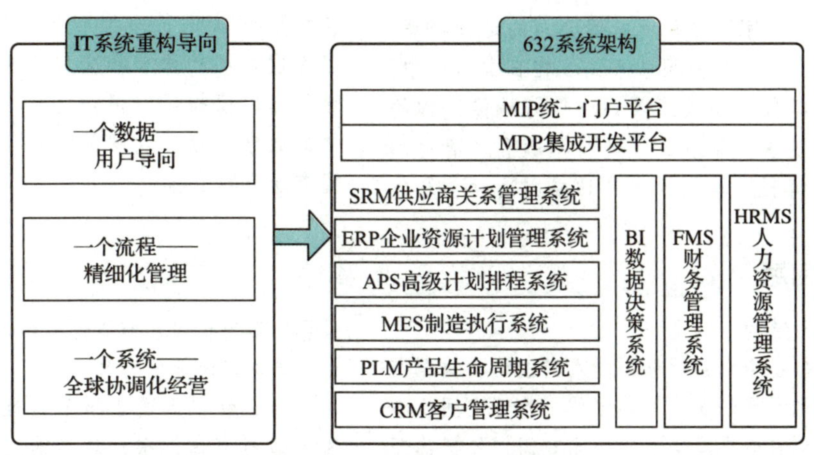

图 10-2　美的集团“632 项目”

（1）数据一致性。这意味着美的必须做到从顾客和供应商处获得的数据信息在整个企业层面上保持一致。因此，美的得以确保准确的信息传递，保持基础决策和分析的一致性，提高沟通的可信度和信任度，并促进内外部协作。

（2）流程一致性。美的借鉴了麦肯锡的流程搭建方法，即从梳理理论到搭建具体业务链条，一点一滴地成功统一了整体业务流程框架，实现了精细化管理。基于此，美的确保了内部团队或不同部门之间的工作流程和沟通方式是一致的，从而有效减少了数字沟通误解和混乱的可能性。

（3）系统一致性。变革前，美的拥有几套相互独立的系统，然而系统的独立性导致信息传递的严重滞后，制约了集团的进一步发展。而变革后，美的集团将只采用一套系统架构，打通了跨部门间的沟通渠道。⊖

情境模拟训练

数字沟通

具体步骤

- 由你和小组另一位（或几位同学——根据你自己的设计安排即可）承担该情境中的不同角色，分别为提问及回答做准备。
- 正式进入角色，进行情境模拟。
- 请小组内有企业工作经验的同学对模拟的沟通过程做评述，指出其优点和不足。
- 由小组4～5位成员再共同讨论解决这种问题的方法。
- 对照个人的思考、情境模拟和小组的讨论，总结以后处理这些情景的可操作性方案。

情境一

你是一家国际跨境电商公司的运营经理，负责与全球供应商团队合作。在日常沟通中，你发现邮件和聊天工具不能很好地传达你的意图和要求，导致工作进程不顺利。请描述你将如何利用其他数字工具或方法改善与供应商团队的数字沟通，以提高信息传达的准确性并确保工作顺利进行。

情境二

你是一家大型医疗保险公司的客户服务经理，你的团队需要处理来自不同时区的客户的查询和投诉。由于时差和沟通工具的限制，你们在及时响应和解决问题方面遇到了困难。请描述你将如何组织团队，并运用哪些数字化工具和流程，以确保为全球各地不同时区的客户提供及时的响应和支持。

情境三

你是一家创业公司的创始人，正在招聘一位高级技术总监来领导开发团队。你通过视频面试认识了一位非常有经验的候选人，但你们之间的语言和文化差异导致了一些沟通问题。请描述你将如何与该候选人进行有效的数字沟通，以确保他对公司的目标和期望有清晰的了解。

总结回顾

- 数字沟通的四元空间

在数字沟通新场景下，人类主体、物理空间的二元世界转变为人类主体、物理空间、虚拟空间、智能机器交互的四元空间，包括物理世界、赛博世界、智能世界和元宇宙世界。

- 数字沟通的要素特征

（1）数字沟通逻辑革命性地改变了沟通的主体与客体，根据数字能力与资源禀赋对

⊖ 本案例节选改编自：王珍，张梦婷，叶佳芃，《“数”造非凡，智赢未来——美的数字化变革之路》，中国管理案例共享中心案例库，2023年7月。

数字沟通的参与者进行了重新洗牌，使得某些群体的“声音”更加突出。

（2）数字沟通逻辑变迁的最直接体现是沟通渠道和媒介的变化。

（3）数字沟通逻辑下的信息编码与解码方式也与传统沟通情境不同。

- 数字沟通的面临挑战

依赖各种即时通信和数字平台的管理沟通为企业带来了一系列挑战，包括沟通信息过载和过滤、沟通效率和误解、沟通连续性和工作负担、信息发酵和沟通危机以及沟通工具过度依赖。

- 数字沟通的基本策略

数字化场景下沟通策略包括个人层面的注意语言歧义、简洁明了地信息传递、选择合适的沟通工具，与企业层面的领导力变革、推行数字化制度与文化、跨部门合作、开放式创新、重视客户沟通。

问题讨论

1. 数字沟通工具对管理沟通的影响是什么？它们如何改变沟通的方式和效果？
2. 数字沟通与传统面对面沟通相比有哪些挑战和优势？
3. 企业如何在四元空间构建新的管理沟通体系？
4. 如何在数字化情境下保护企业内部沟通的安全性和机密性？
5. 在数字化时代，如何培养和发展有效的数字沟通技能？

自我技能测试（1～6 题为单选，7～10 题为多选）

1. 以下哪个行为不利于有效的数字沟通？（　　）
   A. 清晰地传达信息
   B. 发送大量无关紧要的电子邮件
   C. 鼓励双向反馈
   D. 使用适当的可视化工具展示数据
2. 在数字沟通中，表格和图形被广泛使用的原因是什么？（　　）
   A. 可以提供更直观的数据呈现方式
   B. 可以隐藏数据中的不完整性
   C. 可以减少团队成员之间的沟通
   D. 可以增加数据的复杂性
3. 以下哪个技巧有助于减少数字沟通中的误解？（　　）
   A. 明确说明上下文
   B. 使用大量的专业术语
   C. 避免使用可视化工具
   D. 降低数据的详细程度
4. 钉钉一条“/”唤起 10 余项 AI 办公能力，该案例中的管理沟通发生在哪个情境下？（　　）
   A. 物理世界　　B. 赛博世界
   C. 智能世界　　D. 元宇宙世界
5. 00 后利用短视频“整活”，助力官媒“破圈”，该案例中的管理沟通发生在哪个情境下？（　　）
   A. 物理世界　　B. 赛博世界
   C. 智能世界　　D. 元宇宙世界
6. 超写实数字人 AYAYI 入职阿里，成为天猫超级品牌日的数字主理人。该案例中的管理沟通发生在哪个情境下？（　　）
   A. 物理世界　　B. 赛博世界
   C. 智能世界　　D. 元宇宙世界
7. 在数字化情境下，管理沟通的主要变化包括（　　）。
   A. 从传统面对面交流到在线协作
   B. 从文字沟通到语音和视频沟通
   C. 从内部沟通到跨部门和全球范围的沟通
   D. 从单一渠道的正式沟通到非正式的多渠道、多媒体沟通
8. 数字沟通中，何种技术有助于跨地域的实时合作？（　　）
   A. 云计算和在线协作工具
   B. 虚拟现实和增强现实技术
   C. 区块链和智能合约
   D. 机器学习和自然语言处理
9. 数字沟通中，如何解决语言和文化差异的挑

战？（　　）

A. 使用机器翻译和语音识别技术

B. 提供跨文化培训和教育

C. 建立文化多样性的团队

D. 鼓励使用非语言沟通方式

10. 相较于传统管理沟通模式，数字沟通的主要优势是什么？（　　）

A. 实现即时反馈和沟通效率的提升

B. 减少面对面交流和人际物理互动的需求

C. 自动化决策和业务流程

D. 提供多样化的沟通渠道和方式

案例 10-2

与 AI 虚拟主播的管理沟通

“大家好，我叫新小微，是由新华社联合搜狗公司推出的全球首位 3D 版 AI 合成主播，我将为大家带来全新的新闻资讯体验。”2020 年 5 月 21 日，全球首位 3D 版 AI 合成主播在全国两会开幕前夕正式亮相（见图 10-3）。在 AI 算法的驱动下，只需输入新闻文本，“新小微”就能根据语义，以拟人的表情和动作实时播报新闻。一经发布，“新小微”引起网友热议，不少网友感慨“主持人要下岗了”，“目前看起来，能不被机器人取代的行业不多了”。不过，也有许多网友表示“新小微”之类的虚拟主播“看起来还是有点生硬”，“永远替代不了有血有肉的主持人”。

图 10-3　全球首位 3D 版 AI 合成主播“新小微”

其中，一位网友这样说道：“我记得 2008 年一个播报汶川大地震受难者人数的女主持人在直播间里哭了，但她还是哽咽着继续播报下去。虽然这属于一次直播的失误，但让我看到了人性的光辉，这是 AI 永远无法替代的。”

“新小微”的原型是新华社记者赵琬微，通过最新人工智能技术“克隆”而成。为了高度还原赵琬微的外型，研发人员进行了海量数据采集工作。赵琬微需要带上数据采集头盔，并借助几百个摄像头全方位“打点”扫描，采集每一处身体部位的细节，摄像头细致入微地捕捉并记录其表情、动作和形态。通过算法实时驱动、渲染构建出的 3D 数字人物模型，无论表情唇动、肢体动作和还是语言表达，都实现了高度契合。

前一代 2D 形态的合成主播只能展示单一视角，全程用机械式的微笑来播报，且只能在坐姿或站姿下做一些简单的手势。而以“新小微”为代表的 3D 虚拟主播在立体感和层次感上明显增强，从多机位多景深、多样化精微表情播报、像真人一样走动及摆出各种复杂的动作和姿态，还能够根据不同新闻和场景变化发型和服饰。此外，“新小微”以其“微模块化”的特性，实现了灵活变妆。她的发型、服饰均能根据不同新闻和场景变换，这些功能也是前一代AI合成主播所不具备的。

“新小微”是新闻界首位由人工智能驱动、3D技术呈现的AI合成主播，通过在机器上输入相应文本内容，“新小微”就能准确播报新闻，并根据语义背后的场景生成相对应的面部表情和肢体语言。在2020年两会召开期间，“新小微”作为新华社主播的最新成员，通过新华社客户端为广大网友带来全新的新闻资讯体验，让庄重和严肃的会议有了别样的味道。未来，“新小微”所代表的虚拟主播也将进一步为新闻生产和播报形式打开更多可探索的新空间。

讨论题

1. 与传统的真人主播相比，依靠虚拟主播的管理沟通方式有何异同？
2. 虚拟主播相较于真人主播有何优势与劣势？
3. 作为管理沟通主体或客体，虚拟数字人还会有哪些未来应用场景？

自我技能测试答案

1. B 2. A 3. A 4. C 5. B 6. D 7. ACD 8. AB 9. ABCD 10. ABCD

第 11 章　会议组织与沟通

■ 学习目标

学完本章后，你应当能够：

- 了解影响群体沟通效果的因素，采取策略提高群体沟通的效果；
- 掌握有效组织筹备会议的技能，在会议不同阶段采取不同策略；
- 了解会议主持技能，对不同的会议情形采取不同的主持方式。

引题　袋鼠与笼子

动物园里新来了几只袋鼠，吸引了许多游客。于是动物园的领导高度重视，并增添了管理员来专门看守袋鼠。

可有一天，动物园的管理员发现袋鼠从笼子里跑出来了。经过一番“奋战”后才将跑出笼子的袋鼠归位。

因为这件事，动物园的领导特意开会讨论，一致认为是笼子的高度过低所致。经过商讨，决定将笼子的高度由原来的 10 米加高到 20 米。

出乎意料的是，第二天他们发现袋鼠还是跑到外面来了，所以他们又决定将高度加高到 30 米。

没想到，隔天袋鼠还是全跑到了笼子外面。

这可令动物园的管理员大为紧张。于是，领导再次开会来讨论这件事。又经过一次长时间的讨论，决定一不做二不休，将笼子的高度加高到 100 米。

一天，长颈鹿和几只袋鼠闲聊，“依你们看，这些人会不会再继续加高你们的笼子？”长颈鹿问。

“很难说，”袋鼠说，“如果他们继续忘记关门的话！”

11.1　群体沟通效果的影响因素

现实生活中，个体与群体之间及群体与群体之间一对多、多对多的正式或非正式沟通，统称为群体沟通。群体沟通的形式多种多样，可以是直接沟通，也可以是间接沟通；可以依托书面沟通，也可以是口头沟通；可以采取电话会议、电子邮件的形式，也可以依托网络媒体的实时传输等现代技术手段。不论何种形式的群体沟通，都有相同性质的影响因素。

11.1.1　影响因素框架

群体沟通是一系列错综复杂、相互联系的因素共同作用的结果，全面分析这些影响群体沟通效果的因素，有助于我们在群体沟通过程中采取相应的对策，提高沟通绩效。

一个群体沟通的绩效如何，从建设性沟通的目标看，不外乎两个方面：一是原定问题的解决，即沟通的效率，或群体生产率；二是群体成员之间的关系得到良性强化，也就是其满意度。图 11-1 反映了影响沟通绩效的主要因素。

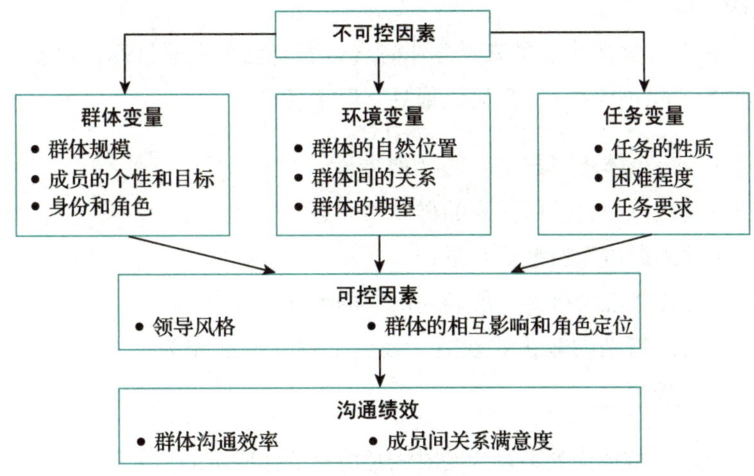

图 11-1　影响沟通绩效的主要因素

图 11-1 中，影响群体沟通绩效的因素分为可控因素和不可控因素两类。其中，可控因素是指从成立沟通群体开始到问题解决为止的过程中，群体成员自己可以设法解决的因素；不可控因素是指正式沟通开始之前无法控制，或不能完全控制的因素。比如，群体被指定承担某项任务之前，由谁组成小组或委员会、与谁一起工作、执行任务的性质等问题是无法被群体成员控制的，这些因素对群体成员而言是不可控因素。以下分别对这两大类影响因素做分析。

11.1.2 不可控因素

1. 群体变量

群体变量的因素之一是群体规模。显然，群体规模越大，成员可利用的信息、技能、才能、背景和经验就越多样化，但相应地，个体参与沟通的机会也会越少。研究表明，较大规模的群体中，权力和力量大的人支配着可用于交流的时间，但他们不需要有更多的知识和经验。同时，部分权力和力量过小的“沉默者”的观点可能永远无法被与会者听到。因此，群体沟通的规模必须在有利于参与和一定的知识广度这两者之间取得平衡。一般来说，5～7 人是群体沟通较合适的规模，这样的群体规模能够提供足够多样化的才能和个性，从而使群体富有想象力地解决问题，同时仍可以让每一个个体充分表达想法。

群体变量的因素之二是成员的个性和目标。个体成员加入一个群体时会带来完全不同的态度、价值观和信念，这些因素会影响群体参与和相互影响的程度、风格，最终影响沟通效率和群体成员间的满意度。当新加入的个体与群体之间具有较大的同质性时，群体成员之间的满意度能得到提高；而群体成员之间较强的异质性有助于沟通效率的提高。因此，在成员组成上，群体沟通也要考虑满意度和效率之间的平衡。

然而，大多数成员来到群体时会带着自己个人的目标，尼基·斯坦顿把这种现象称为“隐秘议程”。隐秘议程具有以下特征。

- 成员个体想引起别人的特别注意；
- 设法保护自己所代表的群体的利益；
- 利用群体沟通贬低对手；
- 掩盖在过去错误中所表现出来的无能；
- 结成特别的非正式联盟，或者把群体沟通作为个人消遣或“追求个人成就”的舞台。

显然，群体沟通不可能同时满足所有群体成员的个人目标，所以必须进行权衡和交换意见，设法使部分群体成员在更大程度上放弃个人目标以支持群体目标的实现。

群体变量之三是身份和角色。当一群人走到一起时，他们可能都作为群体内平等的成员，但在群体其他成员眼里，每个人又有一个以前的身份。这种以前的身份就会影响该成员在其他成员心目中的地位和影响力。这些成员有的是第一次与其他人合作，有的可能以前就和其他人建立了关系或友谊，同样，这些关系和友谊也将影响他们在群体内的行为方式。因此，在群体沟通中，每一个成员都应该估计自己的身份和地位。具体地，成员可以考虑以下一些问题：

- 在这个群体中，我是谁？扮演何种角色？其他人期望我扮演何种角色？谁将对我的行为进行评判？

- 影响沟通的方式是什么？谁可能有影响？我是否可以施加影响？若可以，我该如何影响？
- 我个人的目标和需要是什么？它们与群体目标和需要是否一致？若不一致，我又该采取何种对策？

2. 环境变量

环境变量之一是群体的自然位置。自然位置的影响表现在以下几个方面：首先，自然位置的接近可以增加相互影响。在过大的房间里开会，每个成员都感到其他成员与自己之间有相当远的距离，群体凝聚力就会降低；把领导与其他成员分开的座位安排也会妨碍相互之间的影响，助长其独断专行的领导风格，从而降低凝聚力。其次，会议的位置安排。如果会议在领导的办公室举行，以前存在的地位关系可以加强；而在中立的地方举行，可以减少原来关系的影响。最后，各种设施的分享，有助于群体的一致和凝聚力。图 11-2 为几种距离的含义。

（1）亲密距离

- 近状态（实际触摸或拥抱）：这种状态表示爱情、亲密的友情、家庭亲情。在西方文化中，女人之间及亲密的男女之间是正常的，但男人之间或没有亲密关系的男女之间是不合适的。而阿拉伯人在路上搂着肩膀是完全正常的。
- 远状态（远到0.5米）：这个距离可以握手，但没有亲密关系的人不接受这个距离。否则，你应发出这样的信号：很抱歉侵犯了你的私人空间。

（2）私人距离

- 近状态（0.5～0.7米）：这种距离适用于普通的朋友，例如朋友的邂逅相遇。妻子可以若无其事地站在丈夫的私人距离内，而另外的女人不行。
- 远状态（0.75～1.25米）：这个距离是身体控制范围的极限。在这个范围内的距离变化，可以作以判断邂逅相遇时，或者聚会时，交谈者之间的关系。若你与大家习惯站在1米处交谈，而与某人的距离变成了0.8米，可见你与该人的关系相比其他人要紧密得多。

（3）社会距离

- 近状态（1.25～2米）：一般用于非个人事项或一般性谈话的场合，比如会见客户、应聘者等。
- 远状态（2～4米）：更多地用于社会和商务交往的场合。比如总经理利用一张足够大的桌子来保持这种距离，若总经理绕过桌子走出来，则代表着更多个人的意愿而非领导者的意愿。

（4）公共距离

- 近状态（4～8米）：适用于非正式的聚会，比如管理员与员工讲话，教师向教室内的学生讲话。
- 远状态（8米以上）：通常为政治人物或社会名人所用，因为它提供了必要的安全感，并特别强调主导性。

图 11-2 几种距离的含义

环境变量之二是群体间的关系。群体外部成员对群体的看法会影响它的生产率、凝聚力和士气。没有人会愿意被组织中的其他人视为不重要的一员。

环境变量之三是群体的期望。由于许多群体的沟通有其自己的“特殊风格”，希望事情以自己特殊的方式（包括会议议程、工作方法、报告和协调方式等）进行。群体成员就不可避免地要遵守这些规范和期望，尽管重要的“特殊风格”可能是群体成员所不习惯的。

3. 任务变量

任务的性质、困难程度和任务要求，都会影响群体成员的态度、工作方式和领导者对群体沟通最好方式的决定。会议的任务一般包括分享信息、交换观点；说服和推荐行动；产生创意和解决问题；做出决策、选择方案并计划行动四类。其中，分享信息的群体沟通一般会受到较严格的控制；而为解决问题的沟通则有较高的相互影响和较低的结构性。因此，不同的任务要求成员扮演不同的角色。

11.1.3 可控因素

以上所有不可控因素都会影响群体沟通的绩效。作为沟通的领导者或会议的参加者应该认识到这些因素的潜在影响，这样就能够相应地安排自己的行为。而这正是在可控因素考虑时设法要解决的问题。可控因素具体包括领导风格、群体的相互影响和角色定位两方面。

1. 领导风格

领导者处于群体沟通绩效控制的核心地位。领导者可以是群体外部指定的，也可以是群体内部推选的。不管以何种形式产生的沟通群体的领导者，必须意识到不同的领导风格对沟通绩效的影响。领导风格主要包括三种类型：民主型、独裁型和自由放任型。

民主型领导风格：领导者只在必要时进行引导，工作的基本信念是成员能用自己的资源去实现自己的目标，成员从这些信任和自主决策中得到满足。因此，群体的沟通效率相当高。民主型领导风格影响下的群体沟通一般会表现出群体导向行为，目的在于取得群体目标和群体成员的满意度。

独裁型领导风格：领导者会认为，群体要达到目标必须不断给予引导，要不断给成员强化群体目标的信念，因为成员总是从追求自己个人目标出发，而不是从追求群体目标出发。独裁型领导风格影响下的群体沟通一般表现出任务导向的行为，目的在于完成任务，领导者几乎不关心成员的满意度和群体中的人际关系。

自由放任型领导风格：领导者几乎不关心群体目标的实现，群体的任务可能不能被执行，成员的满足来自实现个人目标，而非群体目标。自由放任型领导风格影响下的群体沟通一般表现为自我导向的行为，目的在于取得个人目标的实现。

2. 群体的相互影响和角色定位

领导风格的不同将影响群体成员，特别是领导者和群体成员之间的关系定位，进而影响沟通的绩效。从群体角色和行为分析，群体成员（包括领导者）之间的相互影响有两个主要组成部分——内容和过程。内容部分涉及有关沟通主题或群体将要进行的工作；过程部分则涉及群体在工作时发生在成员之间的和每个成员需要面对的问题，诸如士气、气氛、影响、参与、冲突、领导斗争、竞争和协调等。

在大多数的相互影响中，人们倾向于把注意力集中在任务的内容而忽视了过程，甚至当过程成为群体行动的主要原因时仍然如此。作为群体沟通的成员，对过程的敏感能使你及早判断群体的问题并有效地加以解决，了解这些过程可以使你成为群体中更有价值、更有效的成员。

11.2 会议的含义与特征

作为组织中最常见的群体沟通形式，会议的特征与有效策略是管理者需要关注的重要话题。“开会”无疑是职场人的日常，然而人们对会议普遍感到厌烦，认为参加一个冗长、与己无关、毫无结果甚至伤害彼此间感情的会议是毫无意义的，纯粹是在浪费自己宝贵的时间。引题中的小故事“袋鼠与笼子”也说明了有些时候，会议并不能真正解决问题，因为组织开会时，与会者并不清楚会议要解决的关键问题是什么。如此的结果便是大家花费了大量时间讨论，竟然没有发现问题的症结是什么，采取的行动当然是错的。德鲁克曾指出：“做有效管理者很重要的一件事是不开无效的会议。没有效果的会议是浪费时间，开有效的会议，管理者才能创造高效能。”要成功地组织高效会议，控制好会议的主题、目标、议程和方式是前提。

11.2.1 会议的含义

通常，人们把“会议”简称为“会”。严格来说，聚而不议（不讨论、不交换意见或看法）者谓之会；聚而又议（讨论、协商或交换意见）者称之为会议。同人类社会的其他社会现象一样，分析上述关于会议的定义，可以看出它包含下述四层含义。

第一，会议是人类社会发展的产物。具体而言，会议源自人类的群居生活习性，普遍存在于人类各种社会形态中。随着社会的发展，会议在现代社会中的地位不断提高，作用不断增强。

第二，会议是人类社会的一种集体活动形式。会议的定义中明确了这是至少两个人以上的活动。在这样的集体活动中，大家就某个问题充分地发表自己的意见并进行讨论，然后根据讨论的情况进行进一步的决策。

第三，会议是有目的的集体活动。任何会议的进行都是有目的的，而不是漫无边际的。开会通常是为了解决一个或多个特定的问题。单独几个人的聚会，不讨论问题，不叫会议；为了解决某个或某些特定的问题，某个人进行的单独思考也不叫会议。

第四，会议是短时间的集体活动。会议的召开一般有一个时间界限，在日常生活中，除特殊情况外，一般的会议是以小时来计算的，充其量是以天来计算的。

11.2.2 会议的基本特征

从定义延伸来看，会议的基本特征包括以下四个方面。

第一，普遍性。所谓普遍性，一是从时间上看，它存在于人类历史的一切社会形态之中；二是从空间上看，凡有人群活动的地方都存在这种活动形式；三是从主体上看，每一个人（或者说，一切有正常社会活动能力的人）都会不可避免地，或多或少地要参与这种活动形式。

第二，目的性。所谓目的性，是指这种活动形式的发生不是盲目的、无意识的，而是有一定目标和愿望的，是为了某种共同目的而聚集的。

第三，组织性。所谓组织性，是指这种活动形式一般都是有号召、有发起、有领导的，且有时间、空间的约束，而不是自发的、无边无际的、无规则的集合。

第四，集体性。所谓集体性，是指通常所说的会议，都是多人参与的。它既不是一个人的单独活动，也不是两个人的活动（对仅有两个人参与的活动有其确定的意义，比如约会、会见，是指双方的见面谈话），而是一种集体性质的活动形式。

11.3 会议筹备

使自己成为一位有技巧的会议筹划者和会议管理者，是管理者改进组织管理绩效的必要条件。管理者要在会议上花费很多时间，有人做过统计，在绝大多数公司，大约有 15% 的时间（人力）花在会议上。而且，在会议上耗费的时间与管理者的等级层次成正比。由于会议管理者的日常工作是企业运作中一项非常广泛的活动，因此，做一个高效的会议管理者具有非常现实的意义。高效的会议管理者可以根据 5W1H 原则，来确定有关会议准备的六个问题。

11.3.1 明确会议目的

会议目的是指会议召开的理由。对于每一个会议的召开，组织者都会认为“既然要召开这次会议，肯定是有其必要性的”，这导致了会议泛滥。这里讨论会议目的，是指问题必须通过会议的方式解决，或通过会议能够更有效率地解决。如果信息能够通过邮件和电话传递；或与会者未做准备；或关键人员不能参加；或会议成本超过其可能的潜在收益；或即便纳入日程但开会无益，会议就不应该召开。决定会议是否召开的四条主要指标包括：

- 信息共享。当所需的所有信息没有为相关人员个人所掌握而需要大家共同拿主意，或需要何种信息及如何获得这些信息尚不明确时，应该召开一次会议。
- 动员激励。当多人对某项行动的计划和贯彻皆有干系时，就应召集会议动员人们参与。
- 信息传播。当许多人必须以相同方式获得相同信息，或当最新信息必须尽快传播时，召开会议共享信息比重复的两两沟通要有效得多，与会者还有机会提供反馈并分享信息。
- 问题解决和决策制定。在完成复杂任务或要求根据多种信息做高质量决策时，团队决策要优于个人决策（即便是最优秀的个人决策）。

|沟通训练| 目的和目标

（1）你是否有必要召开会议？是否有其他更好或更简易的方式来实现你的既定目标？

（2）会议的目的是什么？

（3）你的总目标是什么？

——你想要实现什么目标？

——什么是最好或最坏的结果？

——你是否制订了应变计划或应急计划？

11.3.2 确定会议议题

明确会议目的只是一个大方向，想把会议开得有效率，会议管理者还必须拟妥相关的议题。

- 议题必须紧扣会议目标。凡是与会议目的无关的议题都不要列入会议的议程，以免分散会议的主题，从而既延长会议的时间，也有可能引起不必要的麻烦。
- 各项议题之间最好存在有机的联系，且按合乎逻辑的顺序排列。也只有这样，才能使会议得以顺利进行，因为会议的顺利进行往往取决于一个个问题的解决。上一个问题不解决或解决得不够彻底，往往会影响下一个问题的讨论和解决。
- 会议管理者应清楚地指出各项议题所需讨论的时间，这样可以使与会者做到心中有数。

11.3.3 确定会议场地

确定好会议的议题之后，要相应进行一些会议的辅助性准备工作，包括选择会议场所、会场布置和其他一些物质准备工作。

- 确定会议地点，一般要遵循交通方便的原则。可能的话，应是离与会者工作或居住较近的地方，以保障与会者能方便及时地赶到。会场应该能够适应会议的级别和与会者的身份，不能太简陋。当然也不必太奢侈，应符合经济适用的原则。会场应大小适宜，有良好的通风状况。如果有人想抽烟，能方便地抽烟，而不想抽烟的人又不会觉得空气太混浊。如果做不到这一点，就应禁止与会者抽烟。会场的照明情况也很重要，光线明亮会使人精神振作，提高会议效率。

|沟通聚焦| 理想的会议室应具备的条件

必须保证会议使用时间，避免在会议尚未结束时，会议室又有其他安排，致使会议中断或转移地点。

会议室位置必须让主持人和与会者都感到方便。

场地大小须适合会议规模，避免过大或过小。

有必要的设施条件。

不受外界干扰。

租借费用必须合理。

- 会场内应具有一些与会议有关的设施，包括白板、记号笔，或可手写的电子屏幕，以便于与会者写板书；电源、银幕、投影仪、幻灯设备，可以展示会议的背景资料及议程大纲；扩音设备，这一点在较大型的会议中尤为重要；录音设备，可以录下会议的实况。此外，会场还需包括桌椅、茶水等其他基本条件。
- 因会议性质与人数的不同，会场可有各种不同的布置：剧院型或教室型会场、圆形会场、正方形会场或长方形会场、“U”形会场、马蹄形会场等。会议室的布置，有时还要考虑分组讨论的需要，要视具体情况而定。
- 除了安排桌椅，布置会场还需要考虑一些细节：若与会者彼此不熟悉，可在每人桌上放上各自的身份牌；若设无烟会议室，可适当安排吸烟区；可以在会议室中放几盆观赏植物，改善会场气氛；准备好会议所需的各种材料、文件及视听器材；用先进的设备，甚至用带有香氛功能的空调系统改善会议室环境。
- 倘若举行的是较大型的外部会议，那么还要考虑外来与会者的饮食、住宿问题，以及往返的飞机票、火车票以及船票的预订等。
- 有些时候应为会议准备一些必要的宣传资料和参考文件。这有利于提高与会者对会议的重视程度，也可以加强其对有关背景信息的掌握。这些资料都应当和会议议程一起，提前分发给与会者。会议的有关资料和文件应多印几份，在与会者遗失时补发。

11.3.4 选定会议时间

选定会议时间也是一项不可忽视的准备工作。在考虑会议的时间时，应注意以下几点：

- 要有充足的准备时间。除非是处理紧急的突发事件，充分准备是召开会议的必要条件。
- 要考虑与会者的工作时间及协调。
- 工作日早上以及星期二、星期三比较适合开重要会议。
- 除非特殊情况，会议的时间应控制在两个小时内。
- 明确规定会议的起止时间，在会议通知书上说明，并提醒准时参加。

11.3.5 确定与会者

与会者是指应邀参加会议的个人，一般可以分为会议主席（或主持人）、会议成员和会议工作人员（如会议秘书、记录员等）三类。

在有效的会议管理中，决定与会者群体的规模和构成是非常重要的。会议可能由于太多或太少的人员参加或不恰当的人员结构而流于失败。比如，如果会议规模太大，讨论将流于形式和浮夸，与会者无法真正参与进来；如果会议规模太小，将无足够信息可供分享，问题也不能得到充分解决。因此，在决定邀请谁参加会议时，某些方针应被遵循。表 11-1 给出了会议的类型和每种类型的参考与会人数，适宜的规模主要依赖于会议的目的。

表 11-1 会议类型与参考规模

会议类型	参考与会人数
决策制定和关键问题解决	5
问题识别或头脑风暴	10
研讨会和培训班	15
信息研讨会	30
正式报告会	不限

在与会成员的构成上，管理者应考虑三方面因素：同质性和相异性的平衡、竞争性和合作性的平衡、任务导向和过程导向的平衡。

首先，从同质性和相异性的平衡角度看，如果团队内部成员之间具有很强的同质性，如具有相似的背景、性格、知识和价值观，那么成员之间就会较少出现冲突和分歧，会议成果也许会平淡无奇和缺乏想象力。相反地，如果团队成员具有很大的相异性，会议期间就会出现各种冲突和争论，可能使得会议什么问题都解决不了，当然也可能会得出更新奇、更优秀的问题解决方案。基于这些事实，根据会议的目的去有效地平衡与会者的成员结构就显得很有意义。

其次，从竞争性和合作性的平衡角度看，当与会者为一个共同目标奋斗且对他人采取合作态度时，团队讨论的方式比个人决策更有效，更有助于激发全体成员去打拼和获取竞争的胜利，并且会导致更高的成员满意度。更进一步地，合作团队显示出更有效的人际关系，更彻底的劳动分工，更高的参与度和更好的绩效。

最后，从任务导向和过程导向的平衡角度看，与会者的特征会显示出其思维倾向性：是侧重于过程还是侧重于任务。如果这两类与会者在构成上能够相互平衡，会议将更高效。一般来说，任务导向的与会者埋头于事务，他们不怎么容忍开玩笑或有关情感和友谊的讨论，能有效地完成任务但满意度可能较低。而过程导向的与会者则强调团结精神和参与合作，他们对成员感情和满意度比较敏感，甚至不惜牺牲任务结果来满足成员的愉悦。

11.3.6 制订会议计划

会议如何进行？每次会议都要安排好程序，会议组织者必须按程序妥善地掌握会议进度，这样才能高效率地开好会议并取得好的效果。制订会议计划是指会议议程的准备。一方面，会议的理由是明了的，而且也有合适的人员出席会议，但会议看起来还是毫无头绪、缺少章法，无法得出一个最终决议。此种会议往往以这样的领导讲话为开场白："我们有一个问题需要大家坐下来讨论讨论。"这种说法包含这样一些错误的假设：问题已然存在且与会者都能理解；因此，会议将会是成功的。不幸的是，与会者可能毫无准备地来参加会议，可能不掌握关键信息，不清楚他们的特殊角色，可能对决策如何制订心存疑惑，也可能未被动员起来去实现目标。另外，会议组织者试图把更多的东西塞进会议，安排过多的报告，处理过多的文件资料或涉及过多的事务。这样使得与会者在这个会议中不知何去何从。要制订科学的会议计划，会议组织者要注意运用以下十个方面的法则：

- 半对半法则。即将召开的会议，其议程上的所有事项必须在上次会议和该次会议时间间隔的一半之前被会议组织者掌握。也就是说，如果会议每周召开一次，则下次会议的议程项目应该在此前一周内的中点处由会议组织者收集完毕，这样就留下时间来对已有项目进行分类组合，对某些项目进行单独处理并在会议之前制作和散发会议议程表。
- 3/4 法则。会议材料（也称信息包，包括以前会议的记录和一份议程表），应该在会议间隔期的 3/4 时间点处送给与会者。比如，如果会议每周召开一次，则信息包应该在下次会议召开前大约两天左右送出。
- 议程法则。议程的措辞应该用行为动词或精练的语句，而不是一个词。比如，不要说"记录"，而说"批准记录"；不说"生产报告"，而说"决定生产时间表"。这使会议应该完成的任务更加明晰化。
- 六分法则。大约 2/3 的会议时间应该聚焦当前的议程项目，剩下的 1/3 应被再度细分为两个 1/6，其中一个 1/6 的时间用来回顾以前的议程事项，所剩的另一个 1/6 花在对未来议程项目的展望（计划或预备）。这样，会议的连续性得以保持，使得议程项目之间不至于突兀断裂。
- 三分法则。所有会议都可分为三部分：启动阶段，该阶段涉及较少的困难事项，迟到者到达会场，与会者进入状态；重心阶段，绝大部分困难项目被考虑到；缓解阶段，会议临近尾声。指导性项目在第一阶段处理，决策项目在第二阶段考虑，第三阶段则主要涉及需要讨论的事项。

- 报告法则。传发给与会者的报告通常应该包括执行摘要或选项备忘录。执行摘要突出报告的关键点和结论，而选项备忘录概括了所要讨论并据以决策的可能方案。由此，可以消除拣选多页去找有关信息和花大量会议时间翻看报告的麻烦。
- 议程钟法则。该法则在以上这些法则中是较为特殊的一个，它是关于某种议程项目应在何时被涉及的法则。议程项目应该按争议性从小到大考虑，然后注意力转向讨论性和较轻松的项目。
- 议程完整性法则。议程上的所有项目都应被讨论，不在议程上的项目则不应涉及。这一法则确保与会者不会把话题引出会议轨道，因为没有人对这些项目做过准备，或者也没有充足的信息支持这些项目。
- 时间完整性法则。这个法则很简单：开始于特定时间，结束于特定时间，遵守会议的时间表。这就确保了所有议程项目都被赋予足够的时间，迟到者不能享受让会议停下来等他的特权，而与会者也能指望在某一时点结束会议。
- 记录法则。会议记录应具备三个特征：议程关联性（所记录的信息与议程项目相关）、内容关联性（记录应依照议程的形式书写，由此容易在快速扫描中找到切题的资料）和突出决策性（记录应反映决议、结果和最终行动方案，而不是达成决议的过程）。

11.3.7 会议议程

1. 常见的会议议程确定原则

会议的议程应当表明需要讨论的业务事项的顺序。如果合适，可以从发言人那里得到这些议题。对议程的安排应认真考虑，以保证最好的逻辑顺序。议程能够正确评价在有限的时间内可达到一定目标的能力。作为一般原则，议程的安排可考虑以下几个方面：

- 例行公事的项目放在会议议程开始，然后再安排工作中的新问题。
- 当议程中包括一些比较简短或紧急的项目时，先安排它们，余下的会议时间专注于比较费时的项目。
- 一个错误的做法是把上次会议的主要事项归纳到“出现问题”的项目内。这些内容不宜归入某个项目中，而应在议程中的突出位置。这能够使会议主席和与会者对已经完成的工作有一个更切合实际的印象。
- 不要企图将议程排得太紧，否则会造成会议超时，甚至降低会议的效率（如仓促决策）。因为到了该结束的时间，与会者已经准备要离会，没有心思再考虑更多的问题及合适的解决方案。

2. 会议议程的主要步骤

会议议程的确定是指会议的实质性进程管理及用以确保会议有效的方法。最常见的会议议程可以分为七个步骤。

第一步：回顾。会议开始时，要回顾议程和准备完成的任务及上次会议以来所取得的进步。这有助于与会者确切地知道群体期望是什么，并鼓励他们集中心思于手上的任务，这也使得会议中的时间控制更容易一些。

第二步：介绍。与会者应该被相互介绍，使其在一起感到舒畅。特别是当考虑争议性较大的话题时，介绍环节更为必要。

第三步：制定规则。在会议开始时构建会议框架，明确哪些和多少参加者在预期之中、议程允许哪些变动、时间框架是怎么样的，这有助于会议按轨道运行。另外，决策制定模式也应确定下来，具体包括：

- 多数原则：每位与会者对备选方案投票，超过半数投票人赞成的方案通过。
- 最高票数：两个以上方案可供考虑，无任何一个可得多数票时，则采纳得票最多的方案。
- 试验投票：采用无完全约束力投票来获取与会者对不同方案的直观态度，这种投票可能在达成决议前要进行多次，以便剔除那些不受支持的方案。
- 赋值：与会者可将 100 分分摊给不同的方案，这样他们对方案的支持度更加具有可衡量性。比如，如果有四个备选方案，某与会者可给其中一个打 90 分，另两个各打 5 分，余下的一个打 0 分，总得分最高的方案最终胜出。
- 排序：方案按一定顺序排列，最高平均优先级的方案被采纳。
- 一致同意：所有与会者必须一致同意才能采用某一特定方案。
- 原则同意：虽然不能就所有细节问题达成一致意见，但某些确定的一般原则可以被认同。因此，在这种情况下，是原则而不是全部建议被接受。

第四步：报告。在会议开始的阶段，由预先指定的报告者做报告。这有助于保持对任务的责任感，减少报告者的忧虑，确保报告不会被拖到会议末尾。

第五步：演示。应该用多种方式展示信息，如手册、投影仪、幻灯片、图表、录像、现场图解等，这有助于保持与会者的兴趣和提高信息展示的效率。一般而言，与会者应该能够在会议上动用至少两种感官形式，如看和听。

第六步：参与。与会者皆平等参与会议，但这并不意味着人人都必须做相同数量的发言。掌握较多信息的人及对某一话题有特别兴趣的人可以多参与。同时要有意识地鼓励那些有见地但不愿示人的与会者参与更多的讨论。

第七步：总结。结束会议时，要总结所达成的决议、分派的任务、所取得的成绩、讨论的主要观点及从该次会议中学到了什么，使与会者感到花时间参加会议是有收获、有成就感的。最后，审核要在下次会议报告的议程项目。此时也是对下次会议提出预期的大好时机，明确会议记录和下次会议的议程何时下发及该如何筹备等问题。

3. 议程准备和支持文件

会议议程的准备应包括以下几个方面：一是按顺序排列出议程；二是对历史项目的讨论准备支持性文件；三是准备好具体议题；四是确定好下次会议的时间、地点等。

议程中的每个项目应用数字排出先后顺序。如果出于某种原因需要更改项目顺序，或者取消某个项目，应该在会议开始时由会议主席说明理由。这是十分重要的，因为有的与会者可能对这些项目感兴趣，如果这些项目被取消，或者推迟，他们会感到不满。

如果会议要继续上次会议的项目，一种方法是可以继续引用上次会议的日期和备忘录编码，这种纵向参考的作用在于帮助与会者弄清楚该项目的历史背景，从而可能避免错误决策。这一方法对于那些不了解以前情况的新与会者也很有帮助。另一种方法是将过去的项目背景作为参考资料——支持性文件，附在相关项目后面，或者列一个简短的清单放在议程后面。

在准备会议议题时，要以开放、公正的方式策划议题，使得议程中包含一系列精心设计的议题。在议题的安排上，要善于采用提问的方式，因为这可以引起与会者的兴趣。会议议程实例如图 11-3 所示。

M计算机公司

一号项目检查会议

日期：2023年12月6日（星期三）

时间：下午2:00 — 下午3:45

地点：B大厦第二会议室

议程

1. 公司第四季度销售情况；
2. 上次会议记录；
3. 上次会议记录中提出的问题；
4. 杜敏做关于CPU进展报告；
5. 史强做关于Case设计进展报告；
6. 李辉做关于软件进展报告；
7. 下次会议日期、时间、地点。

附件

1. CPU进展报告，第7号；
2. Case设计进展报告，第2号；
3. 关于软件进展的报告。

图 11-3　会议议程实例

最后，如果会议有可能再次召开，议程中应包括下次会议的日期、时间和地点。以下是可供参考的议程准备步骤：

- 根据上次会议列出突出问题。
- 通过目前发展情况的预期，和与会者联系，提出工作中的新议题。
- 选择重要议题。
- 避免包括过多的“新问题”(在议程中，突出地分别标示关键项目)。
- 将例行项目放在开始。

- 按逻辑关系排列关键项目。
- 根据会议时间长短和与会者情况安排项目。
- 用数字排列项目。
- 交叉参考上次会议的议题。
- 要求明确提出下次会议的细节，在议程结尾列出“下次会议议程”。
- 指定需要的附加文件或将它们包括在议程中。
- 与会议主席讨论通过议程（如果合适的话）。
- 将议程草案交付打印。
- 校对打印稿。
- 附带上次会议的备忘录，将文件和有关文章发送所有应出席的与会者。

11.4 会议组织

11.4.1 明确与会者角色

在确定好与会者的人数和结构后，会议组织者必须明确与会者的角色安排。前面已经提到，与会者一般可以分为会议主席（或主持人）、会议成员和会议工作人员（如会议秘书、记录员等）三类。以下我们具体分析如何确定与会者的角色，以及不同角色的职责。

1. 会议主席的类型和职责

| 沟通训练 |

根据你所了解的群体沟通性质，你认为会议主席有哪些责任？在会议中，你若作为与会者，又有哪些责任？你怎样能够受益于会议和其他小组成员的讨论？

会议主席或主持人的角色，主要是承担主持会议、维持会议秩序并确保小组的积极工作。为此，他们应考虑以下两点：会议的任务和会议小组的类型。在会议任务的考虑上，他们应尽快地让与会者明确会议的目的性，并按时组织开会，为与会者提供参考资料。换句话说，会议主席或主持人在会议开始之前就应该讲清楚任务、规则和行动计划。

会议任务和目标的明确为会议主席提供了会议控制的基础，并作为对其他与会者的指导。明确的目标来自认真细致的准备和清晰的会议议程，这将为团队工作奠定良好基础。理想的与会者应当能够认清会议目标，以便明确自己的责任和真正地参与。会议组织者应该相信，当与会者了解一项工作后，多数人会做得更好，并成为有效的参加者协助决策。如果会议小组的作用仅仅是咨询性的，最好告之各位与会者，以免引起不满。具体地，会议主席的沟通技能和技巧表现为会议控制、过程引导、促进讨论、应对“隐秘议程”和做出决定等几个方面。

职责一：会议控制

会议控制的方式和组织取决于会议的目的。会议控制应当着眼于建立行为标准，以这些标准衡量会议结果，并在必要时进行调整。会议主席为了对群体沟通的最终表现负责，必须从标准和结果来控制会议的过程。作为有效的会议主席应遵循以下五个基本原则。

- 决定讨论主题。
- 明确讨论范围。
- 确保与会者围绕主题依次发言。
- 尽可能做到公正，尽全力避免与会者的争论。
- 确保其他与会者了解会议进展情况。

职责二：过程引导

无论会议主席以怎样的风格给自己定位，他们必须能够发起会议，并确保以良好的秩序进行主题和问题讨论。例如，有些成员习惯在真正搞清楚问题之前武断地做结论，会议主席就应该对这样的行为加以引导，以保证他们在充分分析问题背景的前提下，做出合理的决策建议。为保证会议的发起和维持会议进行的良好秩序，会议主席需要明确四个基本步骤。

- 识别主题 / 问题。应清楚地加以说明，如有必要，会议间隔后要重复强调。
- 交换和开发建议。在取得解决问题的建议之前，收集和解释依据。
- 评价不同方案。列出可选方案，预测每个方案的可能结果（时间、成本、政治因素）。
- 选择行动计划。为达到预期结果，决定“谁”“何地”“何时”“怎样做”，并确保每个人都明确自己的责任。会议主席应确保与会者不偏离这个程序，有时可能需要提出新的建议、澄清上述内容、做小结或提请对可能结果的注意。

职责三：促进讨论

在沟通过程中，会议主席要及时根据会议的进程和讨论的话题，围绕主题提出恰当的问题以激励与会者。提问问题的方式，可以参考第 7.5.3 节中关于提问的技巧。提问方式不但有助于激励与会者，也是控制会议的有效手段。比如，在适当的时候打断那些滔滔不绝的人，为其他没有更多机会发言，或不愿意发言的人提供机会。

职责四：应对“隐秘议程”

会议主席还应努力保持讨论的话题集中，不使其演变成与会者之间的个人冲突。会议主席必须妥善处理与会者中的“隐秘议程”、竞争和偏激的发言，否则，人际关系和情绪问题将会转移群体的注意力，进而影响会议任务的完成。为了促使与会者关注事实和建议，要求与会者列举概括性论断的实例是一个有效的方法。但是，会议主席可能需要协助做这项“维持群体”的工作。从现有研究结果看，由群体推选产生的会议主席更善于维持与会者间的关系，并对与会者进行有效的激励。

职责五：做出决定

当群体要做出决定时，可以采用多种方式，如采取正式投票表决的方式；采取其他由与会者一致同意或普遍同意的方式（如相互协商）；或采取恰如其分地引出解决问题的最佳方案。

对照前面所提出的会议主席的五个基本职责——会议控制、过程引导、促进讨论、应对“隐秘议程”和做出决定，尽管会议主席都要承担这些职责，但对于不用就问题做最后拍板的情形，会议主席的主要职责应该在会议控制、促进讨论等方面，而对于必须对问题提出明确决策的情形，会议主席的主要职责应该在过程引导、应对“隐秘议程”和做出决定上。

我们把那些不用就问题做最后拍板的会议主席称为“社会领导型会议主席”，这类人主要是组织会议，起引导作用。而对问题必须提出明确决策的会议主席被称为“决策型会议主席”，这类人要承担决策责任，起决定性作用。具体的职责重点，如表 11-2 所示。

表 11-2　不同类型会议主席的主要职责

社会领导型会议主席	做出决定、会议控制、应对“隐秘议程”、过程引导、促进讨论
决策型会议主席	促进讨论、过程引导、会议控制、应对“隐秘议程”、做出决定

|沟通聚焦|　先看下面两种情形：

情形一：某公司的年终市场销售分析会议正在进行，公司总经理担任会议的主席。在会议进行过程中，公司负责市场工作的副总经理提出，公司明年的市场营销重点应从“以巩固国内市场为主”转向“以开拓国际市场为主”。他希望他的设想能在这次会议上得到大家的支持并通过。但在会议进行过程中，负责市场营销的部门经理、副经理对这个设想提出了反对意见，他们认为国内的市场潜力还很大，而企业的资金实力不够，与其全面开花，还不如采用“各个击破”的策略，先在国内市场取得绝对优势地位。结果双方争论得不可开交。如果你是会议主席，面临与会者这种争执不下的局面，你准备如何解决？如果最终需要你就这次会议做总结，你又该如何对“市场营销的重点”问题做总结？

情形二：某高校科学馆会议厅内正在召开“中国二十一世纪的管理教学发展趋势”的研讨会。在会议进行期间，就 MBA 教育的发展方向问题，不同的与会者提出了不同的看法，有的认为 MBA 教学应该以案例教学为主；有的认为应该以理论修养的培养为主；也有的主张像美国哈佛商学院那样采用大量的案例教学，甚至可以取消传统的教师讲解的形式。这些不同观点在讨论过程中争论得比较激烈，眼看讨论时间将近尾声，但与会者为了充分表达自己的主张，很难“刹车”。如果你是这次研讨会的会议主席，面对这种不同主张分立的局面，你该如何应对？你又该如何就研讨的问题做总结？

上述两种情形就是我们在平时会议中经常碰到的两种典型现象。第一种情形的会议主席和第二种情形的会议主席，面临“相持不下”的争论时，所采取的对策是不一样的，因为这两种类型的会议在性质上有很大的差别。

显然，作为会议主席，在这两种情形中都要承担前面所介绍的五个职责。但对于不同的会议，由于会议的目的、性质不同，比如有的是为了做出某个决策；有的是为了相互之间的沟通和交流；有的是为了向与会者告知某种思想或观点；有的则是为了说服与会者接受新的观点等。在这些不同类型的会议中，会议主席实际所扮演的角色及所承担的职责是有差别的。

对于情形一，会议主席必须就这两种思路提出最后的决策，要么采用公司副总经理的思路，要么采用部门经理、部门副经理的思路，要么采用第三种思路。如果没有最后的决策，这样的会议也就失去了意义和价值。对于情形二，这样的会议在性质上是研讨会，与会者提出各种不同的主张，在这样的会议上是完全允许的，甚至是研讨会所提倡的。作为研讨会的会议主席，完全没有必要就不同的观点做一个“谁对谁错”的结论。也就是说，会议主席不需要在不同的观点之间做什么决策。

2. 一般与会者责任

（1）态度。作为与会者，首要责任是树立对会议的积极态度，敞开思想并听取别人的意见，以积极的心态参加各种讨论，即使这个讨论并不是直接关系到与会者个人的问题。因为任何会议，都可能为与会者提供机会去实现下面一个或几个目的。

- 受益于他人的知识和观点。
- 从他人的背景和经历中获取大量的信息。
- 对所执行决策的参与感。
- 更好地了解和正确评价他人，在与会者中间形成团队工作精神。
- 与他人交换个人思想。
- 以他人的眼光评价个人观点、信念和态度。

（2）准备。与会者的第二个责任是保证自己做好准备和了解会议主题。尽管这可能需要一定的时间和精力，但每个与会者拥有的信息质量决定着会议的质量。

（3）认识群体过程。对群体过程和群体功能的认识有助于树立正确的参会态度。与会者应意识到会议主席的责任和问题，以便更好地理解他们的领导方法，积极协助他们实现会议目标。

领导是一个动态的职位，在两个小时的会议期间，尽管有一个人始终是正式会议主席，但可能会不时出现不同的领导者，而你可能也是其中一个。你应当意识到，每一个与你一起坐在桌旁的与会者都是与你不同的个人，他们每个人都可能具有与你不同的个人问题、自我中心意识和他们自己的思维方法。所以，要不断地研究他人，包括他们的基本动机、偏见、情绪和思维过程。

基于上面问题的讨论，可以明确，有效的与会者应完成以下工作。

- 决定是否需要出席会议。不要仅仅因为收到邀请就参加会议。如果你对会议议程与自己的关系心存疑惑，就应该弄清楚会议主席为什么要你参加这次会议。
- 准备。了解议程，并准备和帮助其他与会者理解问题。要有准备地带着问题参会，这些问题有助于你理解会议主题。

- 准时与会。具有适当的时间意识，既包括何时发言、如何发言，也要考虑会议安排和地点。游离拖沓往往耽搁会议，或是因为询问会议内容而浪费其他与会者的时间。
- 关于某些疑点或模糊问题征询清晰解释。多数情况下，你会发现房间里其他人心怀同样的问题，只是因为胆怯而不敢明言。
- 给出信息时，力求精确切题。不要用一些趣闻轶事或与自己观点无益的细节来烦扰其他与会者。
- 倾听。目光同发言者保持接触，尽量明确其言语背后的深层含义，要杜绝对发言者的不敬行为，如懒懒散散、心不在焉或翻看书籍。
- 支持他人。遵循建设性沟通原则，肯定他人的发言并由此衔接自己的开场白，要有能力和意愿去适应他人的语言，并能清晰扼要地发表自己的看法。
- 确保公平参与。要引导他人参与进来，使每个人的才干得以利用。如果你清楚某一特定观点的关键信息未被纳入讨论，这就尤其重要。这种情况可以通过鼓励那些消极参与者而得到纠正。
- 反对要有根据。如果有必要反对或质疑他人意见，则要遵循有关协作型冲突管理的指导方针，比如，使你的评论基于人所共知的原则或价值观。
- 以能提高团队绩效的方式行事。将个人私事放在一边而为团队的共同目标工作。

3. 工作人员和与会者的职责

表 11-3 是一个关于与会者职责的提示。

表 11-3 与会者的职责

	会议之前	会议期间	会议之后
会议主席	1. 提出和理解需处理的任务项目 2. 批准议程草案 3. 确保与会者明确会议目标、时间、地点、会议议程 4. 保证房间的合理布置，如座位安排、文件、饮用水、烟灰缸等	1. 准时开始 2. 清楚地介绍主题 3. 获得有力的发言 4. 维持秩序 5. 有效决策	1. 核实会议秘书或记录员准备的备忘录 2. 监控进展
会议秘书或记录员	1. 从以前的记录或新的信息源收集资料 2. 起草会议议程，有逻辑性地按主次顺序安排 3. 得到会议主席的批准 4. 发送会议通知和议程	1. 提前到达 2. 将房间准备就绪 3. 提供所有必要文件 4. 记录进程 5. 避免不明确的讨论或通过含糊不清的决策 6. 协助会议主席	1. 起草备忘录 2. 交会议主席批准 3. 将备忘录在两天内发给与会者 4. 必要时根据备忘录和监督者的要求发布告示
会议成员	1. 通知会议秘书 / 会议主席须列入议程的事项 2. 阅读所有文件 3. 若合适，准备自己的支持性文件 4. 向会议秘书说明须纠正的论点	1. 准时出席 2. 按照会议要求发言 3. 记录会议决定及需要采取的行动	1. 阅读、审核备忘录 2. 执行行动计划，必要时汇报情况

注：如果没有指定的会议秘书，会议主席要确保有人承担会议秘书所应做的工作。

11.4.2 会议开始

会议应当在一种和谐活跃的气氛中开始。大部分会议应先由会议主席介绍与会者，主要包括与会者的姓名、身份。这一部分也可以由与会者做自我介绍，这样可以调动会议的气氛，提高与会者的参与意识。对与会者的介绍可以按照各个人职务的高低或是简单地依据座次。常用的介绍方法有：

（1）自我介绍。与会者分别做简短的自我介绍，说明自己的姓名、身份、背景情况等。这种介绍可以是按一定次序进行的，也可以是随意的、无序的。介绍时，通常应起立、脱帽。

（2）互相介绍。这种介绍将自我介绍与他人介绍结合起来，通常按照座位的次序或按事前编排好的次序进行。

（3）会议主席介绍。由会议主席分别一一介绍与会者情况，这一方法适用于会议主席对与会者的姓名、身份都比较熟悉的情况。介绍到哪一位与会者时，被介绍者应起立、脱帽向大家点头示意。

（4）名片介绍。通过与会者相互递交名片进行。名片通常印有姓名、身份等内容。

介绍过与会者后，可以由会议主席重申本次会议的主题、重要性、会议议程、主要展开方式及有关注意事项。

很多会议主席在会议开始时都会遇到一件令人烦恼的事，总有个别与会者不遵守会议开始的时间而姗姗来迟。有经验的会议主席对待这种情况总是毫不留情地立即开会，化被动为主动，迟到者就会感到尴尬。如果等待迟到者，参加会议的人就会等得不耐烦，在以后的会议中也会迟到。

| 沟通聚焦 |

对待迟到的情况，美国某著名咨询公司的一位资深会议主持人总会打开一台录音机，录下会议开始进行的内容和开会迟到者的尴尬反应。录下的前一部分讨论内容，如果有必要的话，让那位迟到者事后补听。有了这样一次经历，就很少有人再无缘无故地迟到了。

11.4.3 讨论主题

讨论主题事关会议能否顺利进行和取得很好的效果。会议主席应当在会议之前就讨论的问题做好充分的准备，自己应对于会议中可能会被提到的几种方案有一个基本的判断。

在会议中，会议主席要认真倾听各位与会者的意见，有必要的话，可以简单地记录一下：他们的观点究竟是什么？有几点理由？听清楚每位发言者的发言是会议主席和其他与会者的权利与责任。如果自己听得不太明白，可以要求对方重新阐述一遍。对于各与会者的发言，用词要求尽量统一，不要这个人表达的是某个意思，另一个人却理解成其他的含义了，避免无谓的口舌之争。会议主席应当不失时机地界定一下会议中相关词语的意思。

会议主席的主持风格可能各不相同，有的富有幽默感，让整个会议妙趣横生；有的则更具有逻辑性，分析整理问题都能头头是道。但是，起码的幽默感和逻辑性是每个会议主席都应该具备的，缺乏幽默的会议死气沉沉。

会议的形式应力求丰富多样，例如使用投影仪、各种模型、图片，会议主席也可以亲自做示范，这样会使与会者感到更生动有趣。当然，会前会议主席可能要做更多的准备工作。具体来说，会议主席的工作有两点：一是要维持好会议气氛，以使会议按照预期的步骤进行下去；二是保证沟通围绕会议主题，促使会议获得一些有意义的结论。

（1）营造良好的会议气氛。会议主席应当鼓励所有与会者参与。必要时要点名让那些保持沉默者多发言，例如，“杨先生，你对这个问题有什么看法”“李经理，你对王经理的见解是否赞同”等。为了让所有与会者都能表达见解，不让一部分能言善辩者垄断会议是必要的，会议主席应当及时而不失礼貌地打断滔滔不绝的离题者的话题。

（2）激发适当的会议辩论。会议辩论有助于明确问题，但是辩论必须有一定的秩序，不能某个人还没有表达清楚他的观点，另外一个人就打断他的话。抢着发言的与会者可能并没有弄清楚对方想要说什么，而且，有的与会者情绪比较容易激动，变成为辩论而辩论。这个时候，会议主席就要尽快结束这种争论，重申会议的主题。争论时，有时候大家的意见都趋于统一了，但偏偏有个别人为坚持他们的反对意见而百般辩解，这个时候，会议主席可以运用自己的权威结束这场辩论，转向下个议题。

倘若会议主席在会议之前就预料到个别与会者可能为了维护他们的利益，而在会议上唱反调，可以预先找这些人谈谈，争取获得他们的认同，既保全他们的面子，又避免浪费会议时间。

（3）组织讨论，是达成会议结论的必要途径。会议主席在会议开始之前就要对会议结果有所思考。但要尽量避免一开始就将自己的思考公布于众，这样会束缚与会者的思考，让大家有了一种心理定势：既然会议主席是这么想的，那么我提出不同意见，他也会反对，从而保持缄默，或尽量附和会议主席的观点。会议主席多倾听别人的意见是有益的，别人的观点可以丰富自己的依据，等别人讨论完后，再取其精华，往往会得出更好、更有说服力的结论。

（4）提问是一种很有效的控制方式。首先，可以提问鼓励那些保持沉默者多发言。其次，会议主席可以在认为发言者表达不清楚时，要求对方将他的观点表达清楚。最重要的是，会议主席可以利用提问将话题逐步深入。提问的时间应当把握好，提问应该在对方把一个问题说完之后，下一个问题开始之前。如果对方还没有表达完，就突然插进去提问，会显得很冒失。但是若对方发言早已转向下个话题了，会议主席才想起来提问，迫使对方再转回去，无疑也会使人扫兴。

会议主席对有意义的发言应当予以鼓励，激励他们深入思考。例如，“小王，你提出的这个方案很有启发”等。会议主席还可以重复总结发言人的观点，表达会议主席在认真倾听，还可以让对方感到被重视，如“哦，你的意思是要开拓日本市场”。

（5）会议主席应当善于总结。总结关键是要抓住各位与会者发言的内部逻辑，将他们的意见分类整理和归纳，得出比较清晰的若干条结论。会议结束时的总结是必不可少的，可以概括地列举一下本次会议取得的成果、经验教训，还可以对有些人提出表扬。在会议进程中，每个议题结束时，会议主席都可以简短地做总结，确认大家对这个议题的同意程度，也便于会议记录员就这个问题做简短的记录，方便会后整理。

（6）协调会议不同意见。可能各方会持不同意见，相互争执。首先，如果争论过火了，会议主席应当制止这种争论。其次，就各方不同意见具体进行分析，看看他们的分歧点何在、依据是否充分、是否有协调可能。倘若各方意见都有合理性，需要权衡各种方案的利弊。如果分歧过于复杂，难以消除，只能留待以后解决了。

（7）会议记录是会议内容和过程的真实凭证，记录的原则是符合实际、简明扼要，避免将会议记录员个人的好恶带进记录本。必要时可以先用录音机录下会议内容，以免做记录时遗漏。会议记录一般要留档。如果下一次会议的内容要以这一次会议的决议为基础，那么届时会议主席应当宣读此次会议的决议，以使与会者回忆起当时情况。

11.4.4　会议收尾

比较大型的正式会议结束后，会议组织者应将会议的决议和感谢函寄给每位与会者，感谢他们在会议上做出的贡献，对给予会议支持的各方寄出感谢函。致谢的态度应当热情诚恳，这样有利于更长期的友好合作。

租借的设备和场地应当及时退回，与会者遗忘的物品应当及时和与会者联系。尽快整理会议记录，有必要的话，还要编写会议纪要和会议简报。

有些会议演讲者是要支付演讲报酬的，应当尽快（最好是在对方乘坐交通工具离开之前）将报酬和感谢函送到他们手中。其他一些有关费用，比如租用场地费等，应当尽快支付到位。为了填写支付对方的支票，要设法得到收款方的银行账号、收据等。

11.4.5　会议备忘录

任何做决策的会议都应当记录决策是如何制定的，最后的决策是什么，由谁负责哪些行动等重要问题。备忘录能有效地提供有关群体工作历史的有价值的参考资料，减少在何时、何地、何人所做讨论和决策的问题上出现的分歧，并明确和监督责任人的工作落实情况。因此，对于连续性的会议，组织应该完成好，并保存好备忘录。

备忘录通常由会议秘书负责完成，但作为管理者，应该知道如何写备忘录，或者为会议秘书写备忘录提供指导，这也是管理者的一个基本功。图 11-4 是备忘录的基本格式示例。

在备忘录具体制作时，要注意以下一些问题。

阳光灿烂股份有限公司董事会会议备忘录

地点：阳光灿烂股份有限公司

时间：2023年8月27日　星期日　上午10:30

主持：吴大猷

出席：陈民智　姜文　吴作栋　齐达尼　谢军　何光明（会议秘书）

请假：布尔维　罗世冲（收到缺席致歉）

1.上次会议备忘录

2023年7月2日的会议备忘录，宣读通过，主席签字

2.备忘录提出问题

2.1　持股职工清单

吴大猷报告内部员工持股项目的计划和持股职工清单。会议要求公司应保证每个员工收到一份清单，并向他们解释该项目。董事会要求在10月5日前完成这项工作

2.2　退休金面谈

吴作栋报告，完成了退休金计划的所有必要的修改，人事部将与每位员工面谈。这些面谈计划从2023年9月5日开始

2.3　对弹性工作制的反映

2.3.1　齐达尼报告已制订了弹性工作制的试点计划，并选定从研究开发一部开始试点

2.3.2　解决：董事会建议先以研究开发三部作为试点，因为一部正承担的项目不能受到影响

……

3.下次会议日期

下次董事会召开日期为2023年10月5日，星期四。若没有任何其他业务，会议将于中午12:00闭幕

签名

图 11-4　备忘录的基本格式示例

在会议之前：

- 寻找如何写备忘录的指南或指导。
- 与会议主席核实是否有专用格式。

在会议期间：

- 记录会议资料、时间和地点。
- 记录出席的与会者、收到谁的“缺席致歉”。
- 识别讨论主题。
- 按照会议首先处理例行项目的惯例，宣读上次会议的备忘录（并签字）、备忘录提出的问题和达成的决策。
- 计划简要题目的记录，这类题目可摘自主题，或讨论、决策、拟订行动的概要，包括时间、与会者。
- 编排每项记录的参考号。
- 跟随会议进程。
- 及时澄清重点和含糊不清的观点。
- 以摘记形式书写，避免逐字逐句地记录（有特殊要求除外）。

- 使用简短的句子和段落。

在会议之后：

- 在会议后立刻清楚地起草备忘录。
- 与其他人（如会议主席）核对。
- 在会议后两天内采用清晰的格式打印备忘录。
- 仔细校对打印稿。
- 将备忘录发送给与会者和原应出席会议的与会者，以及任何需要知道情况的人；必要时发送修正稿。
- 按照组织的有关规定，将备忘录存档。
- 核查对行动的监督和后续行动。

情境模拟训练

人员选拔会议

技能训练说明

本训练旨在练习开会技能，要求 6～8 人为一个会议组。参加模拟会议的人员不少于 4 人，每一个人员代表各自不同的部门，其中应有 1～2 人充当观察者。请分配好各小组成员的角色，阅读下面的情境说明，并按要求开始练习。观察者按照最后提出的问题对会议做出反馈。

情境说明

每个与会者都要提出本部门的一名人选，并陈述你认为他应该得以晋升的理由。每一个与会者都要假设自己处在中级管理职位上，你应当了解每个候选人的情况。在考虑符合组织候选要求的基础上，各部门对候选人的情况形成文字材料。假定你非常了解你的候选人的能力，并认为他完全符合新职位的要求。你在研究有关候选人的材料的基础上，准备在会上做演讲。

讨论在小组内进行，时间约为 45 分钟，讨论各个候选人的资格情况，并决定谁为晋升对象。候选人应该按先后顺序排列好，因为可能会出现晋升空缺。

会议记录员可以使用记录本，将有关事项记录在相关的栏目里。会议记录员的职责是观察会议，并在训练结束后将观察结果予以通报。

观察者反馈表

观察者应该考虑以下问题：

- 谁的讲话最有效？谁的讲话最乏味？
- 会议的目的是否已表达明确？
- 小组人员是否喜欢听你的讲话？
- 最有益的行为是什么？
- 时间运用是否合理？
- 难点问题是否处理得当？
- 小组人员是否能够辨别事实和见解的区别？
- 为证明事实，确立自己的观点，你提出了哪些问题？
- 决定是如何做出的？

总结回顾

- 会议是人类社会有组织、有目的的一种集体活动形式。会议具有普遍性、目的性、组织性、集体性的特征。
- 群体沟通的优点在于能产生更多的承诺和更好的决策，缺点表现在时间与效率、群体压力、专家或领导压力及说而不做等方面。
- 影响群体沟通的因素分为可控因素和不可控因素。

（1）可控因素：包括领导风格、群体的相互影响和角色定位。
（2）不可控因素主要包括群体变量、环境变量和任务变量。

- 会议筹备工作包括以下环节。
  （1）明确会议目的：信息共享，动员激励，信息传播，问题解决和决策制定。
  （2）确定会议议题：紧扣会议目标，议题之间关系确定，议题时间确定。
  （3）确定会议场地：确定会议地点，会议设施确定，会场布置确定等。
  （4）选定会议时间：确定充足、合适的会议时间。
  （5）确定与会者：包括会议主席、会议成员和会议工作人员（如会议秘书、记录员等）三类，确定与会者结构保障会议的成功。
  （6）制订会议计划：会议开始、讨论、报告、总结四个阶段，运用十个法则制订会议计划。
  （7）会议议程：确定会议议程可以按照先安排例行公事的项目及比较紧急和简短的项目的原则，具体包括七个步骤——回顾、介绍、制定规则、报告、演示、参与和总结。
- 会议组织中，首先应明确与会者的角色。
  （1）会议主席可以划分为社会领导型会议主席和决策型会议主席，其主要职责为会议控制、过程引导、促进讨论、应对“隐秘议程”和做出决定等。
  （2）会议成员：决定是否参会、参会准备、准时与会、议题确认、信息提出、积极倾听、支持他人、维护会议公平等。
  （3）工作人员：确保各方面工作顺利进行。
- 会议主席介绍与会者的方法：自我介绍、互相介绍、会议主席介绍和名片介绍。
- 讨论主题阶段，会议主席应注意营造气氛、组织讨论、适当提问、协调意见、会议总结。

问题讨论

1. 举办一个会议需要进行哪些方面的准备？
2. 在会议进行主题讨论时，会议主席应该运用哪些技巧？
3. 如果你是一位会议主席，你将如何对待会议中的非正式团体？
4. 策划以下两种常见的会议，说明你应当考虑哪些问题保证会议的有效性。比如，会议应当在哪里召开？座位、房间应当怎样安排布置？会议前你应当通知哪些事项？何时发出通知？会议前和会议中你准备为与会者提供哪些资料？这两种常见会议分别是：①新近组成的小组每周召开一次例行会议，讨论下一星期的工作计划安排。②组织内部将实施一项新政策，召开一个由你的下属参加的会议，告知新政策的内容，并讨论他们对新政策的反应。

自我技能测试

会议主席自我评估问卷

我知道这次会议要实现的目的	1 2 3 4 5 6 7	我不知为什么举行会议
我至少在会议前两天发出会议议程	1 2 3 4 5 6 7	我在会上发放会议议程
我决定或影响与会者的选择	1 2 3 4 5 6 7	我让与会者的各部门代表决定
我检查会议室及其布置情况	1 2 3 4 5 6 7	开会时我才去看看
讨论中我概括总结相关要点	1 2 3 4 5 6 7	我让他们自己做出总结
我不打断会议进程	1 2 3 4 5 6 7	我经常打断会议进程
我提出清楚、公开的问题	1 2 3 4 5 6 7	我提出无关、保密的问题
我感到轻松且注意力集中	1 2 3 4 5 6 7	我感到紧张、难以放松

评分

如果你的得分为 27 分或 27 分以下，看来你的会议主持得很好；若得分在 36 分以上，则预示着你可能在会议主席角色方面存在着某些问题。

会议成员自我评估问卷

我清楚我开会要实现什么	1 2 3 4 5 6 7	我不知道为什么举行会议
我在会前已看了议程和附件	1 2 3 4 5 6 7	我开会时才看
我与其他会议成员交流了对主要议程的看法	1 2 3 4 5 6 7	我在会上了解他们的看法
我已告诉会议主席我支持议程上某个议题	1 2 3 4 5 6 7	我在开会时告诉会议主席
我讲话时清楚简洁、相互关联	1 2 3 4 5 6 7	我随意漫谈、无谓评论
我不打断会议	1 2 3 4 5 6 7	我经常打断会议
我提出清楚、公开的问题	1 2 3 4 5 6 7	我提出无关、保密的问题
我提出解决问题的新方法	1 2 3 4 5 6 7	我只关心自己的事
我感到轻松且注意力集中	1 2 3 4 5 6 7	我感到紧张、难以放松

评分

如果你的得分为 30 分或 30 分以下，看来你参与状态良好；若得分在 40 分以上，可能预示着你对于会议及你在其中的角色有些问题。

案例 11-1

一次创意激发讨论会

保险公司内，有一工作小组正围绕汽车保险业务的索赔流程改造问题展开激烈讨论。

小王说："我认为应该把那些有人受伤的索赔案同那些没人受伤的索赔案分开，"他提议说，"我们理赔最多的，就是那些有人受伤的索赔案。"

他邻座的小李说道："那么，为什么不依照理赔额的高低来分类?"他指出，"除了小索赔案、大索赔案外，有时，也有一些有人受轻伤或没受伤但却导致大笔财物损失的索赔案。"

"好，"小组长孙扬说，"我们可以依照理赔额的高低，来决定索赔案的大小。不过，究竟什么叫小索赔案？就这么说吧，没人受伤或仅受轻伤，而且财物损失不严重的，就叫小索赔案。至于其他的，全都算是大索赔案。如果我们做了这种分类，下一步要怎样？我们该如何以不同的方式来分别处理这两类索赔案呢?"

"嗯……"对面的女组员小张说话了，"目前，把间接成本及其他零杂的花费都计算在内，处理一个小索赔案，每小时的费用和处理一个大索赔案的费用几乎不相上下。因此我认为，我们应尽快处理完那些小索赔案——把那么多的时间花在它们上面，实在不值得。"

"要是我们根本不处理这些小索赔案呢？"坐在桌旁的小徐问道，"如果小于某个金额的索赔，我们全都如数照付，会怎样？"

"我不知道，"孙扬问大家，"假使我们真这么做，会怎样？"

"让经纪人去办，"小徐说，"要是索赔小于某个金额，那就让经纪人去处理。经纪人可以理赔。这样，事情很快便能摆平，同时，经纪人与客户间的关系也会更加巩固，至于我们，根本就不必在那上面花时间了。"

正当小组长孙扬将大家的建议简要地

写在写字板上时，坐在窗户边的小陈突然高声说："让修车厂去处理！"

听到他的话，每个人都将目光集中在他身上。有没有搞错？按照传统，修车厂和保险公司几乎是"势不两立"的。

孙扬愣了几秒，终于吐出一句话："让修车厂去处理？真有趣！"

"不错，"小陈接着说，"反正修理费是他们开出的。或许我们可以化敌为友，省得客户动脑筋设法来诈钱。"

这想法疯狂吗？在座各位心里盘算着：就目前情形来看，每当客户的汽车毁损时，保险公司便会指派鉴定员去验车并结算修车费。不过，客户也自有一套估价。因此，保险公司与客户间总是为了修理费而争执不休。最后，是谁满意呢？通常，双方都不高兴。

来自推销部的小顾认为这个主意并不疯狂："现在我们给客户的是什么？"他自问自答道，"是一张支票。不过，客户真正要的是什么？一辆修好的车！我们不妨把这些索赔做这样的分级：如果客户并未受伤或仅受轻伤，那么，我们便可以告诉客户，只要把车送到这个修车厂去，他们就会帮你处理。或者更好一些，你甚至可以告诉客户，这儿有张特约修车厂的名单，选一家对你最方便的，他们会替你处理妥当的。"

当然，有人也问道："若有欺诈——比如修车厂造假账，或者客户捏造意外来索赔——情形会怎么样？"紧接着，一连串的讨论便随之展开。而整个计划的架构也基本上成形：首先，公司可以委托那些珍惜固定生意，并想维持这些生意的修车厂，让它们负责估价和修理。而这些与保险公司合作的修车厂，要定期接受报价及修车质量的检验。至于对那些不诚实的客户，公司将审核其索赔和额度是否合理。

"很好，"小组长试着总结，"这儿有个计划，我们认为或许可行。我们拟定了分级制。假设我们接到一个索赔案，客户未受伤，车子也仅有一点毁损，而且这位客户已经多年没索赔，那么，我们便可以假定这个索赔案不是捏造的。因为其间并未涉及太大的理赔额，同时我们将进行统计查账，所以，我们也相当肯定修车厂不会坑我们。这样，我们就可以给客户一张特约修车厂名单，他们若有索赔的车子送修，我们就付账。而这一切，不但能直接省下一大笔行政管理开销，而且缩减了处理客户索赔的时间。"

孙扬在写字板上又写了一会儿，然后问大家："在加速处理索赔上，目前是否还有待改进的地方？"

大家都承认，在传统的保险索赔处理中，一般认为时间越长对公司越有利，大多数保险公司在处理索赔时，往往以为理赔速度越慢越好，因为这样他们便可以充分调度资金做其他投资以获得更多的利润。

针对这一点，孙扬问道："我们为何要加速理赔？"问完，他环视在座的组员，坐在侧角始终未发一言的小葛开口了。

"我来告诉你为什么，"他说，"因为这么做可以让客户离律师远些。就整个汽车保险业来说，据统计显示，只要有律师插手，其理赔的金额一定比没有律师插手的多出好几倍。"

"客户什么时候最可能去找律师呢？"小葛有点夸张地说，"就是一开始的时候。你碰上车祸，打电话给保险经纪人。你当时又紧张，又气愤，一肚子不高兴。没错，经纪人是记下了一堆资料，但是又怎么样！还不是一点眉目也没有。而我们呢，则用一周左右的时间展开复杂的'公文旅行'。至于客户呢？根本就无法得到音讯。这也难怪他们会找上律师！"

"在开头的那些天里，究竟发生了什么事？"孙扬提醒其他组员，"那些报告，或许被搁置了。我们总得找对索赔代表，不过，他们可能度假去了，要不然就是在忙别的索赔案。虽然事情正在处理之中，但客户却注意不到。结果，我们吃力不讨好，换来的却是额外的索赔。好了，我们若想加快这个流程，该做些什么呢？"

于是有组员提议，公司该设一条免费

服务热线，并广为宣传，鼓励客户有问题就打电话来。另外有组员建议，公司应该设个意外调查小组，24小时轮班待命。还有组员说，公司该试着与警方的通信系统连线，随时掌握车祸报告。

"很好，很好，"小组长边忙着将这些意见一一记在写字板上，边说，"这里主要的思想就是，要尽快得知车祸的发生，并将索赔案分类处理。简单的案子可以让保险经纪人去理赔，或者让客户将车子送到修车厂去。对那些我们无法迅速脱手的案子呢，我们该怎么办？谁有什么主意？"

小组讨论仍在继续。在七嘴八舌的议论中，有组员提出对大的理赔案要设立一个专案经理人的职位，由他全面负责这个索赔案有关的一切事宜……

讨论题

1. 孙杨在会议讨论过程中发挥了什么角色？这个角色的主要作用是什么？
2. 这次讨论会之所以取得很多富有创意的成果，孙杨采用了什么策略？
3. 这种会议组织方式有什么优缺点？如何最大限度地避免副作用？

第 12 章　危机沟通

■ 学习目标

学完本章后，你应当能够：

- 了解危机的概念与企业危机的类型；
- 认识危机沟通基本要素与过程机制；
- 掌握危机沟通主要原则和具体策略；
- 提升危机沟通技能和危机处理能力。

引题　美联航的舆情危机

2017 年，美联航的一班飞机因座位超售，要求一位亚裔乘客下飞机。在遭到该乘客拒绝后，机组人员找来警察，残忍粗暴地对其进行殴打，并把他拽下了飞机。此事件被同一航班的其他乘客拍下视频放到网上，引起轩然大波。对此，美联航也进行了危机公关，前后共发布了三次声明。第一次声明的内容相当随意，它表示："不好意思，我们超卖了机票，对不起！"随后，美联航还向事件中所涉及的员工发送邮件，称他们做的并无问题，并指责被拖下飞机的乘客具有攻击性。邮件爆出后，公众对美联航的愤怒进一步加剧。

第二次是美联航 CEO 发布的一条推特。要知道，在美国，推特不算正式媒体发布渠道。该推特写道："这件事我们很痛心，很抱歉，因为我们重新安置了一些乘客，我们会好好调查，解决好这件事情。"两份轻描淡写的声明，让社会公众纷纷开始抵制美联航，有的乘客剪掉了美联航的会员卡，有的乘客搭乘美联航飞机时戴上头盔以示抗议，网上各种恶搞视频也纷纷出现。短短几天，美联航公司的股票市值因此跌去了 17 亿美元。受此重创，美联航终于意识到问题的严重性，又发了第三次声明："这是一次可怕的事情，我们会负起全部的责任，没有人应该被这样对待……"

是什么让美联航三次道歉既费力又不讨喜呢？第一次，仅仅是为了机票超售而道歉。但公众愤怒的原因不是美联航超售，而是处理超售所造成问题的方式太粗暴。客观来说，机票超售只是航空业的行业惯例，这不仅能降低航空公司成本，而且能降低机票的价格，从这一点看，美联航并没有做错，因此也没有道歉的必要。美联航在没有错的问题上道歉，不仅没有如期望的那样转移公众焦点，反而让自己受到双重攻击。第二次，CEO 亲自出马，但是他却把殴打乘客这样严重的事情简单地说成重新安排，以为把问题说轻点便可以大事化小，结果反而激怒了舆论。这也说明道歉的时候应该往身上揽责任，越是避重就轻，越显得不诚恳，效果就越差。第三次，道歉虽然诚恳却不及时，因为这次道歉发生在股票大跌之后，让公众认为美联航是被逼道歉，只为讨好股东，毫无诚意。最终，美联航向这名被暴力拖拽下机的亚裔乘客做出巨额赔偿，还定下处理此类事件的新规，但这仍于事无补，危机发生后不诚恳、不及时的处理，让美联航付出巨大的代价：股价大跌、巨额赔偿、形象受损、客源流失。

资料来源：该案例整理自网络公开媒体报道。

【案例 12-1】 海底捞“三小时危机公关”

2017 年 8 月 25 日，《法制晚报》的报道《暗访海底捞后厨：老鼠爬进食品柜，漏勺掏下水道》，将海底捞推上了舆论的风口浪尖。被誉为“国内餐饮行业服务质量标杆”的企业，因为食品安全问题被媒体暗访曝光而陷入公关危机。

报道中提到，记者卧底暗访海底捞，发现其后厨清洁卫生质量堪忧，老鼠肆意横行在后厨的配料房、上菜房、水果房、洗碗间等各处；工作人员将打扫卫生的簸箕和抹布放入餐具池一同混洗；用顾客吃火锅用过的漏勺来剔除残留在下水道挡板内的垃圾污垢；洗碗机内部沾满油渍和腐烂的食物残渣，散发着恶心的腐烂臭味。报道中还提到，当记者发现此举不妥，向洗碗间工作人员提出建议时，却被工作人员告知：“这件事没什么好大惊小怪的，做好你自己的事情就好。”

媒体的曝光，不仅打破了海底捞一贯“视顾客为上帝的服务模范”的企业形象，更是挑战了公众对食品安全零容忍的底线。然而，海底捞并没有一味逃避推卸责任、矢口否认或选择找员工背锅以求息事宁人，而是迅速做出回应，在第一时间出来承认错误，表示“每个月我公司也会处理类似的食品安全事件”，并接连在官方微博发布公告，诚恳道歉，秉持“这锅我背、这错我改、员工我养”的危机公关原则，以负责、诚恳的态度使得舆论风向在半天内出现逆转。

首先，海底捞官方微博在当日 14 时就此事立即发布公开声明，主动承认媒体报道属实，并为此向公众道歉。17 时，海底捞又发布了一则“处理通报”，主要涉及 7 大方面：①两店主动停业整顿、全面彻查；②相关门店组织排查食品安全隐患；③欢迎顾客与媒体朋友继续监督；④迅速与第三方虫害治理公司一起通过新技术运用、门店设计等进行整改，解决消费者无法监督的疑虑；⑤海外门店同步严查整改；⑥涉事停业的两家门店干部与职工无须恐慌，公司将从制度层面解决问题，并由公司董事会承担主要责任，不需要“临时工”来顶包；⑦各门店依据法律法规进行整改。

在“通报”中，海底捞还一一罗列了具体负责人的职位、姓名和联系电话，这些细节的公布，不仅使神秘的“相关负责人”瞬间透明，而且使声明中“主要责任由公司董事会承担”不流于形式和客套，而是真正落实到实处，责任到人，让一场浮于表面的“危机公关”变为有迹可循的“公关管理”。在8月27日15时，海底捞官网发布《关于积极落实整改，主动接受社会监督的声明》，表示对北京食药监局的约谈内容全部接受；同时将媒体和社会公众指出的问题和建议，全部纳入整改措施。

至此，海底捞后厨事件的公关危机算是初步解除。据微博舆情公布的数据显示，8月26日，继海底捞两次声明发布后，海底捞负面评价下降至25.93%，正面舆论占比上升至33.92%。8月27日，新声明发布后，正面评价占比提升了13.03%，负面信息占比下降至19.05%。两天之内，国内许多知名媒体纷纷发表赞扬海底捞危机管理的文章，如《海底捞的危机公关，你学不会》《海底捞“哭”了，但员工不“哭”！》《“海底捞”危机公关堪称经典？事情没有这么简单》等，有些文章的转发量和点赞量甚至超10万。此外，国内主流论坛、微博上纷纷出现赞扬海底捞诚恳认错态度的声音，称其为“满分的公关”。还有网友表态，“海底捞有担当，公关满分，良心企业，必须原谅”。尽管其中仍有不少媒体的抨击、批评，但整体大的舆论环境都向好的方向发展。

资料来源：观察者网，2017年8月25日。

讨论题

1. 请总结海底捞在后厨食品安全危机事件全过程的沟通策略。
2. 你认为海底捞在危机处理中有哪些值得学习的地方？

12.1 危机的基本概念

12.1.1 危机的定义

汉语中的“危机”一词由两层意思构成，“危”表示“危险”或“危难”，“机”表示“机遇”或“契机”。可见，危机意味着危险与机会并存，“祸兮福所倚，福兮祸所伏”，如果危机处理得宜，可以为进一步发展铲除障碍，提供拓展新天地的契机；如果危机处理不当，则可能导致企业深陷舆论泥潭，失去消费者、媒体以及社会公众信任和支持。长春长生问题疫苗事件、空姐打车遇害事件、星巴克咖啡致癌谣言等各种危机事件足以为管理者在危机管理方面敲响警钟。

危机是一个情境性很强的概念，很难有统一的定义，但具有一些共同特征。比如，危机是指一种情境状态。危机是决策主体的根本目标受到威胁，做出决策的反应时间很有限，事件的发生也出乎决策主体的意料。再如，危机会给组织带来巨大伤害。危机在时间和不确定性很强的情况下，给社会系统基本价值带来严重威胁或者巨大伤害。为此，福斯特概括出危机的四个显著特征，即急需快速做出决策，严重缺乏必要的训练有素的员工，相关材料紧缺，处理时间有限。概括地说，危机具有爆发性、公众性、危害性、紧迫性、动态性等显著特征。

12.1.2 危机的主要类型

我们将危机大致分成人力资源危机、产品 / 服务危机、领导危机、财务危机、安全事故与公共危机五大类。

（1）人力资源危机。企业中高层管理人员的意外离职，有时会给企业带来非常直接和巨大的损失，因为他们熟悉本企业的运作模式，拥有较为固定的客户群，而且离职后只要不改换行业，势必会给原企业的经营发展带来较大的冲击。例如，据媒体报道，2017 年高德软件公司研发技术人员胡某离职后，在竞业禁止期加入北京小桔科技有限公司。胡某利用职务之便，劝诱高德地图 6 名高级工程师为自己所在的公司服务，并在短期相继离职，这些员工均掌握大量公司机密，部分员工离职前还拷贝大量商业机密，给高德软件公司造成不可估量的损失。频繁的中高级职业经理人集体离职事件，不仅暴露了原企业存在的管理问题，也反映了同行竞争的激烈，企业也会身陷危机。

（2）产品 / 服务危机。出现产品 / 服务危机时，如果处理不当，会引发媒体危机、客户危机，以及因经济抵制、索赔、诉讼等诸多连锁性危机；如果处理得当，则有助于企业的技术创新、知名度和美誉度的进一步提升。企业与客户之间既是共同市场的合作者，也是局部利益的竞争者，是一种动态的、多元的关系。当企业与客户产生纠纷时，不外乎三种责任形式：企业责任、客户责任、双方责任。如果是企业责任，企业必须无条件退让，以便息事宁人；如果是客户责任和双方责任，企业需要巧妙让步。

（3）领导危机。领导者的能力、知识结构出现不适应时，就需要吐故纳新，这个交替的过程如果处理不好，将会出现混乱。例如，福耀玻璃创办人曹德旺，曾为继任者问题伤透脑筋，由于他大儿子曹晖不习惯国内异常忙碌的工作，一度不愿意接任董事长一职，倾向由职业经理人团队接班家族企业。多方妥协后，最终董事长的职位暂由曹德旺的女婿叶舒接任。这就启示企业管理者需要注重培养高层管理人员的“接班人”，一旦出现重要管理人员意外离职的情况，继任者能够立即顶上，确保对企业的正常运转不会造成过大影响。

（4）财务危机。企业一旦出现资金链断裂，轻则因缺乏现金流而中断经营，重则因深陷财务危机的泥淖而破产倒闭。2016 年 12 月，有“互联网巨头”之称的乐视，拖欠手机供应商欠款、乐视体育裁员、高管和员工排长队离职等一系列负面新闻铺天盖地，致使乐视网股价暴跌，公司陷入了一场前所未有的财务危机中。而严重的资金缺口是此次危机爆发最直接、最根本的原因。

（5）安全事故与公共危机。安全事故主要有两类：企业安全事故、产品安全事故。无论哪一类安全事故，企业一定要想办法杜绝。2018 年 8 月，长春长生生物科技有限公司被曝生产的冻干人用狂犬病疫苗生产存在记录造假等行为，遭国家药品监督管理局立案调查并收回药品 GMP 证书，被吉林省食品药品监督管理局处以罚款，这一事件不仅使企业背负巨额罚款，而且导致企业股价暴跌，声誉扫地。

12.2 危机沟通的要素与过程

所谓危机沟通，是指以沟通为手段来化解、避免危机的行为和过程，其目的是解决危机。有效的危机沟通可以降低对企业的冲击，将危机化为转机或商机。

12.2.1 危机沟通对象

危机沟通对象大致分为内部沟通对象和外部沟通对象两类。内部沟通对象主要包括高层管理人员、职能部门和全体员工。组织在危机内部沟通过程中应及时向员工传达有关危机的相关信息及将采取的措施，让员工了解危机真相，安抚员工的波动情绪，恢复员工对企业的信心，尽一切可能稳定组织内部成员。高层管理人员需要第一时间沟通、协商解决危机的策略，达成一致的解决方案，形成对外发表相关言论的统一口径。

危机外部沟通对象包括顾客、投资者、经销商、供应商、公众媒体、特定利益集团和政府行政部门。首先，顾客沟通是危机外部沟通中最重要、最常见的做法。与顾客沟通应做到：

- 认真听取顾客对有关事宜处理的意见和愿望。
- 诚恳地向顾客表明歉意，并根据实际情况进行赔偿。
- 邀请顾客代表参与危机处理过程，强化与顾客的双向沟通。
- 通过多种渠道将危机发生的经过、处理过程和结果告知顾客，并跟踪后继事项。

其次，企业应认识到媒体虽然通常不是危机的受害者，但媒体是社会大众信息来源的主要渠道，对危机沟通的成功与否起着不容忽视的影响。因此，企业必须处理好与媒体的关系，做到：

- 在向媒体公布危机信息前，在企业内部统一认识。
- 危机公关应果断、迅速做出反应，主动向媒体提供危机信息，恰当地引导发挥媒体的积极作用。
- 指定专人负责对外发布信息、接受采访。
- 为避免媒体不正确地报道，以书面材料的形式将重要事项发给记者。

此外，危机发生后，外部沟通对象还包含经销商、供应商和政府机构等利益相关者。企业应注意与这些外部公众的及时沟通，使企业尽快摆脱危机，重新树立企业良好的社会形象。

12.2.2 危机沟通内容

危机沟通需确定不同权限的沟通内容，原则上不宜把所有原始信息全部透露给所有人，以免造成受众对沟通内容的误读。危机沟通对象中最重要的两类对象是企业员工与客户。与员工沟通是为了稳定企业内部队伍，激发内部凝聚力，确保危机处理过程中所需的人力资源；与客户沟通则是为了稳定市场，减小企业的利益受损程度。

与员工的危机沟通，具体内容包括：

- 关心员工切身利益，提出具体的方案措施，消除员工的后顾之忧。
- 提醒员工注意的事项及解决办法，比如，怎样防范事件的危害、做好自我保护，怎样与企业共同解决危机事件，怎样应对他人的询问等。
- 适时告知员工危机处理进展情况，以便员工及时了解危机处理成绩、面临的困难与所需支持。
- 如果员工在危机发生时受到伤害，公司应尽快做出对员工相应的物质和精神补偿。
- 开通沟通反馈渠道，听取员工的意见和建议，增强员工处理危机的积极性和参与性。

【例子】顺丰快递员被打之后

2016 年 10 月，一名顺丰快递员在派件过程中，其驾驶的三轮车与一辆小轿车在北京某小区内狭窄道路上不慎发生刮擦。轿车车主下车后口出恶言，还连续扇了该快递员数记耳光。而该快递员并未还手，还不停地向轿车车主赔礼道歉。这一事件的视频很快流传到网上，并在网络发酵。而顺丰集团官方微博在事发后不到 24 小时就发文表态："对于责任，我们不会因愤怒而抛弃公允；对于尊严，我们也不会因为理解而放弃追回！"随后又发布："我们已找到这个受委屈的小哥，顺丰会照顾好这个孩子，请大家放心！"微博内容引发了舆论同情，甚至集团总裁王卫还在其朋友圈发文称："如果这事不追究到底，我不再配做顺丰总裁！"顺丰的危机公关沟通一面顺应了舆论风向，一面温暖了员工，成功赢得了公众好感，被认为是一家懂得保护员工的良心企业。

与客户的危机沟通内容，具体包括：①企业已经发生了什么问题？问题的危害性是什么？对客户将产生什么样的影响？②事件是怎样发生的？事实是怎样的？事件的发展趋势如何？是否对企业与客户的关系产生影响？③客户如何与企业保持沟通？怎样得到客户想要的信息？企业是否会如实告知危机的真相？企业能够提供哪些帮助或企业需要哪些帮助？

【例子】三星爆炸门事件

三星 Galaxy Note7 手机发布 1 个多月后，便在全球范围内发生 30 多起因电池缺陷造成的爆炸事故。三星宣布全球范围内召回 Galaxy Note7 智能手机，但不包括中国市场。随后，中国一用户在 Note7 贴吧称其在京东购买的国行三星 Note7 珊瑚蓝版在使用时发生了电池爆炸事故。该"国行首炸事件"被曝出后，新能源科技有限公司（三星电池供应商）与三星公司先后发表对外声明，认为引起电池爆炸的原因是外部加热，意指是消费者自身原因而导致的爆炸。三星在危机沟通中对消费市场的区别对待及对消费者的不信任致使中国消费者对三星手机的产品形象与信任度急速下降，损失不可估量。

与其他利益相关者的危机沟通内容，具体包括：①积极与利益相关者保持联系，尽可能地主动提供对方所需信息。②保持对口沟通，加强业务联系，商讨应对策略，或及时告知对方应急措施和办法，增强对方解决危机的信心。③强调利益相关者的重要性，努力赢得其支持和帮助。④如果利益相关者的利益难免受损，应坦诚地表明态度——坚持道德标准，优先保护对方和公众利益不受损或少受损，保持言行一致；以保持与利益相关者的长远利益关系为重，用高度的社会责任感赢得利益相关者及社会各界的支持。

12.2.3 危机沟通环境

所谓环境分析，即对可能或已经引起危机发生的经济、文化、社会等环境因素的了解、评价和预测。通过对企业危机环境的分析，了解与危机事件有关的微观动向，准确把握客观环境的发展趋势和动态，察觉环境的各种变化，及时发现危机发生的征兆，确保当环境出现不利的因素时能及时采取有效措施规避和控制危机，减少和避免噪声的干扰。

【例子】星巴克对"咖啡致癌"谣言危机的化解

2018 年 3 月 30 日，一个名为"澳洲 Mirror"的自媒体首发了一篇关于星巴克咖啡致癌的文章，31 日晚上该文的阅读量已经超过了 10 万。很快，许多自媒体开始关注并纷纷跟进"星巴克事件"，微博网友也在热烈地讨论"咖啡是否致癌"，网络上也陆续出现了大量关于星巴克咖啡致癌的消息。面对这场"咖啡致癌"风波，星巴克迅速启动危机公关，对危机事件的整体环境进行了有效分析。首先，确认信息发酵的主要阵地是微信朋友圈后，星巴克举报了名为"澳洲 Mirror"的微信公众号，并邀请权威账号进行了辟谣；其次，星巴克积极回应媒体，并附上了美国咖啡行业协会相关公告，给公众普及喝咖啡到底健康不健康的常识。最终，在短短 24 小时内，成功扭转了谣言四起的环境局势。

12.2.4　危机沟通渠道

危机处理过程应做到尽量不更换企业与顾客对接的工作人员，尽量缩短沟通渠道，因为渠道越长，信息越可能失真。因此，沟通渠道的环节应尽量少，以避免信息在传递过程中过多地被过滤的现象。

危机沟通渠道不畅的情况通常包括：

- 企业内部信息流通不畅。员工对企业领导的决策内容了解不透彻，不能准确执行。
- 企业与消费者之间缺乏有效的沟通渠道。危机出现之前，消费者误解企业处理的意图和方式；危机出现后，企业又难以通过有效渠道及时化解危机。
- 企业和政府之间的信息沟通渠道不畅通。企业不能正确认识政策导向，而政府无法获得企业运作的信息。

要建立畅通的危机沟通渠道，企业应着手做到：保持企业内部信息流动的多样性和畅通性，保证企业同消费者之间信息交换的自由性和流动性，实现与政府之间信息沟通渠道的畅通。

【例子】不维护公关渠道，正面回应也会失声

2017 年 2 月，一篇题为《就算老公一毛钱股份都没有拿到，在我心里，他仍然是最牛的创业者》的文章在网上迅速传播。文中作者称她老公是某游戏创业公司的第二名员工，也是该公司的联合创始人，七年来没有谈及过股份等事，如今和 CEO 谈，但被不讲情面地拒绝了……网友们扒出文中所指的公司是北京某科技有限公司，CEO 是陈某。该公司因找不到一个合适的渠道来发文回应，所以陈某直至事发后的第三天才在个人知乎上回应了这件事！原本足以让事情反转的公关稿，只因公司未维护好公关渠道而错失了最佳回应时机，最终无济于事。

12.2.5　危机沟通机制

危机沟通机制包括三层内涵，如图 12-1 所示。

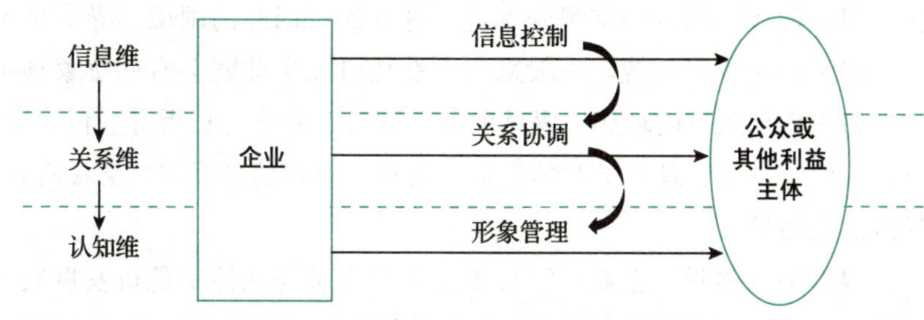

图 12-1　危机沟通机制

一是信息控制。危机沟通以及时地获取、分享、公开真实可靠的危机信息为基础，做出危机决策，以减小危害程度和辐射面。通过信息沟通发布真实消息，保障利益相关者知情权；通过信息纠偏错误言论，化解舆论误解，控制事态；通过信息反馈获得公众意见，确保双向沟通。

二是关系协调。危机沟通通过信息传递和反馈，引导公众情绪，化解误会，获取谅解，赢得利益相关者的理解和支持，并达成应对危机的共识，从而逐渐转变舆论导向，缓和企业与各方的公共关系和信誉状况。

三是形象管理。有效的危机沟通有利于扭转负面形象，甚至重塑良好形象。加强企业与公众的信息交流，开展积极的危机沟通能够展现公司的责任担当、危机处理水平和综合实力，有利于促进良好的公众互动关系和正面的社会形象（如社会责任感、服务意识等），使危机事件转化成对企业有利的发展机会。

在危机沟通中，要注重三个维度的协调统一。例如，企业若进行了相关的赔偿和补救措施，应当在对外信息传播中有所体现，以获得公众的认同和理解；又如，企业在对公众表达关怀，做出承诺后，必须最终反映到行为层面，否则会造成公众心理落差。如果企业能系统协调危机沟通管理，那么一切努力最终会反映到形象上，即削弱企业负面形象，甚至促进企业正面的“富有社会责任”“危机处理能力强”等形象。就如海底捞面临后厨卫生环境质疑的舆论危机时，及时恳切发表道歉信、通报和整改声明等，调和了公众关系，树立起真心改过、态度诚恳的形象，得到了公众的谅解。

可以说，在危机沟通过程中，信息控制是出发点，关系协调是管理路径，形象管理是终极目标。通过对信息维、关系维和认知维的递进式、全方位管理，达成危机管理的目标。

12.2.6 危机沟通的主要障碍

（1）缺乏危机沟通意识。企业及其管理者容易被企业当前良好的业绩与成就蒙蔽，缺少忧患意识。因此，面对企业发生的危机，企业由于毫无准备而显得措手不及，甚至不知与谁沟通，如何沟通。

（2）封闭式的组织文化。在封闭的组织文化中，缺乏有效的纵向和横向的组织内部沟通，缺乏与利益相关者和其他相关组织或机构的外部沟通。一旦危机发生，组织便容易陷入内部紧张混乱、外部谣言四起的困境，导致事态进一步恶化。

（3）缺乏预警系统。一般来说，在危机发生前就会有些迹象预示危机的发生，比如组织内部成员的埋怨、媒体的负面评价、顾客的投诉等。但企业预警系统的缺乏，致使组织及管理人员对预警信号忽视，对事情的发展趋势没有正确认识，最终导致危机的扩大。

（4）不善倾听。企业一线员工及主管人员等往往是危机发生最初的感应人员。然而，企业的上层管理者对于他们的危机感知常常置若罔闻、不以为然，更难采取积极的措施应对危机的发生，最终使企业在危机中遭受重创。

（5）提供虚假信息。多数企业都存在“报喜不报忧”的倾向。危机发生时，因担心事态的扩大而不愿与媒体或公众沟通，或通过舆论提供虚假信息掩盖真实情况，不进行实质性的有效沟通，从而错失在危机发生第一时间与相关各方面进行有效沟通的机会与对危机的控制力，陷入被动局面。

（6）缺乏应变能力。许多企业由于习惯于通常情况下的平稳、正常运作模式，缺乏危机沟通意识，无法在危机发生前做好相关准备，一旦危机来临就显得措手不及、无法应对，最终导致危机管理失控。

12.3 危机沟通管理

12.3.1 危机沟通管理原则与策略

危机沟通管理具有系统性、多元利益相关性、紧急性等特征，针对上述三项特征，危机管理应当遵循如下原则。

1. 系统性："三个全面"原则

（1）全过程性。危机沟通管理是一项涉及全过程的管理工作，包括危机防范、危机处理和危机善后等过程阶段。

（2）全员性。危机发生时，企业全员并不是危机处理的旁观者，而应是参与者。企业员工参与危机处理可以减轻企业的震荡和内部不稳定，保证一个企业只发出一个声音。

（3）全局性。局部利益服从全局利益，优先处理外部焦点问题和重大问题，在必要的时候做出适当妥协。例如，企业当下的利润和损失服从于企业生存发展问题。

【例子】某企业在危机爆发之后，派两位经理人员通过新浪直播平台回答公众提问，在直播过程中，两人频繁在同一问题上各执一词，无法达成一致和统一的声音。该企业未能及时有效地进行内部沟通，导致公众对公司的可信度和可靠性产生怀疑。以与公众沟通为初衷的直播节目最终以失败收场。

2. 多元利益相关性：态度和立场问题

（1）以公众利益为主原则。将公众利益置于首位，关注企业的长远利益。企业应设身处地为公众着想，减少或弥补公众损失，通过对社会体现负责和善意来建立公众信誉。

（2）坦诚沟通原则。企业应当及时、准确、主动地发布信息，不推诿责任，忠于事实。保持行为和态度一致，力求言论真实反映企业的态度和行为。

（3）维护信誉原则。做好立场的把握和权衡。当遇到其他利益方可能的"恶炒"时，企业应澄清事实，表明态度，不包揽不属于自己的问题，以免引火上身。

3. 紧急性：主动控制原则

企业应当尽快掌握对外发布信息的主动权，以防片面甚至虚假信息的传播。与其被动，不如"以我为主"，把握话语的"主控权"。企业如能主动、及时地向外界披露关键信息，主动表态、主动提供解决方案，那么该企业更容易获得公众的理解和支持。威廉·班尼特首创出一套在国际上较为认可的企业形象修补（Corporate Image Repair）战略，如图 12-2 所示。

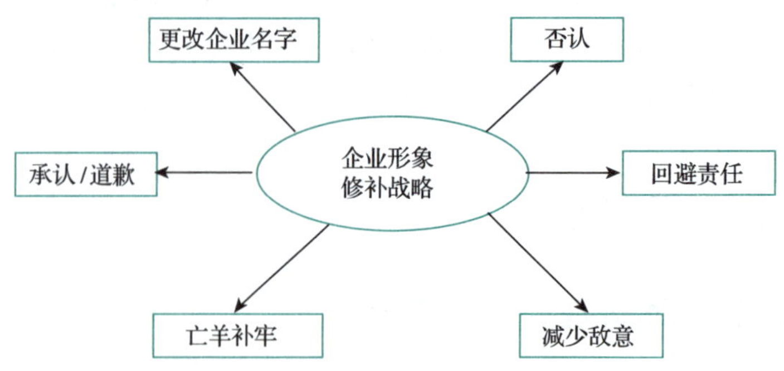

图 12-2　班尼特的企业形象修补战略

（1）否认。明确表示某事件对社会造成的危害并非企业所为。否认战略有两种分类：一种是简单否认，即表示企业未曾做过危害消费者或者社会大众的事件，所以不承担不该承担的责任。另一种是转移责难，即危机爆发后，立刻采取其他行动，以转移公众及利益相关者的注意力，有点像三十六计中的“金蝉脱壳”，但这个战略只有在责任确实不在企业的时候方能使用，否则会有逃避责任之嫌。

（2）回避责任。危机发生之后，企业企图逃避危机事件中应该担负的责任，前提是符合道德原则。回避责任有四种修补形象策略。

- 被激惹下的行为。企业所为仅仅是反映外在挑衅的防御行为，因此企业的行为是被迫的、是可以谅解的。此战略的意图是将一切责任归咎于对方的挑衅。
- 不可能的任务。这是非企业能力所能够控制的，而非企业不愿处理，所以不应该把责任归咎于企业。尤其当企业欠缺对状况处理及掌握相关资讯的能力时，可借此以逃避应担负的责任。
- 事出意外。强调危机事件纯属意外，而非本企业“意愿”或“有意”之举。即在非控制而意外的状况下发生，即使有责任，也只能承担极小的过失责任。
- 纯属善意。危机发生绝非企业意图，而实际上此举出自企业一片“善意”。因此，企业所承担的责任应该降至最低，减轻企业形象受损程度。

（3）减少敌意。企业因错误的行动而造成本身的危机，可通过以下六种不同的企业形象修补战略，降低外界对其负面的评价。

- 支援与强化。对受害者表示愿意承担责任。用过去企业的良好形象来消减社会公众对企业的不良评价。
- 趋小化。以事件不严重来降低社会对企业错误行为所产生的批判性情绪及负面感觉，淡化危机。
- 差异化。强调自己与竞争对手对危机事件处理的差异，彰显本企业的处理方式较竞争对手更周全，更有利于弱势群体和社会大众。

- 超越。巧妙表述企业对社会的贡献远远超过对社会或消费者无意的伤害。
- 攻击原告。进攻是最佳的防御，以攻代守，再辅助配合以拖待变的战略。
- 补偿。此战略是最符合诚实和道德原则的。尽管企业可能要对受害者付出补偿费，但企业勇于承担责任的良好表现，对企业长久形象的塑造不无裨益。

（4）亡羊补牢。表达要采取恢复危机状态前的行动，承诺预防该错误再度发生。对所发生的错误，除表示负责与道歉外，还需要在语言或者行为上进行更正。

（5）承认 / 道歉。这是指企业主动认错、承担责任，并期待和寻求原谅。不过一个勇于承担责任、诚实、负责的企业形象却可以在承认与道歉中得以展现。

（6）更改企业名字。此举意在放弃企业过往污点的历史，此战略可同时搭配促销、广告、销售渠道的转移等措施来重建企业的形象。

12.3.2　信息控制

信息控制涉及危机发生的整个过程，从危机预警（信息监控），到危机处理（信息收集、信息发布、信息纠偏、信息反馈），到危机善后（信息发布、信息整合和知识化），信息流都是重要载体。英国危机公关专家迈克尔曾提出“三 T”理论，提出危机沟通应当符合以下三个原则：提供全部情况（Tell It All），尽快提供情况（Tell It Fast），以受众为主提供情况（Tell Your Own Tale）。但是，我们不能仅就这三项原则谈论危机沟通，而忽略其所包含的要求和深层次的意义。

首先，“提供全部情况”需要“信息”。企业要确保成为第一信息源。只有在问题发生后的最短时间内全面、系统地把握面临的问题，说出目前的状况，才能掌握主动权。面对危机，企业需要立即对危机的起因、性质、类型、程度和影响范围进行调查、估计和界定。企业需要打通内外部的沟通渠道，进行信息的搜集、整理、分析、加工等工作。

信息管理过程如表 12-1 所示。

表 12-1　信息管理过程

过　程	内　容	目　的
信息搜集	危机的起因、背景、过程信息、现场信息、影响信息、损失信息、公众要求	全方位认识危机
信息整理	检验真实性、可靠性、有无人为偏差	保障信息真实可靠
信息分析	信息传播的时机、范围、渠道	确保信息传播的有效性
信息加工	对内容和形式进行加工（如态度、措辞）	确保信息传播的准确性

其次，“尽快提供情况”需要“信息渠道”。沟通渠道决定了危机中相关信息以怎样的方式和手段有效地传递给目标群体。企业应综合运用多种形式的

危机沟通渠道，以促进公众认知，引导舆论走向。信息渠道要具有针对性，针对特定的人群及公众的需要，选择相应的受众面、传播范围、传播内容、信息传播方向、传播媒介等，通过传播渠道的有机组合减少信息传递过程中的干扰。

最后，"以受众为主提供情况"需要管理信息。在危机萌芽、酝酿、发展等过程中，企业需要通过各种渠道听取各方声音，如通过微博评论、新闻报道，了解媒体与公众舆论走势，据此做出沟通决策。此外，企业还需积极预防错误的舆论导向，控制错误信息，避免谣言四起而引起误解和恐慌。

12.3.3 危机沟通的情感与关系协调

情感具有三种主要职能：

- 传播主体形象的职能。传播主体表达出的真情实感，实质是对自身形象的塑造。
- 调节客体态度的职能。不同的情感可能驱使客体对象采取积极或消极的态度。沟通主体若能注入真诚、坦率、沟通的情感，便可能得到积极的、善意的回应。
- 传递信息的职能。主体传播的沟通信息是否坦率，是否温情，能够表明其对客体对象和焦点事件的态度。

发生危机时，企业若不关注公众的情绪情感就会事倍功半，造成争执、冲突、对抗等不利于关系协调的严重后果。情感沟通更容易促进相互之间的理解与交流，更利于取得公众谅解和舆论支持，因为公众往往更加关注企业是否坦率，是否愿意承认错误、承担责任，是否愿意改进等。因此，企业应以全局眼光与公众进行双向沟通，争取避免敌对和冲突并赢得公众的理解与体谅。

当危机发生时，企业应当致力于安抚公众情绪，避免关系冲突和敌对。切忌争论式的对话，避免进一步激化矛盾。建议冷静倾听意见、换位思考、诚恳谨慎地表明歉意、接受批评以淡化矛盾，尽量化解敌对情绪；在必要的时候做出适当的妥协和让步以展现与塑造公司形象；争取公众的理解和谅解；通过给予关怀和表示决心来让公众认识到企业的努力。

12.3.4 正式与非正式危机沟通

为了有效地进行信息控制和关系协调，企业必须落实行动，结合危机沟通目标和受众，实施正式沟通或非正式沟通。正式沟通是指在组织系统内，依据组织明文规定的原则进行的信息传递与交流。化解危机的网络沟通作用绝不可忽视，企业的信息网络主要有三种类型：内部网络、外部网络和互联网。

内部网络：企业通过电子邮件、公函、会议持续发布危机的最新演变情况，让员工能够及时了解事态并展开讨论、发表意见。

外部网络：主要有发布会和专职接待人员。企业通过发布会，及时向公众统一发布信息，公开答疑，防止流言四起；专职接待人员及时与供应商、经销商、合作伙伴取得联系，相互磋商，寻找解决方案，接受公众、政府、媒体和上下游企业的监督与咨询，在关键时刻起着信息传递作用。

互联网：包括发布官方声明（企业网站）、社交媒体（微博、微信、新闻客户端）和大众媒体上的信息发布，表明企业对危机的立场与采取的举措等。要在互联网上做好信息沟通，企业应维护日常良好的媒体关系，完善舆情检测机制，建立系统快速的危机处理机制。

正式沟通信息网络类型及渠道如表 12-2 所示。

表 12-2　正式沟通信息网络类型及渠道

网络类型	渠道类型	渠　道	信息发布方式
内部网络	电子邮件、公函	电子邮件系统	• 通过邮件、公函向组织各层级沟通危机内容及解决对策
	会议	内部会议	• 对危机事件的根源及时摸查，排除再发生的隐患 • 召开组织会议及时向组织各层级传递危机演变情况
外部网络	发布会	新闻发布会、线上直播发布会	• 通过新闻发言人向媒体、公众统一发布信息，公开答疑
	专职接待人员	热线电话、现场接待	• 通过线上线下专职人员接受公众、政府、媒体、上下游企业的监督、投诉和咨询 • 对接企业上下游供应链，共商解决对策
互联网	官方声明	企业网站、官方微博、官方公众号	• 通过官方线上平台，以书面方式陈述危机相关信息
	社交媒体	微博、微信	• 通过社交媒体与公众互动，发表信息和表明态度
	大众媒体	新闻客户端、电视新闻、报纸、广播	• 直播与网友互动 • 联系大 V 用户发布软文，引导舆论 • 主动联系大众媒体，告知危机详情，并在新闻中报道

非正式沟通渠道是指官方组织传播及大众传播之外的沟通渠道，它主要是通过个人之间的接触进行，通常采用直接口耳相传的方式，具有随意性、非正规、传播速度快、范围更广但准确性低的特点。非正式沟通具有以下几个特征：

- 消息越新鲜，人们谈论的就越多。
- 对人们工作有影响的人或事，最容易引起人们的谈论。
- 最为人们所熟悉的人或事，被人们谈论最多。
- 在工作中有关系的人，往往容易被牵扯到同一传闻中去。
- 在工作上接触多的人，最可能被牵扯到同一传闻中去。

非正式沟通有利也有弊。有利方面，在于让正式沟通不便传播的信息扩散，策略性地让最真实的想法、动机表露出来。不利方面，非正式沟通会成为组织内流言蜚语、小道消息、虚假消息传播的主要途径，促进小集团、小圈子的建立，可能给企业声望名誉造成影响。管理者应充分利用非正式沟通，采取有效行动发挥其积极作用，避免消极影响。譬如，在危机处理中，管理者可以向内部员工充分说明事实，并告诉员工如何回答公众关注的焦点问题，然后利用员工在生活中形成的人际关系网络进行信息传播，借助非正式沟通渠道服务于企业。

12.3.5 危机沟通的时机选择

“好事不出门，坏事传千里”。尤其在互联网时代，“坏消息”传播速度快，影响范围广，信息的真实性、准确性很难保证，一些不实信息反而会加重事态，造成不可逆的后果，那么企业翻身之机就微乎其微了。因此，企业在危机沟通的时机选择上应当注意以下两点。

一是第一时间表态。危机发生后，企业面临极大的舆论压力时，必须尽快做出适当反应，在误导信息产生之前把所掌握的事件信息和对事件的处理情况告知公众。与其消极被动地遭到揭露，不如积极主动地说明情况，防止信息空白所带来的舆论偏向和失控。

二是求快还要求稳。危机发生后，企业掌握的确切消息并不全面，后续跟进行动和处理方案还在研讨之中，应当审慎地考量哪些信息在什么时机发布。因为，提前公布未经考察，不确切的信息会成为致命的导火索；不成熟的危机解决方案公布后，如果企业未能如约履行，便会引起公众更大不满；过早发布某些信息可能导致缺乏针对性。危机沟通要注重稳和准，不盲目快速，但力求准确及时。

下面，我们将围绕面向大众媒体的危机沟通技巧和自媒体时代的危机沟通两个主题，分别讲解如何面对传统主流媒体（如电视、新闻发布会）和新媒体进行危机沟通管理。

12.3.6 面向大众媒体的危机沟通技巧

大众媒体与社会舆论密切相关，能够反映舆论、代表舆论、组织舆论、引导舆论，是危机沟通的重要途径，同时也是危机控制的关键着力点。媒体是一把双刃剑，可转危为机，也可火上浇油。因此，管理者应当注重与媒体的沟通管理，注重沟通技巧的培养和沟通经验的积累。

在与媒体沟通中要达到理想效果，必须注意以下策略。

一是制订方案，预先准备。面对危机沟通之前，企业应预先拟定统一、妥当的沟通政策。事先根据媒体需求，围绕关键和热点问题，拟订回应方案。思考在采访中可能面对的各种问题，预先做好准备，以免在回答时措手不及，说出不恰当的话。此外，企业应当根据沟通表达能力、逻辑周密性、变通能力、知识结构、对危机信息的了解程度和媒体公关经验等选择发言人。

二是明确陈述，表明立场。发言人应当直奔主题，正面理论。不能支支吾吾，闪烁其词，更不要卷入与主题无关的话题。具体表述可参照图 12-3 进行。

体现关心

- 我们正在积极与顾客达成共识
- 我们将力图降低顾客损失
- 因此次事件给顾客带来的不便，我们深表歉意和遗憾

突出行动

- 彻底清查相关系统的所有环节
- 处理相关负责人

描绘全景

- 密切关注事态的发展
- 杜绝此类事情再次发生
- 努力提供更有保障、更优质的产品和服务

图 12-3　陈述主题的具体表达参考

三是事实胜于雄辩。应尽量用真凭实据来增强说服力，侧重于对具体事实过程的描述和解释，切忌高谈阔论。运用可靠的数据和事实以及精确的语言帮助受众尽可能多地了解事实，并增强所发表的言论的可信度。

四是保持话语主导权。发言人需要懂得如何把问题引向有利于组织的事实，这是一种需要锻炼和实践经验的技巧。发言人可先接受问题，正面回答，然后转向与主题相关的某一事实，而这一事实有助于增强组织的信誉，即使用“桥梁法”巧妙地过渡，坚定原定的主题和相关的核心信息。

五是变负面陈述为正面陈述。切忌重复不适宜的问话，以免被人断章取义，使公众误认为你同意或接受了这些不利于危机处理的话。通过强调自己的正面观点来反驳对方的错误认识，针对对方问话中包含的错误认识逐条反驳，要用正面的陈述重新表述问题和事实。

六是出言谨慎。对不了解的问题不必仓促回答，而是主动表示会尽早提供答案；要慎重发表意见性信息，不要对充满变数的问题发表评论；不发布不准确的消息，不对危机相关信息做缺乏根据的猜测；对无法提供的信息，应礼貌恳切地告知原因，切忌用“无可奉告”等激化矛盾的字眼。

七是避免回答假设性问题。如采访者提及错误的信息，发言人要保持冷静平和，并及时纠正不实信息，条理分明地予以解释和回答。如采访者提出别有用心或尖锐的问题，可以适当采用迂回、留有余地、模糊法等策略审慎应对。

八是切勿承诺过度，避免陷入被动尴尬的局面。

|沟通聚焦| 碧桂园集中回应安全事故问题

2018年8月3日，碧桂园在其广东佛山总部举行全国媒体见面会，就近期外界广泛关注的施工事故多发的问题进行集中回应。碧桂园总裁莫斌表示：“碧桂园已经深刻认识到自身还有许多需要改进的地方。对近期几起施工单位的事故，我们深感痛心和自责，我们负有不可推卸的责任，我代表集团向死难者表示哀悼，向死难者家属和受伤工友表示慰问。”媒体见面会还安排了“回答记者问”的环节，部分问答内容如下。

记者： 有信息显示碧桂园部分项目监理方是碧桂园关联方，这是否会导致问题？

莫斌： 早期我们去的城市资源有限，所以采用了自用监理的方式。随着行业发展，我们采用了社会监理方式，目前这个比例超过90%。我们外聘监理单位，甲级资质占到95%以上。除了监理以外，我们选取的施工企业也是好的企业。请我们的合作方中建五局来说说。

中建五局总经理助理： 碧桂园集团是中建五局最重要的战略合作伙伴，我们的项目遍布全国各省市和东南亚各国。他们提出的首要要求，就是确保施工安全质量。

分析： 在“回答记者问”的环节，发言人首先承认早期运作方式是“自用监理”，随后，发言人通过“但是”，巧妙地运用桥梁法表示现在的改变，并通过列举具体实在的数字，说明“社会监理方式”占比大，外聘监理单位、施工单位的资质高等事实。在此时，发言人更是要求施工合作方进行回答，从第三方角度提供印证，证实发言人的说法，提高其信息可靠度。

记者： 为什么碧桂园会被外界妖魔化，责任人是谁？

杨国强（碧桂园创始人）：我很难回答你。我花的钱不是我的，做的东西不是自己的，我每天都在为社会更好而忙，我是天底下最笨的人。本来我可以去亚马孙漂流，跟着房企大哥去爬珠穆朗玛峰。结果我每天赚的钱不是自己的，做的东西不是自己的，还要做农业、机器人。我现在变成小学生，每天还要学习机器人，我也不知道为了什么，我自己在家写毛笔字，写“为了什么”，你问我，我也不知道说什么。

分析： 在记者询问碧桂园为何被妖魔化这个问题的时候，如果发言人顺着其思路开始指责或做无依据的猜测，那么矛头就会指向公众、行业等其他主体，这不利于公众理解企业，只会让公众认为企业不断地找外因，找借口。而此处，发言人谨慎回答，态度诚恳地表示很难回答这个问题，并且将话题转向了自己如何做贡献，做着吃力不讨好的事情，用“学习机器人”、不能去“亚马孙漂流”等生活截面试图唤起公众和记者的感同身受与理解。发言人的语气透露出一些无奈和无力感，试图引起记者的同感而不是直接与其对抗。

记者： 碧桂园是否检讨过双享制度（项目激励制度），未来是否会调整这个制度，控制人性的欲望？

杨国强： 我也是中国农民工，40年前我在地盘做工人做了很长时间。伴随着改革开放，我做到今天，能有今天这样的事业，帮助到别人，应该和他们一起分享。赚的钱，我作为股东不能全要，这不合适。

伍碧君（碧桂园首席财务官）：员工如果没钱投入双享机制，可以找老板借钱，老板会收10%的利息，但最后老板会把这10%的利息捐出去。碧桂园的税收贡献、社会贡献依托于高周转的贡献。只是部分管理团队对于高周转的执行有问题。

分析： 在记者询问制度层面是否存在不合理的情况，未来是否会做调整时，发言人同样诚挚地发言，表现自己的善意，并通过过往经历将自己和农民工紧密地结合在一起，表明了为“农民工利益着想”的立场。随后另一位发言人补充了可能的解决方案，表明企业会努力继续为社会做贡献，并表明目前企业存在的管理和执行问题，用“只是”表明问题并不是普遍的和不可调和的。

12.3.7　自媒体时代的危机沟通

自媒体时代，信息沟通具有以下特点：传播速度快；受众广，覆盖率高；交互性强；传播主体、传播对象边界模糊化。自媒体的普及保障了不同主体之间直接的对话和多种形式的沟通，颠覆了之前单向的信息流动模式，改变了信息创建者和信息消费者的角色定位与权力结构。党的二十大指出，“网络舆论乱象丛生，严重影响人们思想和社会舆论环境”。这也为企业危机管理沟通带来了全新的挑战，具体而言：

（1）舆情影响范围大。随着危机事件的不断发展和与之相关的网络舆情的持续扩散，舆论影响范围和舆论参与主体都有大幅增加。

（2）舆情扩散速度快。随着危机事件发展，相关舆情会在论坛、微博、微信等渠道中“喷涌”式增长。

（3）舆情真实性无法保障。自媒体环境下信息发布和传播缺乏真实性考察和有效监管，在不需要“为自己的话负责”的媒体环境下，自媒体用户的信息素质和综合素质参差不齐，为未经核实的信息和谣言提供了滋生的温床和快速扩散的条件。错误、失真的信息往往会扰乱视听，甚至误导公众，改变舆论整体走向。

（4）舆情表达情绪化倾向严重。在“后真相时代”，网络舆情更加集中在主观感受而非客观事实，自媒体往往变成人们宣泄情绪、表达诉求的渠道，舆情表达具有强烈的非理性、情绪化的特征。在危机事件发生时，由于事件本身的性质、社会关注倾向和公众自身素养，舆论更容易引发矛盾冲突、传染恐慌情绪。

相关研究表明，相较传统大众媒体报道，公众对于自媒体信息的信赖程度越来越高。现实中，危机沟通管理也越来越多地基于自媒体平台而展开，企业应当针对自媒体危机沟通做好以下几方面工作。

- 借助自媒体信息渠道，收集、分析网络舆情。在危机发生前、发展和爆发中和结束后，企业应利用大数据监测手段对新媒体相关信息数据进行发布量、转发量、阅读量、点击数、评论量等的定量统计，对网络信息的来源、舆情的风向和热点进行定性的监控分析。通过舆情收集、分析，指导企业做进一步的危机预警、处理和善后的管理决策。
- 应充分利用各类自媒体平台，第一时间发布真实可靠的权威信息，引导和控制网络舆情，掌握舆论引导的话语权，提供澄清事实的发声（例如在微博发布道歉信、整改声明、律师函等）。
- 通过自媒体，积极与公众沟通，充分表达负责态度和关怀同情之感。
- 争取意见领袖的理解和支持，使其发声以有效对冲误导和负面信息，并向网络舆论施加控制和影响，争取去伪存真，防止负面舆论继续发展。
- 通过寻求平台监管和法律保护的方式，监督、控制虚假信息的传播。
- 企业应当充分发挥粉丝力量，危机发生后，企业可以通过甄别、整合与利用粉丝资源，根据危机发展阶段与舆论走向，合理善用粉丝的力量传播信息，以协同配合，有效应对危机。

情境模拟训练

具体步骤

- 由你和小组另一位（或几位同学——根据你自己的设计安排即可）承担该情境中的不同角色，分别为提问及回答做准备。
- 正式进入角色，进行情境模拟。
- 请小组内有企业工作经验的同学对模拟的沟通过程做评述，指出其优点和不足。
- 由小组4～5位成员共同讨论解决这样问题的方法。
- 对照个人思考、情境模拟和小组讨论，总结以后处理这些情境的可操作性方案。

情境一

你是一位年轻的创业者，正在创办一家互联网公司。你已经从各位私人投资者那里募集到200万美元的风险投资，现在需要找银行申请最终的600万美元贷款，以便能使公司正式创立。在一次与银行承诺人的商谈中，他们要求你用两页纸的篇幅来概括公司可能遇到的风险，列出在公司前6个月内你将采取什么措施降低公司遭受这些风险的概率，并简要地进行答辩。

情境二

你是一家特许经营书店的店主，在同一个城市拥有3家连锁店。几分钟以前，你在开会时被秘书打断，她告诉你，店里的一名职员今天早上由于被查出在书店向中学生出售违禁品而被捕。警察当着顾客的面从书店把人抓走了，其中一位警察对另一位级别低一些的警察说，这个职员“有很长的犯罪史”。由于你是小规模经营，所以你没有对职员的犯罪档案进行过调查。你根本不知道该职员有问题，但你被告知，这个人在你这里工作了两年，而且他在最近一次业绩考核中被评为“优秀”。

现在，一大群报纸、电视和广播电台的记者闻讯赶到你的店里，正在采访顾客和这名职员的同事，你将出面应对记者的提问。

总结回顾

- 危机的主要类型

  企业常遇到的危机类型有人力资源危机、产品/服务危机、领导危机、财务危机，以及安全事故与公共危机。

- 危机沟通的基本要素与过程

  （1）危机沟通要明确沟通对象，确定沟通内容，分析沟通环境，选择沟通渠道。

  （2）危机沟通的机制：信息控制，关系协调，形象管理。

  （3）危机沟通的障碍：缺乏危机沟通意识，封闭式的组织文化，缺乏预警系统，不善倾听，提供虚假信息，缺乏应变能力。

- 危机沟通管理原则与策略

  （1）危机管理要遵从“三个全面”原则、多元利益相关性原则和主动控制原则。

  （2）企业形象修补战略：否认、回避责任、减少敌意、亡羊补牢、承认/道歉、更改企业名字。

  （3）危机沟通时机把握：第一时间表态，求快还要求稳。

  （4）媒体沟通技巧：制订方案，预先准备；明确陈述，表明立场；事实胜于雄辩；保持话语主导权；变负面陈述为正面陈述；出言谨慎；避免回答假设性问题；切勿承诺过度。

  （5）新媒体时代的危机沟通

  ——危机信息在新媒体中的传播特征：舆情影响范围大，舆情扩散速度快，舆情真实性无法保障，舆情表达情绪化倾向严重。

  ——借助新媒体渠道，企业可以：收集、分析网络舆情；第一时间发布真实可靠的权威信息；充分表达负责态度和关怀同情之感；争取意见领袖的理解和支持；寻求平台监管和法律保护；发挥粉丝力量。

问题讨论

1. 简述危机沟通的重要性。
2. 阻碍有效危机沟通的因素有哪些？
3. 简述危机沟通的信息控制。
4. 如何提高企业危机沟通能力？
5. 简述良好危机沟通的特征。
6. 如何根据现实情况选择合适的危机沟通战略？
7. 由于没有公共关系顾问和市场顾问帮助他们在消息广为传播时准确定位，多数小企业主在发生重大事故时都不愿与新闻媒体沟通。那么，小企业主应当怎样在危机中与记者更好地沟通？

自我技能测试

步骤

步骤1：在阅读本章内容之前，请你对下列陈述根据度量标准进行评分，并将分值写于左栏（学习前），你的回答应该反映你现在的态度和行为，而不要有意根据你所希望的结果去评价，要诚实。采用这种方式是为了帮助你发现自己在解决问题及建设性沟通方面的能力处于何种水平。通过自我评价，你就可以根据需要调整你的学习方向。

步骤2：完成本章学习后，尽可能把所学知识技能与实际结合起来，根据自己工作的体会，结合平时的工作反思，不断修正自身的沟通技能，然后遮住你第一次的答案，重新回答下列测试题，将分值写于右栏（学习后），当你完成这次调查后，检测你的进步，如果你在某一技能领域的成绩依然较低，说明在这些方面你还得不断加强理论与实践的结合。

评价标准

非常不同意 / 不符合（1分） 不同意 / 不符合（2分） 比较不同意 / 不符合（3分）
比较同意 / 符合（4分） 同意 / 符合（5分） 非常同意 / 符合（6分）

测试问题

学习前	学习后	
______	______	1. 危机发生时，我第一时间向高层管理者汇报。
______	______	2. 我毫无隐瞒，完整、诚恳地陈述整个事件。
______	______	3. 如果我犯了错，我会诚恳道歉。
______	______	4. 我通过识别潜在问题来提前做好准备。
______	______	5. 危机沟通时，我能够频繁地发布信息更新。
______	______	6. 我们通过声明及行动证明公司对事件的关注。
______	______	7. 危机沟通中，我们确保向外发布一致的信息。
______	______	8. 如果我代表公司发言，我会预先参加培训。
______	______	9. 我不发布侵犯他人隐私权的信息。
______	______	10. 我能够正面回应他人的提问。
______	______	11. 我们第一时间向媒体提供完整的信息包。
______	______	12. 我能够识别潜在的危机。
______	______	13. 我们与各种媒体保持良好的关系。
______	______	14. 我们时时关注利益相关者的诉求，承担公司责任和社会责任。
______	______	15. 我不会做出我不能实现的承诺。

自我评价

如果你的总分是80～90分，你具有优秀的危机沟通技能；70～79分，你略高于平均水平，有些地方尚需要提高；70分以下，你需要严格地训练你的危机沟通技能。

选择得分最低的6项，作为本部分技能学习提高的重点。

案例 12-2

乐视“内部信”风波

2016年10月，乐视在美国高调举行了一场昂贵的发布会，向美国用户宣布：乐视垂直整合、开放闭环的生态系统LeEco正式全面落地美国。然而11月6日，没有任何征兆信号与内部知会，乐视董事长贾跃亭发了题为《乐视的海水与火焰：是被巨浪吞没还是把海洋煮沸？》的全员邮件，在公司成立12周年之际，亲手引爆了乐视危机。在信中，贾跃亭深刻反思乐视的“大跃进”，承认乐视在蒙眼狂奔、烧钱追求规模扩张的同时，全球化战线拉得过长，令组织与资金面临极大挑战，“一边是突飞猛进的战略与业绩，一边是日益凸显的资金与组织压力”。

此前的11月2日，网上传出消息称乐视资金链紧张，拖欠供应商100多亿元款项。11月3日，乐视发布声明回应，并不存在拖欠巨额款项的情况，因拖欠供应商巨额货款，导致股价下跌的传闻，属于不负责任的抹黑造谣。出现欠款风波后，11月2日至7日短短的四个交易日，乐视上市市值凭空蒸发了128亿元。更致命的是，资金链一直紧张的乐视，如果股价不能企稳，贾跃亭的股权质押或面临被引爆的风险。

这封内部信，被媒体认为是公开“诏罪”，此后一连串乐视的负面消息也接踵而至，有人质疑贾跃亭的权力是否膨胀，媒体纷纷讨论乐视整个生态链的资金问题到底有多严重，整个乐视生态链欠款资金有多大，关于股权质押，股价下跌到多少会触及警戒线、补仓线，乐视的企业战略是否合理等。

12月11日，贾跃亭在“2016年中国企业领袖年会”上首度回应“乐视资金链危机”：“我没想到，这封信居然引起一场轩然大波。过去一个月，乐视每天都是各大媒体的头条。”同时针对资金链、上市公司与非上市公司是否存在资金拆借、公司决策是否一人说了算等质疑，贾跃亭也都在小范围媒体交流中做了回应。他称60%的资金问题已解决，接下来三四个月会恢复正常。

但是，乐视的危机并没有因此而止，相反，随之而来的是乐视供应商讨债、人事震荡的蔓延，以及媒体负面报道。在乐视股价跌出1/3之后，乐视拖欠供应商上百亿元的货款、乐视投资的FF（法拉第未来）在美国内华达州的工厂已经停工、48亿元定增无法在2016年完成、美国内华达州财政部长在接受国内媒体采访时质疑乐视就是一场“庞氏骗局”等真真假假的消息接踵而至，将乐视和贾跃亭推至风口浪尖。

事实上，2014年乐视生态全面铺开之后，乐视的发布会之多让媒体眼花缭乱、应接不暇，随之而来的还有来自越来越多的竞争对手的公关战，在乐视危机爆发前的两年半时间里面，乐视的公关团队从没出现过重大的发布会失误（包括BigBang大会这样的只有极少数国内公司才能在美国召开的大型发布会），没有被任何一家竞争对手置于难堪境地。然而，乐视一路高歌，在被市场华丽追捧的同时，外界对乐视资金链的质疑从未停止，乐视也被质疑是活在PPT上的公司，甚至有“庞氏骗局”的质疑。

在2016年9月乐视开始重视“庞氏骗局”的突发危机后，乐视内部进行了紧急会议，危机公关主要负责人将危机公关组织搭建与日常工作的建议计划呈交上去，里面陈述了“乐视已经积累了很高的公关风险”“公关部有必要在执行发布会任务动员会之外，每周召开公关务虚会（务虚会其实就是战略会）”这样的判断与建议，但由于乐视公关团队的重心不在此，便未给予回应。进入2016年之后，乐视七大生态每周都有新产品和新战略发布，每半个月就要搞一场大型发布会。对于集团头部的乐视控股来说，需要对各条业务线进行资源调配与人力支援，并且乐视控股公关部自身还要挑大梁主办诸如“414硬件免费日”“420春节新品发布会”“919黑色电商节”等S级大型市场活动。此外，还有8月份洛杉矶收购Vizio发布会以及10月18日旧金山BigBang发布会这样的重要级别活动。公关部的领导不是在开会，就是在去开会的路上。显然，乐视公关部的这种顶层设计缺失，使得高举高打的公关策略面临严重的“低头拉车不抬头看路”局面。

此外，尽管乐视七大生态全面铺开后，也在2015年成立了自己的研究院，但乐视生态研究院的名誉院长、院长、执行院长没有一个人是专职。乐视生态研究院的工作裹足不前，直接影响就是外界对乐视发明的“生态化反”口号的解读失真，从而为后来的危机爆发埋下风险。

与公关顶层设计缺失、公关策略“瘸腿”相伴生的，是乐视在传播内容上越来越高调地“放卫星”。成天喊颠覆这个，颠覆那个，如此“放卫星”又缺少“防火”与“救火”层面的公关设计，就不难理解生产既不假冒又不伪劣产品的实业公司乐视，为何被一些别有用心的偏激之人扔了很多“庞氏骗局”“传销”的臭鸡蛋了。在听了太多情怀和故事后，逐渐冷静的投资者们要看的是实实在在的利润。贾跃亭对资金链危机的坦承，以及对乐视融资能力不强的定语，无疑正击中了投资者心中那根敏感的神经。

贾跃亭的这封内部信，引发了乐视系“火烧连营”式的危机，巨浪没顶，狼藉一片。这场旷日持久的困局，不仅令乐视系业务步履维艰，供应商心急如焚，甚至还一度断了员工社保……时隔一年，乐视还在快速沉没，且没有任何得救吉兆。

讨论题

1. 请梳理出本案例中出现的关键沟通事件点，分析这些关键事件点的沟通对象、沟通环境、沟通渠道、信息内容，以及相应的行动目标。
2. 乐视在危机沟通中存在哪些失误？给我们怎样的启示？
3. 你认为一个企业应该如何建立危机沟通机制？请你提出企业应对类似事件的危机沟通策略和思路，并设计出一套危机沟通的流程与做法。

第 13 章　跨文化沟通

■ 学习目标

学完本章后，你应当能够：

- 理解跨文化及跨文化沟通的基本内涵与要素；
- 理解文化差异产生的原因及导致的沟通障碍；
- 认知企业国际化发展对跨文化沟通的需求；
- 掌握跨文化沟通的基本策略与常用的技能。

引题　花样说服

有一艘轮船航行在大海上，开了一半路程时，轮船出了故障，船长要求大家弃船逃生，转移到救生艇上。他到船舱里向游客解释了轮船目前遇到的状况，要求大家马上跳到救生艇上，但是等他解释完毕以后，居然没有一个人愿意这样做。

船长十分生气，懊恼地回到甲板上。大副见到他一个人出来了，感到十分奇怪，了解到情况以后，他自告奋勇向船长请命去说服这些游客。五分钟以后，这些游客居然都自愿跳到了救生艇上。船长感到十分奇怪，问大副是怎么做到这件事的。

大副对船长说：

“我对他们几个不同国家的人说了不同的话：

我对英国人说，这是一件很有绅士风度的事；

我对德国人说，这是命令；

我对法国人说，这是一件很浪漫的事；

我对美国人说，你是被保了险的。”

【案例 13-1】　史上最牛女秘书

中国员工瑞贝卡无论如何也没有想到，她对新加坡籍老板一封指责邮件的回复，会引起如此轩然大波，并使她一夜成名，被网民封为“史上最牛女秘书”。这起本该在企业内部消化的事件，却因牵起“老外和中国员工的文化障碍”的敏感话题，数天之内成为各大外企员工和网络舆论谈论的热点。

下班锁门引起总裁不满

2006 年 4 月 7 日晚，EMC 大中华区总裁陆某回办公室取东西，到门口才发现自己没带钥匙。此时他的私人秘书瑞贝卡已经下班。陆某试图联系后者未果。数小时后，陆某还是难抑怒火，于是在凌晨 1 时 13 分通过内部电子邮件系统给瑞贝卡发了一封措辞严厉且语气生硬的“谴责信”。

陆某在这封用英文写的邮件中说：“瑞贝卡，我曾告诉过你，想东西、做事情不要想当然！结果今天晚上你就把我锁在门外，我要取的东西都还在办公室里。问题在于你认为我随身带了钥匙。从现在起，无论午餐时段还是晚上下班后，你要跟你服务的每一名经理都确认无事后才能离开办公室，明白了吗？”陆某在发送这封邮件的时候，同时传给了公司几位高管。

秘书回了咄咄逼人的邮件

面对大中华区总裁的责备，秘书应该怎样应对呢？两天后，瑞贝卡以中文对陆某的邮件做了正式答复。她写道：“第一，我做这件事是完全正确的，我锁门是从安全角度上考虑的，如果丢了东西，我无法承担这个责任。第二，你有钥匙，你自己忘了带，还要说别人不对。造成这件事的主要原因是你自己，不要把自己的错误转移到别人的身上。第三，你无权干涉和控制我的私人时间，我一天就 8 小时工作时间，请你记住中午和晚上下班的时间都是我的私人时间。第四，从到 EMC 的第一天到现在为止，我工作尽职尽责，也加过很多次的班，我也没有任何怨言，但是如果你们要求我加班是为了工作以外的事情，我无法做到。第五，虽然咱们是上下级的关系，也请你注重一下你说话的语气，这是做人最基本的礼貌问题。第六，我要在这强调一下，我并没有猜想或者假定什么，因为我没有这个时间，也没有这个必要。”更出乎常规的是，她将其答复转给了“EMC（北京）、EMC（成都）、EMC（广州）、EMC（上海）”。她的这份答复邮件，又从 EMC 内部流出，并在短短的一周内，迅速传遍了几乎中国所有的知名外企。

女秘书已离开公司

邮件被转发出 EMC 后不久，陆某就更换了秘书，瑞贝卡也离开了公司。EMC 内部对此事噤若寒蝉，一些参与转发邮件的员工挨个儿被人事部门找去谈话。尽管网络上力挺瑞贝卡的声音超过了八成，但外企人力资源部的管理层却并不买账。面对记者采访时，瑞贝卡表示，“这事儿闹得太厉害，我已经找不到工作了”。她没有料到邮件会被转发出去，也没有料到目前的局面。

资料来源：新浪网，“史上最牛女秘书，对外企总裁说不”，2006 年 4 月 26 日。

讨论题

1. 瑞贝卡与上司之间的冲突产生的根源是什么？为什么？
2. 瑞贝卡与上司之间的沟通问题，从跨文化沟通角度看，各自存在什么问题？
3. 请结合跨文化沟通的理论，为陆某和瑞贝卡提供有效沟通的建议。

在本案例中，EMC大中华区总裁陆某是新加坡人，而他的高级秘书瑞贝卡是中国人。在外企的文化里，中方职员在回复上司的英文邮件时，出于礼貌一般也选择英文。因此，瑞贝卡用中文回复英文邮件的做法被认为"是两种文化的故意对抗"。瑞贝卡的"对抗"行为也许是出于心性，但其中有文化差异的因素存在，才使得双方在交流过程中出现如此大的障碍。在当今社会，企业中的跨文化沟通越来越频繁出现，特别是习近平总书记提出构建人类命运共同体理念，进一步强调了跨文化沟通的重要性。这一理念体现了在全球化时代，不同文化背景之间的相互理解与有效沟通是推动人类共同进步的关键。为了更好地了解跨文化沟通的内涵以及障碍，本章首先介绍跨文化沟通的基本概念，并通过霍夫斯泰德的五维度模型，详解沟通时可能出现的障碍。接着本章对跨文化沟通的有效策略给出建议，最后对跨文化沟通进行自我测评。

13.1 跨文化沟通的概念

要深刻理解跨文化沟通的概念，首先要了解文化的内涵。荷兰心理学家吉尔特·霍夫斯泰德对文化下了这样一个定义：文化是同一个环境中的人们共同的心理程序，能使得一个集体的成员与其他集体的成员区别开。⊖霍夫斯泰德还通过对文化的解析提出了一种新的文化分层模型，他将文化类比为洋葱，认为文化与洋葱一样具有很多层：表层、中层、核心层（见图13-1）。表层文化通过外在直观的事物，常常给人以强烈的直接冲击，让人感受到文化的存在和力量；中层文化是指一个社会的规范和价值观；核心文化是一个社会共同的关于人为什么存在的假设，它触及社会中人们最根深蒂固、不容置疑的东西，比如人与生俱来的权利、人存在的价值、个人与他人的关系。

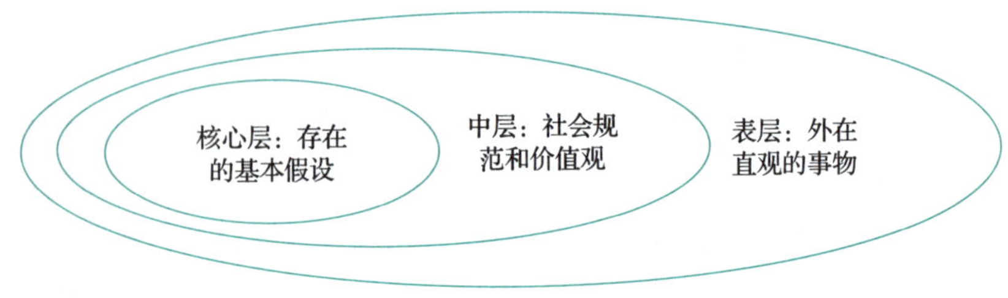

图13-1 文化的洋葱模型

⊖ HOFSTEDE G. Culture's consequences: comparing values, behaviors, institutions and organizations across nations[M]. Thousand Oaks: Sage Publications, 2001.

文化的洋葱模型可以帮助我们理解跨文化沟通中的现象。在与来自其他文化的人相处时，首先可以观察到对方衣着打扮与我们的不同。

【例子】在上海任意一座高耸入云的办公楼里，你都能看到西装革履的白领们穿梭其中，意气风发。他们往往身着一尘不染的白色衬衫、标准板型的西服，表情严肃地做着“分分钟几千万元上下”的交易。金融行业所追求的精确，在员工的日常穿着、行为中显露无遗。而当你望向硅谷，那儿的年轻人工作时穿的是 T 恤。技术人员不在意穿着的看法已不是新闻，但如果细看那些 T 恤，你会发现他们公司的标志都被印在上面，这让公司员工与外人有了区别。这样的工装涵盖了一个简单而重要的原则：为了鼓励创新，你的每个员工都应该一样与众不同，一致的标志说明了志趣相投的一群人积极投身于公司使命。

衣饰等外在物品体现出表层文化的区别。我们可以进一步从说话方式、身体接触乃至生活重心上，直观感受社会价值观的碰撞，这是中层文化的不同。

【例子】与陌生人见面时如何行礼？美国人热情握手；日本人鞠躬；印度人双手合十，放之鼻端，身体微微前倾；而意大利人则拥抱亲吻，彼此间有很多的身体接触。工作的态度呢？美国人把“活着为了工作”作为普遍接受的理念，因此加班加点被看成好的行为，是受到社会和大众赞赏的行为。相反，“工作是为了生活”是墨西哥人认同的价值观，钱和工作不是生活中最重要的东西，如果为了工作而牺牲与家人朋友共度的时光，那就可能为大家所不齿。

最后，跨文化沟通时出现的障碍，归根结底来自核心文化的碰撞。

【例子】崇尚个人价值，是美国文化的核心组成部分，这与以集体为中心的中国文化有很大区别。在进入美国时，海尔公司根据当地文化，采取了相应的激励手段：在美国工厂的布告栏上贴了很多激励员工的照片——员工的全家福。同时，美国工厂中表现出色的员工会奖励笑脸徽章，但表现差劲的员工却不用像国内一样被授予哭脸徽章。这是因为美国人很少在大庭广众下批评一个人，这容易挫伤员工的积极性。

跨文化沟通在现代企业中越来越频繁地出现。不同文化背景的员工之间由于思维方式、交往习惯乃至价值观的差异而产生不同程度的冲突。深刻理解跨文化沟通的内涵，并细究沟通障碍产生的根本原因，才能使个人、团队、组织在面对此类问题时，有正确的应对之道。

13.2 跨文化沟通的障碍

跨文化沟通的障碍之所以存在，是因为不同文化之间存在显著的差异。霍夫斯泰德基于对 40 个国家包括从工人到博士和高层管理人员的长期追踪，提出了文化的五维度模型。霍夫斯泰德认为：文化是一个环境中的人们共同的心理程序，不是一种个体特征，而是具有相同的教育和生活经验的许多人所共有的心理程序。对于不同的群体、区域或国家，这种程序会有差异。正是由于文化的差异，不同文化背景的人们可能会出现沟通的障碍。文化的差异体现在五个方面：个人主义与集体主义（Individualism versus Collectivism）、权力距离（Power Distance）、不确定性规避（Uncertainty Avoidance）、男性度与女性度（Masculinity versus Femininity）、长期—短期导向（Long-term Orientation versus Short-term Orientation）。接下来我们将对五个维度分别进行介绍。

13.2.1 个人主义与集体主义

沟通聚焦

在美国，如果想和同事共进午餐，一般会事先预约，然后定下来午餐的时间。假定有三四个同事下周二都有空，大家会约好在某个同事的办公室集合，很快讨论一下想去的餐馆，然后一起出发。到了餐馆，领班会给每个人一份菜单。于是大家阅读菜单，然后挑选一个自己喜欢的食物。几分钟后，服务员会走过来，挨个询问需要的食品，记录下来，收走菜单。过了几分钟，服务员会把食品端上来，准确地将每一个人点的食物放在那个人面前。吃得差不多的时候，服务员拿来账单，大家各付各的账，然后离席回各自的办公室继续上班。整个过程，除聊天时需要考虑他人的感受和反应外，其余一切都只要照顾自己的口味和感受即可，与他人无关。

再看看典型的中国午餐。一般说来，很多时候大家不事先预约，去敲一下同事的门，问有没有时间共进午餐，如果有，同去。假定正好有三四个同事都能走开，于是大家一起出发去中餐馆。点菜的时候就得想到别人的口味，以免到时候某人没菜可吃。几分钟后一个菜上来，大家开吃，边吃边聊，一直等菜上齐，吃得差不多了为止。这时服务员送来账单，谁付账呢？如果一开始召集吃饭的人没有明说是由他请客，那么这时每个人都可能掏钱包抢着付账，服务员则随机抽取一个人付账以结束“争端”。在整个过程中，差不多每个人都不是个体独立的行为，选菜也好，付账也好，每做一事，都得把别人的喜好考虑进去，而不能仅凭自己的喜好行事，这与美国人的午餐过程十分不同。

——摘自陈晓萍的《跨文化管理》

个人主义是指一种结合松散的社会组织结构。在个人主义强的社会中，每个个体都重视自身的价值与需要，依靠个人努力来为自己谋取利益。集体主义则是指一种结合紧密的社会组织结构，其中的人往往以“群内人”和“群外人”来进行划分，他们期望得到“群内人”的认可和照顾，同时也以对所在群体保持绝对的忠诚作为回报。北美、澳大利亚以及大多数西欧和北欧国家，是崇尚个人主义的社会，强调个性自由以及个人成就。因而在这些国家，企业员工间的个人竞争较为激烈，企业也常对个人而非集体进行奖励。但中国和日本都是崇尚集体主义的社会，员工追求集体的认可、依赖集体。当来自北美、欧洲的员工与他们组成跨文化团队时，很可能会由于表现得非常注重个人需求，而被视为对集体不忠诚。在集体主义的文化中，各种格言和谚语都论述了集体比个人更重要这样一种信念："出头的钉子会挨锤子敲打"（日本）；"众人拾柴火焰高"（中国）；"能干者背后必有其他能干者"（韩国）；"离群的羔羊会让狼先吃掉"（土耳其）；"没有集体就没有智慧"（蒙古）；"当蛛网结合起来时，也可抓住狮子"（非洲）。

个人主义文化和集体主义文化之间的差异如表 13-1 所示。

表 13-1 个人主义文化和集体主义文化之间的差异

个人主义文化	集体主义文化
• 交易导向（关注结果）	• 关系导向（关注过程）
• 短期收益	• 长期发展
• 强调内容（事实、比率、统计数据）	• 强调情境（经验、直觉、关系）
• 依赖于直线式的推理	• 依赖于迂回式的推理
• 独立	• 相互依赖
• 竞争、决策驱动	• 合作、一致同意
• 直接、明确的沟通	• 间接、迂回的沟通
• 个人职责	• 保护"面子"
• 私人办公室	• 开放型的办公室布置
• 直线式的时间，缺乏耐心	• 可变通的时间，充满耐心

13.2.2 权力距离

| 沟通聚焦 | 韩国公司的上下级关系

2019 年秋季，中国留学生马源从首尔大学毕业后，在公采（校招）考试中脱颖而出，成为韩国新世界国际的社员。新世界国际隶属于财阀企业新世界集团（SHINSEGAE）。在韩国财阀企业工作意味着稳定、体面和高收入。马源能在新冠疫情暴发前夕进入财阀企业，她称这是一件"幸运的事"。

入职近三年后，马源却被韩国职场的前后辈文化和论资排辈现象压得喘不过气。"遇到新同事，我会下意识地问对方年龄和入职时间。"马源说，年龄和资历是韩国职场的潜规则。入职最晚、年纪最小的员工通常要承担起部门的跑腿、打杂工作。比如，会议上做笔记、给团队买咖啡、在聚餐时预订餐厅、倒水或递碗筷等。

初入部门时，为了快速融入团队，马源记下了部门所有前辈的饮食口味和领导喜欢的餐厅。"拿咖啡时，我会给每杯咖啡套上杯托、插上吸管。"马源做得小心翼翼：为了保证咖啡的卫生，她还在撕吸管包装时，特意保留吸管顶端五分之一的塑料纸。

"职场新人要会察言观色"，这个观念始于马源参加的入职培训。

她耳边总会回想起入职培训老师的叮嘱：进电梯要帮前辈按电梯门，遇到任何人都要打招呼，出差时给领导打车、领导同车该坐在外侧……

"这届新人怎么都不爱打招呼？"当一名新同事被人力资源部门质问时，马源听闻后心里也"咯噔"一下。通常，若是新员工做得不周到，韩国企业领导也不会直接点破，要么借他人之口传话过来，要么当面委婉提醒"现在的孩子真不一样"。

在传统的韩企中，高管常常通过"精神训话"向下属树立权威。

英国记者麦克·布林（Michael Breen）在著作《新韩国人：从稻田跃进硅谷的现代奇迹创造者》描述了这样一幕：在元旦假期结束的第

一个工作日，韩国大农集团会长召集下属，对他们大吼了半小时，就像心情不好的军官在乱发脾气。大农集团会长事后向麦克·布林解释，“如果我不这么做，他们就不会把我当回事”。

韩国的职级体系从低到高大致可分为：社员、代理、科长、部长、次长、理事和会长。在韩国职场稳步晋升绝非易事，论资排辈是韩国职场晋升的先决条件。在马源工作的新世界集团里，社员升代理、代理升科长均需在原岗位工作满三年，通过晋升面试后才有机会升职，月工资会同步升高两三千元人民币。“科长升部长就很难升上去了，先得做满6年，年资到了都有面试机会，过不过就不一定了。”马源说，她暂时没看到公司里有人提前晋升，“谁的业绩突出，公司只会多发给他一些奖金。”

论资排辈的文化以及压抑的职场氛围，也让大量海外精英人才不愿融入韩国社会。2011年，首尔大学曾以年薪900万元人民币聘请诺贝尔经济学奖获得者托马斯·萨金特为教授，但仅半年任期后，萨金特便选择回美国。

在2021年韩国统计局就业数据中，超过62.8万韩国人放弃就业，创下2014年以来的新高，未找到理想工作的毕业生往往选择待业或者做短期实习。毕业已三年的申旭（化名）至今仍未找到工作，但他有两份公共机关的短期实习经历。

资料来源：《南方周末》。

霍夫斯泰德将权力距离定义为：在一个社会中，低阶级个体对权力分配不均的接受程度。在高权力距离的文化中，组织倾向于具有严格的层级状权力结构，沟通倾向于受到各种限制，而且是从层级的顶层扩散开的。实际上，高权力距离文化中，为了保护和维持层级，沟通应当成为一种受到仔细监控的工具，个人之间和企业之间的沟通经常会通过某个处于有利位置的、知识渊博的中间人来进行。在低权力距离的文化中，有权力和没有权力的人之间的距离更短，倾向于具有更扁平化、更民主的社会结构，而且沟通既可以向上进行，也可以向下进行。

前面讲到的韩国企业，一般等级森严，上下级之间关系明确，下级应该服从上级，而不能挑战。下面的小故事就充分体现了这一点。

【例子】MBA班上有几个来自韩国同一家大公司的学生，他们在公司中职位不同，有一个人比其余人资历要深。在小组分析案例时，有一个组正好有三个韩国学生，包括资历深的那个，另有一个美国学生和一个德国学生。学期中间，美国学生跑到老师办公室，说他简直不能理解韩国组员的所作所为。他说那个资历深的韩国学生从来不做事，他们对小组案例分析作业分了工，每人负责一部分，那个资历深的韩国学生却命令另两名韩国学生替他做属于他的部分，而那两名学生竟然接受了，他很不解。

13.2.3 不确定性规避

【例子】“公务员”一直是稳定生活的代名词。2016年，共有190余万人报名国家公务员考试；2022年，这一数据达到了202.6万人。根据中国青年报社会调查中心在2016年对1 998人进行的一项调查，“追求稳定工作”（74.6%）是受访者自己或身边人报考公务员的最普遍原因。其次是“完善的社会保障”（50.2%）。其他原因还有“希望从事政治工作”（35.5%）、“顺应家人的要求或期望”（31.1%）、“增加就业概率"(23.4%)、"拓宽求职渠道"(20.3%)等。

不确定性规避，是指文化成员对于不确定的、未知的情况所感觉到的恐慌程度。这种不确定性会使人们精神紧张，从而采取措施加以防止。从宏观层面来说，人们用科技来抵抗自然界的不确定性，用法律抵抗来自其他社会成员的不确定性，用宗教来化解不可抵抗的死亡和来世的不确定性。具体而言，人们会通过订立更多的法规条令，禁止出现越轨的思想和行为，努力获得专门的知识等方式来避免恐慌。

【例子】由于特殊的地理环境，大和民族是一个忧患意识很强的民族。因而在日本企业中，"终身雇用制""年功序列工资制"被广泛推行，以此为它的员工提供安全感，降低其对未来的不确定性。相反，在美国这样不确定性规避程度低的国家中，人们更向往自由，反对长期被束缚在一个组织中。这种文化下的企业也更容易推行大范围的变革，并能鼓励员工创新。

不同民族、国家或地区的个体，对于规避不确定性的迫切程度不尽相同。在不确定性避免程度高的社会中，人们通常有一种高度的危机感和进取心，因而易形成努力工作的内心冲动。到了公司内部，上级也倾向于对下属进行严格的控制和清晰的指示，以确保事情尽在掌握之中。而在不确定性避免程度低的社会中，人们普遍有一种安全感，倾向于放松的生活态度并鼓励冒险。当公司身处这样的社会文化背景下时，员工较容易接受生活中固有的不确定性，从而接受更多的意见；上级对下属的授权被执行得更为彻底，也就使员工倾向于自主管理和独立地工作。因此，若让来自美国的上级管理日本的下属，员工很可能由于上级不清晰的指示、随意的授权而感到一头雾水、无所适从；同样，若让日本上司对美国下属发号施令，也会得到强烈的抗拒。

表 13-2 对弱不确定性规避与强不确定性规避之间的主要差异进行了总结。

表 13-2 弱不确定性规避与强不确定性规避之间的主要差异

弱不确定性规避	强不确定性规避
• 认可客观存在的不确定性，并接受这一事实，顺其自然	• 认为不确定性是必须克服的威胁
• 生活轻松，压力很小	• 生活焦虑，压力很大
• 时间就是自由	• 时间就是金钱
• 努力工作不一定是美德	• 具有努力工作的内在动力
• 反对进取性的活动	• 本人和别人的积极进取行为是可取的
• 不喜欢表露自己的感情	• 喜欢自由表露真实情感
• 在公平基础上竞争	• 冲突和竞争能放纵侵犯，应该避免
• 不同意见可以接受	• 需要更多的一致性意见
• 并不认为离经叛道是威胁，故能容忍	• 认为离经叛道的言行是危险的，所以不能容忍
• 环境缺乏国家主义色彩	• 国家主义意识普及
• 对年轻人有好感	• 对年轻人感到怀疑
• 愿意在生活中冒风险	• 希望生活安定
• 强调相对性和经验性	• 追求最终的和绝对的真理与价值观
• 尽量少的规章	• 要求书面或成文的规章
• 假如规章不能执行，应该改变规章	• 若不执行规章，则是罪人，应该忏悔
• 尊重个人信仰，并以共同意识为基础	• 信仰存在于专家及知识中间
• 权威为民众服务	• 与权威相比，一般民众都是不够格的

13.2.4 男性度与女性度

【例子】在《2023年中国女性职场现状调查报告》中，中国女性劳动者平均税前月薪为8 689元，比男性平均税前月薪低12%。总体来看，男女薪酬差距在我国逐年缩小，社会各界为性别平等所做出的努力，将为女性的职场发展创造更大空间。

男性度与女性度取决于社会上哪种价值观居于统治地位。在男性度高（男性化）的社会中，自信进取、物质主义等体现男子气概的价值观居于统治地位；而在女性度高（女性化）的社会中，人们应当表现得谦逊、温柔，并重视生活质量与人际关系。通过对40多个国家的调查与对比，霍夫斯泰德还发现，一个社会对“男子气概”的评价越高，其男女之间的价值观差异也就越大。表13-3对男性化与女性化文化间存在的主要差异进行了总结。

表13-3 男性化文化与女性化文化之间的主要差异

女性化	男性化
• 男人不必果断，男人也可以抚育孩子	• 男人应该果断，女人应该抚育孩子
• 性别角色在社会中可以变化	• 性别角色在社会中界限分明
• 男女应该平等	• 男人应该统治社会
• 生活质量是重要的	• 绩效是重要的
• 工作是为了生活	• 生活是为了工作
• 人和环境是重要的	• 金钱和物资是重要的
• 相互依赖是理想的	• 相互独立是理想的
• 服务提供动力	• 雄心提供动力
• 人们对不幸应该有怜悯之心	• 人们应该赞赏成功者
• 小和慢是美的	• 大和快是美的
• 不分男女是理想的	• 卖弄的男子气得到赏识

一个社会中往往共存着男性化文化和女性化文化，但总有一个占主导地位。在以下国家中，如奥地利、德国、意大利、日本、墨西哥、新西兰等，男性化文化体现得更为明显。以女性化文化为主的国家或地区有：智利、哥斯达黎加、丹麦、东部非洲、芬兰、荷兰、葡萄牙和瑞典等。在企业管理方面，这种文化现象也有着潜移默化的影响：美国是男性度较强的国家，企业当中的重大决策通常由高层做出。员工由于频繁地变换工作，对企业缺乏认同感，因而员工通常不会积极地参与管理——这也是美国企业采用“终身雇用制”失败的原因。中国是一个追求男性度与女性度平衡的国家，注重和谐和道德伦理，崇尚积极奋斗的精神，员工对于参与管理的响应度较高。

| 沟通聚焦 |

男性化社会/女性化社会的倾向用男性度指数（MDI）来衡量。这一指数的数值越大，说明该社会的男性化倾向越明显，男性气质越突出（最典型的代表是日本）；反之，数值越小，说明该社会的男性化倾向越不明显，男性气质弱化，女性气质突出。几个主要国家或地区的男性度指标得分情况如表13-4所示。

表 13-4 部分国家或地区男性度指数（MDI）一览表

国家或地区	MDI 得分	MDI 排名	结　论
日本	95	1	很强的男性化倾向
英国	66	9/10	较强的男性化倾向
德国	66	9/10	较强的男性化倾向
美国	62	15	中上的男性化倾向
中国香港	57	18/19	中上的男性化倾向
中国台湾	45	32/33	中等的男性化倾向
韩国	39	41	中等的男性化倾向
瑞典	5	53	很弱的男性化倾向

13.2.5 长期—短期导向

长期—短期导向是指一个文化对传统的重视程度。长期和短期导向文化中的人们行动切入点有很大差异。长期导向的人行为习惯是从边缘切入，全部了解情况后，再进入中心，谈正事；而短期导向的人喜欢从中心正事开始谈起，如果成功，再拓展关系，了解其他方面的情况。不论是在企业间还是组织内部的沟通中，这样的文化冲突都会带来诸多不便。

【例子】中国人做生意，第一次与对方公司的代表见面，就会花很多时间介绍公司的历史、发展方向、各类产品线，以及人事组织结构等；然后让对方公司介绍自己的情况，全部介绍完毕之后，才进入具体的项目谈判。外商来中国，我们一般不会在第一次会议上就详谈生意细节，总是先带对方参观工厂或公司，宴请对方，或请对方游山玩水，参与休闲社交活动，然后，到最后一两天才正式进入正题谈生意。为什么呢？因为我们想了解对方派来的那个人的底细、那个公司的底细，那个人的人品是否可靠，是否值得信任。美国人常常对此不解，他们觉得介入那些与生意没有直接关系的活动纯粹是浪费时间，有时甚至认为是中国人玩的花样，让他们上当，使他们在所剩无几的时间里必须被迫做出决策，进而做出让步。

——摘自陈晓萍的《跨文化管理》

13.3 跨文化沟通的有效策略

|沟通聚焦| 美国人、德国人、中国人、日本人怎么了

在美国，大家公认的最有效、最能引起大家注意和好感的开头就是先讲一个笑话或故事，这个笑话最好与要做的演讲内容有直接联系。听众都笑开了，把气氛搞得轻松活泼之后，再进入正题，听讲互动的效果就会很好。幽默感在美国文化中的重要性可见一斑。

假如用这种方式去德国做演讲或工作报告，效果会怎么样呢？德国的听众会认为你不严肃、不认真，居然以开玩笑的方式讲述不能有丝毫差错的科学问题，很不可取。那么他们喜欢怎样的开头呢？直接进入正题，呈现数字、图表等客观的基于研究之上的硬性材料，表情严肃、没有废话在德国人眼里才是有效的演讲方式。

再看一看中国人一般的演讲开场白，最常见的恐怕就是“很荣幸今天有这个机会来与大家交流。但是，我其实并不是专家，各位在座的才是。所以我在这里只是抛砖引玉，还希望得到大家的指教。”这样的开头显示出演讲者的谦逊，会赢得听众的好感。另一种开场白是“感谢各位光临，你们的到场是我的荣幸”，这也会让台下的人感觉良好，显示自己的谦逊。

然而当你面对美国听众这样开场的时候，底下的听众就会想：“如果你不是专家，你来干什么？难道来浪费我的时间吗？早点走吧！”他们根本不领谦逊的情。另外，他们很难想象自己来听演讲与给主讲人“面子”之间的联系，不得要领。

另外，日本人喜欢在开讲之前说“道歉”，为准备不周道歉，为招待不好道歉，为天气道歉，有时候实在没什么可道歉的，就为没东西道歉而道歉。道歉是另一种谦虚的表示，也是对客人或听众尊重的表现。但是这种道歉的“文化深意”却无法被美国人理解，他们往往会往相反的方向想，准备不周到，招待不好，都是对我不尊重的表现，怎么还好意思说！

——摘自陈晓萍的《跨文化管理》

从这些例子可以看出，要在不同的文化背景下做有效沟通，必须对当地文化有深刻的理解才行，常说“笑话出了国就不再可笑”自有其深刻的道理。

美国学者哈雷斯认为，沟通是一个循环的相互影响的过程，这个过程包括信息发出者、接收者和信息本身三个要素。沟通的整个过程如下：一个意图被编译成语言或者非语言的刺激源，然后传输给接收者，接收者将这些刺激源解码，最后以得到主观意图而结束。而在跨文化沟通中，在一种文化环境下编码，在另一种环境下解码，必然会受到文化的强烈影响。

跨文化又叫交叉文化（Cross-culture），是指具有两种文化背景的群体之间的交互作用（Nath，1987）。跨文化沟通是指在一种文化中编码的信息，包括语言、手势和表情等，在某一特定文化单元中有特定的含义，传递到另一文化单元中，要经过解释和破译，才能被对方接收、感知和理解。不同的种族、民族和国家有不同的文化，即使在同一文化中仍存在不同的亚文化。不同文化背景的人，在交往中往往会由于语义丢失，信息传递失真而产生误解，影响沟通的正常进行。在跨文化条件下，为保证沟通的有效进行，不仅需要掌握沟通的技巧和方法，更需要具有丰富的跨文化知识进行跨文化沟通。

13.3.1 言语沟通的跨文化差异

1. 直接和婉转

美国人说话直截了当，开门见山；而中国人喜欢拐弯抹角，犹抱琵琶半遮面。

比如拒绝别人的要求，一般来说美国人如果不喜欢，就直接说“不”；而中国人通常会说“让我考虑考虑”。美国人若不理解中国人的说话方式，会以为那人真的去考虑了，过两天说不定又会回来问：“考虑得怎么样了？”

比如拒稿信。美国人写的，你一般在第三个词就看明白了：“I'm sorry to inform you……（我很遗憾地通知你……）”但中国人的拒稿信要委婉数倍。据说有个英国投稿人收到来自北京一家经济类刊物的退稿信：

“We have read your manuscript with boundless delight. If we were to publish your paper it would be impossible for us to publish any work of a lower standard. And as it is unthinkable that in the next thousand years we shall see its equal, we are, to our regret, compelled to return your divine composition, and beg you a thousand times, to overlook our short sight and timidity.”

翻译成中文为：“我们满怀喜悦地阅读了您的大作，如果我们发表您的作品，将无法再发表其他水平更低的作品。以后我们要发现与您文章同等水平的作品几乎是不可思议的事，所以我们非常遗憾，不得不将您夺目的大作退还与您，并请您千万次地饶恕我们的短视和懦弱。”弄得这位英国作者云里雾里，看了半天也不知自己的文章究竟是太好了还是太坏了。

在说话婉转上，日本人可能比中国人有过之而无不及。大家都知道日本人不愿直接说“不”字，所以要表达“不”的意思就要借助各种各样有创意的手法。

【例子】美国幽默作家贝雷（Barry，1993）曾经在日本机场遇到过这样一件事。他要坐飞机从东京去大阪，临时去飞机场买票。

贝雷：请买一张从东京到大阪的机票。

服务员（满脸笑容）：嗯，去大阪的飞机票……请稍等。

贝雷：多少钱？

服务员：从东京坐火车去大阪挺不错的，沿途可以看风景。要不要买一张火车票？

贝雷：不要。请给我买一张飞机票。

服务员：那……其实，坐长途巴士也很好，上面设备齐全，豪华舒适，要不要来一张巴士票？

贝雷：不要。请给我买一张飞机票。

这样来来去去好几个回合，贝雷才搞清楚原来机票已经卖完了，而服务员不好意思直接告诉他，才拐弯抹角地试图用其他手段来帮助他到达目的地。

2. 插嘴与沉默

另一个文化差异表现在说话的合理过程与方式。当两个人属于不同文化类型时，彼此的对话方式上就可能出现问题。

【例子】请看玛沙与珍妮特的对话。

玛沙：谈判进行得怎样？

珍妮特：不是很好，我们位于下风。

玛沙：出什么事了？

珍妮特：哎，我提了我方的起价，Maruoka 先生什么也没说。

玛沙：什么也没说？

珍妮特：他就坐在那里，看上去很严肃的样子，所以，我就把价格放低了。

玛沙：后来呢？

珍妮特：他还是没说话，但是有点惊讶的样子。所以我就把我方的价格降到了底线，再等他的反应，我已经不能再降了。

玛沙：他怎么说？

珍妮特：他沉默了一会儿，就答应了。

玛沙：我们最后还是成交了，你应该开心才是。

珍妮特：我也这样想的，但后来得知 Maruoka 先生认为我们的起价就太优惠了。

美国人和日本人对“沉默”的理解非常不同。美国人害怕沉默，如果沉默，会认为这是对方不满意、不高兴的表现，而不是深思熟虑。所以当 Maruoka 先生不说话时，玛沙担心他嫌价格太高而不肯答应成交。玛沙想做成生意，于是就一个劲地主动降价。美国人对沉默的不可忍受恐怕是世界之最，平时不管上课、开会，还是一起出去用餐，总是说个不停，所有时间都用言词填满。如果偶尔出现大家都沉默的场面，很快会有人“冲”进来填补这个空白。在这里，Maruoka 先生无意间用沉默获得了有利于自己的交易。

3. 用跨文化理论分析跨文化对话

当两个来自不同文化背景的人谈话时，往往容易产生误解。在这里可以用两个对话来看一些误解产生在哪里，然后用跨文化理论来分析为什么会发生这样的误会。

对话一：写报告

经理（美籍）：你需要多少时间写这个报告？

员工（希腊籍）：我不知道。应该要多长时间？

经理：你应该最有能力判断需要多长时间。

员工：10 天吧。

经理：给你 15 天时间。你同意吗？

15 天之后。

经理：报告呢？

员工：明天就应该行了。

经理：什么？我们不是说好 15 天完成吗？

在这段对话里，显然美籍经理与希腊籍员工之间在两个问题上有不同的假设。首先，在时间限度上，美籍经理把15天看成是合同，是不可随意更改的“死期”（Deadline），这对美国人来说是非常习惯和平常的事。但在希腊籍员工眼里，15天只是一个约定，不需要严格遵守，只要在15天左右完成就可以了。其次，在对主管角色的看法上，两个人也有不同的假设。美籍经理认为他应该用参与管理的方法，邀请员工参与到决策过程中来，所以他不是直接告诉员工应该用多少天完成报告，而是征求他的意见。但希腊籍员工认为主管应该给下属明确的指令，不用让下属来决定。所以当主管问他的时候，他完全没有准备，就随便给了个估计。当他说10天的时候，主管已经对他的判断打了低分，认为他的估计太不准确，所以就给了他15天时间。结果发现到15天时还没有交出报告，当然十分惊讶。

在这里，有两个跨文化维度可以作为分析的理论依据。第一个是权力距离。美籍经理心中的权力距离较小，不认为主管就该发号施令。相反，希腊籍员工心中的权力距离较大，认为主管就该给指令，自己只是执行。第二个是对时间的看法。在美籍经理眼中，时间是有明确起始的，该终止的时候就终止，这与美国人将时间量化物化的根深蒂固的传统有很大关系。所以当美籍经理大失所望时，希腊籍员工更加不解，他终于按捺不住愤怒，大声说：“你这个不知好歹的家伙，我辛辛苦苦马不停蹄地工作了15天，你竟然还批评我！”说完就愤然辞职，边走边说他不能在如此“愚蠢”的老板手下干活，这回轮到美籍经理目瞪口呆了。

对话二：候选人

勒堡先生：我们的营销副总有了一个很好的候选人。

罗杰斯女士：太好了，是谁啊？

勒堡先生：让·弗朗索瓦·贝特兰。

罗杰斯女士：他的能力怎样？

勒堡先生：他读的是法国高等商科大学。

罗杰斯女士：他学的是？

勒堡先生：你说什么？

罗杰斯女士：他学的专业是什么？

勒堡先生：我不太清楚，可能是财会，要不就是其他相关专业。

罗杰斯女士：你都不知道他学的是什么，怎么会知道他能胜任呢？

这段对话发生在法籍经理（勒堡）和美籍女士（罗杰斯）之间。从对话中可以看出，他们的争论在于对营销副总胜任标准的看法不同。法国高等商科大学是法国一流大学，相当于美国的哈佛、斯坦福，或中国的北大、清华。对勒堡来说，这个大学毕业的学生自然能胜任营销副总，不管学的什么专业。而对美国文化下的罗杰斯来说，学什么专业对能胜任什么工作非常重要，学营销的人才能胜任营销副总。用跨文化理论来看，两个维度可以解释这种误会。首先，以什么来衡量一个人的价值：个人成就还是社会等级。显然美国社会强调个人成就，这个人只是取得了这个学校的学位，并没有证明在营销方面的成就；而法国社会强调一个人的学位。其次，是特定导向还是散漫导向。美国人罗杰斯要求精确、特定、学什么做什么；而法国人勒堡相对开放、含糊，名校出来的人什么都能做。这段对话所表现出来的法美文化之间的区别由此可见一斑。

13.3.2 非言语沟通的跨文化差异

在进行跨文化沟通的时候，成功的关键就在于是否理解了非言语沟通。非言语沟通是指不通过语言而传达出意思的沟通。据研究者估计，在全部沟通中，有85%都是非言语沟通；而在各种不同的文化中，这种沟通类型的重要性也是极不相同的。

非言语沟通包括目光接触、面部表情、手势和触碰、身体空间的运用以及沉默和语言的节奏。正如下文中的情景所描述的那样，我们可以在国际招待会上观察到非言语沟通的各个不同方面。

【例子】某个周末，莫利·亨德森和她的同事汉斯·绍米尔参加了一次在波士顿为VMF建筑公司举行的招待会。VMF建筑公司已经和两家跨国公司建立了合作关系，将会在南非设计并建造一个医疗中心。在出席此次招待会的25位与会者中，只有5位是美国人，其余的与会者都出身于各种不同的世界文化。招待会结束后，莫利和汉斯碰了碰头，相互询问了一下，并且彼此分享了各自的印象。

莫利注意到了当阿尔·杰扎尔先生让伦敦人詹姆斯·雷诺博士后退到房间角落那一刻，雷诺先生的表现。她说："杰扎尔的动作好像舞蹈一般，雷诺博士看上去有点不开心啊。"

汉斯观察了一位韩国与会者，他说："是啊，雷诺先生并不是唯一一位不愉快的人。我一直试图盯住帕克先生的目光，但是这种做法好像让他有些不愉快。当我问他问题的时候，在回答之前，他总是会有一段较长时间的停顿。"

"你看见那两个穿着礼服的小伙子了吗？"莫利问道，"为什么会有人认为商务招待会是很正式的呢？我就不明白为什么事情就不能变得好些。我倒确实希望正式的会议能比招待会开得更顺利。好歹大家都说英语。"

1. 目光接触

（1）倾听时的眼神行为与发言时的眼神行为。很多研究表明，在发言和倾听的过程中，眼神行为可能是不一样的。即使人们生活在同一地理区域，这种差异在文化内部也会产生。

欧裔美国人在发言的时候，通常不会保持直接的、不变的目光接触，他们更趋向于在说话的时候，把脸扭转过去，仅仅偶尔回头扫一眼，以便确认与听者的眼神接触；但是，当他们在倾听的时候，通常都会保持直接的、不变的目光接触；也就是说，欧裔美国人通常受到的教育是听众一定要专注地看着发言者。当其他人不能维持“正确的”目光接触的时候，大部分欧裔美国人都会感到恼火。

研究还表明，非裔美国人在倾听、发言的时候所表现出来的眼神行为和欧裔美国人的表现是不同的。例如，非裔美国人在说话时眼神通常是专注于听者的；然而，在倾听他人时，非裔美国人会低头，也会转过头去。

（2）直接或间接的目光接触。接下来，我们可以看一看这个例子。

【例子】阿尔·巴托尔先生是一位黎巴嫩商人，他前往纽约市与东方式地毯的买家会面。在乘坐地铁途中，他紧紧盯着所有有趣的人。忽然，另外一个乘客和他搭讪道：“您想看什么呢？”阿尔·巴托尔先生对于这句问话一头雾水，他根本没有意识到自己有什么不得体的行为。等他到了自己的会谈地以后，他就向一位买家询问了地铁上那个人的责难性问题。他立即被告知：美国人遇见陌生人的时候只会偷偷地扫视一下，而不会像他那样直盯着陌生人。美国文化教育人们说，直接的凝视是带有威胁性的和干扰性的。听取了这位买家的忠告以后，阿尔·巴托尔先生无论在乘坐地铁时还是走在纽约街头时，都学会了要么把眼神放低，要么索性看报纸。要是他的眼神正好对上别人的目光，他也会学着迅速瞥过，再不会死盯着陌生人看了。

（3）社会层级与目光接触。社会层级还会影响选择直接的还是间接的目光定位。通常，直接的目光接触表明沟通发生在平等的人员之间。间接的目光接触则表现出对于处在层级中较高位置的某人的尊重，这种现象在具有定义清晰的权力结构的文化中更为显著。

2. 面部表情

在各种不同的文化中，面部表情是很不相同的；它可以传递出诸如生气、高兴、悲伤、惊讶等感情。为了能够描述这种多样性，在此，我们主要讨论两种面部表情——点头与微笑。

（1）点头。就像前面例子所描述的，点头的动作在各种不同的文化中有不同的含义。

作为同意或者不同意的表现方式。要是向美国商务人士询问向他人点头示意的意思，大部分人的回答都会是：“我同意。”但是，在保加利亚，点头示意更多的时候表示的是否定的而不是肯定的回答。在土耳其，要是舌头打响、下巴转动，通常表示不同意。

作为倾听工具。当点头作为一种倾听工具的时候，我们也要注意可能产生的误解。在不同的文化中，点头可能表示：①我在听，并且我同意；②我在听，但是我未必同意；③我有点糊涂，但是我想你还是继续说下去吧，这样我会努力抓住你要说明的意思；④我通过非言语的肯定反馈，试图对你加以鼓励。

（2）微笑。在各种不同的文化中，微笑是另一种典型的具有不同含义的非言语沟通行为。尽管在所有文化中，婴儿都会微笑，但是，孩子们会受到如何恰当地微笑的教育：当他们长大成人以后，很自然地就形成了笑。

不同的文化，微笑可能有不同的意义。在某些文化中，微笑可以表示恐惧，微笑还可以是化解潜在攻击的方法。在一些文化中，微笑可以表示友好；而在另一些文化中，微笑可能代表紧张或尴尬。在美国文化中，微笑有很多种意思，具体包括愉快、友好、欢乐，这一点与很多亚洲文化中以微笑表示恐惧或尴尬的做法是不一样的。

【例子】一位美国咨询员在与外国客户的会面中迟到了，因为她接到了一个电话通知，她母亲的病已经诊断为癌症。为了希望自己的迟到可以得到谅解，她就把迟到原因告诉了自己的客户。她的客户获悉这个消息的时候只是傻笑了几声。对于这样冷淡的反应，这位咨询员受到了极大的刺激，也感到非常愤怒。几个月以后，当她已经开始了解自己的某些客户以后，她认识到他们的反应是紧张、尴尬：因为他们不知道，当获知这样隐私的、令人沮丧的消息后，应该采取何种反应。

在不同的文化中，微笑除了具有不同的意思以外，还有着不一样的使用频率。例如，法国人不会无缘无故地微笑；反之，在美国，人们会对那些完全陌生的人微笑，表示没有敌意。

3. 手势和触碰

（1）手势。在各种不同的文化中，双手的运用也是不同的。如果我们以自己所在文化立场，去揣摩使用或者不使用手势的重要性，这种做法是很危险的。我们的建议是，应该在对话情景或者会议情景中，观察手势的幅度和样式；等到你确定能够被其他文化正确理解的时候，再使用一些手势。

（2）触碰。非言语沟通中还包括触碰行为。在某些文化中，要是没有触碰他人的行为，想要进行一对一的成功沟通是不可能的。比如说，在拉丁美洲文化中，每一次对话都有很多接触，由此可见，触碰行为是任何沟通行为很自然的一部分。在北欧文化中，触碰行为很少见；人们在美国谈论商务事宜的时候，基本上不会触碰对方。在其他文化中，性别不同，触碰行为也会有被允许或者禁止的不同。比如说，在阿拉伯文化中，妇女是碰不得的；但是在谈话时，男人之间可以互相触碰。

为了更有效地进行跨文化沟通，我们应该仔细观察那些来自其他文化地区的人员的非言语触碰行为。除非你已经熟悉了其他文化可接受的触碰行为，否则对你而言最好的建议仍然是："请看管好自己的双手。"

4. 身体空间的运用

问候完毕以后，有必要计算一下双方应当站得多远。某种文化觉得适宜的谈话距离，在另一种文化中可能会被认作带有攻击性，或带有私密性。因此，对商务人员来说，关键在于了解其他文化的空间需要，并且及时地调整距离。如果我们站着不动，而让对方建立沟通距离的话，我们就可以在跨文化沟通中做得更为成功。对那些谈话距离十分不同的文化来说，坐下来谈判是一个非常好的缓冲剂，因为家具的位置帮助双方建立了一个适宜的谈话距离。

在公共场合，出身于英国文化的商务人员更喜欢远一点的谈话距离——至少 3 英尺。在阿拉伯文化中，在沟通过程中所有能用到的官能都会被用到，因此人们受到的教育就是站立的时候要靠得特别近——18 英寸[⊖]甚至更近，以至于沟通者之间都沉浸在对方的气息中。而且，触碰行为在男士之间也非常普遍。

在不同的文化中，在不同的商务情况下，适宜着装是不同的；如果着装不恰当，可能成为招致误解的根源。

【例子】得克萨斯州农业经济家汤姆·古德罗伊受邀前往墨西哥，他要与农业技术协会分享技术信息。他不能确定这次行程到底应该穿什么样的服饰，就想习惯性地穿上牛仔裤和 T 恤。他向一位跨文化沟通专家征求了意见，被告知应当在飞机上穿一套正装，这样的着装更能受到赞赏，而且是对到机场迎接他并且要将他带到会场的代表的尊重。汤姆对此非常怀疑……毕竟自己要见的只是一些农民。当他回来以后，汤姆给那位咨询员打电话，说道："确实应该穿一套正装。因为在那里，即使是出租车司机也都打着领带。"在这次行程中，他的言语和非言语沟通都很成功。

——摘自 Reynolds & Valentine 的《跨文化沟通指南》

5. 沉默和语言的节奏

不同的文化对于两句话中间的空隙和沉默有着不同的理解。请注意沉默的以下两种含义，这将有助于你进行跨文化沟通。

（1）沉默是消极的，它意味着混乱。由于欧美人很喜欢一定的节奏以及陈述和反应的抑扬顿挫，所以他们要是觉得陈述很混乱、对于提议的想法有否定的反应，甚至对说话人或者提议的意见感到恼火，他们就会表示沉默。

（2）沉默是积极的，它意味着尊重。来自亚洲文化的人，通常用沉默来表示对于说话人的尊重、考虑说话者的想法，以及掂量对于陈述内容的正面和反面意见，以便得出一个考虑周全的反馈。

13.3.3 有效的跨文化沟通

|沟通聚焦| 希丁克的故事

2002 年日韩足球世界杯，韩国队打入四强，震惊世界，一鸣惊人。韩国队球员成了国家英雄，韩国队荷兰籍教练希丁克（G. Hiddink）成为韩国人的偶像。韩国总统金大中为希丁克授予蓝龙奖章，这是韩国为体育界人士颁发的最高级别奖章。其他教练组成员及 23 名韩国队球员也被授予了奖章。随后金大中总统又向希丁克颁发了荣誉公民证书，

⊖ 1 英寸 = 0.025 4 米。

使他成为韩国有史以来第一位被授予荣誉公民奖励的外籍人士。无疑，希丁克成为韩国历史上最受欢迎的外国人。

但是，一开始，希丁克的教练方法受到韩国媒体的抨击。各种媒体充斥着对希丁克用人、排兵布阵、训练方法，甚至私生活的不满。后来事实证明，希丁克是世界一流的足球教练，也是世界一流的跨文化领导者。希丁克在韩国执教九个月后发现，在最关键射门前的传球中，即使年轻的球员站在比较好的射门位置，传球的球员也会把球传给年长的球员去射门。希丁克找出以前比赛的录像，发现同样的问题。大家知道，足球进球率很低，一场比赛，往往一个球就决定胜负。在最好的时机错失机会，是令人痛心的。韩国和中国一样是儒家文化的国家，上下尊卑、尊老爱幼的儒家文化根深蒂固。在儒家文化里，年轻的人尊敬年长的人是美德，也是社会推崇的行为规范和价值观。但是，在希丁克看来，这种文化"美德"成为其足球团队在世界竞争中的障碍。如果你是跨文化管理顾问，会给希丁克提出什么建议？

希丁克是这样做的：①把团队中五名27岁以上的球员找来，让他们"授权"给年轻的队友，年长的五名球员一致同意在射门前，年轻的球员"有权"把球传给其他处于比较有利射门位置的年轻的球员；②让球员戴上帽子和头巾，减轻辨别能力，从而提高传球效率；③让年轻的球员直呼老球员的名字，提高球员之间的"平等"。

结果众所周知，希丁克的做法带来了韩国队一鸣惊人的成绩。年轻的中场球员李天秀在向球迷讲述了希丁克开始执教韩国队以来为球队带来的战术和思维上的重大变化时，是这样评价希丁克的训练的："希丁克鼓励我们在球场上直呼老球员的名字，而且允许我们年轻球员与老球员同桌就餐。"老将洪明甫也表示："这种做法对球队有好处，不过在球场之外，年轻球员仍然非常尊重老球员。"

资料来源：《现代企业教育》。

有哪些简单有效的方法能帮助我们克服跨文化沟通的障碍？以下几点应该牢记于心。

- 不要认为别人与你对事物享有共同的基本假设。
- 你自己熟悉的，觉得普通或平常的行为可能只是一种文化现象，是特定文化的产物。
- 一个看似熟悉的行为可能具有不同的含义。
- 不要假定你所听到的东西就是别人想表达的东西。
- 不要假定你想说的东西就是别人听到的东西。
- 你不需要认可或接受与你表达不同的行为，但是你需要尝试着理解这些行为。
- 大多数人的行为都是理性的，只是你需要去探究他人行为背后的理性究竟是什么。

总结回顾

- 什么是文化

文化层次论将文化类比成洋葱，分为表层、中层、核心层。

（1）表层文化：通过外在的物品表现，给人以强烈的直接冲击，让人感受到文化的存在和力量。

（2）中层文化：一个社会的规范和价值观。

（3）核心层文化：一个社会共同的关于人为什么存在的假设，它触及社会中人们最根深蒂固、不容置疑的东西。

- 文化维度的差异

（1）个人主义与集体主义。

——个人主义文化：重视个人自由，对物理空间和隐私有更高的要求。其沟通倾向于直接、明确和个人化，并且把商业看作一种竞争性的交易。

——集体主义文化：个体行动和决策的起点是群体，而空间和隐私都没有关系重要。其沟通是直觉式的、复杂的和根据印象进行的，促成结果的是关系而非合同。

（2）权力距离：在某个社会中，最具有权力的人与最没有权力的人之间的沟通距离。

——高权力距离的文化：沟通受各种限制，而且是从层级的顶层扩散开来的，通过某个处于有利位置的、知识渊博的中间人来进行。

——低权力距离的文化：有权力和没有权力的人之间的距离更短，沟通既可以向上进行，也可以向下进行。低权力距离的文化倾向于扁平化、民主的社会结构。

（3）不确定性规避：人们对于不确定的、未知的情况所感觉到的恐慌程度。

——高不确定性规避：人们拥有高度的危机感和进取心，易形成努力工作的内心冲动。

——低不确定性规避：人们普遍有一种安全感，倾向于放松的生活态度并鼓励冒险。

（4）男性度与女性度。

——男性度文化：自信进取、物质主义等体现男子气概的价值观居于统治地位。

——女性度文化：谦逊、温柔，重视生活质量与人际关系的价值观居统治地位。

（5）长期—短期导向：一种文化对传统的重视程度。

——长期导向文化：习惯于从边缘切入，全部了解情况后，再进入中心，谈正事。

——短期导向文化：喜欢从中心正事开始谈起，成功后再拓展关系。

- 跨文化沟通

（1）言语沟通的跨文化差异：包括直接和婉转、插嘴与沉默等言语沟通上的差异。

（2）非言语沟通的跨文化差异：包括目光接触、面部表情、手势和触碰、身体空间的运用以及沉默和语言的节奏。

（3）有效的跨文化沟通应该做到：

——不要认为别人与你对事物享有共同的基本假设。

——你自己熟悉的，觉得普通或平常的行为可能只是一种文化现象，是特定文化的产物。

——一个看似熟悉的行为可能具有不同的含义。

——不要假定你所听到的东西就是别人想表达的东西。

——不要假定你想说的东西就是别人听到的东西。

——你不需要认可或接受与你表达不同的行为，但是你需要尝试着理解这些行为。

——大多数人的行为都是理性的，只是你需要去探究他人行为背后的理性究竟是什么。

问题讨论

1.《刮痧》是一部中国电影，典型地反映了中美文化的差异。用文化的层次假说分析，文化如何影响了不同国家人们的行为特征。

2. 你觉得中国人是个人主义倾向更明显还是集体主义倾向更明显？试举例说明这方面倾向对小组工作行为的影响。

3. 中国人开会的时候往往留出靠主席台最

近的位置，领导者往往坐在主席台或者与众不同的位置，试分析权力距离在这种行为中所起到的作用。

4. 中国人是不是善于遵守时间的最后期限？中国人心目中的时间观念是如何影响人们的管理行为的？

5. 和不同文化的人们沟通应该注意哪些方面？如何分析国外咨询公司和本土公司客户之间的沟通关系？

自我技能测试

文化习俗小测验

1. 在拉丁美洲，管理者（　）。
   A. 一般会雇用自己家族的成员
   B. 认为雇用自己家族成员是不合适的
   C. 强调雇用少数特殊群体员工的重要性
   D. 通常雇用比实际工作所需更多的员工
2. 在日本，喝汤时发出很大吮吸的声音会被认为是（　）。
   A. 粗鲁而讨厌的
   B. 你喜欢这种汤的表现
   C. 在家里不要紧，在公共场合则不妥
   D. 只有外国人才这么做
3. 美国的管理者对下属的绩效评估是以其下属的工作表现为基础的，在伊朗，管理者对下属进行绩效评估的基础是（　）。
   A. 宗教
   B. 资历
   C. 友情
   D. 能力
4. 作为对一个西班牙员工工作出色的奖励，最好不要（　）。
   A. 当众赞扬他
   B. 说“谢谢”
   C. 给他加薪
   D. 给他升职
5. 在法国，朋友间互相交谈时（　）。
   A. 通常离对方3英尺站立
   B. 典型做法是喊话
   C. 比美国人站得距离近
   D. 总是有第三方在场
6. 在沙特阿拉伯，一个从事商业工作的男性行政官恰当的送礼方式是（　）。
   A. 托一个男人把礼物送给妻子
   B. 当面把礼物送给其最宠爱的一个妻子
   C. 只送礼物给最年长的妻子
   D. 根本不送礼物给妻子
7. 在墨西哥工作的企业管理者发现，通过给墨西哥工人增加工资，会（　）。
   A. 增加工人愿意工作的时间长度
   B. 诱使更多工人加夜班
   C. 减少工人同意工作的时间长度
   D. 降低生产率
8. 在印度，如果一个陌生人想要了解你是做什么工作的，挣多少钱，他会（　）。
   A. 问你的向导
   B. 邀请你去他家，认识你之后再问你
   C. 过来直接问你，不用介绍
   D. 不管怎么样都尊重你的隐私
9. 在越南，当你觉得自己在生意往来中被利用了，重要的是（　）。
   A. 在表情而不是言语中表现出自己的愤怒
   B. 说自己很生气，但是面部表情保持镇定
   C. 不以任何方式表现出自己的愤怒
   D. 立即结束这次交易，转身离开
10. 在英国，手背朝向对方，食指和中指做成V字形是（　）。
   A. 表示和平的手势
   B. 表示胜利的手势
   C. 表示某样东西你要两份
   D. 粗鄙的手势

领导风格文化差异小测验

请从下面4个国家中任选一个填空，每个国家只能用在一个题上：意大利、日本、瑞典、美国。

1. ______人的领导风格象征了这片自由土地上的大胆和活力。管理结构呈金字塔形，上层的管理人员驱动并激励下层的员工。______企业允许个体做决策，但通常必须在公司限定的框架范围内。管理人员胜任团队工作，强调企业精神，但更强调个人的自由。他们流动性很强，一旦犯错误，就会被开除。

2. ______人是世界上最不专制的管理人员。他们在管理人员的圈子里彼此咨询，并经常询问下属雇员。据说______的管理人员通过貌似无权而掌握权力，这种风格在______非常普遍并深受______人的喜爱，但做决策的速度很慢。
3. ______人的领导风格基本上属于专制型，但比西班牙的管理人员表现出更多的灵活性，管理人员与各个层次的员工都能相处得如鱼得水。在这个国家的南部，有许多“近亲”和利益群体，对领导的忠诚是不言而喻的。在大城市中，开始兴起择优录用。在北部，职业竞争力受到重视，虽然与此同时与他人的关系仍然十分重要。
4. ______的高管人员虽然从等级秩序上享有极大的权威，但他们实际上并不参与公司的日常运作。他们在合适的场合提议政策的改变，然后传达到中层，再传达到其他层面。一般有创意的点子都来自基层。但这些创意和建议得经过层层主管的批准才能上传。

案例 13-2

中铁进军欧洲，折戟波兰

随着中国企业“走出去”的步伐逐渐加大，中国公司的国际化发展也遇到了前所未有的困难与挑战。中资公司在欧盟国家中拿下的第一个大型基础设施建设项目——开工尚不足一年的波兰A2高速公路项目最终搁浅，中国公司在波兰又一次遭遇“水土不服”。

A2高速公路连接波兰华沙和德国柏林，是打通波兰和西欧的重要交通要道。因为波兰2012年6月和乌克兰联合举办欧洲足球锦标赛（简称“欧洲杯”），波兰政府招标时要求必须在2012年5月31日前建成通车。2009年9月，中国中铁集团（简称“中铁”）旗下的两家全资子公司中国海外工程有限公司和中铁隧道局集团有限公司为主组建的联合体中标了A2高速公路中最长的A、C两个标段，总里程49公里，总报价13亿波兰兹罗提（约合30.49亿元人民币）。

中铁夺标的报价低于政府预算一半以上，一度引来低价倾销的讼争。工期已经过去一大半，而工程量只完成不到20%。中铁承认，要按13亿兹罗提的报价如期完工是不可能的事。2011年6月初，中铁最终决定放弃该工程，因为如果坚持做完，可能因此亏损25.45亿元人民币。波兰业主则给联合体开出了7.41亿兹罗提（约合17.51亿元人民币）的赔偿要求和罚单，外加三年内禁止其在波兰市场参与招标。一场原本为打入欧洲市场不惜一切代价也要赢得的工程，为何如此惨淡收场？

“超低价”中标工程遭外媒质疑

A2高速公路项目是波兰政府公开招标项目。波兰政府对于此路段的官方预算是28亿波兰兹罗提，而中铁的报价为13亿波兰兹罗提，不到预算金额的一半。针对外界质疑，中铁当时曾对外解释称，公司依靠高效的管理方式压缩成本，并非亏本经营。然而不久之后，中铁就发现实际操作中远不是想象的那样。

“当时就是急着想拿下来。竞标前的勘察设计、竞标文本的法律审查、关键条款的谈判等，中铁认为不必过细。中国公司会有很多低成本优势，这一总价应该做得下来。”通常，一条公路的建设往往耗时数月甚至数年，涉及大量原材料成本变迁、汇率变动甚至气候变化，因此往往会出现各种变更。这些变更的范围和方式，承包方可在合同中做出约定，一般情况下，取得现场工程师的认可以及业主方同意后即可调整报价。

后来的情况显示，中铁不清楚波兰市场的特殊性和欧洲法律的严肃性，而所有风险（包括变更的困难）早已呈现在波兰公路局发给各企业的标书之中。欧洲建筑商之所以报出高价，就是用价格来覆盖未来各种不可控的风险。

不平等合约

在国际通用的菲迪克条款中，如因原材料价格上涨造成工程成本上升，承包商有权要求业主提高工程款项；同时该条款明确指出，承包商竞标时在价格表中提出的工程数量都是暂时估计，不应被视为实际工程数量，承包商实际施工时有权根据实际工程量的增加要求业主补偿费用。但这些条款都在中铁的合同中被一一删除。

中铁在施工过程中发现很多工程量都超过项目说明书文件的规定数量，如桥梁钢板桩的用量增加。造成这么大工程变更的原因是对当地地质条件缺乏了解，但由于这是一个设计施工总承包项目，后来发生的实际工程量很难被界定为工程变更。由于这些变更得不到业主方承认和相应补偿，中方不得不垫付资金以继续施工。2011年4月，中铁陷入了资金链紧张，向波兰公路管理局提出调价，但对方表示要“按照合同来”。同年5月，中铁再次提出调价，理由是沙子、钢材等原材料价格大幅上涨，但依旧遭到拒绝。其依据还是这份合同以及波兰《公共采购法》等相关法律规定。

政府关系失灵

原本菲迪克条款规定业主应在开工前向承包商支付垫款作为启动资金，但在中铁联合体取得的合同中，关于工程款预付的条款全部删除，工程没有预付款。同时另外规定，工程师每个月根据项目进度开具“临时付款证明”，核定本月工程额，承包商则据此开具发票，公路管理局收到发票之后才付款。为解决这个苛刻的付款条约，中铁总经理亲自到华沙，拜访了波兰主管公路建设的基础设施部副部长斯滕·皮恩。斯滕·皮恩在会谈中热情有加，但并未承诺要求公路管理局预支款项。波方的热情，被中铁误解为波方会竭尽所能为中方提供方便。

采购材料：一拖再拖

由于不了解波兰当地建筑行业操作流程，加之手头现金流吃紧，在多次与当地分包商接触时，中铁项目方拖延贻误了时机。中铁原本当时就可确定采购数量，支付定金，锁定一年后施工时的原材料价格。当时中铁的战术是，等着当地供应商上门求合作。人家找上门，价格就可以再低。但是，这招在欧洲并不灵。当时一家波兰沙子供应商找到中铁项目方，几番议价后，这家公司同意以8兹罗提/吨的价格供货，前提是需要30万兹罗提（约70万元人民币）的定金。中铁项目方向总部请示后未得批准，交易作罢。在一年间，沙子的价格从8兹罗提/吨蹿升到20兹罗提/吨。挖掘设备的租赁价格也同时上涨了5倍以上。同样的事情也发生在沥青的采购上，最终也因定金问题未果。这时中铁把希望放在了波兰政府上，认为波兰政府会为其撑腰，争取补偿。

语言不通造成沟通障碍

波兰的官方语言是波兰语，英语在波兰人日常生活与工作中并不普及，精通中文且具备法律和工程专业背景的翻译更是凤毛麟角。联合体和公路管理局签署的是波兰语合同，而英文和中文版本只是简单摘要，一位知情人士透露说，“中铁甚至只是请人翻译了部分波兰语合同”，并且，由于合同涉及大量法律和工程术语，当时聘请的翻译并不胜任。一位接近该工程的波兰学者描述了一个细节：有一次，一位波兰翻译帮助两位中波技术管理人员沟通，因其中文专业词汇量很不够，只得先将词汇从波兰语翻成英语，再通过字典将英语转换成中文。整个翻译过程颇费周折，效率极低。最后中方技术主管彻底糊涂了，频频追问：“这说的是什么？没听说过。”

欧洲标配：青蛙通道

2010年9月，负责C标段设计的波兰多罗咨询公司多次向中铁邮件交涉，要求中铁在做施工准备时必须妥善处理“蛙”的问题。当初雄心勃勃进入波兰的中铁，绝没料到小小的青蛙也会成为影响工期和成本的大挑战。C标段路段沿途一共生存七种珍稀两栖动物，包括一种雨蛙、两种蟾蜍和三种青蛙以及一种叫“普通欧螈”的动物。中铁最初并没有在意这些两栖动物。直到三周后，多罗咨询公司派了一位女士来到中铁办公室，给员工上了两小时培训课，要求员工马上用手把珍稀蛙类搬到安全地带，因为两周后这些蛙就要冬眠了。这令中铁措手不及，为此停工两周，全力以赴“搬运”青蛙。

此外，多罗公司还要求中铁在高速公路通过区域为蛙类和其他大中型动物建设专门的通道，避免动物在高速公路上通行时被行驶的车辆碾死。据公路管理局披露，C标段一共有6座桥梁设计需带有大型或中型动物的通道。但C标段合同报价单显示，桥梁方面的动物通道成本并没有明确预算。这一切对长期在非洲国家作业的中铁来说，都前所未遇。对于这些“意外事件干扰”，中方感到“既愤怒又被动”，认为是外方故意“找茬刁难”。

波兰改聘欧洲建筑商

据波兰国道及高速公路总局称，到了2011年春天，中铁似乎陷入了资金短缺。2011年5月初的假期过后，许多中国工人没有返回波兰，机器也停了。接下来的几周，中铁的账单堆积如山。尽管中铁总经理方远明5月底从北京飞往波兰，计划解决索赔事宜，但施工并未恢复。到2011年6月初，波兰总理图斯克与中铁高管及中国驻波兰大使见了面。图斯克说，这项交易不能重新协商，因为欧盟规定禁止对公共采购合同进行调整。波兰国道及高速公路总局局长维特茨基说，中铁方说，需要另加3.2亿美元才能恢复施工。这将使得总成本比中铁的竞标价高出70%。之后，波兰政府解聘中铁方，改聘欧洲建筑商来完成公路施工，但价格比原先要高。

中铁事件带来的巨大冲击远未结束。“这是一次离异”，波兰前外交官，华沙大学东亚问题专家波格丹·古拉尔赤克教授表示，“就像一对夫妇从甜蜜走向分手，双方都没有赢家。”这起离异中不仅有中国公司对波兰的误解，“波兰对中国的了解也仅限表面”。中铁事件也引起了一些领导的关注，要求妥善解决中铁因高速公路建造产生的负面影响，并予以反思。

资料来源：节选改编自《人民日报》(海外版)、《东方早报》(上海)、《新世纪》周刊。

讨论题

1. 中铁方与波兰方之间的冲突产生的根源是什么？
2. 跨国企业要成功进入不同文化背景下的新市场，需要关注哪些问题？
3. 这个案例给跨文化沟通提供了哪些经验借鉴？

自我技能测试答案

文化习俗小测验答案

1. A　2. B　3. C　4. A　5. C　6. D　7. C　8. C　9. C　10. D

领导风格文化差异小测验答案

1. 美国　2. 瑞典　3. 意大利　4. 日本

附录　自我学习风格认定

学习风格问卷

设计这份问卷是为了找出你喜欢的风格。这些年来你可能已经形成了自己的学习习惯，它能帮助你从他人的经验中受益，但你可能并没有意识到这一点。这份问卷将帮助你找到你所偏爱的风格，使你处于一个更好的位置来选择适合自己风格的学习经验。

回答这份问卷没有时间限制，大约需要 10～15 分钟。结果的准确性取决于你的诚实性，并且回答没有正确与错误之分。如果你偏向同意一种说法，就在前面打钩（√）。如果你偏向不同意一种说法，就在前面打叉（×）。请保证每一说法前都有钩或叉。

1. 我对正误、好坏十分明确。

2. 我经常不考虑可能得到的结果就采取行动。

3. 我倾向于逐步地解决问题。

4. 我认为固定的程序和政策限制了人们。

5. 人们认为我总能简单而直接地说出自己的想法。

6. 我经常发现出于感性的行为与经过仔细思考和分析的行为同样有效。

7. 我喜欢那些能让我有足够时间做完整准备并去实施的工作。

8. 我习惯对人们的基本假设提出疑问。

9. 对我而言，最重要的是一件事在实际中是否可行。

10. 我积极地寻求新的经验。

11. 当我听到一个新的主意或方法时，我会马上开始尝试，看它在实际中是否可行。

12. 我很注意自我约束，如注意饮食、经常锻炼、遵守规律等。

13. 我为能自始至终地做完一件事而感到骄傲。

14. 我与逻辑性、分析能力强的人相处得最好，而与冲动、不理智的人相处得差一些。

15. 我对手头资料十分小心谨慎，避免仓促得出结论。

16. 我喜欢权衡许多选择后谨慎地得出结论。

17. 我似乎对怪异的主意、荒诞的小说更感兴趣，而对于反映现实的文学作品不是很喜欢。

18. 我不喜欢把事情弄乱，喜欢把事情安排得很有条理。

19. 只要能促进工作，我就会遵守既定的程序与政策。

20. 我喜欢让我的行动符合一般原则。

21. 在讨论中，我喜欢直截了当。

22. 我在工作中倾向于与人保持一种非常正式的关系并保持一定的距离。

23. 我对处理新的、不同事情的挑战感到兴奋。

24. 我喜欢有趣、冲动的人。

25. 在得出一个结论之前，我极其注重细节。

26. 我很难凭冲动想出主意。

27. 我信奉一步到位。

28. 我小心细致，以免太快得出结论。

29. 我喜欢有尽可能多的信息来源，可考虑的材料越多越好。

30. 对事情不严肃并且草率的人通常令我生气。

31. 在我提出自己的意见之前，我先听别人的意见。

32. 我习惯表明我的感觉。

33. 在讨论中，我喜欢观察别人的发言。

34. 我做事喜欢灵活地边做边调整，而不是事前做好计划。

35. 我喜欢一些技能，如网络分析、流程图、分支项目设计、意外时间计划等。

36. 如果我必须在很短的时间里完成一件工作，我会感到很焦急。

37. 我习惯从实用价值的角度来判断人们的主意。

38. 安静、善于思考的人通常让我感到紧张。

39. 做事急躁的人通常令我生气。

40. 享受现在比回顾过去或展望将来更重要。

41. 我认为建立在彻底分析所有信息基础上的决定比建立在直觉基础上的决定更成熟。

42. 我倾向于成为一个理想主义者。

43. 在讨论中，我通常当场提出许多意见。

44. 在会议上，我会提出现实可行的主意。

45. 在很多情况下，我认为应打破规矩。

46. 我喜欢站得远一点，从所有方面来考虑一个情况。

47. 我通常能发现别人论点中不一致与脆弱的地方。

48. 平均来说，我说的比听的要多。

49. 我通常能发现更好、更实际的做事方法。

50. 我认为书面报告应该短小精悍。
51. 我认为理智并且具有逻辑性的思考能赢得时间。
52. 我喜欢与人们讨论特定的事情，而不喜欢参与泛泛的社会讨论。
53. 我喜欢那些从实际而不是从理论上考虑事情的人。
54. 在讨论中，我会对不相关的、跑题的东西感到不耐烦。
55. 如果我要写一份报告，我会在最后定稿前先写出很多份草稿。
56. 我很乐于尝试，看看事情在实际中是否可行。
57. 我很乐于从逻辑的角度回答问题。
58. 我喜欢成为一个谈话很多的人。
59. 在谈论中，我总是一个现实者，使人们紧扣话题，避免无限制的推测。
60. 我喜欢在决定前先考虑许多不同的选择。
61. 在与别人的讨论中，我通常发现自己是最不激动、最客观的一个。
62. 在谈论中，我更喜欢表现得低调，而不是作为领导，做大部分时间的谈话。
63. 我喜欢把现在的行动与长期的远景联系起来。
64. 当事情变糟时，我很乐意放下它并把它当作一次经验。
65. 我通常不接受不实际的、一时冲动得来的主意。
66. 最好三思而后行。
67. 平均来说，我听的比说的要多。
68. 我对那些不能有逻辑性地思考问题的人态度很差。
69. 绝大多数时间里，我相信付出会有回报。
70. 只要能做完工作，我不在乎是否伤害别人的感情。
71. 我发现拥有特定的目标与计划让人窒息。
72. 我通常是那种把生命融入一个团体的人。
73. 我会做任何有利于完成工作的事。
74. 程序性而细节的工作很快就会使我感到厌烦。
75. 我乐于对事情背后的基本假设、原则与理论提出疑问。
76. 我总是有兴趣去发现人们的想法。
77. 我喜欢遵守议程、按照既定程序进行的会议。
78. 我会弄清楚主观的或模棱两可的话题。
79. 我喜欢话剧和情节高潮给我带来的那种兴奋感。
80. 人们总发现我对他们的感觉不敏感。

学习风格概述

行动主义者

行动主义者会完全、毫无偏见地投入到新的经验中。他们享受此时此地，很喜欢直接经验。他们头脑开放，认为任何事情都是可知的，这种倾向使他们对任何新事物都感兴趣。他们的哲学是："每一件事，我都将尝试一次。"他们倾向于先行动，然后再考虑结果。他们的生活中充满了行动，他们处理问题时大脑急速转动，但一旦新鲜感过去，他们就会忙着寻求下一个行动。他们通常对新经验的挑战感到兴奋，对长期的实施与协调过程感到厌烦。他们喜欢与人们待在一起，但同时他们做任何事情都寻求以自我为中心。

深思熟虑者

深思熟虑者喜欢站得远一点儿来思考经验，从许多不同的角度观察它们。他们收集第一手材料及从别人那里得来的材料，喜欢在做出任何决定前彻底地考虑清楚。对他们来说，对经验与事件的所有资料的完整收集与分析至关重要，他们倾向于尽可能地拖延做出确定结论的时间。他们的哲学是小心谨慎。他们善于思考，喜欢在采取行动前先从所有可能的角度与内涵进行考虑。他们在会议与讨论中喜欢坐在后面。他们喜欢观察行动中的人。他们善于倾听，在讨论中，在发表自己的见解之前他们就掌握了讨论的精髓。他们通常保持低调、沉着并带着冷漠。当他们采取行动时，是处在一个包括现在与过去、他人与自己的观察的大背景中的。

理论家

理论家根据自己的观察，把观察结果总结成复杂但逻辑上很正确的理论。他们通过垂直的、一步一步的逻辑方式思考问题。他们把破碎的事实结合成连贯的理论。他们通常是理想主义者，如果事情没有形成条理、呈现一个严密的计划，他们是决不会罢休的。他们喜欢分析和总结。他们对基本假设、原理、理论模型与系统的思考方法极感兴趣。他们的哲学推崇理性与逻辑。"有逻辑的就是好的。"他们经常问这样的问题："它有道理吗？""这个与那个搭配得怎么样？""基本假设是什么？"他们通常喜欢客观、分析性地看问题，献身于理性的客观实际，而不是任何主观或模棱两可的事情。他们处理问题的方式自始至终都是逻辑性很强的。这是他们的"头脑结构"，他们严格地拒绝一切不符合这一结构的事情。他们喜欢把确定性最大化，很不喜欢主观的判断、发散性的思考及任何轻率的行动。

实用主义者

实用主义者急于尝试新的主意、理论与技术，看它们是否实际可行。他们积极地寻求新的思想并第一个把它们运用于实际。他们是这样一种人：当他们从管理职位退下来时，仍有许多想实践的新思想。他们喜欢不停地做事，会快速且自信地实践吸引他们的思想。他们通常对反复、无限期的讨论感到厌烦。他们本质上是十分实际的人，喜欢做实际的决定与解决实际的问题。他们把问题和机遇看作挑战。他们的哲学是："总有更好的办法""可行的就是好的"。

发展个人潜力

不同学习风格的优势与劣势

优　　势	劣　　势
行动主义者	
灵活且头脑开放 喜欢动手做事 喜欢新的处境 对所有的新事物都很乐观，一般不抵制变化	倾向于不思考就立即采取明确的行动 经常冒不必要的风险 倾向于独自做太多的事并以自己为中心 没有充足的准备就急于行动 对实施与协调过程感到厌烦
深思熟虑者	
细心 做事周到并有方法性 善于思考 善于倾听与消化信息 极少一步跳到结论	一般不喜欢直接参与 下决心与做决定很慢 一般太谨小慎微，不够大胆 做事不果断，不太主动且很少闲谈
理论家	
逻辑的垂直思考者 理智且客观 善于问探索性的问题 喜欢严密的方式	没有发散性的思维 不能容忍不确定性、混乱与模棱两可 不能容忍主观的或直觉的东西 充满“应该”与“必须”
实用主义者	
喜欢在实际中检验事情 实际的、脚踏实地的与现实的 商业化、直截了当 以技巧为中心	倾向于拒绝任何没有明显实用性的东西 对理论与基本原则不太感兴趣 倾向于抓住第一个方便地解决问题的方法 对多余的话很不耐烦 一般来说，是以任务为中心，而不是以人为中心

学习风格问卷得分

打钩项得 1 分，打叉项不得分。在下面的题号前标出你的打钩项：

1	2	5	7
3	4	9	13
8	6	11	15
12	10	19	16
14	17	21	25
18	23	27	28
20	24	35	29
22	32	37	31
26	34	44	33
30	38	49	36
42	40	50	39
47	43	53	41

（续）

51	45	54	46
57	48	56	52
61	58	59	55
63	64	65	60
68	71	69	62
75	72	70	66
77	74	73	67
78	79	80	76
总分：_______	_______	_______	_______

清楚地知道每一种学习风格是很有帮助的，因为选择恰当的学习机会主要意味着发现那些能让你扬长避短的学习行为。

识别不同的学习风格

我们已经说明，要想成功地学习，学生必须经历学习周期的所有阶段，同时他们的学习风格应与他们最适合的风格相符。然而，学生最喜欢的风格并不是永远有效的，在某些情况下，学生必须克服他们根深蒂固的习惯，开创一片新天地。

熟悉所有学习风格对个人与组织都是很有利的，因为这样一来，无论什么学习机会都能被很好地利用。怎么能做到这一点呢？以下各点可以作为你克服学习风格弱点的起点。

强化行动主义者风格的自我发展行动

- 做一些新的事情。
- 练习与陌生人主动谈话。
- 把你的一天分成许多部分，不断改变行动。
- 强迫你自己成为焦点。
- 练习做现实的思考。

强化深思熟虑者风格的自我发展行动

- 练习观察。
- 练习写日记，记下每天发生的事，记下结论。
- 练习在会后或其他重要事件后进行反思。
- 自己选择一些东西来研究。
- 练习在支持或反对一项行动时列出一系列理由。

强化理论家风格的自我发展行动

- 分析一个复杂的情况，指出它是什么时候发展成那样的。

- 收集他人对事件的理论与解释。
- 练习构造某些情况，使其有秩序且可预测。
- 练习问探索性的问题。
- 每天读一些“沉重”的或令人沉思的东西。
- 练习发现他人论点中前后矛盾或有漏洞的地方。

强化实用主义者风格的自我发展行动

- 收集技巧，如做事情的实际可行的方法。
- 从大量的会谈中产生行动计划。
- 创造机会实践新的技巧。
- 让专家检验你，他们可以评判你的技巧并指导你如何提高。
- 解决一个需要亲自动手的项目，亲自动手能帮助你形成一个实际的看法。

根据巴斯和沃恩的理论：“学习是一种行为上相对来说永久性的变化，它是练习或实践的结果。”作为一个经理，你不能观察学习本身，你只能看见结果。从这些结果，你能推测学习是否发生了。积极培养员工的管理者能创造或阻碍员工学习过程中的机会，影响员工的学习进程。

理解你的学习风格

问卷结果

在完成问卷并统计了分数后，你就有四个分数了：行动主义者、深思熟虑者、理论家和实用主义者各占 0～20 分。问题是：这四个分数告诉了你什么？

因为每一个风格是 20 分，所以你最初可能会得出这样一个结论：四个分数中并不一定是最高的代表你最主要的风格。在得出结论前，你必须先把你的分数与他人的分数相比较。不同组的人们的标准将被计算出来，你必须选择你将与之比较的一组。如果你不能确定哪一组，就使用下面的一般标准，这一标准是在 1 000 多人的得分基础上计算出来的。这一标准是在以下人的得分的基础上计算出来的：

A. 得分最高的 10% 的人　　B. 随后的 20% 的人

C. 得分居中的 40% 的人　　D. 随后的 20% 的人

E. 得分最低的 10% 的人

行动主义者	13～20	11～12	7～10（平均 9.3）	4～6	0～3
深思熟虑者	18～20	15～17	12～14（平均 13.6）	9～11	0～8
理论家	16～20	14～15	11～13（平均 12.5）	8～10	0～7
实用主义者	17～20	15～16	12～14（平均 13.7）	9～11	0～8

一般标准如下：

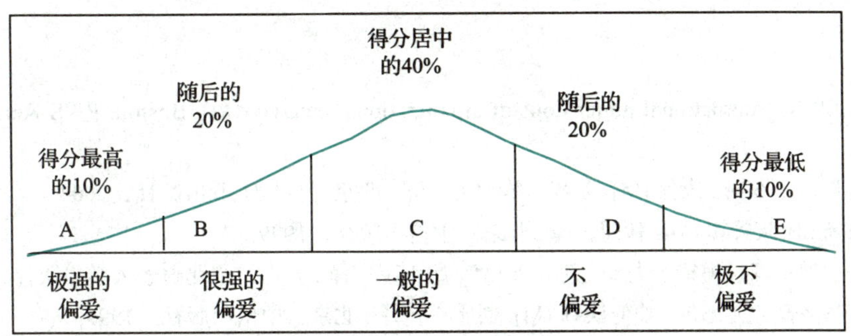

下面，我们来示范如何使用标准来解释你的学习风格问卷的结果。假设你的得分是行动主义者 11 分、深思熟虑者 11 分、理论家 11 分和实用主义者 11 分（我们特意选择这些数据是因为它们能很典型地说明使用标准来获得解释的重要性）。

- 行动主义者的 11 分属于 B 范围，代表对这一风格的很强的偏爱。
- 深思熟虑者的 11 分属于 D 范围，代表对这一风格的不偏爱。
- 理论家的 11 分属于 C 范围，代表对这一风格的一般的偏爱。
- 实用主义者的 11 分属于 D 范围，代表对这一风格的不偏爱。

参考文献

[1] ADLER N. International dimensions of organizational behavior[M]. Boston: PWS-Kent publishing，1991.

[2] 拉克斯，西本斯 . 谈判 [M]. 姜范，陈大为，译 . 北京：机械工业出版社，2004.

[3] 威廉斯 . 团队管理 [M]. 秋同，译 . 北京：中信出版社，1999.

[4] 雷法，理查森，梅特卡夫 . 谈判分析 [M]. 詹正茂，译 . 大连：东北财经大学出版社，2005.

[5] 希尔特洛普，尤德尔 . 如何谈判 [M]. 刘文军，译 . 北京：中信出版社，1999.

[6] O'ROURKE J S. Management communication: A case-analysis approach[M]. New York: Prentice Hall, 2002.

[7] LOCKER K O. Business and administrative communication[M]. New York: McGraw-Hill，2000.

[8] LOCKER K O. The Irwin business communication handbook: writing and speaking in business classes[M]. Chicago: Richard D. Irwin, Inc.，1993.

[9] COLE K. Crystal clear communication[M]. New York: Prentice Hall, 1993.

[10] BEAMER L, VARNER I. 全球环境中的跨文化沟通 [M]. 北京：清华大学出版社，2003.

[11] 汤普森 . 谈判者心智：2 版 [M]. 燕清联合，于君，等译 . 北京：中国人民大学出版社，2005.

[12] MUNTER M. Guide to managerial communication[M]. New York: Prentice Hall, Inc., 1997.

[13] 蒙特 . 管理沟通指南：有效商务写作与交谈（第 6 版）[M]. 钱小军，张洁，译 . 北京：清华大学出版社，2003.

[14] 巴泽尔曼，尼尔 . 理性谈判 [M]. 魏清江，方海萍，译 . 北京：机械工业出版社，2004.

[15] HATTERSLEY M E，MCJANNET L. Management communication: principles and prac-tice[M]. New York: McGraw-Hill, 1997.

[16] MUNTER M. Cross-cultural communication for managers[J]. Business horizons, 1993, 36(3): 69-78.

[17] 希尔 . 成功学全书 [M]. 岳鑫，张书森，译 . 呼和浩特：远方出版社，2003.

[18] STANTON N. Mastering communication [M]. New York: MacMillan Press Ltd., 1996.

[19] 勒德洛，潘顿 . 有效沟通 [M]. 李博，黄红，译 . 北京：中信出版社，1998.

[20] ROBBINS L. The business of writing and speaking[M]. New York: McGraw-Hill, 1995.

[21] THILL J, BOVEE C. Excellence in business communication[M]. New York: McGraw-Hill, 1995.

[22] TOOGOOD G. The articulate executive: learn to look, act, and sound like a leader[M]. New York: McGraw-Hill, 1996.

[23] 卡罗尔，巴克霍尔茨 . 企业与社会：伦理与利益相关者管理 [M]. 黄煜平，等译 . 北京：机械工业出版社，2004.

[24] 多娜伦 . 无障碍团队沟通 [M]. 燕清联合，译 . 北京：机械工业出版社，2004.

[25] 格兰兹 . 高效沟通的 399 条黄金法则 [M]. 马小丰，吴振兴，译 . 哈尔滨：哈尔滨出版社，2005.

[26] 德鲁克 . 卓有成效的管理者 [M]. 刘澜，译 . 北京：机械工业出版社，2023.

[27] 陈晓萍 . 跨文化管理 [M]. 4 版 . 北京：清华大学出版社，2022.

[28] 贝克 . 管理沟通：理论与实践的交融 [M]. 康青，王蔷，冯天泽，译 . 北京：中国人民大学出版社，2003.

[29] 杜慕群，朱仁宏 . 管理沟通 [M]. 4 版 . 北京：清华大学出版社，2023.

[30] 郭朝阳 . 冲突管理：寻找矛盾的正面效应 [M]. 广州：广东经济出版社，2000.
[31] 何明升 . 网络生活中的虚拟认同问题 [J]. 自然辩证法研究，2001（4）.
[32] 胡巍 . 管理沟通：案例 101[M]. 济南：山东人民出版社，2005.
[33] 洛克 . 商务与管理沟通 [M]. 梁洨洁，译 . 北京：机械工业出版社，2000.
[34] 井植薰 . 我和三洋：成功源于探索 [M]. 陈浩然，编译 . 上海：上海人民出版社，1992.
[35] 康青 . 管理沟通 [M]. 6 版 . 北京：中国人民大学出版社，2022.
[36] 巴顿 . 组织危机管理 [M]. 符彩霞，译 . 北京：清华大学出版社，2002.
[37] 霍斯默 . 管理伦理学 [M]. 张初愚，张水云，译 . 北京：中国人民大学出版社，2005.
[38] 李述一，姚休 . 当代新观念要览 [M]. 杭州：杭州大学出版社，1993.
[39] 蔺雷，吴贵生 . 服务管理 [M]. 北京：清华大学出版社，2008.
[40] 刘爱华 . 如何进行有效沟通 [M]. 北京：北京大学出版社，2004.
[41] 刘津 . 克服人性的盲点：有效沟通的艺术 [M]. 北京：海潮出版社，2001.
[42] 卢盛忠，郑汉阳 . 组织行为学 [M]. 石家庄：河北教育出版社，2004.
[43] 莱夫顿，巴泽塔 . 领导沟通力 [M]. 马燕，译 . 北京：华夏出版社，2005.
[44] 皮尔 . 态度决定一切 [M]. 夏芒，译 . 北京：文化艺术出版社，2006.
[45] 罗锐韧，曾繁正 . 管理沟通 [M]. 北京：红旗出版社，1997.
[46] 全球一流商学院 EMBA 课程精华丛书编委会 . 商务人员的沟通 [M]. 北京：北京工业大学出版社，2003.
[47] 圣吉 . 第五项修炼：学习型组织的艺术与实践 [M]. 张成林，译 . 北京：中信出版集团，2021.
[48] 沈远平，沈宏宇 . 管理沟通：基于案例分析的学习 [M]. 广州：暨南大学出版社，2009.
[49] 矢崎胜彦 . 超越三部曲 [M]. 将来世代国际财团生命文化研究所，编译 . 西安：陕西师范大学出版社，1998.
[50] 苏勇，罗殿军 . 管理沟通 [M]. 2 版 . 上海：复旦大学出版社，2021.
[51] 孙玉红，王永，周卫民 . 直面危机：世界经典案例剖析 [M]. 上海：东方出版中心，2020.
[52] 唐魁玉 . 网络传播与生活方式的现代性 [J]. 哈尔滨工业大学学报（社会科学版），2002，（4）：91-96.
[53] 王建民 . 管理沟通理论与实务 [M]. 北京：中国人民大学出版社，2005.
[54] 魏江 . 管理沟通：理念与技能 [M]. 北京：科学出版社，2001.
[55] 魏江 . 管理沟通：通向职业成功之路 [M]. 北京：高等教育出版社，2009.
[56] 谢玉华，李亚伯 . 管理沟通 [M]. 4 版 . 大连：东北财经大学出版社，2022.
[57] 艾迪兹 . 把握变革 [M]. 张伟中，熊艳芳，译 . 北京：华夏出版社，2018.
[58] 彭罗斯，拉斯贝里，迈尔斯 . 高级商务沟通 [M]. 张红慧，译 . 北京：机械工业出版社，2003.
[59] 叶秉喜，庞亚辉 . 考验：危机管理定乾坤 [M]. 北京：电子工业出版社，2005.

推荐阅读

中文书名	作者	书号	定价
创业管理（第5版） （“十二五”普通高等教育本科国家级规划教材）	张玉利 等	978-7-111-65769-9	49.00
创业八讲	朱恒源	978-7-111-53665-9	35.00
创业画布	刘志阳	978-7-111-58892-4	59.00
创新管理：获得竞争优势的三维空间	李宇	978-7-111-59742-1	50.00
商业计划书：原理、演示与案例（第2版）	邓立治	978-7-111-60456-3	39.00
生产运作管理（第6版）	陈荣秋 等	978-7-111-70357-0	59.00
生产与运作管理（第5版）	陈志祥	978-7-111-74293-7	59.00
运营管理（第6版） （“十二五”普通高等教育本科国家级规划教材）	马风才	978-7-111-68568-5	55.00
战略管理（第2版）	魏江 等	978-7-111-67011-7	59.00
战略管理：思维与要径（第4版） （“十二五”普通高等教育本科国家级规划教材）	黄旭	978-7-111-66628-8	49.00
管理学原理（第2版）	陈传明 等	978-7-111-37505-0	36.00
管理学（第2版）	郝云宏	978-7-111-60890-5	49.00
管理学高级教程	高良谋	978-7-111-49041-8	65.00
组织行为学（第4版）	陈春花 等	978-7-111-64169-8	49.00
组织理论与设计	武立东	978-7-111-48263-5	39.00
人力资源管理（第2版）	刘善仕 等	978-7-111-68654-5	55.00
战略人力资源管理	唐贵瑶 等	978-7-111-60595-9	39.00
市场营销管理：需求的创造与传递（第5版） （“十二五”普通高等教育本科国家级规划教材）	钱旭潮 等	978-7-111-67018-6	49.00
管理经济学：理论与案例（“十二五”普通高等教育本科国家级规划教材）	毛蕴诗 等	978-7-111-39608-6	45.00
基础会计学（第2版）	潘爱玲	978-7-111-57991-5	39.00
公司财务管理（第2版）	马忠	978-7-111-48670-1	65.00
财务管理	刘淑莲	978-7-111-50691-1	40.00
企业财务分析（第4版）	袁天荣 等	978-7-111-71604-4	59.00
数据、模型与决策：管理科学的数学基础（第2版）	梁樑 等	978-7-111-69462-5	55.00
管理伦理学	苏勇	978-7-111-56437-9	35.00
商业伦理学	刘爱军	978-7-111-53556-0	39.00
领导学	仵凤清 等	978-7-111-66480-2	49.00
管理沟通：成功管理的基石（第5版）	魏江 等	978-7-111-75491-6	59.00
管理沟通：理念、方法与技能	张振刚 等	978-7-111-48351-9	39.00
国际企业管理	乐国林	978-7-111-56562-8	45.00
国际商务（第4版）	王炜瀚 等	978-7-111-68794-8	69.00
项目管理（第2版） （“十二五”普通高等教育本科国家级规划教材）	孙新波	978-7-111-52554-7	45.00
供应链管理（第6版）	马士华 等	978-7-111-65749-1	45.00
企业文化（第4版） （“十二五”普通高等教育本科国家级规划教材）	陈春花 等	978-7-111-70548-2	55.00
管理哲学	孙新波	978-7-111-61009-0	59.00
论语的管理精义	张钢	978-7-111-48449-3	59.00
大学・中庸的管理释义	张钢	978-7-111-56248-1	40.00